Informatik aktuell

Herausgeber: W. Brauer
im Auftrag der Gesellschaft für Informatik

Springer
Berlin
Heidelberg
New York
Hongkong
London
Mailand
Paris
Tokio

Rüdiger Dillmann
Heinz Wörn
Tilo Gockel (Hrsg.)

Autonome Mobile Systeme 2003

18. Fachgespräch
Karlsruhe, 4./5. Dezember 2003

 Springer

Herausgeber

Rüdiger Dillmann
Tilo Gockel
Lehrstuhl für Industrielle Anwendungen
der Informatik und Mikrosystemtechnik
(IAIM)
c/o Technologiefabrik
Universität Karlsruhe (TH)
Haid-und-Neu-Str. 7, 76131 Karlsruhe
dillmann@ira.uka.de
gockel@ira.uka.de
http://wwwiaim.ira.uka.de

Heinz Wörn
Institut für Prozessrechentechnik,
Automation und Robotik (IPR),
Geb. 40.28
Universität Karlsruhe (TH)
76128 Karlsruhe
woern@ira.uka.de
http://wwwipr.ira.uka.de

Fachgesprächsbeirat/Komitee

Prof. Dr.-Ing. Rüdiger Dillmann, Universität Karlsruhe
Prof. Dr.-Ing. Heinz Wörn, Universität Karlsruhe
Prof. Dr.-Ing. Uwe Hanebeck, Universität Karlsruhe
Prof. Dr.-Ing. Georg Bretthauer, Universität Karlsruhe
Prof. Dr. rer. nat. Paul Levi, Universität Stuttgart
Prof. Dr.-Ing. Hartmut Steusloff, Fraunhofer-Institut IITB
Prof. Dr.-Ing. Georg Färber, TU München
Prof. Dr. rer. nat. Karsten Berns, Universität Kaiserslautern
Prof. Dr.-Ing. Günther Schmidt, TU München
Prof. Dr.-Ing. Alois Knoll, TU München

Bibliographische Information der Deutschen Bibliothek
Die Deutsche Bibliothek verzeichnet diese Publikation in der Deutschen Nationalbibliografie; detaillierte
bibliografische Daten sind im Internet über http://dnb.ddb.de abrufbar.

CR Subject Classification (2001): I.2.9, I.2.10, I.2.11, I.4.8, I.4.9, I.5.4

ISSN 1431-472-X
ISBN 3-540-20242-4 Springer-Verlag Berlin Heidelberg New York

Springer-Verlag ist ein Unternehmen von Springer Science+Business Media

springer.de

© Springer-Verlag Berlin Heidelberg 2003
Printed in Germany

Satz: Reproduktionsfertige Vorlage vom Autor/Herausgeber
Gedruckt auf säurefreiem Papier   SPIN: 10961681   33/3142-543210

Vorwort

Das 18. Fachgespräch „Autonome Mobile Systeme (AMS)" findet am 4. und 5. Dezember 2003 in Karlsruhe statt und wird vom Institut für Rechnerentwurf und Fehlertoleranz (IRF), Lehrstuhl Prof. Rüdiger Dillmann, Lehrstuhl Prof. Uwe Hanebeck und vom Institut für Prozessrechentechnik, Automation und Robotik (IPR), Lehrstuhl Prof. Heinz Wörn ausgerichtet. Das Fachgespräch, welches seit nunmehr 19 Jahren im Turnus zwischen den Universitäten München, Stuttgart und Karlsruhe abgehalten wird, versteht sich als kritisches wissenschaftliches Forum für den Austausch zwischen Nachwuchswissenschaftlern und Graduierten sowie zwischen Industrie und Forschung im Bereich Robotik.

Im Rahmen der Vortragsreihe werden aktuelle Ergebnisse und Trends aus dem Bereich der Autonomen Mobilen Robotik präsentiert. Exponate im Foyer und in den Laborräumen veranschaulichen die Ergebnisse und geben einen praktischen Bezug zur Thematik. Im Mittelpunkt des Meinungsaustauschs stehen dieses Jahr aktuelle Entwicklungen und Trends in den Themengebieten Sensorsysteme und Computergestützte Bildverarbeitung, Umweltmodellierung und Bahnplanung, SLAM (Simultaneous Localization and Mapping), sowie Service-Applikationen für radgetriebene Roboter, Flug-, Lauf- und Klettermaschinen und schwimmende Systeme. Besonders zu bemerken ist, dass dieses Jahr nochmals vermehrt Beiträge auf Englisch eingereicht wurden. Ein internationales Publikum und der zunehmende Anteil internationaler Autoren zeugen vom wachsenden Interesse an diesem Fachgespräch auch im Ausland.

Die Veranstalter möchten sich an dieser Stelle bei dem erweiterten Fachgesprächsbeirat bedanken, welcher fristgerecht und kompetent aus den eingegangenen 41 Einsendungen 33 interessante Beiträge, welche sich durch besondere Aktualität, Qualität und Originalität ausgezeichnet haben, ausgewählt hat. Herzlichen Dank möchten wir auch den Autoren für Ihre Unterstützung und für die fristgerechte Einsendung der Beiträge aussprechen. Ein weiterer Dank gilt Herrn Prof. Dr. Brauer, dem Herausgeber der Reihe „Informatik Aktuell" und den Mitarbeitern des Springer-Verlages, besonders Frau Glaunsinger, die durch Ihre geduldige Beratung die Zusammenstellung der Druckvorlagen wesentlich unterstützt haben.

Gewidmet ist dieser Band Prof. Ulrich Rembold, der am 1. September 2002 nach langer Krankheit verstarb. Er rief 1984 den Ausprachetag zusammen mit Kollegen der Technischen Universität München sowie der Universität Karlsruhe ins Leben. Der Entwicklung autonomer Systeme widmete er große Aufmerksamkeit und bereicherte mit frühen visionären Zielvorstellungen sowohl die technologische Entwicklung autonomer Systeme als auch deren Anwendung.

Der Aussprachetag entwickelte sich rasch als lebendiges Forum für Informatiker und Ingenieure, die sich mit der Entwicklung autonomer Systeme und Anwendungen in der industriellen Fertigung, in rauhen unstrukturierten Umgebungen, aber auch in Dienstleistungsbereichen befassten. Zeitlich parallel zu den ersten Aussprachetagen entstand der SFB 331 „Autonome mobile Robotersysteme" an der TU München und der SFB 334 „Künstliche Intelligenz" an der Universität Karlsruhe sowie das europaweite Projekt PROMETHEUS, die jeweils nachhaltige Beiträge zu der Entwicklung autonomer Systeme leisteten.

Die Herausgeber:

R. Dillmann, U. Hanebeck, H. Wörn, T. Gockel   Karlsruhe, im September 2003

Inhaltsverzeichnis

Sensorsysteme und Bildverarbeitung

Regelung

Navigation

Lokalisation und Kartierung, SLAM

Manipulation

Systemarchitekturen

Anwendungen

Vision-Guided Humanoid Walking – Concepts and Experiments

Robert Cupec, Oliver Lorch, and Günther Schmidt

Institute of Automatic Control Engineering, Technische Universität München,
D-80290 Munich, Germany
vigwam@lsr.ei.tum.de
http://www.lsr.ei.tum.de

Abstract. This paper presents key ideas of a novel approach to perception-based biped robot walking. Computer vision techniques are employed for reactive adaptation of step sequences allowing a robot to step over or walk around obstacles. High precision visual feedback is provided by the combination of line-based scene analysis and real-time feature tracking. The proposed vision-based approach and the robot guidance system were evaluated by experiments with the humanoid biped Johnnie.

1 Introduction

Biped robots are capable of moving more freely than wheeled robots in environments designed for humans. They can climb stairs or step over obstacles. To enable a robot to perform such tasks autonomously appropriate perception capabilities together with close coordination between perception and locomotion are required. Results from simulated [4, 11] and experimental [2, 3, 10] perception-guided robot walking in scenarios with obstacles have been reported.

Our research focuses on the close interaction between visual perception and biped walking [6]. To support our studies we developed a stand-alone vision-based guidance system for walking machines. Information about obstacles in the walking trail is provided by a visual feedback comprising a line-based *scene analysis* algorithm and a *dynamic image processing* algorithm. This information enables a predictive *step sequence planner* to determine the parameters of adequate step sequences for guiding the robot securely over or around obstacles to a predefined goal position.

In recent experiments we validated our approach by utilizing the guidance system as a supervisory controller for BARt-UH, a biped robot developed at IRT of the Universität Hannover, Germany [7] and Johnnie, a humanoid biped developed at the Institute for Applied Mechanics of the Technische Universität München, Germany [9]. The results of the experiments with the robot Johnnie reported in this article are considered to represent a valuable contribution to the numerous theoretical and practical challenges in the field of autonomous vision-guided biped walking.

2   Concept of Vision-Based Guidance

For performing a given locomotion task, the guidance system must provide the biped with the parameters of appropriate step sequences allowing the robot to reach a goal position while taking into account obstacles in the walking trail. To select appropriate steps for overcoming obstacles, the reactive *step sequence planner* needs sufficiently accurate information about obstacle locations relative to the walking machine as well as obstacle dimensions.

In the guidance strategy described in this article, obstacle information is supplied by *visual feedback*. The architecture of the developed vision-based guidance system is shown in Fig. 1.

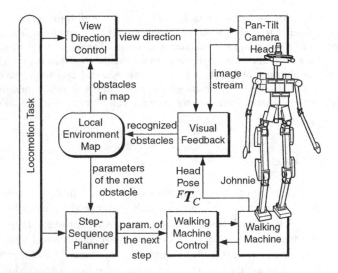

Fig. 1. Architecture of the vision-based guidance system onboard the biped robot Johnnie

The environment in front of the walking machine is perceived by a camera pair mounted on a pan-tilt head. The resulting stream of camera images represents the input to the visual feedback consisting of the *scene analysis* module and the *dynamic image processing* module.

Scene analysis is performed once per step. It includes recognition of rectangular objects lying on the walking trail and estimation of their size and pose relative to a coordinate system S_F which is fixed in the center of the currently standing foot of the walking machine, cf. Fig. 2.

The reliability and precision of the object pose estimation is clearly improved by a dynamic image processing module. This module performs real-time tracking of relevant object features, estimation of their pose relative to the walking machine and filtering of the estimated data. The edges representing relevant

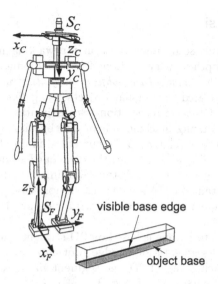

Fig. 2. Vision-guided biped robot with obstacle in walking trail and relevant coordinate systems

object features, e.g. the visible edge of an object base, as shown in Fig. 2, are selected from the set of all edges detected in an image by the scene analysis module. Pose information is used to initialize the tracking algorithm of the dynamic image processing module.

The scene analysis and the visual estimation is performed using the pose of the camera reference frame S_C relative to the coordinate system S_F. The transformation $^F T_C$ between these two coordinate systems is calculated by use of a kinematic model, data from the encoders in the robot joints and an onboard inclination sensor.

The information about objects recognized in the cameras' field of view is used for updating the *local environment map*. This map represents the set of all obstacles appearing in the walking trail during the experiment.

Since the cameras' field of view is limited, the camera system must be directed in such a way that the currently most relevant objects in the walking trail are visible. This is achieved by an intelligent *gaze controller*, which selects the pan and tilt angle of the camera system corresponding to the view direction which provides the maximal visual information content for the currently relevant locomotion task [6].

The information about the pose and size of the next obstacle in the walking trail is provided as input to the step sequence planner. Since uncertainty in visual estimation decreases as the robot approaches an obstacle, the step sequence is replanned in each step using current visual information. The set of parameters for the next step to be executed is sent to the robot locomotion controller.

3 Scene Analysis

Different approaches to scene interpretation for walking machines have been reported including depth-map generation [2] or model-based stair recognition [1,8]. In our approach a *model-based object recognition algorithm* is adopted, which recognizes separated rectangular objects using line segments extracted from a *single image*. Obstacle recognition and estimation of obstacle size and pose relative to the walking machine is achieved by making use of the known pose of the camera system relative to the current standing foot of the robot.

Because of its reliability and accuracy the developed model-based approach is particularly suitable for vision-guided stair climbing or stepping over obstacles. Likewise, the data obtained by object reconstruction allows to plan a local path and step sequence *around* an obstacle. In such a case precise pose estimation is not necessarily required.

The scene analysis technique is based on 2D straight line segments obtained by edge detection and segmentation of edge contours.

Hypothetically, each detected 2D line segment $\overline{m_i m_j}$ can represent a projection of a 3D object edge $\overline{x_i x_j}$, cf. Fig. 3.

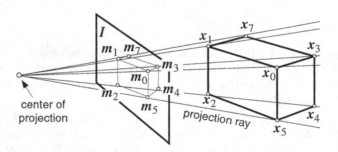

Fig. 3. Projection of a 3D object to a camera image

The relation between an endpoint m_i of a 2D line and the corresponding endpoint $_F x_i$ of a 3D edge represented in the foot frame S_F is given by

$$\begin{bmatrix} m_i^T & 1 & s_i \end{bmatrix}^T = s_i P (^F T_C)^{-1} \begin{bmatrix} _F x_i^T & 1 \end{bmatrix}^T , \qquad (1)$$

where $P \in \mathbb{R}^{4 \times 4}$ is the homogeneous projection matrix of the camera obtained by camera calibration, s_i is a scaling factor defining the position of $_F x_i$ on the projection ray.

For each detected 2D line two hypotheses are generated. One hypothesis assumes a 2D line to represent a projection of a *vertical* 3D edge of an object and the other assumes the line to represent a projection of a *horizontal* 3D edge.

A *vertical* 3D edge $\overline{x_i x_j}$ is parallel to the gravity axis represented by the unit vector g. In that case, the following equation is satisfied

$$_F x_j(s_j) - _F x_i(s_i) = \lambda \| _F x_j(s_j) - _F x_i(s_i) \| _F g , \qquad \lambda \in \{-1, 1\} . \quad (2)$$

Since the currently standing foot is assumed to rest flat on the ground, $_F g$ is parallel to the z_F-axis of the frame S_F, i. e. $_F g = \begin{bmatrix} 0 & 0 & -1 \end{bmatrix}^T$.

A *horizontal* 3D edge $\overline{x_i x_j}$ is perpendicular to the gravity axis, i.e.

$$(_F x_j(s_j) - _F x_i(s_i))^T {}_F g = 0 . \tag{3}$$

Eqs. (1), (2), and (3) are used to reduce the number of false hypotheses about *vertical* edges [5] and to determine the orientation of *horizontal* edges relative to the frame S_F.

The set of hypothetical 3D edges is decomposed in subsets of co-terminating edges, i.e. edges with a common endpoint. Each subset represents an indicator for one or several objects. To reduce the computational complexity of the scene analysis, the object recognition is performed only on the subsets corresponding to the closest objects lying on the ground in front of the walking robot.

The orientations of the edges are used for edge grouping. First, pairs of orthogonal co-terminating edges are formed, as shown in Fig. 4. The edge pairs sharing a common edge are then grouped in more complex rectangular structures.

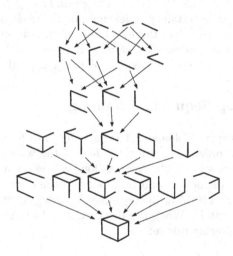

Fig. 4. Hierarchical grouping of edges. First, pairs of mutually orthogonal edges sharing a common endpoint are formed. The edge pairs sharing a common edge are then grouped into more complex structures

Assuming that the obstacle is lying on the ground, the z-coordinate of its base points in S_F is 0, as shown in Fig. 2. Hence, the x and y coordinates of a base point $_F x_i$ can be obtained from (1) and

$$_F g^T {}_F x_i = 0 . \tag{4}$$

The coordinates of the other points are determined by using the coordinates of the base points and Eqs. (1), (2) and (3).

4 Dynamic Image Processing

Because of the limited mechanical abilities of today's walking machines, a rather precise positioning of the robot's feet by stepping over obstacles or climbing stairs is required. This places high demands on accuracy of image processing algorithms. A critical parameter for correct foot positioning is the distance of the obstacle to the currently standing foot, which therefore has to be estimated with a precision of a few centimeters.

In our vision system a high accuracy of the obstacle distance estimation is achieved by averaging over a sequence of distance measurements. The visible edge of the obstacle base, cf. Fig. 2, is tracked in real-time by the dynamic image processing module during a time interval of step execution. Its pose relative to the standing foot of the walking machine is estimated from each image. The estimation is performed using (1) and (4) where x_i are any two points of the base edge and m_i are projections of these points to the image.

The transformation $^F T_C$ from S_C to S_F is obtained by direct kinematics using the information from the joint encoders and an inclination sensor.

Collisions between the robot's feet and the ground can generate vibrations of the cameras resulting in uncertainty in determining the transformation $^F T_C$ and blurred images. In order to reduce this effect, image acquisition is performed during the interval of step execution when camera movement is slow. The respective interval is defined by the robot's trajectory planning algorithm [9].

5 Reactive Step Sequence Planning

The task of the step sequence planner is to select and concatenate the appropriate walking primitives in order to position the feet of the walking machine in the desired locations relative to an obstacle. As long as the distance d between the estimated position of the next supporting foot and the desired location relative to the next obstacle is $d > 3.5\,l_n$ (3-steps-ahead-strategy) the robot walks with a fixed norm step length l_n. When the distance $d \le 3.5\,l_n$ the step sequence is adapted using the following rule set

$$
l = \begin{cases} d/3 & \text{for} \quad 3.5\,l_n \ge d > 2.5\,l_n \\ d/2 & \text{for} \quad 2.5\,l_n \ge d > 1.5\,l_n \\ d & \text{for} \quad 1.5\,l_n \ge d > 0.5\,l_n \,. \end{cases} \tag{5}
$$

Considering the worst cases it is easy to identify the interval of step lengths that the biped has to support as $[\frac{5}{6}\,l_n\,,\ \frac{5}{4}\,l_n]$. The proposed step sequence planning strategy is suitable for the case considered in this article when it is irrelevant which foot, left or right, is the last before the obstacle. Refer to [6] for situations when it is important to consider which foot is the last before an obstacle is reached.

Fig. 5 illustrates in detail the situation where the planning algorithm plans the step sequence for striding over an obstacle. The robot enters the scene from

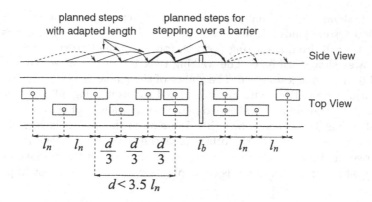

planned steps
with adapted length

planned steps for
stepping over a barrier

Side View

Top View

l_n l_n $\dfrac{d}{3}$ $\dfrac{d}{3}$ $\dfrac{d}{3}$ l_b l_n l_n

$d < 3.5\, l_n$

Fig. 5. Concatenation of walking primitives by step sequence planner in case of stepping over a barrier

the left walking with cyclic norm steps of length l_n. As soon as an obstacle is detected by image processing the guidance system receives information on the relative position to the obstacle d. During execution of the second cyclic step (from the left) the guidance system detects that the position of the next supporting foot will be located within a distance $\leq 3.5\, l_n$ to the obstacle and plans a step sequence using (5). At the end of the step sequence the step primitive for stepping over an obstacle is executed. This step primitive comprises three steps: closing the feet in front of the obstacle, stepping over the obstacle with the step length l_b and closing the feet behind the obstacle.

In the similar way the step sequence planner generates the step sequence for stair climbing. Assuming that the environment of the robot is not crowded with obstacles, the precision needed for walking around obstacles is not as critical as for stepping over obstacles or climbing stairs. In that case the step sequence just must keep the walking machine within a safe distance from the obstacle.

The future step sequence is replanned once per step using current obstacle information provided by vision. This cyclic replanning benefits from the fact that the uncertainty of visual estimation and the accumulated dead reckoning error are becoming smaller the shorter the current distance to the obstacle. In addition, replanning allows to react to unexpected changes in the obstacle situation.

6 Experimental Results

To test the suitability and efficiency of the reported vision-based guidance approach the stereo camera head developed at our laboratory was mounted on top of the robot Johnnie. The vision system comprises two cameras with view-angles of 55° in horizontal and 42° in vertical direction and a stereo base-line of 240 mm. Gray-scale (8 bit) images with resolution 640 × 480 pixels are used.

Fig. 6 shows the walking scenario for a typical experiment in which the perception system guided Johnnie to a given goal position. The robot was given the task to walk from a starting position following the border of the 4 × 8 m walking area shown in Fig. 6. The walking task terminates after the robot has climbed to the top of a staircase. The ability of the guidance system to adapt the robot locomotion to the environment is tested by positioning different obstacles on the walking trail. In a typical experimental setup shown in Fig. 6 two obstacles are used: a barrier (a) and a box (b). The size of the barrier is such that the robot can stride over it. On the other hand the box is too large for the robot to step over it. Depending on the environmental situation the guidance system decides that a step sequence needs to be planned allowing the robot to pass the box.

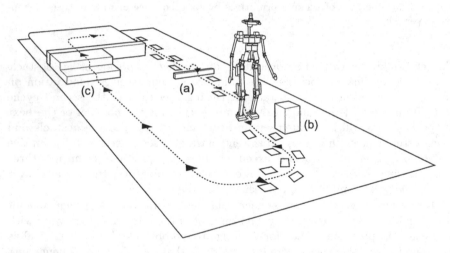

Fig. 6. Experimental setup. Three obstacles are positioned on the intended walking trail: a barrier (a), a box (b) and a staircase (c)

During walking scene analysis was performed once per step on images acquired by the camera system. Obstacle recognition and estimation of their size and distance were performed using the data from the encoders in the robot joints and an inclination sensor. The object features selected by the scene analysis performed once per step are tracked in real-time by the dynamic image processing module. A precise estimate of the obstacle distance relative to the current standing foot of the robot is computed by averaging over a sequence of measurements obtained during a time interval of step execution when the camera movement is slow.

Fig. 7 shows a histogram of the foot positioning error in front of the barrier and the staircase recorded in a series of experiments. In the current implementation of the guidance system, the parameters of the step $i + 1$ are sent to the

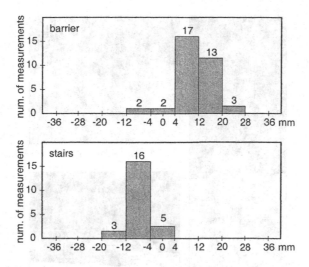

Fig. 7. Histogram of the foot positioning error in front of the barrier and stairs represented in millimeters

walking machine before the execution of the step i starts. Thus, the reference foot position in front of an obstacle is calculated using the visual estimation obtained two steps before the obstacle. Hence, the foot positioning error represents the sum of the visual estimation and the dead reckoning error accumulated over two steps. The histograms demonstrate that in all experiments the error was inside the bounds of ±30 mm. The achieved accuracy of the vision system together with the robot internal control system enabled Johnnie to safely step over a 40 mm wide and 80 mm high barrier as well as to reach and climb the stairs.

Fig. 8 shows Johnnie stepping over the barrier, walking around the box and climbing the stairs.

The capability of the biped to react to sudden changes in the environment was validated by putting an obstacle in front of the robot during walking. When walking started there were no obstacles in front of the robot. As a consequence the step sequence planner generated a sequence of pre-selected norm steps. When an obstacle was placed inside the camera system's field of view, the obstacle was detected and its location and dimensions were estimated. The local environment map was updated with the obtained information. Consequently, the old step sequence was replaced by a new one which allowed the robot to successfully cope with the obstacle.

Movies of sample experiments are available at the Web page
http://www.lsr.ei.tum.de/~vigwam.

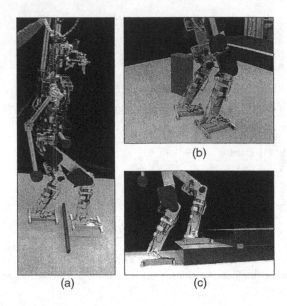

(b)

(a)   (c)

Fig. 8. Johnnie is stepping over a barrier (a) walking around a box (b) and climbing stairs (c)

7 Conclusions

In this article an approach to vision-guided robot walking is reported. A line-based object recognition algorithm is applied to provide the information about rectangular obstacles on the walking trail. This information is used to initialize the real-time feature tracking process which precisely estimates the obstacle pose. The object recognition and the pose estimation are performed using the information about the camera system orientation obtained by the encoders in the robot joints and an inclination sensor. The obstacle data is used by a predictive step sequence planner to select appropriate steps allowing the robot to overcome the obstacles and reach the goal position.

The presented experiments with the humanoid biped robot Johnnie were conducted to examine the performance of the developed vision-based guidance approach. Since the images were acquired during a time interval of the step execution when camera movement is slow, obstacle recognition and precision of visual estimation were not degraded significantly by camera movements caused by walking. The dynamic updating of the local environment map and continuous step sequence planning allowed the robot to react to changes in the environment.

Future research will focus on the development and application of advanced gaze control strategies and extensions of scene analysis to more general obstacle scenarios.

Acknowledgments

This work was supported in part by the Deutsche Forschungsgemeinschaft (DFG) within the "Autonomous Walking" Priority Research Program.

References

1. Cupec, R., Lorch, O., Schmidt, G. (2001) Object Recognition and Estimation of Camera Orientation for Walking Machines. Tagungsband zum 17. Fachgespräch Autonome Mobile Systeme, Stuttgart, Germany, Springer, 1–10
2. Kagami, S. et al. (2001) Design and Implementation of Software Research Platform for Humanoid Robotics: H7. Proc. of the IEEE-RAS Int. Conf. on Humanoid Robots (HUMANOIDS 2001), Tokyo, Japan, 245–258
3. Kajita, S., Tani, K. (1996) Adaptive Gait Control of a Biped Robot based on Realtime Sensing of the Ground Profile. Proc. of the IEEE Int. Conf. on Robotics and Automation, Minneapolis, Minnesota, 570–577
4. Kuffner, J. J. Jr., Nishiwaki, K., Kagami, S., Inaba, M., Inoue, H. (2001) Footstep Planning Among Obstacles for Biped Robots. Proc. of the IEEE/RSJ Int. Conf. on Intelligent Robots and Systems, Maui, Hawaii, USA, 500–505
5. Lebègue, X., Aggarwal, J. K. (1993) Significant Line Segments for an Indoor Mobile Robot. IEEE Transactions on Robotics and Automation, Vol. 9, No. 6, December 1993, 801–815
6. Lorch, O., Denk, J., Seara, J. F., Buss, M., Freyberger, F., Schmidt, G. (2000) ViGWaM — An Emulation Environment for a Vision Guided Virtual Walking Machine. Proc. of IEEE-RAS Int. Conf. on Humanoid Robots (HUMANOIDS 2000), Cambridge, Massachusetts
7. Lorch, O., Albert, A., Denk, J., Gerecke, M., Cupec, R., Seara, J. F., Gerth, W., Schmidt, G. (2002) Experiments in Vision-Guided Biped Walking. IEEE/RSJ Int. Conf. on Intelligent Robots and Systems, Lausanne, Switzerland
8. Pack, D. J. (1996) Perception-Based Control for a Quadruped Walking Robot. Proc. of the IEEE Int. Conf. on Robotics and Automation, Minneapolis, Minnesota, 2994–3001
9. Pfeiffer, F., Löffler K., Gienger M. (2002) The Concept of Jogging Johnnie. Proc. of the IEEE Int. Conf. on Robotics and Automation, Washington DC, USA, 3129–3135
10. Shin, D. et al. (1989) Realization of Obstacle Avoidance by Biped Walking Robot Equiped with Vision System. Proc. of the IEEE/RSJ Int. Conf. on Intelligent Robots and Systems, Tsukuba, Japan, 268–275
11. Yagi, M., Lumelsky, V. (1999) Biped Robot Locomotion in Scenes with Unknown Obstacles. Proc. of the IEEE Int. Conf. on Robotics and Automation, Detroit, Michigan, 375–380

Real-Time Scale Invariatnt Object and Face Tracking Using Gabor Wavelet Templates

Alexander Mojaev, Andreas Zell

University of Tuebingen, Computer Science Dept.,
Computer Architecture,
Sand 1, D - 72076 Tuebingen, Germany
{mojaev,zell}@informatik.uni-tuebingen.de

Abstract. This paper describes a real-time technique for scale invariant object or face tracking with standard PC hardware. The tracking method is based on a low redundancy (compressed) object image representation. For image decomposition a fast non-iterative transform based on the odd-symmetric gabor functions is used, which guarantees on the one hand a low redundancy of the resulting representation and on the other hand an automatic detection of the significant features in the image. Tracking control is realized by a scale factor discriminator control technique and convolution based 2D cross-correlation. Experiments show that this method enables real-time object or face tracking in a wide scale changing range and provides strong robustness against camera shaking, which is important for visual robot control.

1 Introduction

Various applications in robotics such as human following, object grasping and manipulating, gesture recognition and visual navigation need a robust visual object tracking control. A big problem in visual data processing is that a robot must store a large amount of visual information to be able to operate in the environment, recognize and track objects and persons [9]. The goal of this work is to develop an effective way to use a low-redundancy image representation for robust tracking of objects or structures appearing in images. Such a representation must be able to appropriately detect and store the significant object features, which is important for robust object recognition and tracking. We can use the compressed object descriptor to quickly manipulate the object template and adapt it to the changes in the input video stream using a discriminator technique well-known from analogue signal processing. The discriminator based tracking control allows to follow very fast movements in the object position and scale.

2 Related Work

Many tracking techniques use colour, contour or geometric templates for object or face tracking [2]. Using a previously given model of the object reduces flexibility of the tracking system and makes the learning process more complicated. Other tracking methods use well-defined object features for the estimation of object displacements. Unlike the model based feature extracting algorithms such as the Hough transform, the use of 2D-Gabor filters allows to detect and isolate disturbations in the spatial-frequency domain with no apriori knowledge about feature structure.

Daugman used 2D Gabor functions to approximate the impulse response of the simple cells in the striate cortex [1]. Lee describes in [6] the use of an ensemble of 2D Gabor wavelets (frame), whose structure is also biologically inspired, for image coding, and derived the conditions, under which the set will provide a complete representation of any image. Those frames allow a good quality of reconstructed images with quantized wavelet coefficients but are hardly suitable for extraction of specific object features. Manjunath, Shekhar and Chellappa show in [7], that object features can be extracted and tracked using Gabor filters. Zhang et al [12] have compared geometry based and gabor wavelet based approaches for facial expression recognition using a multi-layer perceptron. They showed, that the recognition rate with the Gabor wavelet coefficients is much better than the analysis of geometric positions of fiducial points on a face.

The well-known "Elastic bunch graph matching" [11] uses fixed points for calculating the wavelet coefficients of the Gabor filter. The points are precisely positioned on the original image to represent the topological object information which is a time expensive technique.

However, due to the non-orthogonality of the elementary Gabor functions the computation of the coefficients for the transform is complicated and time-consuming. Various iterative optimization techniques [3,4] have been proposed as solution. Krüger describes in [4] a network based approach ("Gabor Wave-let Network") whose node represents a wavelet coefficient with variable translation, dilation and orientation. The network is optimized with the Levenberg-Marquardt algorithm. During face tracking this optimisation is done for each frame [5]. Unfortunately, almost all iterative optimization methods have common disadvantages: the running time increases strongly with the number of wavelets (nodes) used for representation; in addition there exists a convergence problem.

In this work a fast non-iterative method for initial Gabor wavelet representation of an image [8], which is free from the above disadvantages are used. The Gabor coefficients are selected directly from the 2D filter magnitude responses by searching for local extrema. The local maxima and minima in a filter response denote a large correlation between the wavelet and input image. Places with large numbers of such extrema with different frequencies and orientations denote significant features of the object. We demonstrate that the extracted representation can be used as object template for scale invariant real-time object tracking using a discriminator loop technique and a convolution based cross-correlation.

3 Wavelet Basis

We use only the odd Gabor wavelets to analyse an input image rather than the complex form of the Gabor functions, although it is necessary to achieve the maximal resolution in the time-frequency space. The use of both real and imaginary components improves the representation quality only insignificantly.

3.1 Mother wavelet

As mother wavelet, the odd-symmetric form of the Gabor function [4] has been used, given by

$$\Psi(x,y,\omega,\theta,\Omega,\gamma) =$$
$$\frac{1}{\sqrt{\pi}\gamma k}e^{-\frac{\omega^2}{2\gamma^2 k^2}\left(\gamma^2(x\cos\theta - y\sin\theta)^2 + (x\sin\theta + y\cos\theta)^2\right)}\sin\left(-\omega\left(x\cos\theta + y\sin\theta\right)\right), \quad (1)$$

where

$$k = \sqrt{2\ln 2}\left(\frac{2^\Omega + 1}{2^\Omega - 1}\right), \quad (2)$$

where Ω is the wavelet bandwidth in octaves, γ is the standard deviations ratio or Gaussian ellipse dilation $\frac{\sigma_y}{\sigma_x}$, ω is the frequency of the modulated sine, θ is the wavelet rotation angle. The octave bandwidth Ω and standard deviations ratio γ for all filter kernels are constant.

3.2 Filter definition

We use the octave scaling of filter frequency to achieve optimal signal representation with a small number of channels. A filter bank with $N_\omega = 8$ frequencies and $N_\theta = 4$ orientations is defined by:

$$\omega_i = 2\pi m_\omega^i \sqrt{m_\omega}, \ i \in [0 : N_\omega - 1]. \quad (3)$$

$$\theta_i = \frac{i\pi}{N_\omega}, \ i \in [0 : N_\theta - 1], \quad (4)$$

where

$$m_\omega = \left(\frac{N}{2}\right)^{\frac{1}{N_\omega}} \quad (5)$$

is the frequency multiplicator, $N = 64$ is the horizontal/vertical image size. The channels with the two lowest frequencies have only two orientations. Because only the frequency ω and orientation θ are varied, we denote the kernel functions as follows:

$$\Psi_{\omega,\theta} \equiv \Psi(x,y,\omega,\theta,\Omega,\gamma). \quad (6)$$

The wavelet images of the whole filter bank are shown in Fig. 1.

4 Decomposition

4.1 Image preprocessing

The original image I_0 is normalized to minimize the contrast/brightness influence and to eliminate the DC component as follows:

$$I(x,y) = \frac{I_0(x,y) - \bar{I}_0}{\max(I_0) - \min(I_0)}, \quad (7)$$

where $\bar{I}_0$ is the mean of the image intensity.

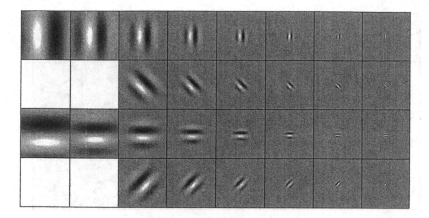

Fig. 1. The filter bank wavelets

4.2 Filtering

The filter responses are obtained by the convolution of the input image I with the filter kernels $\Psi_{\omega,\theta}$:

$$I_{\Psi_{\omega,\theta}} = I \otimes \Psi_{\omega,\theta} = \text{FFT}^{-1}\left(\text{FFT}(I) \times \text{FFT}(\Psi_{\omega,\theta})\right), \tag{8}$$

where $\otimes$ denotes the convolution operator, $\times$ denotes the complex multiplication. The 2D convolution is realized with the 2D Fast Fourier Transform (FFT). The FTs of filter kernels can be computed and stored before.

4.3 Coefficient selection

Due to the non-orthogonality of the Gabor functions the resulting wavelet filter responses contain a large information redundancy in comparison to the original image, so not all coefficients are needed to reconstruct the image.

Unlike the widely used slow iterative methods to define the wavelet coefficients we have implemented an algorithm for directly extracting the gabor coefficients from filtered images. The idea was to reduce the data redundancy by searching for only significant local extrema in the filter responses for building the object representation. It is based on the observation that the magnitude of the filter response varies approximately with the wavelet frequency ω (while using only the odd gabor functions). The coefficients extraction technique is described in [8] in detail. The example of the extracted points in the filter responses is shown in the Fig. 2

4.4 Object templates

For each extracted point i the following kernel parameters θ_i, ω_i (or kernel number), the wavelet center coordinates x_i, y_i and the projection coefficient (filter response) $K_i = I_{\Psi_{\omega,\theta}}(x_i, y_i)$ are stored. The set of the extracted wavelet parameters describes the object image in the wavelet space.

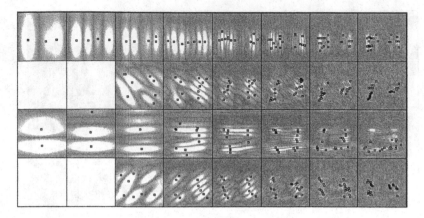

Fig. 2. The response images of the filter bank and the extracted local maxima

4.5 Object image reconstruction

The object image can be reconstructed by linear summation of the extracted Gabor wavelets using the projection coefficients as follows:

$$\hat{I} = \sum_{i=0}^{N_G-1} K_i \Psi(x+x_i, y+y_i, \omega_i, \theta_i, \Omega, \gamma), \tag{9}$$

where N_G is the number of the extracted wavelets.

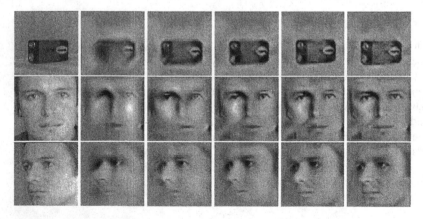

Fig. 3. The original (left) and the reconstructed images with the following number of Gabor wavelets (from left to right): 28 (only one point per kernel), 85, 150, 250, 450.

To test the feature extraction and approximation abilities of the decomposition method we vary the relative threshold in range [0.05:1] to manipulate the number of the wavelet

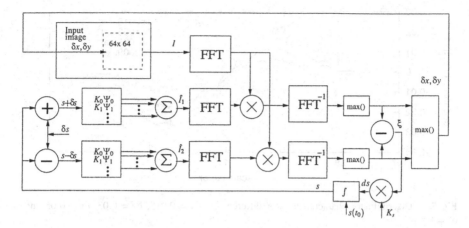

Fig. 4. Tracking by the scale factor discriminator loop

coefficients in the representation. Other parameters are: the octave bandwidth $\Omega = 1.1$, Gaussian ellipse dilation $\gamma = 1.1$. Fig. 3 presents the reconstruction results for three object images, "battery", "face" and "face in profile" for different numbers of wavelets. At low approximation rates only high contrast features in the image have been detected, with 80-150 wavelets already most objects can be easily recognized.

5 Tracking Control

The resulting Gabor representation of an object image is stored and used as object model. Positions of particular wavelets can only be changed by varying the translation, rotation, scale or other model parameters.

A scale invariant tracking technique using the Gabor object representation is shown in Fig. 4. We implement a fast Fourier convolution to calculate a cross-correlation between reproduced object images $\hat{I}_1, \hat{I}_2$ and the input image I. The object images $\hat{I}_1, \hat{I}_2$ are reconstructed by linear summation of the extracted Gabor wavelets using the projection coefficients and different scale coefficients $s \pm \delta s$.

After the initial image decomposition to obtain the current object template (needed only once during initialization), the tracking control with initial scale factor $s(t_0) = 1.0$ can be started. As shown in Fig. 4 we use two discriminator channels and reconstruct template images with different scale factors $s \pm \delta s$. New coordinates of wavelet nodes of the template are calculated as follows:

$$\tilde{x}_i = \delta x + x_c + s(x_i - x_c) \tag{10}$$
$$\tilde{y}_i = \delta y + y_c + s(y_i - y_c), \quad i \in [0 : N_G - 1],$$

where x_c, y_c are template center coordinates and $\delta x, \delta y$ are translation deviations. So we obtain two template images $\hat{I}_1$ and $\hat{I}_2$ with symmetric scale factors $s \pm \delta s$. Then we extract global maxima of the convolution results of both channels and use their values as

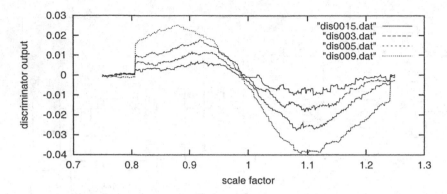

Fig. 5. Discriminator characteristica for different δs: $\delta s = 0.015$, $\delta s = 0.03$, $\delta s = 0.05$ and $\delta s = 0.09$

the discriminator inputs. The output of the discriminator is the scale factor error signal ξ. The gained error (with the gain factor K_s) is integrated and results in the new scale factor value $s(t_1)$, which is used for next frame analysis and closes the control loop. New coordinates of the search frame are obtained using the coordinates of the position of the global maximum $\delta x, \delta y$ in the convolution image with the maximal magnitude (comparing outputs of both channels). These values denote the relative translation vector of the search frame.

We have experimentally calculated the discriminator characteristic using a "face" template for different δs. The results are shown in Fig. 5. We can see the high linearity of the discriminator output ξ in a wide range of the scale factor with $\delta s > 0.3$. However, the larger the channel scale factor divergence δs is, the less exactly can we determine the translation vector $(\delta x, \delta y)$ because of the higher cross-correlation error. So we use a trade-off value $\delta s = 0.03 - 0.04$ to achieve a smooth robust face tracking.

6 Experimental Results

We tested the proposed decomposition and tracking technique on various video sequences, obtained with one of the two cameras of our mobile robot "Robin", an RWI B21 robot. The tracking control runs in real-time (>25fps) with image size 168x128 (allthough the successive tracking process is independent of the image size) on a Linux PC with Pentium 1.3GHz using 250-750 wavelets for object description. Fig. 6 shows a tracking example (additional videos can be obtained from the author's homepage [10]). Experiments demonstrate high robustness of tracking control against vertikal/horizontal camera shaking and wide scale changing range [0.2-1.5].

Tab. 1 presents the computation time of the initial Gabor wavelet decomposition (executed once during initialization for building the object template) and tracking depending on the number of extracted wavelets N_G.

In contrast to other existing tracking methods based on the Gabor wavelet image representation such as "Gabor Wavelet Network" [4, 5] the computation time of the

Fig. 6. Tracking of a face image

N_G	init. Gabor decomp.	tracking
250	250-270 msec	8.7-12 msec
350	270-290 msec	9.0-12.5 msec
550	330-360 msec	9.3-13.5 msec
750	390-430 msec	9.5-14.7 msec

Table 1. Computation time of initial Gabor decomposition and scale invariant face tracking

initial image decomposition and of the tracking process increases only insignificantly with the number of wavelet nodes.

Fig. 7 shows the computation time of the face tracking dependent on the template scale factor.

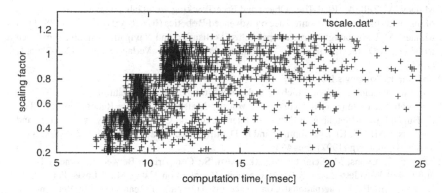

Fig. 7. Tracking computation time for $N_G = 382$

7 Conclusion

In this paper we present a real-time technique for scale invariant object or face tracking with standard PC hardware. The tracking method is based on a low redundancy object image representation (template). For initial image decomposition a fast non-iterative transform based on the odd-symmetric gabor functions is used, which guarantees a low redundancy of the resulting template and an automatic detection of the significant features in the image. Tracking control is realized by a scale factor discriminator loop and a convolution based 2D cross-correlation. The implemented tracking technique shows the robustness of the system against large scale variations and camera shaking, which is important in robot vision.

References

1. Daugman, J.G.: Two-dimensional spectral analysis of cortical receptive field profiles. Vision Res., vol.20, pp.847-856, 1980
2. Feyrer, S., Zell, A.: Detection, Tracking, and Pursuit of Humans with an Autonomous Mobile Robot. In Proc. IEEE/RSJ Int. Conf. on Intelligent Robots and Systems (IROS'99), (1999) 864–869
3. Fischer, S., Cristobal, G.: Minimum entropy transform using gabor wavelets for image compression. In: Int. Conf on Image Analysis and Processing, Palermo, Italy, 2001
4. Krüger, V., Sommer, G.: Gabor wavelet networks for object representation. In 22. DAGM-Symposium Kiel, Germany (2000) 309–316
5. Krüger, V., Feris, R.: Wavelet Subspace Method for Real-time Face Tracking In Proc. Pattern Recognition, 23rd DAGM Symposium, Munich, Germany, 2001
6. Tai Sing Lee: Image Representation Using 2D Gabor Wavelets IEEE Transactions on pattern analysis and machine intelligence, Vol. 18, No. 10, October 1996
7. Manjunath, B.S., Shekhar, C., Chellappa, R.: A new approach to image feature detection with applications. Pattern Recognition (1996) 31:627–640
8. Mojaev, A., Zell, A.: Real-Time Object and Face Tracking with Gabor Wavelets Proceedings of the IEEE International Conference on Advanced Robotics (ICAR 2003), Vol. 2, 1178–1183
9. Mojaev, A.: Umgebungswahrnehmung, Selbstlokalisation und Navigation mit einem mobilen Roboter. Ph.D. thesis, University of Tbingen, WSI, Shaker Verlag ISBN 3-8265-7865-1, (2000)
10. Alexander Mojaev's Homepage:
http://www-ra.informatik.uni-tuebingen.de/mitarb/mojaev/welcome_e.html
11. Wiskott, L., Fellous, J.-M., Krüger, N., von der Malsburg, C.: Face Recognition by Elastic Bunch Graph Matching In: Proc. 7th Intern. Conf. on Computer Analysis of Images and Patterns, CAIP'97, Kiel. G. Sommer and K. Daniilidis and J. Pauli (eds.), No. 1296, Springer-Verlag, Heidelberg (1997) 456–463
12. Zhang, Z., Lyons, M., Schuster, M., Akamatsu, S.: Comparison Between Geometry-Based and Gabor-Wavelets-Based Facial Expressions Recognition Using Multi-Layer Perceptron. In: Proc. 3rd IEEE International Conference on Automatic Faceand Gesture Recognition, April 14-16 1998, Nara Japan, IEEE Computer Society, pp. 454-459

Detecting Semi-static Objects with a Laser Scanner

B. Jensen, G. Ramel and R. Siegwart

Autonomous Systems Lab - Swiss Federal Institute of Technology
Ecole Polytechnique Federale de Lausanne
Ch. des Machines 1
CH-1015 Lausanne, Switzerland

Abstract. A method to register dynamic and semi-static objects with an a-priori known static map is proposed. Candidates for semi-static objects are extracted from laser data based on a-priori information (shape and size) of common indoor objects. Expectation Maximization serves at the same time scan alignment and data association between scan data and the static a-priori map and the semi-static map. Dynamic objects are identified as outliers in data association. Evidence of visible but unmatched parts is gathered using recursive Bayesian updates to yield reliable candidate rejection in the presence of sensor noise. This allows the resulting semi-static map to adapt to changes in the environment, which is demonstrated experimentally.

1 Introduction

Mobile robots navigating indoor environments generally rely on a map comprising their static environment, which may known a-priori or created while moving. Information of moving objects in the robot's vicinity can be obtained techniques for motion detection for mobile platforms [8, 11, 6]. However, indoor environments often contain elements which are neither dynamic nor completely static, like furniture, e.g. tables, chairs and the like. These can be moved around but often stay in the same location over long periods of time. Previous work by others [10, 1] used approximate knowledge of the initial position to estimate the current state of these objects.

We use an *EM*-based framework to segment scan data into a static and dynamic part and to associate it with static and semi-static objects. We assume the static map to be known to the robot. The semi-static map is build using objects detected in the scan data. Shape information about the 2D representation of 3D objects in the scan data is used to identify these objects in the scan. The case where these objects are moved and their old location becomes obsolete is handled by verification based on a visibility criterion. It allows removal of objects which are no more present at the registered location.

Potential applications of this knowledge may be in saver navigation. Indoor environments can present a particular difficulty for mobile robots using laser scanners as their main sensor: Particularly tables and chairs, are practically invisible in most cases because the scanner detects only their legs instead of the region they occupy in space. Quick and robust detection of these objects thus directly benefits the quality of robot movements. Another potential application is in human robot interaction, where knowledge about objects in a scene improves the communication with the person.

This paper addresses the question how these objects can be found using laser scanner data only, and how to maintain that information over time. Taking into account the semi-static character of these objects is especially interesting. Issues from path planning or interaction are not considered in detail.

2 System

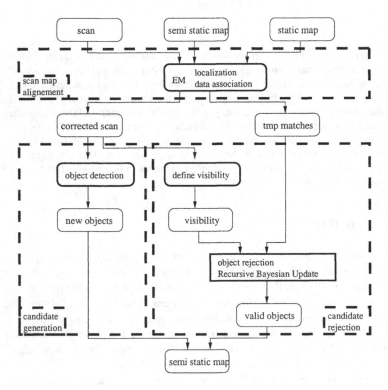

Fig. 1. System Architecture for object candidate generation, rejection and robot localization. Rectangles indicate information processing. Rectangles with round corners are data containers. The *semi-static map* at the bottom is the updated information of the container at the top and is used in the next processing step.

The system's architecture is shown in figure 1. Input data is grouped according to its tendency to change over time. Scan data changes every time. The semi-static map comprises all objects which are considered to remain for a certain period of time, but are not completely fix. The static map is considered to change never.

Scan data enters the system as a list of points. The static map is an a-priori known collection of lines and points that correspond to immobile objects like walls and pillars. The semi-static map collects semi-static objects, it uses a similar representation as the static map but adds rectangles and composite features and checks for the location of features, whenever they are visible.

The first step is scan alignment and data association based on raw data and the static and temporal maps. This yields two intermediate results. The corrected scan (used for object detection and knowing the field of view); and matches between previously detected semi-static objects and scan elements (later needed for candidate rejection).

The second step generates new object candidates from the corrected scan. We use two clustering steps: The first one detects object parts while the second one detects known shapes (i.e. rectangles) among the object parts.

The third step is candidate rejection. Using visibility information and information about which scan element matched with which object part, it is possible to determine whether a part was not detected due to occlusion or if it should have been seen but was not. In the latter case the corresponding candidate is considered a false positive, but to cope with uncertain sensing we use recursive Bayesian updates instead of directly eliminating such false positives.

3 World and Object Models

The data from the laser sensor is used to to correct the robot position. This is based on features present in the static map such as lines and points. We describe both using polar coordinates as in figure 2. The point with (ρ, ϕ), where ρ denotes its distance to the origin and ϕ the angle. Line segments are represented using (r, α, c, h) with r being the smallest distance to the origin and α the corresponding angle, c is the distance of the line segment center to the origin projected on the line and h is half the segment's length. We consider world objects as a set of simple geometric features, e.g. points and line segments, with a known spatial relation. Detecting some of these parts allows to infer one or several possible object locations as shown in figure 2 b.), for the case of a table.

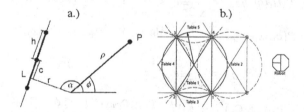

Fig. 2. a.) The environment model consists of line segments $L = (r, \alpha, c, h)$ and points $P = (\rho, \phi)$. Comparable features are extracted from the scan data using line segmentation. **b.)** The model of a table. We see here, 4 cluster can be good candidate for table foot (gray circle). The four cluster can are the four foot of a table 1, but the couple of cluster $(4, 1)$ can be two foot of table 1 and table 2. Same thing for couple $(1, 2)$, $(2, 3)$, $(3, 4)$ and table 3, 4, and 5. Likewise triplet of cluster such $(1, 2, 3)$, $(2, 3, 4)$, $(3, 4, 1)$, and $(4, 1, 2)$ correspond to the table 1.

4 Scan Map Alignment

The data association and scan alignment is based on *EM*-formulation as proposed in [7]. Starting from an initial set of parameters an estimation is obtained. Using this estimation the parameters are maximized, and in turn used again to improve the estimation. This general idea of *EM* was originally presented in [4], an introduction can be found in [2].

To perform scan alignment we seek a displacement $dx, dy, d\Theta$ from the current position which maximizes the probability using the current scan and the static map. We begin by deriving the probability function that depends on the unknown displacement. In the expectation step scan elements are assigned to elements from the static and the semi-static map and the previous scan. In the maximization step the displacement parameters are computed using only elements from the static map. Iterating both steps leads to scan alignment and motion detection through outlier detection.

Measurement Model Considering the data from the laser scanner as a random process with Gaussian noise on distance and angle readings, we can express measurements as random variables ρ for the distance and ϕ for the angle and with covariance Σ_P. The covariance matrices for the line objects Σ_L and the distance of a point to a line σ_{P2L}^2.

If we denote with i the index of a scan object and with j the index of the corresponding map object, we obtain Gaussian error distributions for the cases: line to line Θ_{L2L}, point to point Θ_{P2P} and point to line Θ_{P2L}. Here, only the matching equation is shown (3), a detailed derivation can be found in [7]. Complex features as compound world objects (e.g. tables) are broken up into their atomic elements: lines or points.

Cases where no correspondence to any object in the world model exists represent outliers. This hypothesis is denoted using Θ_*. We assume them to be uniformly distributed. To simplify the following calculations we will express the uniform distribution formally similar to the Gaussian distributions.

$$P(r_i, \alpha_i | \Theta_{L2L}) = \frac{1}{\sqrt{2\pi}} e^{-\frac{1}{2}(r_i - r_j, \alpha_i - \alpha_j)\Sigma_L^{-1}(r_i - r_j, \alpha_i - \alpha_j)^T}$$

$$P(\rho_i, \phi_i | \Theta_{P2P}) = \frac{1}{\sqrt{2\pi}} e^{-\frac{1}{2}(\rho_i - \rho_j, \phi_i - \phi_j)\Sigma_P^{-1}(\rho_i - \rho_j, \phi_i - \phi_j)^T}$$

$$P(\rho_i, \phi_i | \Theta_{P2L}) = \frac{1}{\sqrt{2\pi}} e^{-\frac{1}{2\sigma_{P2L}^2}(r_j - \rho_i \cos(\alpha_j - \phi_i))^2} \qquad (1)$$

$$P(\rho_i, \phi_i | \Theta_*) = \begin{cases} \frac{1}{K} & (0 \leq \rho_i \leq \rho_{max}) \cap (0 \leq \phi_i \leq 2\pi) \\ 0 & \text{otherwise} \end{cases}$$

Log-Likelihood function The correspondence between scan elements and world objects is explicitly modeled using correspondence variables c_{ij} and c_{i*} which are 1 if and only if the scan element corresponds to this world object. A measurement is only caused by one world object, thus the sum (2) over all correspondence variables is 1.

The type of the object is encoded in type variables l_i, l_j for the line objects in scan and map, where I, J are the number of scan and map elements, respectively. Point elements are encoded as p_i, p_j. An element is either line or point, so the sum (2) of point type and line type is 1. We use $f_{*,L,P,P2L}$ to obtain a common denominator.

$$f_{*,L,P,P2L} = \ln\Sigma_{*,L,P,P2L}^{-1} \qquad 1 = c_{i*} + \sum_j c_{ij} \qquad 1 = p_i + l_i = p_j + l_j \qquad (2)$$

Using the correspondence variables we can generalize our measurement model. With this, the joint probability is obtained assuming all correspondences equally likely in the absence of measurements. The likelihood of all measurements and all correspondences is the multiplication of the above. Instead of working with this product it is more convenient and common practice to use the log-likelihood, see (3).

$$\ln P(R,\alpha,C|\Theta) = \sum_i \ln\left(\frac{1}{(J+1)\sqrt{2\pi}}\right) + \left[c_{i*}f_*(l_i+p_i)\right.$$
$$+ \sum_j c_{ij}\left[p_ip_jf_P(\rho_i-\rho_j,\phi_i-\phi_j)\Sigma_P^{-1}(\rho_i-\rho_j,\phi_i-\phi_j)^T\right. \qquad (3)$$
$$+ l_il_jf_L(r_i-r_j,\alpha_i-\alpha_j)\Sigma_L^{-1}(r_i-r_j,\alpha_i-\alpha_j)^T$$
$$\left.\left. + p_il_jf_{P2L}\frac{1}{\sigma_{P2L}^2}(r_j-\rho_i\cos(\alpha_j-\phi_i))^2\right]\right]$$

4.1 Data Association

Since correspondence variables serve only to identify the most likely model, expectation is taken over all correspondences C. Interchanging expectation operation and summation, we obtain (4). The *expectation-step* provides us with the expectation for the correspondence variables, as in (4). D_i is used to normalize the expectation. The sum over all expectations j and the oulier $*$ for a constant i is equal to 1.

$$E(c_{ij}) = \frac{1}{D_i}\exp\left(p_ip_jf_P(\rho_i-\rho_j,\phi_i-\phi_j)\Sigma_P^{-1}(\rho_i-\rho_j,\phi_i-\phi_j)^T\right.$$
$$\left. + l_il_jf_L(r_i-r_j,\alpha_i-\alpha_j)\Sigma_L^{-1}(r_i-r_j,\alpha_i-\alpha_j)^T\right)$$
$$E(c_{i*}) = \frac{1}{D_i}\exp\left(-\frac{f_*}{2}(l_i+p_i)\right) \qquad (4)$$

Dynamic elements show no correspondence to any of the static, semi-static or previous scan elements. They are thus outliers in the data association process. Static and semi-static objects which are present in the current scan will be associated with the corresponding object in the map. We use test for the existence of this correspondence again in the visibility criterion 5 to remove objects from the semi-static map.

4.2 Position Correction

Using the expectation for the correspondence variables, we can improve the parameters by optimizing the expression (3). This is called the *Maximization step*. In our case it results in a position correction $dx, dy, d\Theta$.

$$d\Theta = \frac{1}{D_\Theta} \sum_i \sum_j E\{c_{ij}\}$$

$$(p_i p_j f_P \Sigma_{P,(1,1)}^{-1} (\phi_i - \phi_j)$$

$$+ l_i l_j f_L \Sigma_{L,(1,1)}^{-1} (\alpha_i - \alpha_j))$$

$$D_\Theta = \sum_i \sum_j E\{c_{ij}\} (p_i p_j f_P \Sigma_{P,(1,1)}^{-1} + l_i l_j f_L \Sigma_{L,(1,1)}^{-1})$$

$$dx = \frac{1}{D_{xy}} \sum_i \sum_j E\{c_{ij}\}$$

$$(p_i p_j f_P \Sigma_{P,(1,1)}^{-1} (\rho_i - \rho_j) \cos(\phi_j + d\Theta) \qquad (5)$$

$$+ l_i l_j f_L \Sigma_{L,(1,1)}^{-1} (r_i - r_j) \cos(\alpha_j + d\Theta))$$

$$dy = \frac{1}{D_{xy}} \sum_i \sum_j E\{c_{ij}\}$$

$$(p_i p_j f_P \Sigma_{P,(1,1)}^{-1} (\rho_i - \rho_j) \sin(\phi_j + d\Theta)$$

$$+ l_i l_j f_L \Sigma_{L,(1,1)}^{-1} (r_i - r_j) \sin(\alpha_j + d\Theta))$$

$$D_{xy} = \sum_i \sum_j E\{c_{ij}\} (p_i p_j f_P \Sigma_{P,(1,1)}^{-1} + l_i l_j f_L \Sigma_{L,(1,1)}^{-1})$$

5 Candidate Rejection

To handle the case of where semi-static object are moved, their presence at the old registered location is verified. Therefore, the correspondence established in the data association 4 is used, which indicates for each object (part) whether it was observed in the current scan or not. Comparing this with the visibility of object parts given the current scan allows removal of objects which are no longer present.

Visibility To determine the visibility of object parts we transform the point data from the scan into a polygon centered on the robot. An object part is considered visible if it is located inside the polygon. In addition we take into account the blind zone originating from the two laser sensors mounted back to back.

Recursive Bayesian Update To cope with sensor noise, which particularly noticeable when dealing with small objects, we use recursive Bayesian update, where we model the probabilities of detecting an object part under the condition of the existence or non-existence of the object.

The candidate generation assigns a probability of existence to each object part. This probability depends on the sensor input. Parts that could be sensed are highly likely to be present. Parts which could not be sensed are equally likely to be present or absent. The probability of existence for each object part is updated with new sensor input using (6). If the probability for object part drops below a defined threshold it is removed from the semi-static map. We define $P(E|S_t)$ as the probability of existence of an object given S_t accumulated sensor readings. $P(E|S_{t-1})$ is the same probability at the previous time-step. $P(\bar{E}|S_{t-1})$ is the probability of the absence of a table given the accumulated sensor readings. $P(s_t|E)$ and $P(s_t|\bar{E})$ model the probability of the current sensor reading given the existence or absence of an object.

$$P(E|S_t) = \frac{P(s_t|E)P(E|S_{t-1})}{P(s_t|E)P(E|S_{t-1}) + P(s_t|\bar{E})P(\bar{E}|S_{t-1})} \tag{6}$$

6 Candidate Generation

To detect arbitrary shapes in the presence of occlusions a variety of algorithm exist. A lot of research has been conducted in computer vision research. An overview of algorithms can be found in [9]. We limit ourselves to detect rectangular shapes, as a model for tables. The first step to identify candidate rectangles is to detect clusters of point in the laser scan. For that, we use a technique called *friends-of-friends* [5, 3]. It groups all points into the same cluster if their distance to at least one point in that cluster is smaller than a parameter called linking length.

After segmentation, all clusters corresponding to possible legs of a table are selected (criterion is the size of cluster). In figure 2 b.) such a model is shown. We can detect tables with four, three or two visible legs. We do not consider the single leg case for obvious reasons. To decide whether the clusters form a rectangle we compute its center of gravity and the diameter of the circle circumscribing. For a valid rectangle all four clusters are located on that circle within a small bound of error. To allow detection with three or even two clusters only, the missing positions (possible undetected corners) are computed and added using the symmetry of a rectangle. In figure 2 b.), the most probable candidate is the one with four legs.

After generating a list of rectangles, we proceed to eliminate all those that do not match one of the a-priori defined classes of objects. We use three characteristic properties that need to lie within acceptable ranges: The ratio of length and width, the radius, and the maximum number of points found in a cluster. This last parameter is useful in our offices, where legs of tables and chairs are small objects. Candidates that match all these criteria are added to the semi-static map.

6.1 Parameter Selection

The candidate generation relies on three elements to select rectangles from the scan data. To select the above mentioned parameters and to evaluated the candidate generation's performance, we compared the classification result with the real contents of a scene in our lab. The result is shown in table 1. Candidates were generated using the entire data up to 8 meters and a reduced area, where elements further than 3 meters were rejected.

It was found that reducing the detection area greatly improves the number of correctly identified tables. Reasons for this are probably the small size of table legs, which are approximately 1.5 cm wide. When located far from the robot, only a small fraction of the beam is reflected, and thus the table leg is not detected. This explains, why the percentage of not detected tables (type I error) approximately triples, when using the entire laser range for detection. The percentage of wrongly accepted tables (type II error) drops when using the entire data set, because the overall number of tables present in the detection area increases.

We used a sequence of 25 scans in an environment with 4 tables. The percentage of correct classification ranges from 72% to 91%. Variation of the model parameters (length and radius) and the accompanying tolerance provides us with a parameter set for table detection.

Table 1. showing the relation of radius and length tolerance to the classification result of the candidate generation. Results for a limited search area and the entire sensor range are given. Horizon indicates the maximal distance from the robot for data to be used in the candidate generation. Length is the maximal difference to the specified model length. Radius is the maximal difference from the model radius. All these values are in meter. Correct are tables classified as such. Type I error are tables which are not detected. Type II error are non-tables classified as tables.

Tolerance of radius vs. detection rate									
horizon	3.0					8.0				
length	0.025					0.025				
radius	0.020	0.025	0.030	0.035	0.040	0.020	0.025	0.030	0.035	0.040
correct	72.97%	86.49%	89.19%	89.19%	89.19%	18.75%	23.61%	24.31%	24.31%	24.31%
type I	27.03%	13.51%	10.81%	10.81%	10.81%	81.25%	76.39%	75.69%	75.69%	75.69%
type II	5.41%	18.92%	18.92%	29.73%	35.14%	4.17%	9.72%	12.50%	17.36%	18.75%
Tolerance of length vs. detection rate									
length	0.020	0.025	0.030	0.035	0.040	0.020	0.025	0.030	0.035	0.040
radius	0.035					0.035				
correct	81.08%	89.19%	89.19%	91.89%	91.89%	22.22%	24.31%	25.00%	25.00%	25.00%
type I	18.92%	10.81%	10.81%	8.11%	8.11%	77.78%	75.69%	75.00%	75.00%	75.00%
type II	16.22%	18.92%	29.73%	43.24%	48.65%	6.94%	12.50%	18.75%	25.69%	31.25%

7 Experiments

Experiments were conducted in the hallway 3 a) and meeting room 4 a) of our laboratory. To test the adaptation capabilities of the semi-static map to introduce new features as they become visible and to remove old features when they disappear from the environment, the arrangement of tables and chairs was changed several times. An evaluation of the motion detection system for classification of scan data in static and dynamic parts can be found in [7, 6].

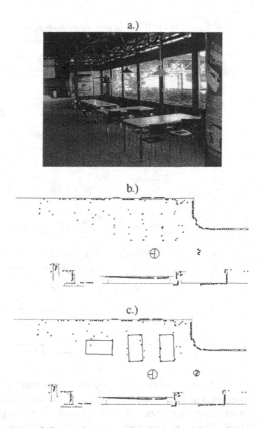

Fig. 3. a.) Photo of a part of the environment. b.) Scan data from the robot showing the same scene. The robot is represented by an octogon. Lines show walls in the static map. Scan data close to walls is assigned to the lines. Data further away is used to detect rectangles. c.) Semi-static map after candidate generation for the same data. Three tables were found and correctly located. A forth table which is present in the scene, is located on the very far left and not yet visible in the scan data. It is integrated in the static map as the robot moves along, see 4. A person is moving on the right hand side of the robot.

A part of the environment is shown in figure 3 a.). The robot was moving along the tables towards the end of the hallway. Figure 3 b.) shows the same scene as the photo, from the robot's point of view. The laser scanner was mounted at 60cm height, so that the only visible part of tables are their legs. Its data is superimposed on a part of the static map, consisting of the building's walls. Comparing figures 3 b.) and c.) shows how much of presumably open space in reality is covered by furniture. Using the parameters previously defined for the candidate generation three tables were correctly identified. Their is a fourth table present, but it is currently outside the detection area and will be integrated as the robot moves along, as is shown in figure 4 b.).

Before sending the robot back, tables and chairs were rearranged to test the adaptation capabilities of the semi-static map. An exemplary result is shown in figure 4 c.).

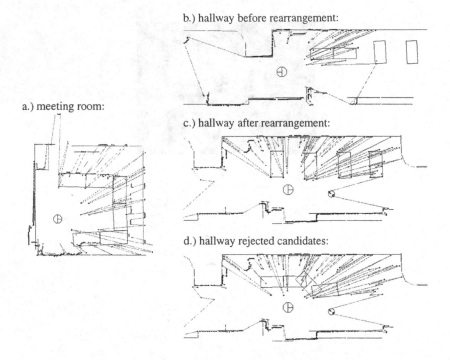

b.) hallway before rearrangement:

a.) meeting room:

c.) hallway after rearrangement:

d.) hallway rejected candidates:

Fig. 4. a.) Representation of tables in the meeting room by semi-static map. The robot's position is indicated and the visible area used to reject candidates is drawn. b.) semi-static map representation of the hallway, with four tables correctly located. c.) After changing the arrangement of the tables the robot was back send back. The semi-static map correctly adapts to the new table location. d.) All rejected candidates for the hallway scene are shown. The two rejected candidates forming one long table represent the now outdated state on from a.). The two other rejects were false positives, which could be removed based on the visibility criterion.

Adaptation consists of two steps. One is the falsification of previously integrated candidates. This is done using the visibility criterion. Candidates with observable parts, which are repeatedly not present in the scan data are removed from the map. New candidates are introduced by the candidate generation. Figure4 d.) shows four rejected candidates. The two tables forming a long one represent the now outdated state before the rearrangement. They were correctly removed, because their is no more table present at the old location. The other two tables are false positives from the candidate generation, which are rejected using the visibility criterion.

The system performance was found robust against changing of the arrangement of furniture and to changing of the location. Results achieved in the meeting room are shown in figure 4 a.) to test the system in a different location.

Throughout the tests one wrongly classified table remained in the semi-static map, where an arrangement of chairs matched three of the four corners. It could not be falsified using the visibility criterion, because the fourth element was hidden by a wall and thus always classified as occluded. Extending the visibility criterion to check for conflicts with the static map may circumvent this particular case.

Despite these results, we like to note that inferring 3D objects from 2D data is prone to aliasing. A random spatial arrangement of arbitrary objects may give rise to candidates in the 3D space which are not present.

8 Conclusion

Semi-static objects could be integrated into an a-priori known static map. The visibility criterion removes candidate objects from the map, when observable object parts are no longer present. It could be shown that the semi-static map adapts to changes in the environment and to rejects false positives, when sufficient evidence is gathered. Experiments were conducted in the hallway and the meeting room of the lab. A-priori shape information for a table was used as a model. Candidate generation based on rectangle extraction from laser range data achieved a correct classification of up to 92%.

References

1. D. Avots, E. Lim, R. Thibaux, and S. Thrun. A probabilistic technique for simultaneous localization and door state estimation with mobile robots in dynamic environments. In *Proceedings of the Conference on Intelligent Robots and Systems (IROS)*, Lausanne, Switzerland, 2002.
2. J. Bilmes. A gentle tutorial on the EM algorithm and its application to parameter estimation for gaussian mixture and hidden markov models, 1997.
3. M. Davis, G. Efstathiou, C. S. Frenk, and S. D. M. White. The evolution of large-scale structure in a universe dominated by cold dark matter. *Astrophysical Journal*, 292:371–394, 1985.
4. A.P. Dempster, N.M. Laird, and D.B. Rubin. Maximum likelihood from incomplete data via the EM algorithm. *Journal of the Royal Statistical Society, Series B*, 1(39):1–38, 1977.
5. Daniel J. Eisenstein and Piet Hut. Hop: A new group finding algorithm for n-body simulation. *The Astrophysical Journal*, pages 137–142, 1998.
6. B. Jensen, R. Philippsen, and R. Siegwart. Motion detection and path planning in dynamic environments. In *Workshop Reasoning with Uncertainty in Robotics*, Acapulco, Mexico, August 2003.
7. B. Jensen and R. Siegwart. Using EM to detect motion with mobile platforms. In *IEEE/RSJ International Conference on Intelligent Robots and Systems*, Las Vegas, USA, 2003.
8. B. Kluge, C. Köhler, and E. Prassler. Fast and robust tracking of multiple moving objects with a laser range finder. In *Proc. of Int. Conf. on Robotics and Automation*, pages 1683–1688, 2001.
9. Arthur R. Pope. Model-based object recognition - A survey of recent research, 1994.
10. D. Schulz and W. Burgard. Probabilistic state estimation of dynamic objects with a moving mobile robot. *Robotics and Autonomous Systems*, 34(2-3), 2001.
11. D. Schulz, W. Burgard, D. Fox, and A. Cremers. Tracking multiple moving targets with a mobile robot using particle filters and statistical data association. In *Proceedings of the 2001 IEEE International Conference on Robotics and Automation*, 2001.

Vision-Based Global Localization of a Mobile Robot Using Wavelet Features

Hashem Tamimi and Andreas Zell

Computer Science Dept.,
University of Tübingen,
Sand 1, 72076 Tübingen, Germany,
{tamimi,zell}@informatik.uni-tuebingen.de
http://www-ra.informatik.uni-tuebingen.de

Abstract. The intention of this work is to introduce a vision-based localization system, which successfully enables a mobile robot to resolve its global position. The features used are based on wavelet multi-resolution textures, each of which is obtained from a space-frequency domain at a given wavelet-based salient point. These features have demonstrated invariance to translation, scale, illumination, as well as to partial variation in the image. The system is applied for the use in indoor terrain.

Introduction

The problem of robot localization can be classified as either global or local localization. In global localization, the robot tries to discover its position without previous knowledge about its location. In local localization, the robot must update its position using its current data from its sensors as well as the previous information that it has already accumulated. The lack of any historical information about its surroundings makes the global localization more challenging. In [10] the problem of robot localization is dealt with by means of visual features applied in image retrieval systems. The difference between the concept of image retrieval and robot global localization is only within their applications rather than in the methodologies used. Nevertheless, robot localization is a real time issue. It is also more elaborated when the visual surroundings have various similarities. The visual features used in robot localization can be categorized into either colour-based, texture based or content based features. [3] uses colour based features separated by vertical lines. Their features are extracted from highly saturated colours assumed to be found in the robot environment. [7] extracts content based features, their system is able to recognize objects with translation, rotation and scale invariance. Our features, on the other hand, are classified as texture-based features extracted in the space-frequency domain. Textures are patterns found in a scene independent of its colours or contents. They are capable of providing important cues for the visual perception as well as discrimination of images. For clarity we will refer to our features as WTF (Wavelet-based Texture Features).

The paper is organized as follows: In section 1 we give a brief review to wavelet transformation. In section 2 we describe the process of detecting the salient points which we use to locate the WTF features. In section 3 we explain our feature extraction methodology. In section 4 we discuss the method of measuring the similarity between images using our features, and in section 5 we demonstrate some experimental work and show the results of our system.

1 Wavelet Transform

The continuous wavelet transform of a one dimensional signal $f(x)$ is defined as

$$(W_a f)(b) = \int f(x)\psi(x)dx, \tag{1}$$

where $\psi(x)$ is known as the wavelet mother function and has to satisfy a zero mean. Eq. 1 can be discretized and extended into a 2-D transform by applying a separable filter bank to the image I_0 [2]. as follows:

$$I_n(b) = [Hx * [Hy * I_{n-1}]_{\downarrow 2,1}]_{\downarrow 1,2}(b). \tag{2}$$

$$W_n^1(b) = [Hx * [Ly * I_{n-1}]_{\downarrow 2,1}]_{\downarrow 1,2}(b). \tag{3}$$

$$W_n^2(b) = [Lx * [Hy * I_{n-1}]_{\downarrow 2,1}]_{\downarrow 1,2}(b). \tag{4}$$

$$W_n^3(b) = [Lx * [Ly * I_{n-1}]_{\downarrow 2,1}]_{\downarrow 1,2}(b), \tag{5}$$

where $b \in R^2$, $*$ is the convolution operator, $\downarrow 2, 1$ and $\downarrow 2, 1$ are sub-sampling along rows and columns respectively. L and H are low and high pass filters, respectively. In addition, n is the sub-band or resolution of a given wavelet channel, such that $1 \geq n \geq log_2 N$ for an $N * N$ image. We refer to $I_n(n)$ as the approximate wavelet channel because it is only a redundant version of the original image $I_0(b)$. The other channels $W_n^1(b), W_n^2(b)$ and $W_n^3(b)$ are also called horizontal, vertical and diagonal channels respectively. Each channel is capable of detecting particularly important data variations in the image.

2 Salient Points

Just like corners, salient points represent stable and unique locations in the image. The work of salient points detection using Wavelet transformation was presented by [9]. Their algorithm enables the detection of important variations of data in the image. When comparing their work with other techniques such as the work resented in [5], the Salient points show that they are more than just corners. They are more distributed and more describing, their stability in the image against many image transformations has given these points many advantages over simple corners. An example of salient points is demonstrated in Fig. 1(right) where 200 salients points are extracted from the image in Fig. 1(left).

The idea behind salient point extraction is to apply wavelet transformations to the image. Since wavelet transformation gives information about the variations of the translated image at different scales, a region of high global variation in the image is translated to high a wavelet coefficient at a coarse resolution, while small variations in the image are found as high wavelet coefficients in a fine resolution. A wavelet pyramid, arranged from coarse to fine resolution, represent the whole variation found in the image.

Let us assume an image I of $N * N$ samples is to be studied at different wavelet sub-bands $1, 2, ..., j$ where $j \leq log_2 N$. The algorithm for extracting the salient points has the following main steps:

1. For each wavelet coefficient $W_j(b)$ find the child coefficient $C(W_j(b))$ which has the maximum value.
2. Track this child recursively down to the finer resolution. In our work the child can be found according to: $C(W_j(b)) \in \{W_{j-1}(2b), W_{j-1}(2b+1)\}$.
3. At the finer resolution, set the saliency value to as follows:

$$saliency = \sum_{k=1}^{n} \left| C^k(W_n(b)) \right|. \tag{6}$$

4. Threshold the saliency image to extract the significant points.

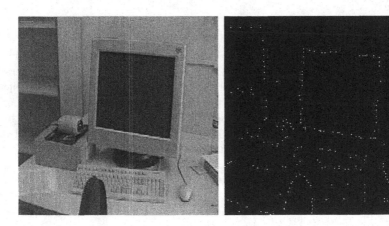

Fig. 1. 200 salient points

3 Feature Extraction

In this section we introduce our idea behind extracting the WTF features. the section is divided into two parts, the first part talks about the domain of the

WTF, while the second part deals with the selection of those features from the defined domain.

3.1 Feature Domain

We define a new domain from the three wavelet resolutions found in the Equations: 3,4 ,and 5. The domain $W_n^{quantize}(b)$ is a quantized version of the three wavelet resolutions using the following two operations:

$$Q^{max}(W_n^1, W_n^2, W_n^3) \in \{\omega_1, \omega_2, \omega_3\}. \tag{7}$$

$$Q^{threshold}(W_n^i) \in \{h_c, l_c\}. \tag{8}$$

Eq. 8 generates a new wavelet domain which takes only one of three values of ω_i at a time according to the wavelet channel having the maximum value. For example, if $W_{n=p}^2 > W_{n=p}^1 > W_{n=p}^3$ then $Q_{n=p}^{max} = \omega_2$ at that specific point $n = p$;

Equ. 7 will threshold the quantized domain to either h_c for high wavelet coefficients and l_c for low wavelet coefficients. Thresholding will extract points of energy which usually correspond to textures.

By applying $Q_2 \circ Q_1$ we get the new domain with the following combinations of values:

$$W_n^{Q_2 \circ Q_1}(b) \in \{\omega_1 l_c, \omega_2 l_c, \omega_3 l_c, \omega_1 h_c, \omega_2 h_c, \omega_3 h_c\}. \tag{9}$$

By applying such quantization we have reduced the huge number of coefficient possibilities into a finite small set that enables us to study and, later on, compare such coefficients easily.

A similar idea of wavelet thresholding was presented in [8], in their case the thresholded, binary, coefficients were up-samples back into space domain. Each texture was concatenated with the other textures from different channels to finally produce a combination of textures in the space domain and perform image comparison there. Unlike their work, we do not perform the up-sampling process, we maintain our textures and perform the image comparison in a multi resolution method in the wavelet domain. This can help us to conclude some dissimilarities at early stages, which eventually speeds up the localization process.

3.2 Feature Selection

We seek to further reduce the size of our feature set by selecting a smaller set of features from the feature domain defined above. We do so by selecting a set of features from each wavelet resolution just in the surroundings of the salient points (explained in section 2) which fit for that resolution.

The matching scheme is done in a multi-scale method, we try to search for a match between corresponding coarse (low resolution) data as well as in fine (high resolution) data. The process of selecting features from an image can be explained in the following steps:

1. Detect a refined set of salient points P_I and for the corresponding image I.
2. Scale the salient points to a given sub-band k. This result is $S_k(P_I)$. Scaling a point $P(x, y)$ to $P(x', y')$ is simply done by:

$$\begin{bmatrix} x'_i \\ y'_i \end{bmatrix} = \begin{bmatrix} \alpha & 0 \\ 0 & \alpha \end{bmatrix} \cdot \begin{bmatrix} x \\ y \end{bmatrix}, \tag{10}$$

where α is the scaling factor, and for the sub-band k we have $\alpha = 2^{-k}$.
3. Extract a set of patches of size $2p + 1$ around each point $S(P_I)$. Each Patch is referred to as $M_i \subset W_{ni}^{Q_2 \circ Q_1}$. Noting that $|M| = |P|$ where $|\cdot|$ is the cardinality.
4. Generate a set of patches M and their corresponding set of center locations $S(P)$ as our new feature set.

4   Feature Matching

In this section, we show how to match two set of features that correspond to two images. First, we define a similarity measure that finds correspondences between the features in both images. Then, to enforce the matching process, we explain how to remove ambiguous features at an early stage. The following two sub-sections explain our strategy.

4.1   Similarity Measures

To define similarities between images, we choose two similarity measures and apply them to each two images I and J. First, the spatial location of features of both images should be on the same plane. To accomplish this, we choose the centre of mass (COM) of each image as their common origin. the COM is calculated COM according to the salient point locations given in section 2. Each feature location is mapped to the new coordinate system accordingly.

The first measure found in Eq. 11 is the relation between the corresponding WTF of each patch M_i and M_j

$$E_{ij} = \frac{|M_i - M_j|}{M_i + M_j}. \tag{11}$$

The second measure is the Euclidean distance between two salient point positions P_i, P_j chosen from the two images as seen in Eq. 12

$$r_{ij} = \|P_i - P_j\|. \tag{12}$$

In Eq. 13 we put both equations together, which look similar to those given in [4] except that they use normalized cross correlation as their measure.

$$d_{ij} = (1 - E_{ij}) e^{-r_{ij}^2 / 2\sigma^2}. \tag{13}$$

Note that $d_{ij} \in [0..1]$, with 1 as optimal similarity, and it decreases monotonically with distance. The choice of σ was presented in [6] as well as in [4]. Both explain its effect on the degree of interaction between the two sets of features.

Finally, we generate a proximity matrix $A(i,j)$ and apply a threshold τ_1 to find the amount of correspondence between each two images.

4.2 Ambiguity Avoidance

To further enhance the matching process, we remove some features from the comparison at the early stage of the feature selection [1]. We adopt the following strategy to remove ambiguous features: Assume the features $F_i, F_j \in U$, where U is set of features extracted from the same image, then we remove F_i from U if $min\,(d\,(F_i, F_j)) < \tau_2, \forall F_j \in U$. This process does not only remove ambiguity, but also speeds up the matching process, but since the number of features is now varying, it is expected to see fluctuation in the matching time as seen in Fig. 2.

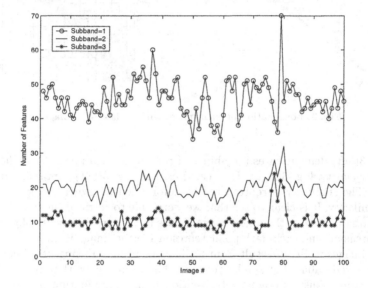

Fig. 2. The number of features is depending on ambiguity avoidance.

5 Experimental Results

The proposed WFT features were tested using images taken from the robot Colin, an RWI/iRobot mobile robot in our laboratory. We have started with a small database of features which contains 20 classes, each class has 5 images taken in the surroundings of the robot laboratory and some rooms in our institute. Each image in one class exhibits either content-based difference, translation, scale or relative illumination changes. We apply the program to gray scale images of size (256×256). We make use of only three wavelets sub-bands i.e, $n = (2, 3, 4)$, because the first sub-band has much unnecessary details while the higher sub-bands ($n > 4$) can only reflect the existence of objects, low frequencies, without many distinguishing details. We start with 150 salient points in each sub-band. We have noticed that the number of salient points were reduced by the ambiguity avoidance technique, explained in section 4.2, to 100 points on average.

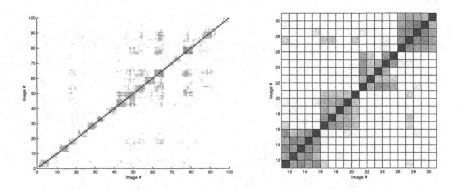

Fig. 3. Localization of each image with a class of 5 images.

Fig. 3(left) demonstrates the ability of retrieving each image from the database. For clarity, Fig. 3(right) is a scaled part of Fig. 3(left) containing only 20 images. The similarity is represented by color intensity, where dark represents total similarity. It is clear to see that we were able to retrieve the images which belong to same class as the query image. These images are represented by squared bright areas around each dark point representing the image itself.

The images in Fig. 4 result from testing our program using new images not found in the database but similar to them. The results show that WTF features exhibit good robustness against translation, scale, illumination and to partial changes which could occur while the robot is localizing itself.

The execution time requested for our program is shown in Fig. 5. This experiment was done on the 100 images mentioned above using an Pentium 1.8GHz. The variation of localization time is caused by the number of features participating in the feature matching process, as explained in section 4.2. The average localization using a database of 100 images is 280 ms.

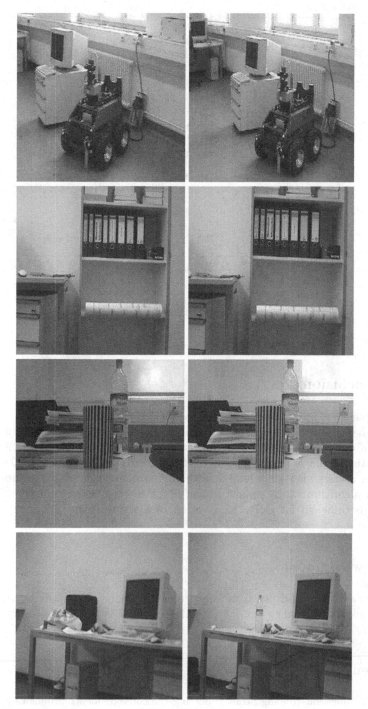

Fig. 4. Localizing different images. The four pairs of images demonstrate invarianooo to translation, scale,illumination, and partial changes respectively. Each pair has the target image on the left side and the retrieved image on the right side.

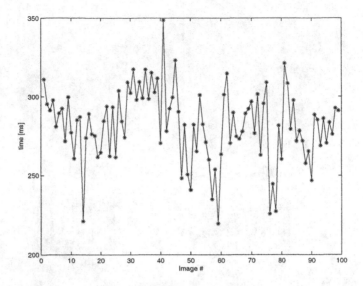

Fig. 5. Time to localize each image among 100 images.

6 Conclusion

In this paper, a wavelet-based feature extraction method was introduced. This method has enabled a mobile robot to globally localize itself without the need for colour information. The results demonstrate good robustness against translation, illumination, scale, and partial changes. The speed of our algorithm (280 ms. per image on average) is relatively high, although still one order of magnitude away from an algorithm which could run at full video rate on a standard PC. Our method is sufficient for global localization of a service robot not moving very fast.

Acknowledgment

The first author would like to acknowledge the financial support by the German Academic Exchange Service (DAAD) during his PhD scholarship at the university of Tübingen.

References

1. Peter Biber and Wolfang Straßer. Solving the correspondence problem by finding unique features. In *16th International Conference on Vision Interface*, 2003.

2. G. Van de Wouwer, S. Livens, P. Scheunders, and D. Van Dyck. Color texture classification by wavelet energy-correlation signatures. In *Proc. Int. Conf. Computer Analysis and Image Processing*, volume 1310, pages 327–334, 1997.

3. Pierre Lamon, Illah Nourbakhsh, Bjorn Jensen, and Roland Siegwart. Deriving and matching image fingerprint sequences for mobile robot localization. In *Proceedings of ICRA 2001*, May 2001.

4. M. Pilu. A direct method for stereo correspondence based on singular value decomposition. In *Proceedings of IEEE Computer Society Conference on Computer Vision and Pattern Recognition*, San Juan, Puerto Rico, 1997.

5. C. Schmid and R. Mohr. Local gray value invariants for image retreival. *IEEE Tras. on PAMI*, 19(5):330–535, May 1997.

6. G. Scott and H. Longuet-Higgins. An algorithm for associating the features of two patterns. In *Proc. Royal Society London*, volume B244, pages 21–26, 1991.

7. S. Se, D. Lowe, and J. Little. Local and global localization for mobile robots using visual landmarks. In *Proceedings of the IEEE/RSJ International Conference on Intelligent Robots and Systems (IROS)*, pages 414–420, Maui, Hawaii, October 2001.

8. J. R. Smith and S.-F. Chang. Automated binary texture feature sets for image retrieval. In *Proc ICASSP-96*, 1996.

9. Q. Tian, N. Sebe, M. S. Lew, E. Loupias, and T. S. Huang. Image retrieval using wavelet-based salient points. *in Journal of Electronic Imaging, Special Issue on Storage and Retrieval of Digital Media*, 10(4), October 2001.

10. J. Wolf, W. Burgard, and H. Burkhardt. Using an image retrieval system for vision-based mobile robot localization. In *Proc. of the International Conference on Image and Video Retrieval (CIVR)*, 2002.

Aufbau und Modellierung des RoSi Scanners zur 3D-Tiefenbildakquisition

Peter Steinhaus und Rüdiger Dillmann

Institut für Rechnerentwurf und Fehlertoleranz, Universität Karlsruhe,
Technologiefabrik, Haid-und-Neu-Straße 7, 76131 Karlsruhe, Deutschland
{steinhaus,dillmann}@ira.uka.de,
WWW Home Page: http://wwwiaim.ira.uka.de/~{steinhau,dillmann}

Zusammenfassung Die Akquisition von dichten 3D-Punktwolken bzw.
Oberflächendaten stellt in vielen Forschungs- und Anwendungsbereichen
noch ein großes Problem dar. Im Bereich autonomer mobiler Systeme
stellen beispielsweise die Probleme der 3D-Kollisionsvermeidung oder des
Simultaneous Localisation and Mapping (SLAM) hohe Anforderungen an
die Messgeschwindigkeit, die Messwertdichten, die Verfügbarkeit aktueller Messdatensätze sowie natürlich die Genauigkeit der Einzelmessungen.
Viele bereits existierende Systeme sind entweder sehr teuer, nicht mobil,
langsam oder ungenau. Im Rahmen dieser Arbeit wurde aufbauend auf
einem Standard Lasermesssystem (LMS) der Firma Sick ein 3D-Scanner
zur Akquisition schnell und einfach triangulierbarer 3D Punktwolken entwickelt. Das Grundprinzip besteht in der rotativen Lagerung des Laser-
messsystems auf einer mechanischen Achse entlang der optischen Mittelachse des Scanners. Durch Kopplung dieser Rotationsachse an eine
Standard-Motor-Getriebe-Kombination kann eine permanente Rotation
der Scanebene (RoSi = Rotating Sick) und damit eine zyklische Abtastung der Umgebung erreicht werden.

1 Einleitung

Auf dem Weg zu völlig autonom navigierenden mobilen Servicerobotern in men-
schenzentrierten Alltagsumgebungen stellt sich immer wieder die Frage nach der
kollisionsfreien Bahnplanung und Fahrtdurchführung sowie nach dem Problem
der Relokalisation der mobilen Systeme. Aktuelle Forschungsthemen widmen
sich hierbei immer mehr dem Problem der simultanen Lokalisation und Karten-
generierung (simultaneous localization and mapping, SLAM) und stoßen dabei
auf die Problematik der geeigneten Umwelterfassung. Je nach Aufgabenstellung
sind unterschiedliche Typen und Mengen von Umweltdaten zu akquirieren und
zu verarbeiten. Grundsätzlich geeignet scheinen jedoch als Umgebungsrepräsen-
tationen 3D-Punktwolken, die darauf aufbauenden triangulierten Dreiecksnetze,
weiterhin Netze bestehend aus allgemeineren polygonalen Zellstrukturen sowie
texturierte Netze zu sein. Aufgabe der Sensorik eines Robotersystems kann es

also sein, derartige Umweltrepräsentationen zu generieren bzw. deren einfache und zeitnahe Erzeugung zu ermöglichen.

Folgende Anforderungen an entsprechende Sensorik können hier abgeleitet werden:

- Erfassung eines möglichst großen Raumvolumens mit Messreichweiten von wenigen Zentimetern bis zu einigen Metern
- Gute absolute Messgenauigkeit mit Fehlern zumeist im niedrigen Zentimeterbereich bis hinunter in den Millimeterbereich
- Passable bis hohe Messgeschwindigkeiten von ca. 0.1 Hz bis 10 Hz
- Konfigurierbare Messauflösungen für den flexiblen Einsatz in unterschiedlichen Anwendungskontexten (beispielsweise Kollisionsvermeidung versus Kartierung)
- Foveales Messprinzip, um trotz partiell relativ hoher Messauflösung niedrige Datenmengen für die Weiterverarbeitung zu erhalten.
- Permanente Verfügbarkeit aktueller Sensordatensätze unabhängig vom aktuellen Sensorzustand
- Einfacher und robuster Aufbau, leichte Wartbarkeit

Trotz der immer beliebter werdenden Stereokamerasysteme bleibt die Akquisition von 3D-Punktwolken immer noch eine Domäne der lasergestützten Verfahren. Betrachtet man aktuelle und ältere Arbeiten zu diesem Thema, so finden sich einige Systeme, welche bereits mehr oder weniger große Teile des obigen Anforderungsprofiles erfüllen. Beispielsweise kann der in [3] und [2] vorgestellte, entlang einer quer zur optischen Hauptachse angebrachten Rotationsmöglichkeit aufgehängte 2D-Scanner bereits die relativ genaue und großvolumige Vermessung bei passablen Geschwindigkeiten bieten. Durch die periodischen Abbrems-, Beschleunigungs- und Stillstandsphasen der dort für die Rotation des Scanners eingesetzten Servomotoren entstehen jedoch Totzeiten, welche die permanente Verfügbarkeit entsprechender Tiefenbilder bzw. Punktwolken verhindert, wie sie beispielsweise für eine Online-Kollisionsvermeidung benötigt werden. Auch andere Lösungen, wie z.B. in [1], [4], [5], [6] oder [7], welche zumeist auf dem Einsatz synchronisiert ausgewerteter, orthogonal angeordneter 2D-Scanner oder durch Standard-Antriebs- und Odometriesysteme verfahrene Einzelscanner beruhen, besitzen Nachteile hinsichtlich der Anwendung als 3D-Kollisionsvermeidungssensoren, da diese prinzipbedingt keine Messung in Fahrtrichtung erlauben und daher nur zur 2D-Kollisionsvermeidung oder gar nicht eingesetzt werden können. Analysiert man nun Systeme wie beispielsweise die Dornier Entfernungsbildkamera hinsichtlich der oben angeführten Anforderungen, so fällt schnell ins Auge, dass dieser Sensor sowohl im zu verarbeitenden Raumvolumen mit Messreichweiten von minimal 5 Metern und in der Genauigkeit von ± 12 cm für In-Door-Anwendungen schlecht geeignet scheint. Die Messauflösung von 64×63 Messwerten bei einem Öffnungswinkel von $32° \times 32°$ ist auch kaum für Kartierungsaufgaben geeignet.

44

Bei der Entwicklung des RoSi-Scanners (Rotating Sick) wurde speziell Wert auf die permanente Verfügbarkeit von Tiefenbildern bzw. Punktwolken gelegt, unter der Maßgabe, auch in Fahrtrichtung eines mobilen Roboters 3D-Messungen vornehmen zu können. Als Ergebnis wurde ein foveales Messprinzip implementiert und untersucht, welches bei entsprechender Scanneranordnung in Fahrtrichtung die höchste Messauflösung beispielsweise für Kollisionsvermeidungszwecke bieten sollte, aber auch in den Randbereichen durch die Konfigurierbarkeit der Messauflösung genügend Potential für Kartierungsaufgaben zur Verfügung zu stellen scheint.

Im folgenden Abschnitt werden zuerst der Aufbau des Sensors sowie dessen technische Daten und Randbedingungen erläutert. Im Anschluss daran wird das zugrunde liegende Sensormodell vorgestellt. Weitergehend wird die Kalibrierung des RoSi-Scanners beschrieben.

2 Aufbau des RoSi-Scanners

Der RoSi-Scanner besteht aus einem 2D-Lasermesssystem der Firma Sick, welches an eine Rotationsachse gekoppelt wurde. Im Gegensatz zu allen den Autoren bekannten Systemen entspricht bei diesem System die Rotationsachse der mittleren Blickrichtung des 2D-Scanners und liegt somit ebenfalls innerhalb der Messebene. Zur Rotation wird ein handelsüblicher 24V-Gleichstrommotor mit einem Planetengetriebe und optisch inkrementellem Geber genutzt. Um sowohl die Stromversorgung als auch die Datenverbindung zum Auswerterechner zu ermöglichen wurde eine 10-kanalige Drehdurchführung eingesetzt. Dieser Aufbau garantiert nach der Inbetriebnahme die permanente Rotation des Scanners um seine mittlere Blickrichtung ohne Beschleunigungsphasen oder Totzeiten. Abbildung 1 zeigt das resultierende Sensorsystem, wobei sowohl Lager, Drehdurchführung als auch Motor-Getriebe-Kombination noch deutlich überdimensioniert sind und großes Potential zur Miniaturisierung vorhanden ist.

Die theoretisch erreichbaren Messeigenschaften des Sensorsystems lassen sich durch die technischen Daten des 2D-Lasers sowie der Auflösung des Winkels der Rotationsachse bestimmen. Der optisch inkrementelle Geber bietet eine Auflösung von 2000 Impulsen pro Umdrehung und ist direkt an den Motor gekoppelt. Das Getriebe implementiert eine Untersetzung von 36:1, so dass der Geber pro Umdrehung des 2D-Scanners 72000 Impulse liefert. Dies entspricht einer theoretischen rotativen Winkelauflösung von $0,005°$. Da ein Sick LMS zum Einsatz kommt, liegt die dort gewählte Auflösung innerhalb der Scanebene bei $0,25°$ bei einem Öffnungswinkel von $100°$, also bei 401 Messwerten pro Scanzeile. Die typischen Entfernungsmessfehler liegen bei ±2cm und erfüllen damit die gestellten Anforderungen (wie bei anderen Systemen auch). Die Geber-Impulse werden durch eine Quadratur-Dekoderschaltung ausgewertet und über ein Digital-I/O-Interface dem Auswertungsrechner zur Verfügung gestellt. Der Scanner selbst ist über die Drehdurchführung an eine RS-422-Schnittstelle gekoppelt und liefert bei 500 kBaud die maximal verfügbaren 20 Scans pro Sekunde.

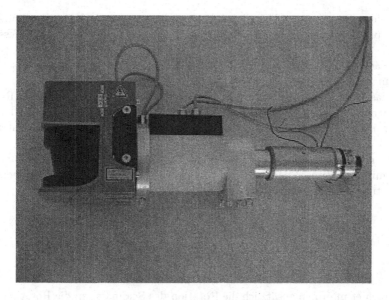

Abbildung 1. Der RoSi-Scanner

Da die mittlere Blickrichtung des Scanner und damit nicht sein Schwerpunkt auf der Rotationsachse zu liegen kommt, wurde das System durch zusätzliche Gewichte "ausgewuchtet" (auf dem Photo nicht montiert), um bereits ohne eingreifende Regelung einen möglichst ruhigen und gleichmäßigen Lauf des Systems zu gewährleisten.

Zur Echtzeitauswertung der Scannertelegramme und inkrementellen Winkel-Informationen, Kalibrierung des Sensorsystems und Visualisierung der Messwerte wird derzeit ein Standard-Embedded-PC mit einem 1 GHz Pentium III Prozessor eingesetzt. Die Scanner-Kommunikation wird über eine Standard-RS-422 Interface-Karte abgewickelt, bei der statt des Standard-Taktgebers ein 16 MHz VCO/Quarz eingesetzt wurde, um die untypische 500 kBaud-Geschwindigkeit zu erreichen. Das PC-System wird durch normales Linux-Betriebssystem verwaltet (derzeit kein RT-Linux). Zur Visualisierung wurde das Visualization-Toolkit (VTK) genutzt.

3 Sensormodell

Durch die Rotation des Scanners erhält das Gesamtsystem einen Öffnungswinkel der Scan-Keule von 100°. Bei einer fest eingestellten Rotationsgeschwindigkeit von beispielsweise 30° pro Sekunde misst der Scanner 6 Sekunden für eine halbe Umdrehung und erhält damit ein vollständiges Tiefenbild bzw. eine vollständige Punktwolke.

Bei dieser Rotationsgeschwindigkeit beträgt die rotatorische Winkelauflösung ca. 1,5° pro Scan. Ein Tiefenbild besteht dann aus $6 \times 20 \times 400 = 48000$ Messwerten.

Je nach Anwendung sind natürlich höhere und niedrigere rotatorische Auflösungen parametrierbar.

Sei das Scannerkoordinatensystem derart orientiert, dass die z-Achse der Rotationsachse des Gesamtsystems entspricht, die x-Achse in der Scanebene bei Rotationswinkel 0° liegt und die y-Achse dementsprechend orthogonal nach unten zeigt.

Dann gilt als einfache Approximation des Scans ohne Rotation für alle Tupel (r_i, α_i) mit r_i als gemessener Entfernung und α_i als Messwinkel in der Scanebene (0°-Richtung auf der x-Achse, alle Winkel in Radiant):

$$x_i = \cos(\alpha_i) \cdot r_i$$
$$y_i = 0$$
$$z_i = \sin(\alpha_i) \cdot r_i$$

Betrachtet man nun zusätzlich die Rotation des Scanners um die Rotationsachse mit einem nach dem Scan aufgenommenen Winkelmass β, so gilt:

$$x_i = \cos(\beta) \cdot \cos(\alpha_i) \cdot r_i$$
$$y_i = \sin(\beta) \cdot \cos(\alpha_i) \cdot r_i$$
$$z_i = \sin(\alpha_i) \cdot r_i$$

Berücksichtigt man nun noch die tatsächliche Scandauer von $t_S = 20 ms$ als der Zeit, die der Laser benötigt, um über die 180° gefahren zu werden, so muss man die Rotation des Scanners innerhalb dieser Zeit auch einrechnen:

$$x_i = \cos(\beta - (400 - i)RG/(400 t_S)) \cdot \cos(\alpha_i) \cdot r_i$$
$$y_i = \sin(\beta - (400 - i)RG/(400 t_S)) \cdot \cos(\alpha_i) \cdot r_i$$
$$z_i = \sin(\alpha_i) \cdot r_i$$

mit RG als aktueller Rotationsgeschwindigkeit (rad/s).

Die aktuelle Rotationsgeschwindigkeit wird approximiert durch zyklische Abtastung des inkrementellen Weggebers (ca. 50 Hz). Da das System ausgewuchtet wurde, konnte bisher auf den Einsatz einer Geschwindigkeitsregelung ohne signifikante Schwankungen der Rotationsgeschwindigkeit verzichtet werden. Für die Zukunft ist jedoch eine Umstellung auf eine geregelte Rotationsachse vorgesehen, um die Rotationsgeschwindigkeit automatisch den Bedürfnissen der mobilen Systeme anpassen zu können.

Problematisch bei der bisherigen Modellierung des Scanners bleibt jedoch zwei Tatsachen:

- Da es sich bei dem eingesetzten Winkelgeber um einen 3-spurigen inkrementellen optischen Codierer handelt, ist Startposition nicht bekannt und leider auch nicht eindeutig anhand der vorhandenen dritten Spur bestimmbar, da der Quadraturdekoder nur über eine 16-Bit-Auflösung verfügt (also ca. 65000 Werte annehmen kann), die Rotationsachse jedoch pro Umdrehung 72000 Impulse erzeugt. Zur Auflösung dieses Problems kann beispielsweise ein magnetischer Reed-Kontakt dienen, welcher bei jeder Umdrehung des Scanners ausgelöst und über die Digital-I/O-Karte eingelesen wird. Ein andere Möglichkeit besteht in einer Kalibrierung des Scannersystems anhand eines vorgegebenen, bekannten Kalibrierobjektes.
- Betrachtet man das bisher beschriebene Zeitmarkensystem, so fällt auf, dass die Winkelposition der Rotationsachse erst zu der Zeit ausgelesen wird, wenn der 2D-Scan bereits voll auf den Auswertungsrechner übertragen wurde. Hierbei entsteht jedoch ein systematischer Fehler, da die Messdaten bereits eine unbestimmte Zeit vorher durch den 2D-Scanner erzeugt, dort eine unbestimmte Zeit verarbeitet und zwischengepuffert und dann erst noch auf den Auswertungsrechner übertragen werden mussten. Diese unbestimmte Gesamtzeitspanne resultiert in einer fehlerhaften Zuweisung von Scannerdaten und aktuellem Rotationswinkel.

Um die beiden oben angesprochenen Fehler zu korrigieren wurde eine einfache Kalibrierungsmethode entwickelt.

4 Kalibrierung

Wie gerade angesprochen erzeugt das Time-Delay zwischen dem Zeitpunkt der Erzeugung der 2D-Scannerdaten und deren Ankunft im Auswertungsrechner eine falsche Winkelzuordnung, welches in einer um die Rotationsachse verdrehte Repräsentation der Umweltdaten resultiert.

Durch die Kalibrierung des RoSi-Scanners ist also ein Korrekturwinkel $\delta\beta$ zu berechnen, welcher als Offset zum aktuellen β addiert wird.

In der Kalibrierphase wird ein spezielles, bekanntes Kalibrierobjekt vermessen (in unserem Fall eine einfache, senkrecht stehende Stange, ca. 1m lang mit einer Kantenlänge von 4 cm). Dieses Kalibrierobjekt befindet sich zu Beginn der Messung in einem vorher grob festgelegten Winkelausschnitt und Entfernungsbereich des Scanners und kann daher leicht aus der generierten Punktwolke extrahiert werden.

Im Idealfall liefert das System bereits einen korrekt orientierten Scan, d.h. der Korrekturwinkel $\Delta\beta = 0$. In diesem Fall, sollte man durch die Punktwolke des Kalibrierobjektes eine Regressionsgerade legen können, welche im globalen Koordinatensystem senkrecht liegt, d.h. in negativer y-Richtung. Um das nachfolgende Verfahren numerisch stabiler zu halten, sollten die x- und y-Koordinaten vertauscht werden, so dass die zu berechnende Steigung nahe bei 0 und nicht bei ∞ liegt.

Seien nun die Punkte $(x_i, y_i, z_i), i = 1, ..., n$ als zum Kalibrierobjekt gehörig erkannt, so kann man aus der Geradengleichung in 2D

$$y_i = mx_i + b$$

folgendes, überbestimmtes LGS ableiten:

$$\underbrace{\begin{pmatrix} x_1 & 1 \\ \vdots & \vdots \\ x_n & 1 \end{pmatrix}}_{X} \cdot \underbrace{\begin{pmatrix} m \\ b \end{pmatrix}}_{M} = \underbrace{\begin{pmatrix} y_1 \\ \vdots \\ y_n \end{pmatrix}}_{Y}$$

Dieses lässt sich durch Anwendung der kleinsten Fehlerquadrate-Methode (least square) lösen zu:

$$X \cdot M = Y$$
$$\Leftrightarrow M = (X^T X)^{-1} X^T Y$$

Damit ist nun die tatsächliche Steigung m bestimmt und die Kalibrierstange wird im Winkel $\beta = atan(m)$ angemessen. Um dies nun zu korrigieren, kann die Winkeldifferenz $\Delta\beta = 90° - \beta$ als Offset in die Berechnung der kartesischen Koordinaten aufgenommen werden:

$$x_i = \cos(\beta + \Delta\beta - (400 - i)RG/(400t_S)) \cdot \cos(\alpha_i) \cdot r_i$$
$$y_i = \sin(\beta + \Delta\beta - (400 - i)RG/(400t_S)) \cdot \cos(\alpha_i) \cdot r_i$$
$$z_i = \sin(\alpha_i) \cdot r_i$$

mit RG als aktueller Rotationsgeschwindigkeit in (rad/s).

Problematisch ist nun noch, dass der berechnete Korrekturwinkel $\Delta\beta$ geschwindigkeitsabhängig ist, d.h. es müsste für jede konfigurierbare Rotationsgeschwindigkeit eine erneute Kalibrierung durchgeführt werden. Um dies zu vermeiden lässt sich aus der approximierten Rotationsgeschwindigkeit und dem resultierenden Korrekturwinkel durch Mittelung über viele Messungen ein konstant anzunehmendes Time-Delay für die Datenübertragung errechnen, welches für alle weiteren Schritte genutzt werden kann, um bei vorgegebener Geschwindigkeitsapproximation den korrespondierenden Korrekturwinkel zu berechnen.

5 Experimentelle Ergebnisse

Der RoSi-Scanner wurde bereits in unterschiedlichen Setups getestet. Bisher konnten beim 2D-Laserscanner keine Fehlfunktionen bedingt durch die Rotation entlang seiner optischen Mittelachse festgestellt werden.

Für das Scansystem sind zwei unterschiedliche Anwendungen vorgesehen. Zum einen soll der RoSi-Scanner genutzt werden, um bei mobilen Systemen 3D-Kollisionsvermeidung zu ermöglichen. Die andere Anwendung liegt im Bereich Kartierung und Relokalisation, also dem bereits angesprochenen SLAM-Problem.

Bei der Anwendung als Kollisionsvermeidungssensor liegt die Priorität auf einer möglichst hohen Geschwindigkeit bei der Abtastung der zukünftigen Fahrtstrecke bzw. des voraus liegenden Streckenvolumens. Diese hohe Abtastgeschwindigkeit lässt sich nur durch eine hohe Rotationsgeschwindigkeit des Scanners erreichen, wird jedoch mit entsprechend niedrigerem Detailgrad bei der resultierenden Modelle erkauft, da der 2D-Scanner intern nur 20 Scans pro Sekunde liefern kann. Geht man davon aus, dass zur Kollisionsvermeidung etwa einmal pro Sekunde ein vollständig neues Tiefenbild bzw. eine entsprechende Punktwolke generiert werden muss, so bedeutet dies, dass der 2D-Scanner in dieser Zeit eine 180°-Rotation durchmachen muss. Somit liegen zwischen zwei aufgenommenen Scan-Zeilen bei einer Rotationsgeschwindigkeit von 180° pro Sekunde 9°. Nimmt man beispielsweise die Breite einer mobilen Plattform mit 70 cm an und setzt voraus, dass der Scanner mittig in Fahrtrichtung platziert ist, so ergibt sich bei einer Messentfernung von 35 cm ein Bogenmass von etwa 5.5 cm, d.h. ein Hindernis muss kleiner sein als 5.5 cm und genau in diesen Kreissektor passen, um nicht entdeckt zu werden. In den normalerweise anzutreffenden, strukturierten Innenraumumgebungen treten jedoch zumeist horizontale und vertikale Objektbegrenzungen auf, welche durch dieses System mit sehr grosser Wahrscheinlichkeit rechtzeitig detektiert werden können. Bei 20 2D-Scans pro Sekunde ergibt sich pro vollständigem 3D-Scan eine Punktwolke mit etwa 8000 Messwerten.

Abbildung 2 zeigt ein einfaches 3D-Hindernis innerhalb einer Laborumgebung. Die folgenden Abbildungen 3 und 4 zeigen nun den innerhalb einer Sekunde aufgenommenen Scan aus unterschiedlichen Perspektiven.

Im Kontext des SLAM-Problems kommt es hauptsächlich auf eine möglichst detaillierte und genaue Umweltmodellierung an. Im Gegensatz zur Kollisionsvermeidungsstrategie sollte also eine relativ langsame Rotationsgeschwindigkeit genutzt werden, um das 3D-Modell zu erstellen. In den Versuchen wurden zumeist Rotationsgeschwindigkeiten zwischen 18° und 36° pro Sekunde eingesetzt; dementsprechend dauert ein vollständiger 3D-Scan zwischen 5 und 10 Sekunden und erzeugt hierbei zwischen 40.000 und 80.000 Messpunkten.

Abbildungen 5 und 7 zeigen zwei Szenen aus einer Laborumgebung. Die folgenden Abbildungen zeigen die erzeugten Scans aus unterschiedlichen Perspektiven.

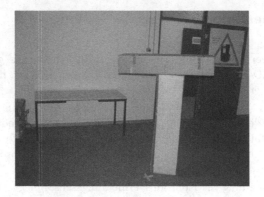

Abbildung 2. Setup des Hindernisexperimentes

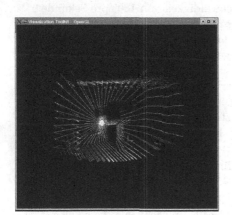 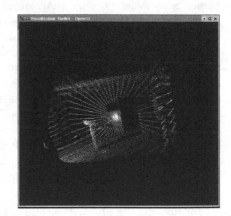

Abbildung 3. Ansichten des Hindernisscans

Abbildung 4. Setup des Umweltmodellexperimentes

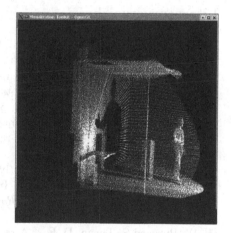

Abbildung 5. Ansichten des Umweltscans

 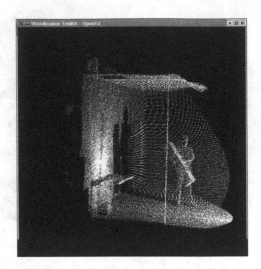

Abbildung 6. Setup des Umweltmodellexperimentes

Literaturverzeichnis

[1] S. Thrun D. Hähnel, W. Brugard. Learning compact 3d models of indoor and outdoor environments with a mobile robot. In *IJCAI*, 2001.

[2] A. Nüchter H. Surmann, K. Lingemann and J. Hertzberg. A 3d laser range finder for autonomous mobile robots. In *Proceedings of the 32nd International Symposium on Robotics (ISR)*, pages 153–158, April 2001.

[3] A. Nüchter H. Surmann, K. Lingemann and J. Hertzberg. Fast acquiring and analysis of three dimensional laser range data. In *Proceedings of VMV 2001*, November 2001.

[4] S. Kristensen and P. Jensfelt. Active global localisation for a moble robot using multiple hypothesis tracking. In *Proceedings of the IJCAI'99 Workshop on Reasoning with Uncertainty in Robot Navigation*, pages 13–22, Stockholm, Sweden, 1999.

[5] W. Burgard S. Thrun, D. Fox. A real-time algorithm for mobile robot mapping with applications to multi-robot and 3d mapping. In *IEEE International Conference on Robotics and Automation*, San Francisco, 2000.

[6] F. Blais J.A. Beraldin S.F. El-Hakim, P. Boulanger and G. Roth. A mobile system for indoor 3-d mapping and positioning. In *Proceedings of the International Symposium on Real-Time Imaging and Dynamic Analysis*, 1998.

[7] A. Walthelm and A. M. Momlouk. Multisensoric active spatial exploration and modeling. In *Dynamische Perzeption: Worshop der GI-Fachgruppe 1.0.4 Bildverstehen*, pages 141–146, Ulm, 2000. AKA Akad. Verl.-Ges., Berlin.

Detektion visueller Merkmale für die Lokalisierung eines mobilen Roboters: Anpassung an die Beleuchtung

Flore Faille

Lehrstuhl für Realzeit–Computersysteme
Technische Universität München
Arcisstr. 21
D-80333 München
Flore.Faille@rcs.ei.tum.de

Zusammenfassung Ziel dieser Arbeit ist eine robustere Detektion visueller Merkmale für die Lokalisierung eines mobilen Roboters bei Beleuchtungsänderungen. Der „Harris Corner Detector" dient als Grundlage. Es wird gezeigt, dass der Einsatz eines globalen Schwellwertes unzureichend ist. Folglich wird die Detektion verbessert, indem der Schwellwert lokal an die Lichtverhältnisse angepasst wird. Eine Filterung der texturarmen Bildbereiche reduziert zudem den Einfluss des Rauschens. Diese Methode wird auf Bildserien getestet, die die gleiche Szene unter verschiedenen Beleuchtungen darstellen. Eine deutlich robustere Detektion als mit herkömmlichen Verfahren kann erreicht werden, insbesondere bei komplexen Beleuchtungsänderungen.

1   Einleitung

Die Bestimmung der eigenen Position und Orientierung (oder Eigenlokalisierung) ist eine der wichtigsten Aufgaben für einen mobilen Roboter, damit er sinnvoll und zielgerichtet in seiner Arbeitsumgebung agieren kann. Sie basiert in der Regel auf der Fusion zweier Grundtechniken: Bewegungsschätzung und Ortserkennung. Durch Integration der geschätzten Bewegung (z.B. mittels Odometrie) kann eine Hypothese bezüglich Position und Orientierung des Roboters geliefert werden, wenn der Startpunkt bekannt ist. Die Genauigkeit dieser Hypothese nimmt aber sehr stark mit dem zurückgelegten Weg ab. Aus diesem Grund wird diese Hypothese regelmäßig durch die Ortserkennung verifiziert und verfeinert, indem Sensordaten (z.B. Laserscans oder Bilder) mit dem Umgebungsmodell verglichen werden. Gibt es keine Hypothese über den Standort des Roboters, so wird von initialer Lokalisierung gesprochen.

Kameras stellen für die Ortserkennung einen interessanten Sensor dar, weil sie die Erfassung vielfältiger Informationen über die Umgebung erlauben. Erfolgreiche Verfahren für eine kamerabasierte Eigenlokalisierung finden sich zum Beispiel in [1–7]. Der erste Schritt der kamerabasierten Ortserkennung besteht immer darin, Merkmale aus den Bildern zu extrahieren. Dadurch können die zu verarbeitenden Datenmengen und folglich auch die Ausführungszeiten reduziert werden: Nur die Merkmale werden für den Vergleich mit dem Umgebungsmodell berücksichtigt. Die Merkmale stellen somit die einzige Informationsquelle dar, die zur Ortserkennung herangezogen wird.

Daraus folgt, dass deren Detektion robust gegen leichte Änderungen der Umgebung und der Bildaufnahmeparameter (Kameraposition und –orientierung, Beleuchtung...) sein muss. Zwar können gewisse Merkmalsverluste bei der Lokalisierung durch den Einsatz statistischer Methoden toleriert werden, aber die Anzahl an nicht wiederdetektierten Merkmalen hat einen großen Einfluss auf die Effizienz und Performanz der darauf aufbauenden Algorithmen. Die Wiederholbarkeit (repeatability) wird oft eingesetzt, um die Robustheit eines Detektors bei Änderungen der Umgebung und der Bildaufnahmeparameter zu messen [8]. Zusätzlich wäre eine relativ homogene Verteilung der Merkmale im Bild für die Ortserkennung vorteilhaft.

Um den Einsatz in einer Umgebung zu erlauben, die nicht verändert werden soll, wie z.B. in einem Bürogebäude, werden natürliche Merkmale benutzt. Zudem kann kein Einfluss auf die Beleuchtung genommen werden. Die Merkmalsdetektion muss darum eventuelle Beleuchtungsänderungen bewältigen und dabei möglichst viele Merkmale wiederdetektieren. Allerdings können Veränderungen der Intensität, der Farbe und vor allem der Position und Orientierung der Lichtquelle(n) starke Variationen im Aussehen einer Szene verursachen. Dies führt bei existierenden Merkmalsdetektoren zu einer niedrigen Wiederholbarkeit, wie in Abbildung 1 gezeigt, und stellt einen Schwachpunkt kamerabasierter Lokalisierung dar. Der Fokus der hier vorgestellten Arbeiten ist eine robustere Merkmalsdetektion bei Beleuchtungsänderungen. Eine Methode wird vorgestellt, mit der die Detektion an die lokalen Beleuchtungsverhältnisse angepasst werden kann. Sie wird anschließend auf Bildserien getestet, die unterschiedliche Typen von Beleuchtungsänderungen aufweisen.

2   Visuelle Merkmale

Da keine eindeutige Definition für Merkmale existiert, werden viele unterschiedliche Ansätze zu ihrer Gewinnung verwendet. Um eine genaue, geometrische Lokalisierung zu ermöglichen, werden hier globale Merkmale, die z.B. mittels Histogrammen Information über das ganze Bild beinhalten, nicht eingesetzt. Die meisten geometrische Lokalisierungsverfahren nutzen als visuelle Merkmale vertikale Linien [1, 2]. Allerdings geht durch den Einsatz dieser rein geometrischen Merkmale sehr viel Bildinformation verloren. Um vielfältigere Daten über die Umgebung zu erhalten, können nicht–geometrische Eigenschaften (z.B. Texturinformation) erfasst werden. In dieser Arbeit werden markante Punkte (interest points) als Merkmale verwendet, da sie die Gewinnung beider Informationstypen erlauben: Die Position des markanten Punktes liefert geometrische Daten und die Charakterisierung der Nachbarpixel (z.B. die 15×15 Nachbarschaft) liefert Texturattribute. Zusätzlich vereinfachen diese lokalen Merkmale den Umgang mit Verdeckungen und unterschiedlichen Beleuchtungen im Bild. Markante Punkte werden zur Lokalisierung u.a. in [3–7] verwendet. Ihre Gewinnung beruht auf der Detektion lokaler Maxima in Intensitätsbildern [3], in Gradientenbildern [4], oder in „Cornerness"–Bildern [5, 6]. Diese Gewinnungsmethoden können auch miteinander kombiniert werden [7].

Der „Harris Corner Detector" [9] basiert auf der Detektion lokaler Maxima in Cornerness–Bildern und wird in [5–7] genutzt. Er selektiert Punkte, die nach einer begrenzten Kamerabewegung optimal wiedergefunden werden können [10]. Er hat sich als ein sehr robustes Verfahren zur Gewinnung markanter Punkte bei Kamerabewegungen und leichten Beleuchtungsänderungen erwiesen [8]. Aus diesem Grund wird er hier in der verbesserten Implementierung eingesetzt, die in [8] vorgeschlagen wurde. Die Berechnung eines Cornerness–Wertes beruht auf folgender Matrix $\mathbf{C}$, die die lokalen Statistiken der Ableitungen erster Ordnung um Pixel (x, y) beschreibt:

$$\mathbf{C} = G(\sigma) \otimes \begin{bmatrix} I_x^2 & I_x I_y \\ I_x I_y & I_y^2 \end{bmatrix}. \tag{1}$$

$G(\sigma)$ ist eine Gaußkurve mit Standardabweichung σ und $\otimes$ stellt die Faltung dar. Die ersten Ableitungen I_x und I_y werden durch Faltung des Grauwertbildes $I(x, y)$ mit den Gaußableitungen (hier mit $\sigma_{Ableitung} = 1.2$) ermittelt, um den Rauscheinfluss zu minimieren. Der Cornerness–Wert R des Pixels (x, y) ist:

$$R = \mathrm{Det}(\mathbf{C}) - \alpha \, \mathrm{Spur}^2(\mathbf{C}), \quad \mathrm{mit} \quad 0.04 \leq \alpha \leq 0.06 \ [9]. \tag{2}$$

In dieser Arbeit werden $\alpha = 0.06$ und $\sigma = 3.0$ benutzt. Die Merkmale ergeben sich als die lokalen Maxima von R, die über einem benutzerdefinierten Schwellwert T liegen ($T > 0$).

3 Beleuchtungsänderungen und ihr Einfluss auf die Detektion

Der Einsatz dieses benutzerdefinierten Schwellwertes führt allerdings zur schlechten Wiederholbarkeit bei Beleuchtungsänderungen. Abbildung 1 zeigt ein Beispiel: Nach einer Bewegung der Lichtquelle werden nur 53.85% der Merkmale wiederdetektiert. Um eine gewisse Anpassung an die Lichtverhältnisse zu erreichen, kann der Schwellwert proportional zum globalen Maximum des Cornerness–Bildes gewählt werden: $T = \alpha \max(R)$ [8]. Alternativ können auch die N Maxima mit den höchsten Cornerness–Werten selektiert werden [11]. Diese Methoden erlauben zwar im allgemeinen eine Verbesserung gegenüber der Verwendung eines festen Schwellwertes wie in [5, 6] (s. Kapitel 5), sie verbessern aber nicht die Wiederholbarkeit bei einer Bewegung der Lichtquelle. Bei Verwendung eines relativen Schwellwertes ($T = \alpha \max(R)$), werden für die Bilder in Abbildung 1 nur 47.69% der Merkmale wiederdetektiert.[1] Durch Selektion der N besten Maxima

---

[1] Hier wurde $\alpha = 0.0027$ gewählt, um die gleiche Anzahl an Merkmalen im linken Bild (65 Merkmale) zu erhalten, wie mit dem benutzerdefinierten Schwellwert in Abbildung 1. Dies soll eine bessere Vergleichbarkeit der Methoden gewährleisten.

werden 50% der Merkmale wiederdetektiert.[2] Da die Lichtintensität in beiden Bildern ähnlich ist, können keine Verbesserungen gegenüber den Ergebnissen mit festem Schwellwert (53.85%) erreicht werden.

Abbildung 1. Im linken Bild wird die Szene vom Sonnenlicht beleuchtet, während im rechten Bild das Licht von einer sich rechts befindenden Lampe kommt. Die detektierten Merkmale werden durch Kreise markiert, deren Radius 3σ beträgt. Mit einem benutzerdefinierten Schwellwert (hier $T = 325$) werden im rechten Bild nur 53.85% der Merkmale wiederdetektiert

Diese Beobachtung kann durch eine nähere Betrachtung der Bildentstehung erklärt werden. Folgende Gleichung beschreibt für eine Lambertsche Szene mit einer weit entfernten Lichtquelle den Zusammenhang zwischen Pixelintensität I, Richtung $\mathbf{e}$ und Spektrum $E(\lambda)$ des Lichts, Normale $\mathbf{n}$ und Reflektanz $S(\lambda)$ der gesehenen Objektfläche und Kamerasensitivität $F(\lambda)$ [11]:

$$I = \mathbf{e} \cdot \mathbf{n} \int S(\lambda)E(\lambda)F(\lambda)d\lambda. \qquad (3)$$

λ stellt die Wellenlänge dar. Demnach resultiert eine Änderung der Lichtintensität $(E(\lambda) \rightarrow \alpha E(\lambda))$ in einem für alle Pixelwerte gleichen multiplikativen Faktor $(I(x,y) \rightarrow \alpha I(x,y))$. Aber im Fall einer Änderung des Lichtspektrums $(E(\lambda) \rightarrow E'(\lambda))$ oder im Fall einer Bewegung der Beleuchtungsquelle $(\mathbf{e} \rightarrow \mathbf{e}')$ kann die Transformation im Bild je nach zugrundeliegender Farbe und 3D–Struktur der Szene von Pixel zu Pixel variieren.

Folglich kann ein globaler Schwellwert nur Intensitätsänderungen ausgleichen und reicht somit für eine robuste Merkmalsdetektion nicht aus. Die Transformation zwischen zwei Bildern I_1 und I_2, die die gleiche Szene unter unterschiedlichen Beleuchtungen darstellen, kann durch eine lineare Gleichung mit von Pixel zu Pixel variierenden Parametern angenähert werden [11]:

$$I_2(x,y) \approx \alpha(x,y)I_1(x,y) + \beta(x,y). \qquad (4)$$

---

[2] Hier wurde $N = 65$ gewählt.

Zur Vereinfachung wird oft angenommen, dass die Parameter $\alpha(x,y)$ und $\beta(x,y)$ in kleinen Nachbarschaften konstant bleiben [11]. Mit dieser Annäherung und der Definition des Harris Corner Detectors kann der Einfluss einer Beleuchtungsänderung auf dem Cornerness–Bild wie folgt beschrieben werden:

$$R_2(x,y) \approx \alpha^4(x,y)R_1(x,y), \quad \text{wobei } \alpha(x,y) \text{ nur langsam variiert.} \quad (5)$$

Diese Gleichung ist ungenau für Nachbarschaften, die 3 oder mehr Farben beinhalten, oder die neben Normalen– oder Tiefendiskontinuitäten liegen, da in diesen Fällen $\alpha(x,y)$ und $\beta(x,y)$ nicht konstant sind. Zudem werden Schattenwürfe, Reflektionen und Spekularitäten nicht berücksichtigt. Aber Gleichung (5) zeigt, dass eine lokale Anpassung des Schwellwertes an die Beleuchtungsverhältnisse eine robustere Detektion erzielen kann. Diese Idee wird auch in anderen Bereichen der Bildanalyse, wie z.B. Binärisierung, eingesetzt. Im allgemeinen wird hierzu der Schwellwert durch Berücksichtigung einer lokalen Messung wie Mittelwert, Standardabweichung, Kontrast[3], usw. angepasst [12].

4 Anpassung der Detektion an lokale Beleuchtungsverhältnisse

Im Folgenden wird eine Umsetzung dieser Idee für die Merkmalsdetektion mittels Harris Corner Detector beschrieben. Laut (5) kann der Einfluss der Beleuchtung durch einen lokalen multiplikativen Faktor $a(x,y) = \alpha^4(x,y)$ angenähert werden. Da angenommen wird, dass $a(x,y)$ nur langsam variiert, kann dieser Parameter durch eine Messung wie z.B. Mittelwert in Nachbarschaften des Cornerness–Bildes geschätzt werden. Dadurch kann der Schwellwert lokal an die Beleuchtungsverhältnisse angepasst werden. Allerdings zeigt sich dieser Prozess sehr rauschempfindlich in Bildbereichen mit wenig Textur, wie in Abbildung 2 gezeigt: Das Verhältnis zwischen Cornerness–Wert R und Mittelwert $\overline{R}$ ist sehr instabil in texturarmen Bereichen, weil der Mittelwert nahe null ist. Hingegen nimmt es einen konstanten stabilen Wert in texturierten Bereichen an. Folglich sollen Bildbereiche mit wenig Textur detektiert werden, um den Einfluss des Rauschens auf die Detektion zu reduzieren.

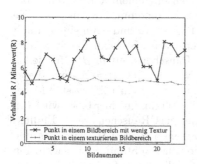

Abbildung 2. Verlauf des Verhältnisses $R/\overline{R}$ über eine Bildserie, die eine Szene unter verschiedenen Beleuchtungen darstellt

Das Photonenrauschen – die Hauptrauschquelle moderner Kameras – stellt dabei eine Herausforderung dar, da es signalabhängig ist: Seine Varianz ist ungefähr proportional zum Pixelwert. Es induziert ein multiplikatives Rauschen auf

---

[3] Differenz aus maximalem und minimalem Wert

den Cornerness–Werten. Um dieses Phänomen zu umgehen, wird mit dem Logarithmus des Cornerness–Bildes gearbeitet: Das multiplikative Rauschen wird dadurch ein additives Rauschen. Die Varianz des Rauschens ist dann unabhängig von den Pixelwerten. Dies ermöglicht eine Filterung der texturarmen Bildbereiche mittels Test der lokalen Standardabweichung des Cornerness–Bildes.

Da der Mittelwert zur Berechnung der Standardabweichung notwendig ist, wird er für die lokale Anpassung des Schwellwertes benutzt. Folgender Algorithmus wird daher vorgeschlagen:

1. Berechnung von $R_{x,y}$ und $\ln(|R_{x,y}|)$ gemäß (1) und (2).
2. Berechnung der lokalen Mittelwerte $\mu_{x,y}$ und der lokalen Standardabweichungen $\sigma_{x,y}$ von $\ln(|R_{x,y}|)$
3. (x,y) ist ein markanter Punkt, wenn
   - (x,y) ein lokales Maximum von R ist und $R(x,y) > 0$,
   - $\sigma_{x,y} > T_1$ (Schritt a: Detektion texturierter Bildbereiche), und
   - $\ln(R_{x,y}) > \mu_{x,y} + T_2$ (Schritt b: lokal angepasste Schwellwertbildung).

Das Verfahren verwendet drei Parameter: T_1, T_2 und die Größe W des Filters zur Berechnung der Mittelwerte und Standardabweichungen.

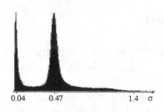

0.04   0.47   1.4   σ

Abbildung 3. Histogramm der Standardabweichung des Rauschens auf $\ln(|R|)$

Der Schwellwert T_1 sollte an den Rauschlevel der Cornerness–Werte angepasst werden. Dieser hängt nur von der Kamera und von den Parametern $\sigma_{Ableitung}$, σ und α in (1) und (2) ab. Um den Wert von T_1 festzulegen, kann eine Bildserie benutzt werden, die mit einem konstanten experimentellen Setup aufgenommen worden ist. Die Variationen der Pixelwerte sind dann einzig durch das Rauschen verursacht. So kann die Standardabweichung des Rauschens auf $\ln(|R|)$ für jeden Pixel berechnet werden. Das Histogramm dieser Standardabweichung über ein Bild weist 2 Maxima auf, wie in Abbildung 3 abgebildet. Das erste Maximum (hier 0.04) wird von den texturierten Bereichen verursacht, in denen das Rauschen wenig Einfluss auf die Cornerness–Werte hat. Das zweite Maximum (hier 0.47) wird von den Bildbereichen mit wenig Textur verursacht. Die höheren Standardabweichungen entstehen in den Bereichen, die einen leichten Gradienten aufweisen (z.B. Bereiche, in denen Schatten langsam abnehmen): Der Einfluss des Rauschens auf R wird vom Gradienten verstärkt. Hier wurde $T_1 = 1.4$ gewählt.

Wird die Standardabweichung über eine lokale Bildnachbarschaft berechnet, wie bei $\sigma_{x,y}$, nimmt sie hohe Werte in texturierten Bereichen an, da Textur hohe Peaks im Cornerness–Bild verursacht. Texturarme Bereiche weisen dagegen kleine räumliche Standardabweichungen $\sigma_{x,y}$ auf, die Schätzungen der Standardabweichung des Rauschens sind. Um eine gute Filterung dieser Bereiche (Schritt a) zu erreichen, sollte die Grösse W des Fensters für die Berechnung von $\mu_{x,y}$ und $\sigma_{x,y}$ so gewählt werden, dass diese Schätzung möglichst gut ist. Dies ist nur möglich, wenn dieses Fenster groß genug ist. Hierzu werden verschiedene Fenstergrößen getestet. Die kleinste Größe, die auf texturarmen Bereichen mit Abbildung 3 übereinstimmende Ergebnisse liefert, wird ausgewählt (Hier $W = 21 \times 21$). W hängt nur von σ der Gaußkurve in (1) ab.

Der Schwellwert T_2 sollte positiv sein und sollte vom Benutzer so eingestellt werden, dass eine angemessene Anzahl an Merkmalen detektiert wird.

5 Experimentelle Ergebnisse

Das oben beschriebene Verfahren wurde auf die zwei Bilder von Abbildung 1 angewendet.[4] Die Ergebnisse sind in Abbildung 4 dargestellt. Wie zu erwarten ist, befinden sich die Merkmale nicht ausschließlich in den Bildbereichen mit dem höchsten Kontrast. 73.85% der Merkmale konnten nach Beleuchtungsänderung wiederdetektiert werden. Zudem kann eine relativ homogene Verteilung der Merkmale im Bild durch die lokale Anpassung des Schwellwertes erreicht werden, was in Abbildung 1 nicht der Fall ist.

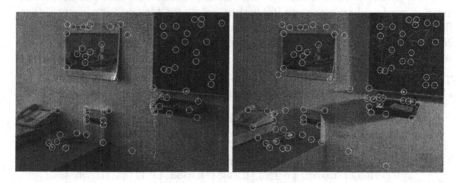

Abbildung 4. Ergebnisse der Detektion mit dem lokal angepassten Schwellwert für die Bilder von Abbildung 1. 73.85% der Merkmale des linken Bilds werden im Rechten wiederdetektiert

Die Methode wurde auch auf Bildserien, die unterschiedliche Beleuchtungsänderungen aufweisen, getestet und mit herkömmlichen Methoden verglichen. Um die Robustheit der Detektion zu messen, wird die Wiederholbarkeit [8] eingesetzt. Diese kann hier durch das Verhältnis der Anzahl an wiederdetektierten Merkmalen zur Anzahl an Merkmalen im Referenzbild berechnet werden. Ein Merkmal gilt als wiederdetektiert, wenn es sich in der 3×3 Nachbarschaft eines Referenz–Merkmals befindet. Zudem wird die „False Positive Rate" berechnet: Das Verhältnis der Anzahl an nicht–wiederdetektierten Merkmalen zur Anzahl an Merkmalen im aktuellen Bild. Beide Raten sind für die Bewertung nötig, da die Anzahl an detektierten Merkmalen von Bild zu Bild variieren kann. In allen Bildserien wird das mittlere Bild als Referenz genommen. Die Methoden werden

---

[4] Es wurde $T_2 = 2.7$ gewählt, um 65 Merkmale im linken Bild wie für den benutzerdefinierten Schwellwert in Abbildung 1 zu detektieren.

60

im Folgenden so abgekürzt: FT–HCD (Fixed Threshold–Harris Corner Detector) bezeichnet die Detektion mit einem festen, benutzerdefinierten Schwellwert, RT–HCD (Relative Threshold–HCD) bezeichnet die Detektion mit einem relativen Schwellwert $T = \alpha \max(R)$, BNP–HCD (Best N Points–HCD) bezeichnet die Selektion der N besten Merkmale, und LAT–HCD (Locally Adaptive Threshold–HCD) bezeichnet die in Kapitel 4 vorgestellte Methode. Es werden die gleichen Detektionsparameter wie in Kapitel 3 und in Abbildung 4 benutzt.[5] Sie wurden so ausgewählt, dass alle Methoden die gleiche Anzahl an Merkmalen im linken Bild der Abbildung 1 detektieren.

Zuerst werden die Methoden auf Bildserien getestet, die nur kleine Störungen beinhalten. Eine erste Bildserie wurde mit konstanten experimentellen Setup aufgenommen, so dass Kamerarauschen der einzige Störfaktor ist. In einer zweiten Serie wurde eine Änderung der Beleuchtungsfarbe simuliert, in dem die Weißabgleich–Parameter der Kamera variiert wurden. Die letze Serie wurde unter Neonbeleuchtung aufgenommen, so dass die Bilder durch das Flimmern der Lampen gestört werden. Tabelle 1 stellt die Ergebnisse vor. Alle vier Methoden erzielen vergleichbare und gute Robustheit bei diesen kleinen Störungen. Lediglich der FT–HCD hat kleine Schwierigkeiten bei den Bildern der Farb– und der Neonbildserien, die eine größere Änderung der Lichtintensität aufweisen.

Tabelle 1. Mittlere Wiederholbarkeit und mittlere False Positive Rate für Bildserien mit kleinen Störungen (Rauschen, Beleuchtungsfarbe, flimmernde Neonbeleuchtung)

Methode	Mittlere Wiederholbarkeit für folgende Bildserien			Mittlere False Positive Rate für folgende Bildserien		
	Rauschen	Farbe	Neon	Rauschen	Farbe	Neon
FT–HCD	0.9824	0.8743	0.8194	0.0144	0.1217	0
RT–HCD	0.9765	0.9285	0.9495	0.0130	0.1114	0.0020
BNP–HCD	0.9800	0.8767	0.9543	0.0030	0.0693	0.0177
LAT–HCD	0.9992	0.9425	0.9455	0.0281	0.0737	0.0279

Abbildung 5 stellt die Robustheit der Detektionsmethoden für größere Beleuchtungsänderungen vor. Die ersten zwei Bildserien wurden durch Variation der Belichtungszeit generiert. Dabei gibt es in der zweiten Serie viele Sättigungseffekte, da die Bilder im Gegenlicht aufgenommen wurden. Bei der letzen Serie wurden die Anzahl, die Position, die Orientierung und die Natur (Sonnenlicht, Neonröhre, normale Lampen) der Lichtquellen geändert. Die Ergebnisse des FT–HCDs wurden der Übersichtlichkeit wegen bei dieser letzten Serie ausgelassen. Der LAT–HCD erzielt die beste Robustheit bei allen Bildserien. Findet nur eine Änderung der Lichtintensität (oder der Belichtungszeit) statt, liefern BNP–HCD und LAT–HCD vergleichbare Ergebnisse. Beim RT–HCD ist die Anpassung an die globale Lichtintensität nicht so robust, da $T = \alpha \max(R)$ oft von

---

[5] Die Detektionsparameter sind: $T = 325$ für den FT–HCD, $\alpha = 0.0027$ für den RT–HCD, $N = 65$ für den BNP–HCD und $T_1 = 1.4$, $W = 21 \times 21$, $T_2 = 2.7$ für den LAT–HCD.

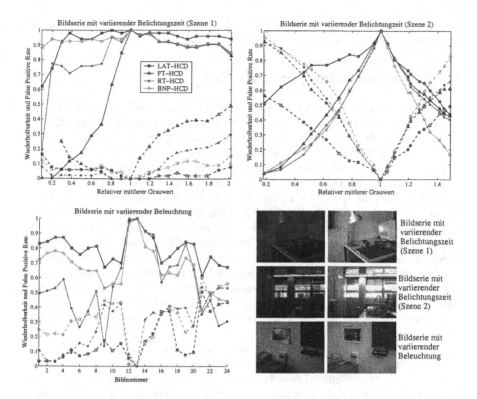

Abbildung 5. Die Graphen zeigen die Wiederholbarkeit (durchgezogene Kurven) und die False Positive Rate (gestrichelte Kurven) für Bildserien, die mit variierender Belichtungszeit (oben) und mit variierender Beleuchtung (unten links) aufgenommen worden sind. Jeweils zwei Bilder der Bildserien sind unten rechts dargestellt

Spekularitäten beeinflusst wird (s. Abb. 5, oben links). Der FT–HCD liefert die schlechtesten Ergebnisse, da gar keine Anpassung des Schwellwertes stattfindet. Wird ein globaler Schwellwert z.B. aus Effizienzgründen eingesetzt, ist somit der BNP–HCD der beste Wahl. Bei komplexeren Änderungen des Bildes (s. Abb. 5, oben rechts und unten links) kann der LAT–HCD deutlich bessere Ergebnisse als die anderen Methoden erzielen, sowohl bezüglich Wiederholbarkeit als auch bezüglich False Positive Rate. Da sich nicht alle Merkmale in den Bereichen mit höchstem Kontrast befinden, können Gegenlichtaufnahmen besser behandelt werden. Bei festen Parametern liefert der LAT–HCD eine relativ konstante Anzahl an Merkmalen trotz unterschiedlicher Beleuchtungsverhältnisse. Zudem variiert diese Anzahl von einer Szene zur anderen nicht so stark wie bei FT–HCD und RT–HCD. Der zusätzliche Rechenaufwand ist gering, da Mittelwert und Varianz durch Box–Filtering berechnet werden können. Allerdings wird die

Detektion weiterhin von Schattenwürfen, Spekularitäten und Reflektionen beeinflusst (s. Abb. 4), da diese Phänomene nicht berücksichtigt worden sind.

6 Zusammenfassung und Ausblick

Diese Arbeit befasst sich mit einer robusteren Merkmalsdetektion für die Lokalisierung eines mobilen Roboters bei Beleuchtungsänderungen. Der Harris Corner Detector stellt die Grundlage dar. Herkömmliche Implementierungen benutzen einen globalen Schwellwert für die Detektion. Es wurde gezeigt, dass dies nur Änderungen der Lichtintensität ausgleichen kann. Folglich reicht dies für eine stabile Merkmalsdetektion nicht aus. In dieser Arbeit wurde eine Methode vorgestellt, mit der die Detektion an die lokalen Beleuchtungsverhältnisse angepasst werden kann. Zusätzlich findet eine Filterung der Bildbereiche mit wenig Textur statt, um den Einfluss des Rauschens zu reduzieren. Diese Methode wurde anschließend mit den herkömmlichen Verfahren auf Bildserien, die unterschiedliche Beleuchtungsänderungen aufweisen, verglichen. Es konnte bei komplexen Änderungen sowohl der Prozentsatz an wiederdetektierten Merkmalen erhöht als auch der Prozentsatz an falsch detektierten Merkmalen verringert werden. Bei kleinen Störungen werden vergleichbare und gute Ergebnisse erreicht. Zudem wird eine relativ homogene Verteilung der Merkmale im Bild erreicht, was für die Lokalisierung von Vorteil ist.

Schattenwürfe, Reflektionen und Spekularitäten stellen weiterhin ein Problem dar und verringern die Stabilität des Detektors. Dies wird Gegenstand weiterer Arbeiten sein. Weitere Lösungen zur Anpassung an die lokalen Lichtverhältnisse, wie z.B. eine lokale Normalisierung des Bildes oder die lokale Anwendung von Clustering–Algorithmen zur automatischen Schwellwertbestimmung, wären möglich und sollten mit diesem Verfahren verglichen werden. Zukünftig soll auch untersucht werden, ob der Einsatz von Farbbildern und von CMOS–Kameras zur Robustheit der Merkmalsdetektion beitragen können.

Literatur

1. Pérez, J., Castellanos, J., Montiel, J., Neira, J., Tardós, J.: Continuous mobile robot localization: Vision vs. laser. In: Proc. of the IEEE International Conference on Robotics and Automation (ICRA), Detroit, USA (1999)
2. DeSouza, G.N., Kak, A.C.: Vision for mobile robot navigation: A survey. IEEE Transactions on Pattern Analysis and Machine Intelligence **24** (2002) 237–267
3. Se, S., Lowe, D., Little, J.: Vision-based mobile robot localization and mapping using scale–invariant features. In: Proc. of the IEEE International Conference on Robotics and Automation (ICRA), Seoul, Korea (2001) 2051–2058
4. Sim, R., Dudek, G.: Learning and evaluating visual features for pose estimation. In: Proc. of the IEEE International Conference on Computer Vision, Kerkyra, Greece (1999)
5. Knapek, M., Swain-Oropeza, R., Kriegman, D.: Selecting promising landmarks. In: Proc. of the IEEE International Conference on Robotics and Automation (ICRA), San Francisco, USA (2000)

6. Davison, A.J., Murray, D.W.: Simultaneous localization and map-building using active vision. IEEE Transactions on Pattern Analysis and Machine Intelligence **24** (2002) 865–880

7. Livatino, S., Madsen, C.: Autonomous robot navigation with automatic learning of visual landmarks. In: Proc. of the 7th International Symposium on Intelligent Robotic Systems (SIRS), Coimbra, Portugal (1999)

8. Schmid, C., Mohr, R., Bauckhage, C.: Evaluation of interest point detectors. International Journal of Computer Vision **37** (2000) 151–172

9. Harris, C., Stephens, M.: A combined corner and edge detector. In: Proc. of the 4th Alvey Vision Conference. (1988)

10. Shi, J., Tomasi, C.: Good features to track. In: Proc. of the IEEE Conference on Computer Vision and Pattern Recognition (CVPR). (1994) 593–600

11. Tuytelaars, T.: Local, Invariant Features for Registration and Recognition. PhD thesis, Katholieke Universiteit Leuven (2000)

12. Trier, O.D., Jain, A.K.: Goal-directed evaluation of binarization methods. IEEE Transactions on Pattern Analysis and Machine Intelligence **17** (1995) 1191–1201

Robuste farbbasierte Bildsegmentierung für mobile Roboter

Claudia Gönner, Martin Rous und Karl-Friedrich Kraiss

Lehrstuhl für Technische Informatik
Rheinisch-Westfälische Technische Hochschule Aachen (RWTH)
Ahornstr. 55, 52074 Aachen
{Goenner,Rous,Kraiss}@techinfo.rwth-aachen.de
www.techinfo.rwth-aachen.de

Zusammenfassung. Diese Arbeit stellt ein Verfahren zur Generierung der Zuordnung zwischen einem Punkt in der Chrominanzebene und dem wahrscheinlichsten Objekt vor. Dabei werden die Chrominanz-Histogramme einzelner Objekte nach dem Satz von Bayes miteinander kombiniert, um die posteriori Wahrscheinlichkeiten für diese Objekte zu erhalten. Klassifiziert wird das Objekt mit der höchsten posteriori Wahrscheinlichkeit. Zusätzlich zur Farbsegmentierung erfolgt eine Detektion der Objektkonturen. Mit Hilfe der Objektform lassen sich Fehler der Farbsegmentierung korrigieren und ein Update der Chrominanz-Histogramme durchführen. Das Verfahren wurde für den RoboCup implementiert und unterscheidet zwischen dem Ball, den Toren und den Eckpfosten. Für die Ballform kommt eine randomisierte Hough-Transformation zum Einsatz. Die Kanten der Tore und Eckpfosten werden mit Hilfe einer orthogonalen Regression detektiert.

1 Einleitung

In den letzten Jahren haben Kamerasysteme als Sensoren in der Robotik zunehmend an Bedeutung gewonnen. Ein Testszenario für mobile Roboter-Teams, in dem optische Sensoren unerlässlich sind, stellt die middle-size-league des Robo-Cup dar. Forciert wird dies durch eine Umgebung, in der sich viele Objekte nur mit optischen Sensoren erfassen lassen, z. B. der Ball, sowie die schrittweise Anpassung des Spielfeldes an die FIFA-Regeln. Als wichtigste Regeländerung in dieser Kategorie ist das Ersetzen der Spielfeldbande durch viele Pfosten und letztendlich der Wegfall dieser Pfosten zu nennen. Weitergehende Verschärfungen, wie eine Senkung der Lichtstärke der Beleuchtung oder der Einfall von Sonnenlicht, befinden sich in der Diskussion.

Damit bietet der RoboCup ein gutes Testfeld für Farbbildverarbeitungsalgorithmen. Zum einen sind die Objekte mit markanten Farben versehen, z. B. die gelben und blauen Tore. Zum anderen ist eine effiziente Segmentierung der Szene aufgrund von Farbinformation erforderlich, um Bildraten von 10-30 Hz zu erreichen.

Zu den bekanntesten Verfahren zur Farbsegmentierung unter Echtzeit-Anforderungen zählen die Definition von Farbregionen aufgrund von Schwellwerten, welche entweder als konstant vorgegeben [3] oder mit Hilfe von Entscheidungsbäumen [4] beziehungsweise neuronalen Netzen [1] gelernt werden, die Bildung von Farbclustern [5,12] und der Einsatz von diskretisierten Wahrscheinlichkeitsverteilungen [14]. Um Farben effizient aufgrund von Schwellwerten zu unterscheiden, werden teilweise speziele Farbräume auf die gesuchten Objektfarben angepasst [6]. Wahrscheinlichkeitsverteilungen erlauben, anders als die Schwellwert-Verfahren, beliebig geformte und beliebig viele Farbregionen pro Objekt. Die Anzahl der Farbregionen muss nicht, wie bei gängigen Clustering-Verfahren, z. B. k-means Clustering, fest vorgegeben werden. Ferner ermöglichen Wahrscheinlichkeitsverteilungen eine Trennung zwischen Objekt und Hintergrund beziehungsweise eine Unterscheidung zwischen mehreren Objekten nach dem Satz von Bayes [16].

Dennoch werden in der Robotik vor allem Schwellwert- und Clusteringverfahren eingesetzt. Diskrete Wahrscheinlichkeitsverteilungen gelten als zu speicherintensiv[3], was bei den heutigen Speicherkapazitäten nicht mehr zutrifft. Zusätzlich lässt sich der Speicherkonsum durch die Wahl eines Farbraums, der zwischen Luminanz und Chrominanz unterscheidet, drastisch verringern, indem die Farbsegmentierung nur in der Chrominanz-Ebene durchgeführt wird. Somit reduziert sich das Problem der Farbsegmentierung auf zwei Dimensionen. Gleichzeitig sind die Resultate weniger empfindlich gegenüber Helligkeitsschwankungen. Helle und dunkle Objekte können anschließend anhand ihrer Luminanz unterschieden werden.

Neben der Farbe bieten sich auch Formmerkmale zur Objektklassifikation an. Jonker, Caarls et al. [11] verifizieren im RoboCup ihre Ballhypothese anhand von zwei hintereinander ausgeführten Hough-Transformationen. Hanek, Schmitt et al. [9,10] schlagen vor, ein deformierbares Konturenmodell an ein Kantenbild anzupassen und so eine Bildverarbeitung anzustreben, die unabhängig von der Farbsegmentierung ist. Je nach Parametrisierung des Konturenmodells lassen sich verschieden geformte Objekte detektieren. Ihr Ansatz erfordert jedoch eine grobe Initialisierung des adaptiven Konturenmodells.

Diese Arbeit stellt ein Verfahren zur Generierung der Zuordnung zwischen Objekten und ihren Chromazitätswerten basierend auf Histogrammen vor, die nach dem Satz von Bayes miteinander kombiniert werden. Neben einer Farbsegmentierung kommen auch Formmerkmale zum Einsatz. Das Verfahren wurde für den RoboCup implementiert und unterscheidet zwischen dem Ball, den Toren und den Eckpfosten. Die Farbsegmentierung und das Training der Farbzuordnung lässt sich aber auf beliebe Objekte anwenden, sofern eine Formsegmentierung vorhanden ist.

Der nächste Abschnitt gibt einen Überblick über das gesamte System. Abschnitt 3 erklärt die Farbsegmentierung. Abschnitt 4 erläutert eine randomisierte Hough-Transformation zur Detektion und Extrapolation von Kreisen. Gegenüber [11] werden hier der Mittelpunkt und der Radius gemeinsam bestimmt. Für die Tore

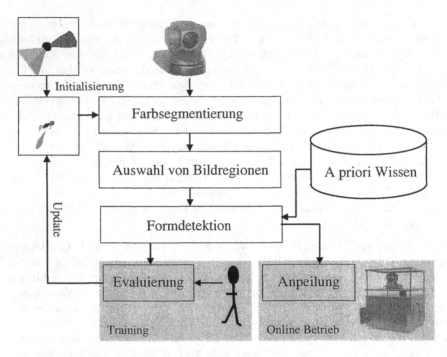

Abb. 1. Arbeitsweise des Farbtrainings

und Eckpfosten, die von Geraden begrenzt sind, kommt eine orthogonale Regression [7] zum Einsatz, vorgestellt in Abschnitt 5.

2 Systemüberblick

Um die Histogramme der einzelnen Objekte aufzustellen, müssen die Objekte unabhängig von ihrer Farbe detektiert oder zumindest vervollständigt werden. Bildregionen, in denen sich bekannte Objekte befinden könnten, werden anhand einer initialen, z. B. manuell erstellten zweidimensionalen Farbtabelle ausgewählt. In dieser Farbtabelle ist für jedes Chromazitätspaar das zugeordnete Objekt eingetragen.

Danach wird aufgrund der Objektform überprüft, ob es sich tatsächlich um einen Ball, ein Tor oder einen Eckpfosten handelt. Bei erfolgreicher Detektion erfolgt ein Update der entsprechenden Histogramme und der Farbtabelle. Dieser Ablauf ist in Abbildung 1 skizziert.

Während der Trainigsphase beurteilt ein Benutzer die farbsegmentierten Bildbereiche und entscheidet, ob die aktuelle Aufnahme in die Farbkalibrierung eingeht. Im Spielbetrieb führen die Formmerkmale für den Ball, die Eckpfosten und die

Tore zu einer robusten Erkennung und erlauben es, auch teilweise verdeckte Objekte anzupeilen.

3 Farbsegmentierung

Für eine Farbsegmentierung bieten sich Farbräume an, die eine Trennung zwischen Luminanz und Chrominanz vornehmen und somit das Segmentierungsproblem auf zwei Dimensionen reduzieren. Gleichzeitig ist eine Segmentierung im Chrominanzbereich weniger empfindlich gegenüber Helligkeitsunterschieden, welche vor allem in die Luminanz einfließen. In dieser Arbeit kommt der YUV-Raum zum Einsatz, welcher den HSI-Raum annähert und von den meisten Videokameras bereitgestellt wird, wodurch eine Farbkonvertierung des Bildes entfällt.

Zunächst wird für jedes im Bild enthaltene Objekt O der Objektmenge $\mathcal{O}$, inklusive des Hintergrundes, das Chrominanz-Histogramm H_O^C aufgestellt. Die Berechnung der Histogramme erfolgt additiv, so dass ein Nachtraining weiterer Bilder jeder Zeit möglich ist. Zusätzlich werden auch die Luminanz-Histogramme H_O^L generiert, um anhand eines Schwellwerts zwischen hellen und dunklen Objekten, z. B. schwarzen Robotern und weißen Linien, zu unterscheiden. Dabei dienen die Luminanzhistogramme zur manuellen Interpretation und werden nicht weiterverarbeitet.

Die relativen Häufigkeiten in den Histogramm H_O^C entsprechen den a priori-Wahrscheinlichkeiten $P(u, v|O)$ für das Auftreten eines (u, v)-Paares unter der Annahme, dass es sich um das Objekt O handelt. Die posteriori Wahrscheinlichkeit, mit der ein (u, v)-Paar zu dem Objekt O gehört, lässt sich mit dem Satz von Bayes berechnen:

$$P(O|u, v) = \frac{P(u, v|O) * P(O)}{\sum\limits_{Q \in \mathcal{O}} P(u, v|Q) * P(Q)} \tag{1}$$

Dabei sollte die Objektwahrscheinlichkeit $P(O)$ so gesetzt werden, dass sie der Größe des Objektes in den Aufnahmen entspricht [16]. Jedoch ist es äußerst schwierig, die Trainingssequenz so zusammenzustellen, dass alle Objekte in repräsentativen Größenverhältnissen zueinander aufgenommen sind, um $P(O)$ zu berechnen. Deshalb besteht die Möglichkeit, die Objektwahrscheinlichkeiten von Hand vorzugeben.

Für Chromazitätspaare (u, v), die auf einem beliebigen Objekt O überhaupt nicht auftauchen, lässt sich eine initiale Verbundwahrscheinlicht $P_{init}(u, v, O)$ einstellen. Diese verhindert, dass ein (u, v)-Paar eine sehr hohe Wahrscheinlichkeit erhält, obwohl es selten in einem Objekt vorkommt.

Jedem Bildpunkt wird nun das Objekt zugeordnet, welches die höchste posteriori Wahrscheinlichkeit aufweist. Um eine effiziente Klassifikation zu gewährleisten, wird am Ende der Trainingsphase eine Tabelle erzeugt, in der für jedes u, v-Paar das zu klassifizierende Objekt eingetragen ist, dargestellt in Abbildung 2. Neben

Abb. 2. *Links:* Eine Farbtabelle, in der der Hintergrund weiß dargestellt ist. *Rechts:* Die dazugehörigen posteriori Wahrscheinlichkeiten, wobei dunkle Grautöne hohen Wahrscheinlichkeiten entsprechen.

der Farbtabelle ist die posteriori Wahrscheinlichkeit der an den (u, v)-Paaren klassifizierten Objekten aufgetragen. In der Mitte, also im achromatischen Farbbereich, überlagern sich die die Wahrscheinlichkeiten für weiße Objekte des Vordergrundes und weiße beziehungsweise schwarze Objekte im Hintergrund.

Da die Objektfarben einmalig vorab kalibriert werden, sich also während des Spiels nicht dynamisch verändern, ist der Rechenaufwand identisch mit den Verfahren von [2,11].

4 Detektion des Balles

Nach der Farbsegmentierung sind Bildregionen bekannt, in denen sich interessante Objekte befinden könnten. Aufgrund von Verdeckungen oder Segmentierungsfehlern, insbesondere bei noch nicht adaptierten Farbtabellen, ist das gesuchte Objekt jedoch nicht unbedingt vollständig in der Bildregion enthalten. Abbildung 3 zeigt mit einer initialen Farbtabelle extrahierte Farbregionen. Der Schatten des Balls auf der Auslinie ist ebenfalls markiert und am unteren linken Rand fehlt ein Stück. Dennoch lässt sich die Form aufgrund der seitlichen Kontur vervollständigen, wie in Abbildung 3 dargestellt.

Für eine schnelle Detektion von teilweise verdeckten Objekten mit bekannter Geometrie, wie dem Ball, eignet sich die Hough-Tranformation, von der eine randomisierte Variante zum Einsatz kommt. Obwohl die Projektion eines kugelförmigen Objektes auf eine beliebige Ebene eine Ellipse ergibt [8,10], wird der Ball hier als Kreis modelliert. Um die Ballform zu überprüfen und zu vervollständigen ist diese Näherung vollkommen ausreichend.

Abb. 3. *Links:* Ein farbsegmentiertes Bild während des Trainings. *Rechts:* Das dazugehörige Originalbild, in dem der Ball, ein Eckpfosten und ein Teilbereich des Tors
detektiert sind.

Ein Kreis hat die Freiheitsgrade Mittelpunkt und Radius, so dass ein dreidimen-
sionaler Hough-Akkumulator resultiert. Unter der Annahme, dass sich wenige
runde Objekte in dem ausgewählten Bildausschnitt befinden, lässt sich der Such-
aufwand mit einem zufallsbasierten Ansatz stark reduzieren. Die implementierte,
randomisierte Hough-Transformation basiert auf den Arbeiten von McLaughlin
[13] und Xu, Oja et. al. [15].

In einem ersten Schritt werden zufällig drei Punkte auf der Objektkontur ausgewählt. Falls die drei Punkte tatsächlich auf einem Kreis liegen, so ist der
Schwerpunkt des von den Punkten aufgespannten Dreiecks identisch mit dem
Mittelpunkt des Kreises (Abbildung 4) und die Abstände zu den drei Punkten
sind näherungsweise gleich lang. Von Tripeln, die diesen Test erfüllen, werden
der Mittelpunkt und der gemittelte Abstand in den Hough-Akkumulator eingetragen. Da nur wenige Zellen des dreidimensionalen Hough-Raumes besetzt sind,
bietet es sich an, nur die belegten Zellen des Akkumulators abzuspeichern [13].

Nachdem die vorgeschriebene Zahl an Punkt-Tripeln gezogen und in den Ak-
kumulator eingetragen ist, erfolgt eine Verifikation der am höchsten bewerteten
Zellen. Zur Bewertung dienen das Verhältnis aus dem Kreisumfang und dem
Umfang des approximierenden Polygons, das Signal-Rausch-Verhältnis sowie die
Varianz der Distanzen aller Punkte zu dem hypothesierten Kreis, skizziert in Ab-
bildung 5. Alle drei Maße sind auf Werte zwischen 0 und 1 normiert. Dazu wird
der Fehler bezüglich des Radius als gaußverteilt angenommen und anhand der
Varianz die Wahrscheinlichkeit für den hypothesierten Radius berechnet.

Eine Kreishypothese ist gültig, wenn alle drei Maße besser als ein vorgegebener
Schwellwert sind. Falls kein Kreis detektiert wird, bietet sich eine Wiederholung
des beschriebenen Prozedere an. Dies tritt gelegentlich bei verdeckten Bällen
auf, weil die gerade Seite der Kontur das Ausprägen eines Maximums im Akku-
mulator erschwert.

Aufgrund des Zufallsansatzes, der verrauschten Daten und der vernachlässigten
Ellipsenform treffen mitunter mehrere Kreishypothesen zu. Deshalb besteht die
Option mehrere Hypothesen zu verifizieren. Als Ergebnis wird die am besten be-

Abb. 4. Der Schwerpunkt eines Dreiecks, dessen Eckpunkte auf einem Kreis liegen, ist mit dem Kreismittelpunkt des Kreises identisch.

Abb. 5. Eine Kreishypothese wird anhand des Verhältnisses der Umfänge, der Abstände aller Punkte zu dem Kreis und des Signal-Rausch-Verhältnisses bewertet.

wertete Hypothese gewählt. Die Bewertung erfolgt über einer gewichteten Mittelung der drei Maße.

5 Detektion der Tore und Eckpfosten

Die Tore im RoboCup sind gelb oder blau und von einem weißen Balken eingerahmt. Die Eckpfosten haben die gleiche Einfärbung wie das jeweilige Tor und sind mittig mit einem breiten Streifen der anderen Torfarbe versehen. Im Gegensatz zum Ball lässt sich aufgrund farbsegmentierten Regionen bei Verwendung einer schlechten Farbtabelle die Objektform nicht erschließen, z. B. ist in Abbildung 3 das Tor nicht als solches erkennbar. Daher erfolgt die Suche nach den die Objekte begrenzenden Linien auf einem Kantenbild.

Das Kantenbild wird nur im Randbereich von vermuteten Tor- und Eckpfosten berechnet. Neben der Objektfarbe werden bei der Auswahl solcher Regionen auch Nachbarschaftbeziehungen ausgenutzt. So muss sich seitlich des Tors ein weißer Pfosten befinden. Da ein Teil des Tors verdeckt sein könnte, ist eine seitliche, weiße Region hinreichend. Die Pfosten sind durch übereinander angeordnete blau-gelb beziehungsweise gelb-blau Übergänge gekennzeichnet.

Weil die Kamera ständig nach unten geneigt ist, sind die Oberkanten der Tore und Eckpfosten für den Roboter nicht sichtbar. Deshalb reicht es aus, nur die seitlichen Linien und die Unterkanten zu bestimmen. Seitlich des Tors werden die Außen- und Innenkante des weißen Rahmens gesucht, um neben den gelben und blauen Histogrammen auch die weißen Histogramme aufzustellen. Die Unterkante der schmalen Eckpfosten wird vereinfachend als Horizontale durch den untersten Punkt angenommen.

Abb. 6. Farbsegmentierung von Abb. 3 nach abgeschlossenem Training

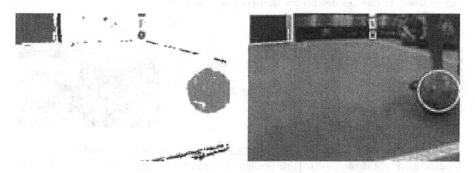

Abb. 7. *Links:* Ein farbsegmentiertes Bild mit einem Ball, einem Tor und einem Eckpfosten. *Rechts:* Das dazugehörige Originalbild, in dem die Objekte aufgrund ihrer Form detektiert sind.

Für die zu detektierenden Linien kommt eine orthogonale Regression [7] zum Einsatz, wobei die Punktmenge solange entlang der Regressionsgeraden geteilt wird, bis die gewünschte Genauigkeit erreicht ist oder zu wenige Punkte vorhanden sind. Falls die rekursive, orthogonale Regression mehrere Linien durch die Kantenpunkte gelegt hat, so wird als Objektbegrenzung die Linie mit dem kleinsten Abständen zu den Konturpunkten der Farbregion gewählt.

6 Diskussion der Ergebnisse und Ausblick

Derzeit unterstützt die überwachte Farbkalibrierung den orangefarbenen Ball, die blauen und gelben Tore inklusive des weißen Pfostens sowie die Eckpfosten. Alle anderen Objekte sind dem Hintergrund zugeordnet. Mit Hilfe der Formmerkmale lassen sich Über- und Untersegmentierungen korrigieren, so dass ein Update der Farbtabelle möglich ist. Abbildung 6 zeigt das Beispiel aus Abbildung 3 nach Anwendung der aus dem Training resultierten Farbtabelle. Insgesamt wurden 163 Aufnahmen eines RoboCup Spielfelds trainiert.

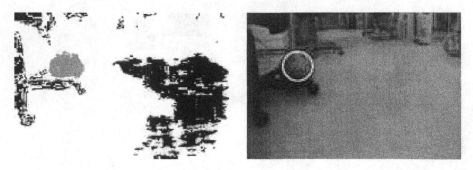

Abb. 8. *Links:* Farbsegmentierung eins verdeckten Balls. *Rechts:* Das dazugehörige Originalbild, in das der detektierte Ball eingezeichnet ist.

Abb. 9. *Links:* Farbsegmentierung eines Balls unter Einfall von Sonnenlicht vor dem Update der Farbtabelle. *Mitte:* Farbsegmentierung nach Adaption der Farbtabelle. Unterhalb des Balls wird auch seine Spiegelung im Boden segmentiert. *Rechts:* Das dazugehörige Originalbild, in das der detektierte Ball eingezeichnet ist.

Aufgrund des statistischen Ansatzes unterscheidet die Farbsegmentierung selbst zwischen farbähnlichen Objekten, wie zwischen dem Ball und dem Bein in Abbildung 7. Falls sich die Farbbereiche mehrerer Objekte überlappen, lässt sich mit der Objektwahrscheinlichkeit $P(O)$ einstellen, welches Objekt präferiert wird.

Unvollständig segmentierte oder teilweise verdeckte Bälle extrapoliert die Hough-Transformation, wie z. B. in Abbildung 8. In Abbildung 9 wurde trotz der ebenfalls runden Spiegelung der Ball als das kreisförmigste Objekt gewählt. Generell tendieren die Kreismittelpunkte und -radien dazu von Iteration zu Iteration ein wenig zu variieren. Dies liegt zum einen an den zufällig ausgewählten Punkt-Tripeln und zum anderen an der nur näherungsweise kreisförmigen Kontur. Eine Erhöhung der Stichproben zum Aufbau des Hough-Akkumulators verbessert die Ergebnisse nur geringfügig. Alle Kreise sind aufgrund von 25 Stichproben berechnet.

Das Tor und die Eckpfosten sind als Vierecke modelliert, deren Linienzüge getrennt voneinander geschätzt werden. Je nach Qualität der Kantendetektion und Farbsegmentierung werden mitunter Linien gewählt, die neben oder auf den Objekten liegen. Desweiteren berücksichtigt der Ansatz nicht, dass sich die Unterkante von seitlich gesehenen Toren aus zwei Linienzügen zusammensetzt.

Zu groß eingezeichnete Tore und Eckpfosten sind jedoch nur zu Beginn des Farbtrainigs kritisch. Fälschlicherweise als ein Objekt segmentierte Regionen beeinflussen die Farbtabelle nur dann, wenn die posteriori Wahrscheinlichkeiten für alle anderen Objekte einschließlich des Hintergrundes niedriger sind. Diese hängen vor allem von den relativen Häufigkeiten in den Histogrammen ab. Solange die Histogramme wenige Einträge enthalten, erzeugen falsche Einträge höhere relative Häufigkeiten als später, wenn die korrekten Maxima sehr stark ausgeprägt ist. Folglich ist das Farbtraining anfangs äußerst empfindlich gegenüber Übersegmentierungen. Nachdem einige Bilder trainiert sind, haben falsche Segmentierungen nur minimale Auswirkungen auf die Farbtabelle.

Der verwendete YUV-Farbraum ist nur bedingt invariant gegenüber Beleuchtungsunterschieden. In der Farbtabelle sind nur Werte eingetragen, die bereits auf den zu segmentierenden Objekten gesehen wurden. Daher ist bei neuen Lichtverhältnissen ein Nachtraining erforderlich.

Abbildung 9 zeigt einen Ball unter starkem Einfall von Sonnenlicht, der mit der auf dem Spielfeld erstellten Farbtabelle nur im Randbereich erkannt wird. Nach Hinzunahme einiger Aufnahmen ist wieder der komplette Ball farbsegmentiert. Die Farbbereiche des Tors, welche dem Steinboden ähneln, sind nun dem Hintergrund zugeordnet. Allerdings sind Farbtabellen, die Objekte unter verschiedenen Lichtverhältnissen enthalten, weniger spezifisch und trennen schlechter zwischen farbähnlichen Objekten. So sind nach erneuter Anwendung der nachtrainierten Farbtabelle auf die Spielfeld-Sequenz einige hautfarbenen Regionen als Ball markiert und einige Farbtöne des Tors fehlen.

Obwohl das Farbtraining recht robust gegenüber Einträgen von falschen Objektfarben in die Histogramme ist, besteht bei systematischen Fehleinträgen die Gefahr einer Divergenz der Farbtabelle. Tests, in denen ein unüberwachtes Update über einen längeren Zeitraum durchgeführt und beobachtet wird, stehen noch aus. Zukünftige Erweiterungen beinhalten die Detektion von erforderlichen und von falschen Updates der Farbtabelle.

Zur Zeit läuft das Verfahrens auf einem Pentium III Prozessor mit 933 MHz bei einer Auflösung von 360 × 288 Bildpunkten mit 10 Hz. Durch eine effizientere Implementierung ließe sich die Bildrate noch etwas steigern.

Literatur

1. C. Amorosco, A. Chella, V. Morreale, and P. Storniolo. A segmentation system for soccer robot based on neural networks. In *RoboCup 1999*, LNAI 1856, pages 136–147, 2000.
2. T. Bandlow, M. Klupsch, R. Hanek, and T. Schmitt. Fast image segmentation, object recognition and localization in a robocup scenario. In *RoboCup 1999*, LNAI 1856. Springer, 2000.
3. J. Bruce, T. Balch, and M. Veloso. Fast and inexpensive color image segmentation for interactive robots. In *Proceedings of the IEEE/RSJ International Conference on Intelligent Robots and Systems (IROS'00)*, pages 2061–2066, 2000.

4. J. Brusey and L. Padgham. Techniques for obtaining robust, real-time, colour-based vision for robotics. In *RoboCup 1999*, LNAI 1856, pages 243–256. Springer, 2000.

5. D. Cameron and N. Barnes. Knowledge-based autonomous dynamic color calibration. In *Robocup 2003 Proceedings of the International Symposium*, Padua, Italy, 2003.

6. I. Dahm, S. Deutsch, M. Hebbel, and A. Osterhues. Robust color classification for robot soccer. In *Robocup 2003 Proceedings of the International Symposium*, Padua, Italy, 2003.

7. R. Duda and P. Hart. *Pattern Classification and Scene Analysis*. John Wiley and Sons, 1973.

8. O. Faugeras and Q. Luong. *The Geometry of Multiple Images*. MIT Press, 2001.

9. R. Hanek, T. Schmitt, S. Buck, and M. Beetz. Fast image-based object localization in natural scenes. In *Proceedings of the 2002 IEEE/RSJ International Conference on Intelligent Robots and Systems (IROS'02)*, pages 116–122, 2002.

10. R. Hanek, T. Schmitt, S. Buck, and M. Beetz. Towards robocup without color labeling. In *Robocup 2002 Proceedings of the International Symposium*, Fukuoka, Japan, 2002.

11. P. Jonker, J. Caarls, and W. Bokhove. Fast and accurate robot vision for vision based motion. In *RoboCup 2000*, LNAI 2019, pages 149–158. Springer, 2001.

12. G. Mayer, H. Utz, and G. Kraetzschmar. Toward autonomous vision self-calibration for soccer robots. In *Proceedings of the IEEE/RSJ International Conference on Intelligent Robots and Systems (IROS'02)*, pages 214–219, 2002.

13. R. McLaughlin. Randomized hough transform: Improved ellipse detection with comparison. *Pattern Rocognition Letters*, 19(4):299–305, 1998.

14. M. Swain and D. Ballard. Color indexing. *Intl. J. of Computer Vision*, 7(1):11–32, 1991.

15. L. Xu, E. Oja, and P. Kultanen. A new curve detection method: Randomized hough transform (RHT). *Pattern Rocognition Letters*, 11(5):331–338, 1990.

16. S. McKenna Y. Raja and S. Gong. Tracking and segmenting people in varying lighting conditions using color. In *3rd International Conference on Face and Gesture Recognition*, pages 228–233, Nara, Japan, April 1998.

Analyse und Kompensation von Fahrfehlern bei Mecanum-Wheel-Fahrzeugen

Thorsten Rennekamp

Institut für Robotik und Prozessinformatik, Technische Universität Braunschweig,
Mühlenpfordtstraße 23, 38106 Braunschweig, Deutschland,
tre@rob.cs.tu-bs.de

Zusammenfassung. In dieser Arbeit werden die Odometriefehler, die bei Fahrt eines mobilen Roboters mit Mecanum-Antrieb entstehen, untersucht. Der Mecanum-Antrieb erlaubt den Fahrzeugen eine omnidirektionale Bewegung, d.h. sie können sich unabhängig in allen drei Freiheitsgraden der Ebene bewegen. Diese Beweglichkeit wird bei Mecanum-Antrieben im allgemeinen mit dem Preis einer nicht sehr positionsgenauen Fahrweise erkauft. In dieser Arbeit wird die Fahrgenauigkeit von Mecanum-Wheel-Fahrzeugen erstmals quantitativ erfasst und es wird gezeigt, dass die gefunden Fahrfehler nicht rein stochastischer Natur sind und somit teilweise kompensiert werden können.

1 Einleitung

Omnidirektionale Antriebe für mobile Roboter ermöglichen eine einfache und elegante Bahnplanung. Der Mecanum-Antrieb [3][4], mit dem die Fahrzeuge des Instituts für Robotik und Prozessinformatik der Technischen Universität Braunschweig ausgerüstet sind, erlaubt Bewegungen in der Ebene, die den Bewegungen von Luftkissenfahrzeugen gleichkommen.

Der Antrieb besteht aus vier einzeln angetriebenen sogenannten Mecanum-Rädern, die im Jahre 1972 in Schweden patentiert wurden (Abbildung 1). Auf der Mantelfläche jedes dieser vier Räder sind im 45°-Winkel 12 Rollen angebracht, die frei drehbar sind. Diese Kombination aus speziellen, einzeln angetriebenen Rädern erlaubt den Fahrzeugen eine freie Bewegung in allen drei Freiheitsgraden der Ebene, ohne dass ein Lenkausschlag der einzelnen Räder nötig ist.

Der Vorteil der omnidirektionalen Bewegung wird bei dieser Antriebsart allerdings mit dem Nachteil einer nicht sehr positionsgenauen Fahrweise erkauft. Diese Bewegungsungenauigkeiten können beispielsweise aus dem Rutschen eines Rades auf einem glatten Untergrund resultieren [2].

In dieser Arbeit werden die Fahrfehler von mit Mecanum-Antrieben ausgerüsteten mobilen Robotern quantitativ untersucht. Es soll herausgefunden werden, ob die beobachteten Positionsungenauigkeiten rein stochastischer Natur sind oder ob Regelmäßigkeiten festellbar sind. Im letzteren Fall wäre eine Fehlervorhersage und damit eine Fehlerkompensation möglich.

Um die Fahrgenauigkeiten der mobilen Roboter auf einer breiten Datenbasis analysieren zu können, werden die Fahrzeugposition vor und nach Abfahren einer Bahn von einem Bildverarbeitungssystem automatisch ermittelt.

Abb. 1. Ein Mecanum-Rad **Abb. 2.** Eines der Fahrzeuge

2 Die experimentelle Umgebung

2.1 Die Fahrzeuge

Die Basis für das Experimentiersystem bilden zwei vom iRP in Kooperation mit der Firma MIAG entwickelte mobile Roboter (Abbildung 2). Die Roboter besitzen einen OS/9 Bordrechner und eine Wireless Lan Verbindung zu einem Basisrechner, über den die Fahrzeuge gesteuert werden.

2.2 Die Messungen

Um die Fahrungenauigkeiten der Fahrzeuge zu bestimmen, ist es nötig die Position der Fahrzeuge hinreichend genau messen zu können. Ferner wird für eine aussagekräftige Analyse der Daten eine große Menge von Testdaten benötigt. Für diese Anforderungen stellte sich das Ausmessen der Fahrzeugpositionen per Hand als nicht geeignet heraus; es wurde ein automatisches Positionsmesssystem benutzt.

Das automatische Positionsmesssystem für die Fahrzeuge besteht aus vier Lampen, die auf den Fahrzeugen angebracht sind, sechs Kameras die unter der Hallendecke der Laborumgebung montiert sind und einem Bilverarbeitungssystem. Das Bildverarbeitungssystem besteht aus zwei Stufen: Finden der Lampenpositionen in den sechs Kamerabildern und Berechnung der Fahrzeugpositionen aus der Fahrzeuggeometrie und den Kalibrierungsparametern der Kameras.

Gemessen werden die Fahrfehler nach Abfahren einer einfachen Bahn τ, die aus einer Startkonfiguration q_{start} und einer Zielkonfiguration q_{soll} besteht. Die Roboter haben am Bahnanfang und am Bahnende die Geschwindigkeit 0. Im Folgenden wird o.B.d.A. für eine solche Bahn $q_{start} = (0, 0, 0)^T$ angenommen, so dass eine Bahn durch einen Vektor $q_{soll} = (x, y, \alpha)^T$ definiert werden kann, der die Position der Zielkonfiguration relativ zur Startposition angibt. Solche Bahnen können selbstständig vom Bordrechner der Fahrzeuge interpoliert und abgefahren werden. Vor der Aufnahme der Fehlerdaten wurde sowohl die Genauigkeit der Fahrzeugdetektion, als auch die Genauigkeit der Fahrzeugsteuerung geprüft.

Die Genauigkeit der Detektion der Fahrzeuge über das Bildverarbeitungssystem wurde anhand von 59 Fahrzeugpositionen ermittelt, die sowohl automatisch als auch manuell bestimmt wurden. Es ergab sich ein Erwartungswert von $0,022m$ für den absoluten Positionierungsfehler. Der Erwartungswert der absoluten Winkeldifferenz zwischen den Handmessungen und den automatischen Messungen lag bei 0.415 Grad. Die späteren Messungen zeigen, dass diese Fehler weit unter den Odometriefehlern der Fahrzeuge liegen. Die Genauigkeit der Fahrzeugsteuerung wurde durch manuelle Messung der Radumdrehungen der einzelnen Mecanum-Räder überprüft.

Als Basis für die Analyse der Fahrfehler wurden insgesamt mehr als 500 Bahnen gefahren. Für die Tests standen zwei verschiedene Bodenbeläge (Teppichboden und Fliesen) und zwei verschiedene Fahrzeuge zur Verfügung. Nach jeder Fahrt eines Roboters wurde die tatsächliche Position q_{ist} ermittelt. Der Fahrfehler wird in Fahrzeugkoordinaten an der Zielposition angegeben:

$$q_{fehler} = \begin{pmatrix} x_{fehler} \\ y_{fehler} \\ \alpha_{fehler} \end{pmatrix} = \begin{pmatrix} \cos(-\alpha_{soll})(x_{ist} - x_{soll}) - \sin(-\alpha_{soll})(y_{ist} - y_{soll}) \\ \sin(-\alpha_{soll})(x_{ist} - x_{soll}) + \cos(-\alpha_{soll})(y_{ist} - y_{soll}) \\ \alpha_{ist} - \alpha_{soll} \end{pmatrix}$$

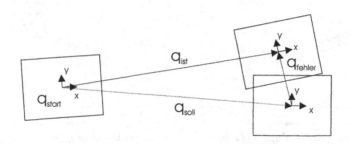

Abb. 3. Die verschiedenen Konfiguration zu einer Fehlermessung

3 Die Messergebnisse und deren Analyse

3.1 Messungen auf glattem, gefugtem Untergrund

Auf glattem, gefugtem Untergrund (Fliesen) wurden Messungen für verschiedene Arten von Bahnen durchgeführt. Es wurden sowohl Fahrfehler für einfache Bahnen, als auch Fahrfehler für komplexere Bahnen aufgenommen. Einfache Bahnen sind Bahnen, bei denen sich der Roboter nur in einem Freiheitsgrad der Ebene bewegt. Komplexere Bahnen definieren eine Bewegung des Roboters in allen drei Freiheitsgraden der Ebene.

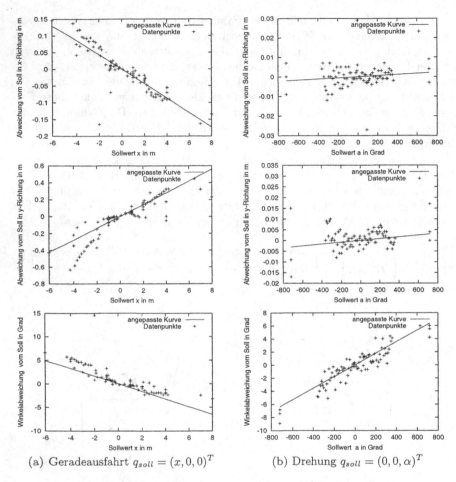

(a) Geradeausfahrt $q_{soll} = (x, 0, 0)^T$ (b) Drehung $q_{soll} = (0, 0, \alpha)^T$

Abb. 4. Fahrfehler q_{fehler} auf glattem Untergrund

Eine quantitative Aussage über die Fehler gibt der Erwartungswert der absoluten Positionsabweichung relativ zur gefahrenen Strecke:

$$EF_{|pos|} = E\left[\frac{\sqrt{x_{fehler}{}^2 + y_{fehler}{}^2}}{\sqrt{x_{soll}{}^2 + y_{soll}{}^2}}\right]$$

Dieses Fehlermaß gewichtet den Fahrfehler antiproportional zur Länge der gefahren Bahn. Desweiteren ist der rotatorische Fahrfehler interessant. Ein Maß für diesen Fehler ist der Erwartungswert der relativen, absoluten Winkelabweichung $EF_{|\alpha|}$:

$$EF_{|\alpha|} = E\left[\frac{|\alpha_{fehler}|}{|\alpha_{soll}|}\right]$$

Der rotatorische Fehler wird in Relation zum Solldrehwinkel angegeben. Folgende Tabelle zeigt die ermittelten Fehlererwartungswerte für die verschiedenen Bahnarten:

Art der Bahn	Anzahl der Tests	$EF_{|pos|}$	$EF_{|\alpha|}$
$(x,0,0)^T$	82	0,073	
$(0,y,0)^T$	48	0,104	
$(0,0,a)^T$	83		0,012
$(x,y,\alpha)^T$	392	0,124	0,237

Für allgemeinen Bahnen vom Typ $(x,y,\alpha)^T$ hängen rotatorische Fehler und Positionsfehler sowohl von der Bahnlänge, als auch vom Solldrehwinkel ab.

Eine genauere Darstellung der Positionsungenauigkeiten für spezielle Bahnen zeigt Abbildung 4. Hier wurden die Fahrfehler beispielhaft für Fahrten nach Vorne und Drehungen auf der Stelle skizziert. Aus den Diagrammen lassen sich für die Positions- und Winkelabweichung bei Geradeausfahrt des Fahrzeugs annähernd lineare Zusammenhänge ablesen. Auch für Drehungen auf der Stelle sind Regelmäßigkeiten in den Fehlerdiagrammen sichtbar. Hier offenbaren die Diagramme einen annähernd linearen Zusammenhang zwischen Solldrehwinkel α_{soll} und Drehfehler α_{fehler}. In Abschnitt 4 wird gezeigt wie diese Abhängigkeiten für eine Fehlerkompensation nutzbar gemacht werden können.

3.2 Messungen auf Teppichboden

Auf dem weicheren Untergrund Teppichboden wurde wieder beispielhaft die Fahrgenauigkeit der Fahrzeuge bei Fahrt nach vorne untersucht. Die mittlere relative Positionsabweichung liegt hier bei $EF_{|pos|} = 0,0265$. Diesem Wert liegen 59 gefahrene Bahnen zugrunde.

Die Positionsabweichung liegt somit deutlich unter dem gemessenen Wert auf glattem Untergrund. Die Fahrfehlerdiagramme für diesen weicheren Untergrund zeigen ferner noch weitere Unterschiede zur Fahrweise der Roboter auf den Fliesen. Während für die Abweichung in Fahrtrichtung x ein annähernd linearer

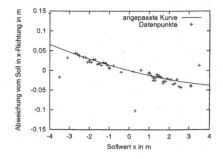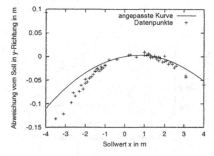

Abb. 5. Fahrfehler q_{fehler} nach Geradeausfahrt $\left(q_{soll} = (x,0,0)^T\right)$ auf Teppichboden

Zusammenhang zur Bahnlänge erkennbar ist, ist der Zusammenhang zwischen Bahnlänge und Abweichung zur Seite y nicht mehr linear.

Nicht aufgeführt ist die Abweichung des Drehwinkels, die sich analog zur Abweichung auf Fliesen verhielt. Die vergleichbaren Diagramme auf Fliesen zeigt Abbildung 4 a).

4 Die Fehlerkompensation

In Abschnitt 3 wurde gezeigt, dass die Fahrfehler, die bei Fahrt der Roboter mit Mecanum-Wheel-Antrieb auftreten, nicht rein stochastisch sind, sondern teilweise einer Regelmäßigkeit gehorchen. Durch die Aufdeckung dieser Regelmäßigkeiten ist es möglich, den deterministischen Anteil dieser Fehler vorherzusagen. Aufgrund einer solchen Fehlervorhersage können Bahnen q_{komp} mit Fehlerkompensation erzeugt werden (Abbildung 6). Abbildung 7 zeigt die Ergebnisse einer

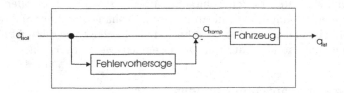

Abb. 6. Die Fehlerkompensation

Fehlerkompensation für die Geradeausfahrt des Fahrzeugs auf Fliesen. Die Fahrfehler des Roboters q_{fehler} bei vorgegebener Bahn q_{soll} wurden mit einem Polynom von Grad $n = 1$ vorhergesagt. Die mittlere relative Positionsabweichung $EF_{|pos|}$ konnte von $0,073$ auf $0,041$ reduziert werden.

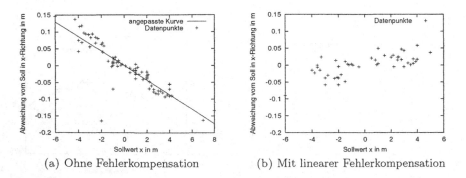

(a) Ohne Fehlerkompensation   (b) Mit linearer Fehlerkompensation

Abb. 7. Fahrfehler q_{fehler} nach Geradeausfahrt $\left(q_{soll} = (x, 0, 0)^T\right)$ auf Fliesen

5 Nutzung der Fehlervorhersage und Kompensation für die Bahnplanung im Konfigurationsraum

Mit den Ergebnissen der vorigen Kapitel kann der zu erwartenden Fahrfehler der Fahrzeuge bei Abfahren eines Bahnsegments verringert und abgeschätzt werden.

Abb. 8. Die Laborumgebung

Abbildung 8 zeigt die über die Kamerakalibrierung entzerrten Bilder der Laborumgebung, wie sie von den 6 Deckenkameras gesehen wird. Die Deckenkameras ermöglichen eine robuste Detektion der Fahrzeugpositionen. Diese Detektion erfolgt allerdings nicht in Echtzeit, so dass die Position der Fahrzeuge nur in größeren Zeitintervallen Δt aktualisiert werden kann. In der Zeitspanne zwischen Bildaufnahme und Lieferung der Positionswerte, kann der Roboter ferner eine weitere Zeitstrecke zurücklegen.

Die Planung einer Roboterbahn im Konfigurationsraum mit eingetragenen Hindernissen berücksichtigt einen Sicherheitsabstand zwischen Hindernissen und Fahrzeugen, um auch bei positionsungenauer Fahrweise der Roboter Kollisionen mit Hindernissen zu verhindern. Dieser Sicherheitsabstand wird vor der Berechnung der Konfigurationsraumhindernisse auf die Ausmaße der Fahrzeug addiert.

Über die quantitative Analyse der Fahrfehler kann nun die Abschätzung dieses Sicherheitsabstandes bei gegebenem Zeitintervall Δt erfolgen. Der Sicherheitsabstand folgt aus der Zeitspanne zwischen den Positionsaktualisierungen über das Bildverarbeitungssystem und der oberen Schranke des Fahrfehlers für Bahnen die in Δt zurückgelegt werden können. Eine Fehlerkompensation ermöglicht ferner, die Veringerung des Sicherheitsabstandes bei gegebenem Zeitintervall oder die Vergrößerung der Zeitintervalle bei gegebenem Sicherheitsabstand.

6   Zusammenfassung und Ausblick

Die Aktionsplanung mobiler Roboter findet zumeist auf Basis eines internen Modells der Umwelt statt. Mit dieser Arbeit wird ein solches Modell ein wenig näher an die Gegebenheiten der realen Welt angepasst, indem die Fahrfehler der Fahrzeuge in der realen Welt beobachtet und mit in das Modell eingebracht werden.

Regelmäßigkeiten zwischen zu fahrenden Bahnen und Fahrfehlern werden aufgezeigt und können für eine Fehlervorhersage und Kompensation nutzbar gemacht werden. Im vorangehenden Abschnitt wird beschrieben, wie die Ergebnisse dieser Arbeit in ein Gesamtsystem zur intelligenten Steuerung mobiler Roboter eingeordnet werden können.

Als weiterer Schritt wäre eine quantitative Untersuchung und Analyse der Fahrfehler auf den verschiedensten Bodenbelägen interessant. Dieses könnte zu einem einheitlichen Modell führen, dass die Fahrfehler in Abhängigkeit der Bodenbeläge und Bahnarten vorhersagt. Umgekehrt wäre es dann auch möglich von einer Menge beobachteter Fahrfehler auf die Eigenschaften eines neuen Bodenbelages zu schliessen, so dass sich die Fahrzeuge selbstständig neuen Umgebungen anpassen könnten.

Literatur

1. K. Nagatani, S. Tachibana, M. Sofue: Improvement of Odometry for Omnidirectional Vehicle using Optical Flow Information, Proc. of IEEE/RSJ Int. Conference on Intelligent Robots and Systems (2000) 468-473
2. A. Jochheim: Die Ausgangsgrößenverkopplung zur Reduzierung des Radschlupfes bei omnidirektionalen Fahrzeugen, Autonome Mobile Systeme 1996 (1996) 140-149
3. J. Wittenburg: Kinematik und Kinetik des Mecanumrades, Technischer Bericht, Universität Fridericana zu Karlsruhe, Institut für Technische Mechanik (1987)
4. P. Muir, C. Neumann: Kinematic modelling for feedback control of an omnidirectional wheeled mobile robot. In: I. Cox und G. Wilfong, Hrsg. , Autonomous Robot Vehicles, Springer Verlag (1990), 25-31

Flugregler für ein autonomes Luftschiff

Thomas Krause[1], Pedro Lima[2], Peter Protzel[1]

[1]Technische Universität Chemnitz
Fakultät für Elektrotechnik und Informationstechnik
Institut für Automatisierung
thomas.krause@infotech.tu-chemnitz.de
peter.protzel@infotech.tu-chemnitz.de
[2]Institute for Systems and Robotics Lisbon
Intelligent Systems Lab
pal@isr.ist.utl.pt
Lisbon - Portugal

1 Einleitung

Sowohl am Institut für Automatisierung der TU Chemnitz als auch am ISR (Institute for Systems and Robotics) in Lissabon existieren Projekte auf dem Gebiet "Outdoor Robotics", wobei heterogene Muli-Robot Teams Aufgaben in einem simulierten Search and Rescue Szenario durchführen. Search and Rescue Robotics hat sich in den letzten Jahren als eigene Disziplin etabliert, wobei wir uns im Gegensatz zum RoboCup Rescue [6] auf den Einsatz von Robotern im Außenbereich konzentrieren. Am ISR wird dazu neben mobilen Robotern am Boden auch ein autonomes Luftschiff (Blimp) eingesetzt, was einen globalen Blick auf das Gelände ermöglicht und die Navigation der Roboter am Boden unterstützen soll [7]. Im Gegensatz zu einem Zeppelin hat ein Blimp kein festes Innengerüst, sondern besteht aus einer frei verformbaren Hülle. Die Flugeigenschaften sind jedoch vergleichbar und wenn solche Luftschiffe automon fliegen sollen, so ist aufgrund der ständigen Störeinflüsse durch Wind eine robuste Regelung der Position und der Bewegung notwendig. Es gibt zwar weltweit einige Projekte zu halbautonomen und autonomen Luftschiffen, aber universelle Lösungen zur Steuerung der Luftschiffe im dreidimensionalen Raum unter Berücksichtigung der dynamischen Umgebung haben wir bislang vergeblich gesucht. Meist wird das Problem in verschiedene, typische Flugphasen aufgeteilt [8] oder es wurden zunächst nur einzelne Teilstücken untersucht, wie das Schweben über einer Position [9]. Im folgenden beschreiben wir daher den von uns entwickelten und erprobten Ansatz zur Regelung, der im Rahmen einer Kooperation zwischen der TU Chemnitz und dem ISR entstanden ist.

2 Aufbau des Luftschiffs

Der Blimp besteht aus einem mit Helium gefüllten Druckballon. Der Ballon ist vier Meter lang und hat einen Durchmesser von zwei Metern. An der Unterseite ist eine Gondel befestigt, in der sich die Elektronik und die Akkus befinden. An dieser Gondel sind zwei Motoren an einer Achse drehbar gelagert. Am Heck sind vier Flügel befestigt, an denen im unteren Flügel ein dritter Propeller für Dreh- und Wendebewegungen eingebaut ist. Abbildung 1 zeigt den Blimp und eine De- tailaufnahme des Heckrotors. Der Blimp wird über eine Modellbaufernsteuerung gesteuert, die über eine serielle Schnittstelle an einen PC angeschlossen ist. Als Sensor befindet sich eine kleine Videokamera an Board, die ihre Bilder über eine Funkstrecke zur Bodenstation sendet.

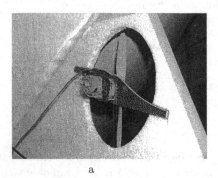 

a b

Abb. 1. Bilder des Luftschiffs, a: Detailaufname des Heckflügels mit Propeller b: Kom- plettaufnahme

3 Die Kamera als Sensor

In der ersten Ausbaustufe wird als einziger Sensor eine kleine CCD-Kamera ver- wendet, die ihre Videodaten über eine Videofunkstrecke zur Bodenstation sen- det, wo die Bilder über einen Framegrabber digitalisiert werden. Die gewählte Lösung bietet sich an, da sie klein und leicht ist. Durch die integrierte Funk- strecke ist auch keine extra Netzwerkverbindung notwendig. Aus den gesendeten Bildern müssen alle Informationen extrahiert werden, die für den Regler benötigt werden. Bei einer Positionsregelung im Raum ergeben sich sechs Freiheitsgrade. Bei den Flugeigenschafften des Blimp kann man davon ausgehen, dass er sich nicht neigt oder rollt. Dadurch reduzieren sich die zu regelnden Freiheitsgrade auf vier. Um diese Freiheitsgrade zu definieren, wird in den Blimp ein Koordi- natensystem gelegt, bei dem die Y-Achse vorwärts in Flugrichtung, die X-Achse nach rechts und die Z-Achse nach oben zeigt. Die vier Freiheitsgrade sind damit die translatorischen Bewegungen entlang der drei Achsen und die Rotation um die Z-Achse.

Um die Bewegungen zu berechnen, wird der "optische Fluss"[3] zwischen zwei Bildern berechnet. Durch diesen optischen Fluss erhält man zwei Matrizen (μ, ν, Abb. 2), die zusammen den Bewegungsvektor für jeden Bildpunkt in der Bildebene ergeben.

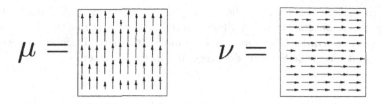

Abb. 2. Bewegungsmatrizen in Y-Richtung und X-Richtung

Um bei der verfügbaren Rechenleistung eine Bildwiederholrate von 25 Hertz zu erreichen, wurde die Bildauflösung beim Grabben auf 120 x 90 Pixel beschränkt (vgl. [4]). Wie in [2] beschrieben wird, kann man die Bildbewegungen approximiert als Ebene beschreiben, wenn die Kamera relativ senkrecht auf den Boden ausgerichtet ist.

$$\mu_0 + ax_j + by_i = \mu_\perp(x_j, y_i) \tag{1}$$

$$\nu_0 + cx_j + dy_i = \nu_\perp(x_j, y_i) \tag{2}$$

Schreibt man das für die gesammte Matrix, so erhält man:

$$A\Theta_1 = \mu_\perp \tag{3}$$

$$A\Theta_2 = \nu_\perp \tag{4}$$

Der Parametervektor Θ enthält die notwendigen Parameter zur Berechnung der Bewegung des Bildes. Stellt man die Gleichungen (3) und (4) nach Θ um, so erhält man:

$$(A^T A)A^T \mu_\perp = \Theta_1 \tag{5}$$

$$(A^T A)A^T \nu_\perp = \Theta_2 \tag{6}$$

Je ein Parameter beschreibt die Bewegung des Bildes entlang der X- und Y- Achse, zwei Parameter die Drehung um die Z-Achse und zwei Parameter die Bewegung entlang der Z-Achse. Die Rotation um die X- und Y- Achse wird hier vernachlässigt, weil die Fehler durch das Bildrauschen so hoch sind, dass keine zuverlässigen Aussagen über diese beiden Bewegungen möglich sind. Das Modell kann hierfür jedoch leicht erweitert werden, wenn in einer weiteren Ausbaustufe durch die verbesserte Technik ein besserer Signal-Rausch Abstand erreicht wird.

4 Aufbau der Regelung

Das Luftschiff ist ein nichtholonomer Roboter und kann nur drei Bewegungen ausführen. Mit den beiden vorderen Motoren kann es sich in Y- und Z-Richtung bewegen und mit seinem Heckrotor kann es sich um die Z-Achse drehen. Eine Positionsregelung im Raum lässt sich mit nur einer Regelungsebene schwer realisieren, da mindestens drei miteinander gekoppelte, nichtlineare Größen zu regeln sind. Ein weiteres Problem ist die dynamische Umgebung in der das Luftschiff ständig Wind unterschiedlicher Stärke und Richtung kompensieren muss. Als Lösungsansatz wurde daher eine verteilte und kaskadierte Regelung verwendet. Abb. 3 zeigt die grobe Strukur der Regelung in drei Ebenen.

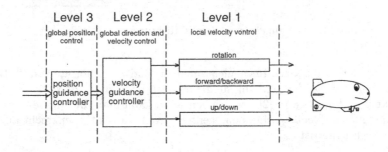

Abb. 3. Grobstruktur der Regelung

Eine Aufteilung vereinfacht das Problem: Durch wiederholte Ableitung kommt man von der Position über die Geschwindigkeit bis zur Beschleunigung, bei der man ein angenähertes lineares Modell verwenden kann. Um eine Entkopplung der einzelnen Größen zu erreichen, werden die einzelnen Bewegungen ab der Geschwindigkeit getrennt betrachtet und geregelt (Level1).

4.1 Regelung der einzelnen Bewegung

Hier werden die drei Bewegungen (Vorwärts, Höhe, Orientierung) geregelt. Für jede dieser drei Bewegungen wird die gleiche Reglerstruktur verwendet (s. Bild 4).

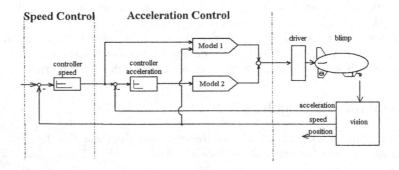

Abb. 4. Regelung einer Bewegung

Um möglichst schnell auf dynamische Einflüsse reagieren zu können, wird in der untersten Kaskade die Beschleunigung geregelt. Dadurch ist es auch möglich, ein lineares Modell für die Kinematik zu benutzen. Bei einer klassischen, linearen Regelung lässt sich ein Regelkreis entweder auf ein schnelles Führungsgrößenverhalten oder eine gute Störgrößenkompensation einstellen. Hier wird jedoch beides benötigt. Aus diesem Grund wird ein reiner Steuerzweig eingesetzt, der über ein nichtlineares Modell die benötigte Kraft berechnet. Parallel dazu arbeitet dann ein Regelkreis, der die auftretende Abweichung korrigiert, die durch die Approximation des Modells und die dynamischen Einflüsse entstehen. Dadurch reagiert die Steuerung extrem schnell und der Regelkreis kann so eingestellt werden, dass er schnell auf auftretende Abweichungen reagiert. Modell 1 nach (7) für den Steuerzweig setzt sich aus zwei Teilen zusammen. Zum einen aus der vereinfachten Beschleunigungsgleichung $F(a) = m \cdot a$ und zum anderen aus dem Luftwiderstand $F(v) = c \cdot v^2$. "c"ist eine Widerstandskonstante, die experimentell bestimmt wird.

$$F(a, v) = m \cdot a + c \cdot v^2 \qquad (7)$$

Da der Regelkreis nur die Abweichung ohne Berücksichtigung des Luftwiderstandes korrigieren soll, reicht für Modell 2 eine lineare Gleichung, wodurch eine lineare Regelung möglich wird.

$$F(a) = m \cdot a \qquad (8)$$

Als Regler für die Beschleunigung wird ein PI-Regler eingesetzt, der bei entsprechender Parametrierung leichtes Rauschen und auftretende Offsets kompensiert. Nachdem die Beschleunigung geregelt ist, kann für die übergeordnete Kaskade (Geschwindigkeit) ebenfalls ein einfacher linearer Regler verwendet werden (hier P-Glied). Mit dieser Struktur lassen sich die drei Bewegungen problemlos und robust steuern. Abbildung 5 zeigt das Ergebnis eines Versuches.

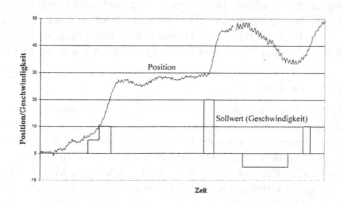

Abb. 5. Regelung einer lokalen Bewegung

4.2 Richtung und Synchronisation

Um mit diesen geregelten Bewegungen in eine bestimmte Richtung fliegen zu können, ist es notwendig, die einzelnen Bewegungen untereinander zu synchronisieren. Da die Bewegungen entlang der Y- und Z-Achse direkt gesteuert werden können, werden diese beiden Bewegungen lokal synchronisiert. Die Orientierung muss mit Wissen aus der globalen Bewegung gesteuert werden.

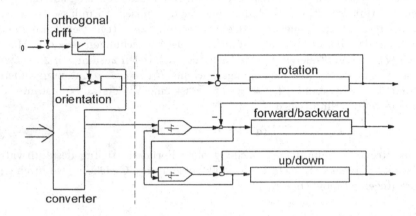

Abb. 6. Synchronistation und Regelung der Richtung

Je größer die Regelabweichung einer Bewegung ist, desto stärker wird die Führungsgröße der anderen Bewegung zurück genommen. Auf diese Art und Weise wird zwar die Geschwindigkeit nicht mehr garantiert aber die Richtung wird eingehalten. Im Converter wird der von der Positionsregelung vorgegebene Richtungsvektor in die lokalen Bewegungen umgerechnet. Je stärker die orthogonale Drift der Bewegung in der X-Y-Ebene ist, desto stärker wird die Orientierung entgegen der Drift verändert. Dadurch wird erreicht, dass sich der Blimp immer so in den Wind dreht, dass er in die gewünschte Richtung driftet.

4.3 Positionsregelung

Nachdem die Richtung bereits geregelt wird, braucht die Positionsregelung nur noch die entsprechenden Richtungsvektoren zu berechnen. Bei einer Positionsregelung im n-dimensionalen Raum ist neben der gewünschten Position auch der Weg dorthin von Bedeutung. Der einfachste und kürzeste Weg ist eine Linie zwischen den beiden Punkten im Raum. Die Linie wird in Vektorrschreibweise beschrieben, was die Berechnung mit den kartesischen Koordinaten erleichtert und die Kompatibilität mit den unteren Regelungseben sicherstellt. Damit der Blimp auf seinem Weg nicht abdriftet, was durch die Richtungsregelung bereits kompensiert wird, aber durch Regelabweichungen immer noch geringfügig auftreten kann, muss zusätzlich zur Entfernung zum Zielpunkt auch die relative

Position zum geplanten Weg berücksichtigt werden. Abb. 7 illustriert die dafür genutzte Vektorberechnung.

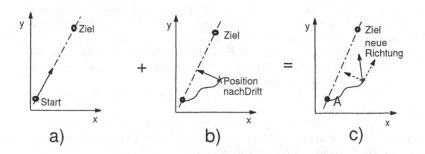

Abb. 7. Positionsregelung a) Berechnung der Linie zum neuen Zielpunkt bei Vorgabe eines neuen Zieles b) Berechnung des Abstandes von der berechneten Linie wärend des Fluges c) Ergebnis der Addition beider Vektoren

Zu Beginn (Diagramm a in Abb. 7) wird eine virtuelle Linie von der aktuellen Position (A) zur neuen Zielposition (B) berechnet. Der Richtungsvektor der Linie wird als Richtungsvektor an die untere Ebene (Level 2) gegeben. In jedem weiteren Zyklus wird der Abstand zur virtuellen Linie berechnet (Diagramm b in Abb. 7) und der orthogonale Vektor zur Linie zum Richtungsvektor addiert. Dadurch entsteht ein Bewegungsvektor, der zur Linie und zum Zielpunkt (B) zeigt (Diagramm c in Abb. 7).

5 Testergebnisse und Auswertung

Die vorgestellte Regelung wurde am beschriebenen Luftschiff in einer ersten Testphase zunächst in einer Turnhalle erprobt. Dabei wurde die Regelung auch auf ihre Robustheit gegenüber Wind, unterschiedlichen Batterieladezuständen und verschiedenen Gasdrücken im Ballon (veränderter Auftrieb und Windwiderstand) getestet. Störeinflüsse in einer dynamischen Umgebung wurden durch manuelle Bewegungen und künstliche Luftbewegungen simuliert. Die Regelung reagierte auf auftretende Abweichungen und Änderungen der Modellparameter und der Umgebung sehr robust. Vorgegebene Positionen und Wege wurden sehr gut eingehalten. Auch das Schweben über einer vorgegebenen Stelle stellte keine Schwierigkeit dar. Bedingt durch die Konstruktion und die momentan geringe Antriebsleistung ($v_{max} = 7km/h$) konnte die Regelung noch nicht im Außenbereich getestet werden. Weitere Arbeiten sind z. Zt. konstruktive Änderungen am Luftschiff sowie die Integration weiterer Sensoren und Bildverarbeitungsalgorithmen. Die Regelung kann durch zusätzliche Module wie Pfadplanung ergänzt und erweitert werden.

Literatur

[1]   *Identification and Control Of A Lighter Than Air Blimp, Gauthier Lambert, 2001, Final Year Project at Instituto Superior Tecnico*

[2]   *Foveated Active Tracking with Redundant 2D Motion Parameters, Alexandre Bernardino, José Santos-Victor, Giulio Sandini, VisLab-TR 06/2002, Robotics and Autonomous Systems (Elsevier), 39(3-4), June 2002*

[3]   *Probability Distributions of Optical Flow, Eero P Simoncelli, Edward H Adelson, David J Heeger, IEEE Conference on Computer Vision and Pattern Recognition, Mauii, Hawaii, June, 1991*

[4]   *Performance of optical flow techniques, J. Barron, D. Fleet, S. Beauchemin, International Journal of Computer Vision, 1995*

[5]   *Vision based station keeping and docking for floating vehicle, S. van der Zwaan, A. Bernardino, J. Santos-Voctor, Proc. of the European Control Conference 2001, Porto, Portugal, September 2001*

[6]   *RoboCup Rescue: Search and Rescue in Large-Scale Disasters as a Domain for Autonomous Agents Research, H. Kitano, S. Tadokoro, I. Noda, H. Matsubara, T. Takahashi, A. Shinjou, S. Shimada, Proc. of IEEE International Conference on Man, Systems and Cybernetics, 1999*

[7]   *The RESCUE Project - Cooperative NAvigation for Rescue Robots, Pedro Lima, Luis Custódio, M. Isabel Ribeiro, José Santos-Victor, 1st International Workshop an Advances in Service Robotics ASER03, March 2003, Bardolino, Italy*

[8]   *The Autonomous Blimp Project at LAAS/CNRS: Achievments in Flight Control and Terrain Mapping, E. Hygounenc, I. Kyun Jung, P. Soures, S. Lacroix, LAAS Report 03181*

[9]   *Visual Servo Control for the Hovering of an Outdoor Robotic Airship, José R. Azinheira, Patrick Rives, José R. H. Carvalho, Geraldo F. Silveira, Ely C. de Raiva, Samuel SBueno, Proceedings of the 2002 IEEE International Conference on Robotics & Automation, May 2002*

Autonomes Gespann als Testbett für fahrerassistiertes Einparken

Dieter Zöbel, Philipp Wojke, Dennis Reif

Institut für Softwaretechnik, Fachbereich Informatik, Universität Koblenz-Landau
Email: zoebel@uni-koblenz.de,
WWW home page: http://www.uni-koblenz.de/~agrt

Zusammenfassung Fahrzeuge, insbesondere solche mit Anhängern, besitzen nichtholonome Bewegungseigenschaften und sind unter regelungstechnischen Gesichtspunkten schwer zu handhaben. Dies entspricht der Erfahrung, die insbesondere ein ungeübter Fahrer macht, wenn er seinen Campinganhänger gezielt rückwärtig manövrieren möchte. Assistenzsysteme finden hier ein großes Einsatzpotenzial.
Das Projekt EZpark widmet sich einer konkreten Form der Fahrassistenz beim Rückwärtsfahren. Sie zielt darauf ab, Gespanne sicher und genau in Parklücken zu manövrieren. Der gesamte Vorgang läuft dabei weitgehend automatisch ab, wobei dem Fahrer das Lenken vollständig abgenommen wird und lediglich eine Überwachungsaufgabe bleibt.
Im Gegensatz zu anderen Ansätzen, die diese Problematik in der Theorie oder der Simulation behandeln, wird hier ein autonomes Fahrzeug vorgestellt, das den notwendigen Einparkvorgang ausführt. Der dabei notwendige Ablauf ist unmittelbar auf ein Serienfahrzeug mit Anhänger zu übertragen.

1 Einleitung

Das kinematsche Verhalten von Gespannen ist in der Fachliteratur ausführlich diskutiert und analysiert worden (vergl. u.a. [5], [1]). Wesentlich schmäler ist die wissenschaftliche Literatur zum autonomen Fahren echter Gespanne unter den zusätzlichen Aspekten wie Echtzeit, Präzision und Sicherheit (vergl. [2], [8]). Noch sind diese Ansätze von einer nutzbringenden Anwendung weit entfernt.

Auch in diesem Artikel wird noch keine reife Anwendung vorgestellt. Dennoch handelt es sich um deren konkrete Vorbereitung, bei der ein autonomes Gespann im Mittelpunkt steht (siehe Abb. 1). Diesem fällt die Aufgabe zu, alles das, was ein Fahrerassistenzsystem an Unterstützung für das rückwärtige Einparken bereitstellen soll, zu realisieren, erfahrbar zu machen und zu bewerten.

Das autonome Einparken ist sowohl unter praktischen wie theoretischen Gesichtpunkten bereits wissenschaftlich behandelt worden (vergl. [6], [3], [4]). Im Mittelpunkt stehen dabei handelsübliche Kraftfahrzeuge, mit denen versucht wird, eine Parklücke so optimal wie möglich zu nutzen. Daneben gibt es für fast alle Kraftfahrzeuge Assistenzsysteme, die meist akustisch vor Hindernissen beim Einparkvorgang warnen. Dabei gehen jedoch bislang keinerlei wissenschaftliche

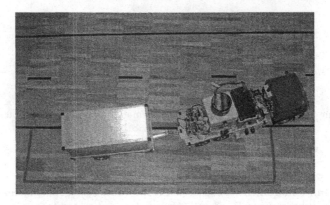

Abbildung 1. Das Modellfahrzeug beim Einparken in eine Parklücke. Das Rechteckt kennzeichnet die Parkposition.

Erkenntnisse aus dem autonomen Einparken und erst recht keine aktive Lenkunterstützung in diese käuflichen Systeme ein.

Bei Herstellern spielen Fahr(er)assistenzsysteme für die Profilbildung und die Vermarktung neuer Fahrzeuge eine herausragende Rolle. Der Nutzen für den Fahrer ist dabei typischerweise dann gegeben, wenn das unterstützende System nach kurzer Zeit als völlige Selbstverständlichkeit verinnerlicht wird und erst dann wieder aktiv wahrgenommen wird, wenn es aufgrund eines Ausfalls schmerzlich vermisst wird. Daran ist ersichtlich, dass der erfolgreiche Einsatz eines Fahr(er)assistenzsystems am Grad der empfunden Erleichterung, an der Verfügbarkeit des Systems, am Gewinn an Fahrsicherheit und am Grad der Beherrschung des Fahrzeugs sowie vielen anderen Kriterien zu messen ist.

Der Artikel beschäftigt sich in Abschnitt 2 mit der Handhabung des Assistenzsystems durch den Fahrer. Dann folgt in Abschnitt 3 die Konstruktion des Fahrweges für die Translation eines Gespanns. Zum Testen des Assistenzsystems sind die analytischen Ansätze in die Pragmatik einer Realisierung zu überführen. So wird in Abschnitt 4 der Fahrweg in die Parklücke eingepasst und auf die Erfordernisse einer Fahrwegsregelung zugeschnitten. Abschließend wird in Abschnitt 5 aufgezeigt, welche Entwicklunsstufen bis zu einer serienmäßigen Realisierung des fahrerassistierten Einparkens noch zu gehen ist.

2 Protokoll zum automatischen Einparken

Aufgrund der obigen Überlegungen wurde das Konzept der Fahr(er)assistenz im Rahmen des Projektes EZpark aus der Sicht der ergonomischen Handhabung durch der Fahrer entworfen. Die grundsätzliche Unterscheidung zwischen

– Fahrassistenz, die im Hintergrund wirksam ist und vom Fahrer nicht unmittelbar wahrgenommen wird, und

– Fahrerassistenz, die den Fahrer unterstützt und von ihm unmittelbar wahrgenommen und bedient wird,

ist im Zusammenhang mit dem Einparken ein „sowohl als auch". Der gesamte Ablauf entspricht einem Fahrerassistenzsystem, das nach einem einfachen Protokoll von Fahrer zu bedienen ist. Darin eingelagert ist eine autonome Fahrt, die ganz im Sinne eines Fahrassistenzsystems in Hintergrund abläuft, und nur bei Gefahr von Fahrer abgebrochen wird. Im einzelnen gliedert sich dieses Protokoll in die Schritte:

1. Im Vorbeifahren signalisiert der Fahrer dem Einparksystem den Beginn der Parklücke
2. Ebenso signalsiert er das Ende der Parklücke.
3. Wenn die Parklücke von Einparksystem als hinreichend groß berwertet wird, kann der Fahrer den automatischen Parkvorgang auslösen.
4. Während des automatischen Parkvorgangs übernimmt der Fahrassistent die Lenkung und fährt mit konstanter Geschwindigkeit
   (a) zunächst vorwärts, bis der Anhänger die Parklücke passiert hat,
   (b) führt dann rückwärts das eigentliche Parkmanöver aus
   (c) und nimmt schließlich durch eine kurze Vorwärtsfahrt die anvisierte Parkposition an.

Dieses Vorgehen unterscheidet zwischen der Parklücke und der darin enthaltenen Parkposition. Letztere ist genauso lang wie das gesamte Gespann. Über diesen Bereich ragt die Parklücke nach hinter heraus, um das Gespann gerade zu richten, und nach vorn heraus, um ein Herausfahren in einem Zug zu ermöglichen.

3 Konstruktion des Fahrweges

Bis auf Protokollschritt 4 liegt die Kontrolle des Fahrzeugs beim Fahrer. Bei 4(a) und 4(c) handelt es sich um Vorwärtsfahrten geradeaus, wobei lediglich Längenparamenter zu bestimmen sind. Dies geschieht nach pragmatischen Gesichtspunkten in Abschnitt 4.

Wesentlich anspruchsvoller ist 4(b), wo zunächst ein Fahrweg zu konstruieren ist, der einer Reihe von Anforderungen genügen muss. Nach der Kategorisierung durch Altafini ist ein Serien-LKW mit Anhänger ein *general-2-trailer*. Dieser unterscheidet sich modellierungsstechnisch von dem beispielsweise bei Latombe behandelten *standard-n-trailer* dadurch, dass zwischen der Hinterachse des Zugfahrzeugs und der Anhängerkupplung ein Abstand, hier M_0, existiert. Das führt dazu, dass sich die kinematischen Beziehungen, dargestellt durch die Position x_1, y_1 der Hinterachse des Zugfahrzeugs, der Richtung θ_0 und θ_1 von Zugfahrzeug und Anhänger sowie von der Lenkung ϕ, bezogen auf $\dot{\theta}_1$ erschweren (vergl. Abb. 2).

$$\begin{pmatrix} \dot{x}_1 \\ \dot{y}_1 \\ \dot{\theta}_0 \\ \dot{\theta}_1 \\ \dot{\phi} \end{pmatrix} = \begin{pmatrix} cos(\theta_0) & 0 \\ sin(\theta_0) & 0 \\ tan(\phi)/L_0 & 0 \\ sin(\theta_0 - \theta_1 - arctan(M_0 tan(\phi)/L_0))/L_1 & 0 \\ 0 & 1 \end{pmatrix} \begin{pmatrix} v_1 \\ v_2 \end{pmatrix}$$

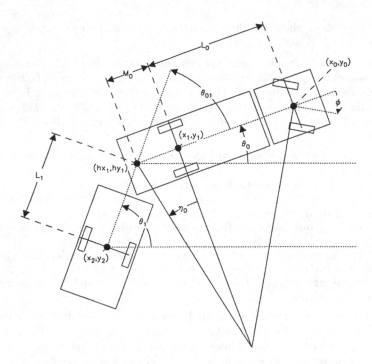

Abbildung 2. Schema eines *general-2-trailer*

Ein Ansatz mit konstanter Geschwindigkeit v_1 und phasenweise konstanten Lenkeinstellungen v_2 ergibt für x_1 und y_1 Traktrix-artige Fahrkurven (vergl. [7]). Die phasenspezifischen Kurven lassen sich zu Manövern zusammensetzen, die eine seitliche Translation beliebiger Tiefe zulassen. Für das Modellfahrzeug im Maßstab 1 : 16 soll die Translationstiefe $25cm$ betragen, was der üblichen Breite einer Fahrspur vom $4m$ entspricht. Insgesamt umfasst das Parkmanöver 4(b) 5 Kurvenstücke (siehe Abb. 3) und besteht darin, den Einknickwinkel $\theta_0 - \theta_1$ zwischen Zugfahrzeug und Anhänger gezielt in den Grenzen

$$-\Delta\theta_{circ} \leq \theta_0 - \theta_1 \leq \Delta\theta_{circ}$$

zu steuern:

1. Einknicken des Gespanns auf einen definierten Winkel $\Delta\theta_{circ} > 0$
2. Konstanthalten des Winkels $\Delta\theta_{circ}$
3. Umkehrung des Einknickwinkels auf $-\Delta\theta_{circ}$
4. Konstanthalten der Einknickwinkels $\Delta\theta_{circ}$
5. Geraderichten des Gespanns

Die Stücke 1, 3 und 5 sind Traktrixkurven, die den Einknickwinkel $\theta_0 - \theta_1$ ändern sollen, und werden mit jeweils dem Maximaleinschlag $|\phi| = \phi_{max}$ ge-

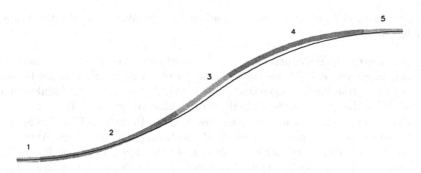

Abbildung 3. Der ideale (grau) und angenäherte (schwarz) Fahrweg

fahren. Dazwischen liegen die Kreisbögen 2 und 4, bei denen durch den Lenk-
einschlag ϕ_{circ} bzw. $-\phi_{circ}$ der Einknickwinkel konstant auf $\theta_0 - \theta_1 = \Delta\theta_{circ}$
bzw. $\theta_0 - \theta_1 = -\Delta\theta_{circ}$ gehalten wird. Dabei steht der Lenkwinkel in folgender
Beziehung zum Einknickwinkel:

$$\phi_{circ} = arctan\left(\frac{L_0}{\sqrt{\left(\frac{L_1}{sin(\Delta\theta_{circ})}\right)^2 - M_0^2}}\right)$$

Ein wesentlicher Freiheitsgrad liegt in der Wahl des Lenkwinkels ϕ_{circ} im
Interval $[0, \phi_{max}]$. Von dieser Einstellungen hängt bei gleicher Translationstiefe
die Länge der benötigten Parklücke ab. Eine Wahl nahe bei 0 lässt das Gespann
nur schwach einknicken und in weitem Bogen in die Parklücke einfahren. Aber
auch ein Wert nahe bei ϕ_{max} ist ungünstig, da das Gespann stark einknickt und
die Wege für das Geradrichten lang werden. Ein Minimum für die Länge der
Parklücke ergibt sich bei einer Wahl von ϕ_{circ} bei etwa $2\phi_{max}/3$.

4 Testbett für die Fahrerassistenz

Anders als bei der analytischen Betrachtung der kinematischen Beziehungen
sind beim echten Gespann eine Reihe technischer Randbedingungen zu beachten. Diese führen unter anderem dazu, dass sich die analytischen Resultate nicht
exakt widerspiegeln. Zum einen hängt das an dem Regelagorithmus, der zur
Einhaltung von Echtzeitbedingungen anstelle der exakten Fahrkurven mit eine
Folge angenäherter Kreis- und Geradenstücke operiert. Hinzukommen Totzeiten
sowie Mess- und Stellabweichungen. Eine Folge davon ist, dass am Ende des
Manövers noch keine Geradeausrichtung des Gespanns erreicht wird. Zu diesem
Zweck wird die Fahrkurve künstlich um ein Geradestück verlängert, das durch
eine kurze Vorwärtsfahrt (4c) eine deutlich verbesserte Parkposition des Fahr-
zeugs ermöglicht.

Besondere Bedeutung für das Einparken hat die Wahl und Positionierung der Kreisbögen.

- Da sich die Kurvenstücke 1-5, die das Parkmanöver bilden, augenscheinlich kaum von Kreisbögen unterscheiden, werden sie durch zwei solche angenähert. Randbedingungen sind dabei die Gleichheit in den Endpunkte und die Gleichheit der Tangenten in diesen Punkten (vergl. Abb. 3).
- Das Parkmanöver beginnt vor dem Erreichen der Parklücke. Eine rein analytische Betrachtung müsste diesen Punkt so bestimmen, dass beim Abfahren der idealen Fahrkurve keine Berührung der vorderen Ecke der Parklücke erfolgt. Für das Modellfahrzeug und den dort implementierten Regelalgorithmus lässt sich dies zur Zeit nur experimentell ermitteln.

Das Testbett für die Fahrerassistenz wird von dem autonomen Gespann und einer Bedienschnittstelle gebildet. Hieran soll überprüft werden, ob die Handhabung ergonomisch ist und eine offensichtliche Fahrerleichterung darstellt. Nicht aus dem Fahrzeug heraus, sondern mit den Blick auf das Modellfahrzeug wird zunächst mittels Lenkrad manuell gelenkt. Über Tasten am Lenkrad werden die Positionen 1 und 2 des Protokolls vermerkt. Gleichzeitig ist mit Augenmaß die Parklücke in der Mitte der rechten Fahrspur zu passieren.

Diese einfachen Handhabungsvorschriften wurden im Test gut bewältigt. Demgemäß lässt sich eine hohe Präzision beim Einparkvorgang 4 erzielen. Folgende Tabelle gibt die Ergebnisse einer Sequenz von Fahrversuchen wieder. Dabei wird der Lenkwinkel der Kreisfahrt ϕ_{circ} schrittweise variiert.

Lenkwinkel ϕ_{circ}	Ausrichtung	Länge der Parklücke	Überfahren der Straßengrenze rechts	Überfahren der Parkbegrenzung rechts
$30\%\phi_{max}$	$182,2°$	$177,9cm$	-	-
$35\%\phi_{max}$	$181,6°$	$172,0cm$	$0,1cm$	-
$40\%\phi_{max}$	$181,1°$	$167,8cm$	$0,6cm$	-
$45\%\phi_{max}$	$180,4°$	$163,2cm$	$1,6cm$	-
$50\%\phi_{max}$	$180,7°$	$162,7cm$	$2,9cm$	-
$55\%\phi_{max}$	$180,5°$	$161,0cm$	$2,5cm$	-
$60\%\phi_{max}$	$180,6°$	$159,5cm$	$3,4cm$	-
$65\%\phi_{max}$	$180,8°$	$153,0cm$	$3,3cm$	-
$70\%\phi_{max}$	$181,5°$	$147,7cm$	$4,4cm$	$3,9cm$

Die Tabelle spiegelt zuächst die Ausrichtung des Anhängers am Ende des Parkvorgangs 4 wieder. Während diese Werte keine besondere Tendenz erkennen lassen und insbesondere für die mittleren Lenkwinkel ganz nahe an den Zielwert 180° herankommen, gibt es für die Länge der notwendigen Parklücke eine deutliche Abhängigkeit vom Lenkwinkel ϕ_{circ}. Während große Lenkwinkel vergleichsweise kleine Parklücken zulassen, wird die dafür notwendige Lenkbewegung des Zugfahrzeugs ungünstig beeinflusst. Zu Beginn des Parkmanövers muss das Zugfahrzeug mit steigenden Werten des Lenkwinkels immer stärker nach rechts einschwenken, um einen größen Einknickwinkel zu erreichen. Schließlich bergen größe Lenkwinkel auch noch die Gefahr sehr steil in die Parklücke einzufahren und deren Grenzen zu überschreiten.

Die Werte der obigen Tabelle veranschaulichen deutlich, dass die optimale Länge der Parklücke nicht das alleinige Gütekriterium für das assistierte Einparken sein kann. Außerden ist zu bedenken, dass das Zugfahrzeug notwendigerweise auch nach links auf die Gegenspur kommt (vergl. Abb 4). Der Fahrer muss hierbei den Gegenverkehr beachten und gegebenenfalls durch Steuerung der Geschwindigkeit das Parkmanöver verzögern. Unter diesen sicherheits- und handhabungstechnischen Gesichtspunkten scheint die Wahl von ϕ_{circ} knapp unter $\phi_{max}/2$ am geeignetsten.

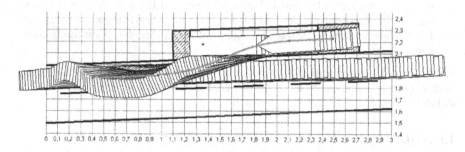

Abbildung 4. Aufzeichnung eines Einparkversuchs mit dem Modellfahrzeug. Die schraffierte Fläche entspricht der Parklücke, in der die Parkposition enthalten ist.

Die Geschwindigkeit beim automatischen Einparken liegt bezogen auf das Modellfahrzeug bei etwa $5cm/sec$, was bei der Skalierung 1:16 einer Geschwindigkeit von mehr als $2km/h$ entspricht und für das Rückwärtsfahren mit Anhänger durchaus als zügig wahrgenommen wird. Höhere Geschwindigkeiten sind bei einer Positionsbestimmung mit Laserscanner bei einer Rate von 6 Positionen (x_1, y_1, θ_0) pro Sekunde und einem Alter der Daten von aufgrund des Verfahrens und der Verarbeitung von bis zu $0.4sec$ nicht mehr angebracht.

5   Ausblick

Eine Realisierung des automatischen Einparkens auf einem Serienfahrzeug ist zur Zeit nicht Teil des Projektes EZpark. Dennoch erscheint dieser Sprung durchraus in Reichweite. Dies hat folgende Gründe:

– Ein Positionsbestimmung, die jetzt durch Laserscanner und Potentiometer die Eingabegrößen $(x_1, y_1, \theta_0, \theta_{01})$ erfasst, ist auf die Möglichkeiten eines Serienfahrzeugs umzurüsten, z.B. auf odometrische Daten und Winkelsensoren an der Anhängerkupplung. Für die Ausgabe wäre eine *steer-by-wire*-Schnittstelle am geeignetsten.

Dass nur kinematisch relevante Daten für diesen Sprung zum Serienfahrzeug notwendig sind, hängt mit der im nächsten Spiegelpunkt beschriebenen Trennung der Aufgaben zwischen Fahrer und Fahrassistenzsystem zusammen.

- Im Gegensatz zu autonomen Fahrzeugen, die extrem hohen Sicherheitsanforderungen erfüllen mussen, handelt es sich bei dem vorgestellten um eines, dass dauerhaft der Kontrolle des Fahrers unterliegt. Lediglich die als handwerklich schwierig empfundene Aufgabe des Einparkens wird vollständig automatisiert. Währenddessen verbleiben eine Reihe von wahrnehmungs- und entscheidungsspezifischen Aufgaben, deren Automatisierung bislang nicht gelöst ist, beim Fahrer. Besser als ohne den Fahrassistenten kann sich der Fahrer auf den Gegenverkehr, etwaige Hindernisse sowie die Gesamtkontrolle des Gespanns konzentrieren. Jederzeit bleiben zwei Eingriffsmöglichkeit. Die eine ist die Verringerung der Geschwindigkeit, um beispielweise Personen die Parklücke passieren zu lassen. Die andere ist der Abbruch des automatischen Einparkens.

Ein Stück diese Sprungs zum Serienfahrzeug wird durch das autonome Gespann und das darauf implementierte Protokoll zum automatischen Einparken bereits sichtbar.

Literatur

1. C. Altafini. Some properties of the general n-trailer. *International Journal of Control*, 74(4):409–424, March 2001.
2. C. Altafini and A. Speranzon. Backward line tracking control of a radio-controlled truck and trailer. In *IEEE Int. Conference on Robotics and Automation*, Seoul, May, 21st-26th 2001.
3. Konstantin Kondak and Günter Hommel. Berechnung der optimalen Bewegung für das autonome Einparken nicht holonomer Fahrzeuge. In M. von Ehr R. Dillmann, H.Wörn, editor, *Autonome Mobile Systeme 2000*, pages 183–192, Berlin, November 2000. Springer Verlag.
4. Konstantin Kondak and Günter Hommel. Berechnung der zeitoptimalen Bewegung von Robotersystemen: Direkte Methode. In M. Schanz P. Levi, editor, *Autonome Mobile Systeme 2001*, pages 148–156, Berlin, Oktober 2001. Springer Verlag.
5. J.-C. Latombe. *Robot Motion Planning*. Kluwer Academic Press, Boston, Mass., 1991.
6. I. E. Paromtchik and C. Laugier. Motion generation and control for parking an autonomous vehicle. In *Proc. of the IEEE Int. Conf. on Robotics and Automation*, pages 3117–3122, Minneapolis, USA, April 1996.
7. D. Zöbel and E. Balcerak. Präzise Fahrmanöver für Fahrzeuge im Gespann. In R. Dillmann, H.Wörn, and M. von Ehr, editors, *Autonome Mobile Systeme (AMS2000)*, volume 16. Fachgespräch of *Informatik aktuell*, pages 148–156, Karlsruhe, November 2000. Springer-Verlag.
8. Dieter Zöbel. Trajectory segmentation for the autonomous control of backward motion for truck and trailer. In *(ITSC'2002)*, pages 188–193, Singapore, 3-6 September 2002. IEEE 5th International Conference on Intelligent Transportation System Council.

Optimierung des Fahrverhaltens autonomer mobiler Systeme unter Einsatz von Verstärkungslernen

Michael Krödel und Klaus-Dieter Kuhnert

Fahrsysteme oder Fahrerassistenzsysteme sind bereits seit einigen Jahren Bestandteil von Forschungsprojekten. Dabei bestehen die in diesem Umfeld angesiedelten Projekten meist aus zwei wesentlichen Bestandteilen: der Erfassung der Umwelt (z.B. über Bildverarbeitung oder Sensorik) und der Generierung von Steuerungsbefehlen (z.B. über Regelungstechnik). Lernfähigkeit steht eher im Hintergrund. Letzteres ist der Hauptfokus der vorliegenden Forschungsarbeit, wobei Lernfähigkeit als Optimierung von Fahrverhalten verstanden wird, d.h. der Auswahl von optimalen Verhalten für die jeweiligen Situationen.

Die vorliegende Arbeit setzt für die Lernfähigkeit erstmals ein System basierend auf Verstärkungslernen (Reinforcement Learning) ein – dies im Gegensatz zu bisherigen Arbeiten im ähnlichen Umfeld basierend auf Modellierung oder Neuronalen Netzen. Im Kern der Arbeit werden Situationen klassifiziert und für jede Situation eine mögliche Anzahl von Verhalten ermittelt. Durch Verstärkungslernen werden diese Verhalten bewertet und konvergieren über die Zeit, d.h. es wird ermittelt, welche Verhalten in einer Situation angemessener sind und welche nicht.

Mit unterschiedlichen Testreihen wird die Funktionsweise des o.g. Ansatzes nachgewiesen und die Konvergenz der Bewertung von Verhalten bewiesen.

Einleitung

Diese Arbeit widmet sich der Implementierung eines lernenden Fahrsystems, das sich aufgrund von Erfahrungen auf ein beliebiges Fahrzeug und auf beliebige Streckenverläufe selbständig anpasst.

Wichtig dabei ist, dass die Stimuli für dieses System (d.h. wie gut oder wie schlecht der aktuelle Fahrstil ist) über Methoden der Bildverarbeitung allein aus den Bildsequenzen einer angeschlossenen Videokamera stammen. Zusätzlich zu den Bildinformationen, die zur Optimierung des Lenkverhaltens bereits ausreichen, werden Informationen bzgl. Zeit, Ort und Geschwindigkeit zur Optimierung der Beschleunigungskomponente verwendet.

Das System muss sich dabei auch auf das aktuelle Fahrzeug anpassen, ohne dass mathematische Parameter über Lenk-, Beschleunigungs- oder Bremsverhalten verfügbar sind (d.h. es wird kein explizites Fahrzeugmodell verwendet).

Das Ziel dieser Arbeit ist dabei, die Steuerung eines Fahrzeugs über ein System erfolgen zu lassen, das im wesentlichen die folgenden Funktionen erfüllt:

- Erkennung des Straßenverlaufs, sowie Ableitung von sinnvollen Kommandos bezüglich Beschleunigung (positive wie negative) und Lenkung.

- Aufbau, Weiterentwicklung und Verwendung von Lernmustern für bekannte (oder dazu ähnliche) Straßenverläufe. Je öfter ein Fahrzeug einen gleichen Streckenabschnitt fährt, desto gleichmäßiger muss das Lenk- und Beschleunigungsverhalten erfolgen und desto schneller muss der Streckenabschnitt zurückgelegt werden.

- Die Lernmuster unterscheiden sich je nach eingesetztem Fahrzeug (unterschiedliche Lenk- und Beschleunigungsverhalten); diese Parameter werden aus der Rückkopplung über die Videokamera in Bezug auf die Steuerungskommandos entnommen, d.h. das System muss nicht in Bezug auf das Fahrzeug manuell parametrisiert werden.

- Alle Funktionen werden in Echtzeit bewältigt.

Gesamtstruktur des Systems

Abb. 1 zeigt die Gesamtstruktur des Systems. Zunächst erfasst das System die Umwelt indem es Situations-Beschreibungen berechnet. Diese Situationsbeschreibungen basieren auf Einzelbildern, die von der Videokamera an das Gesamtsystem übergeben und mittels Bildverarbeitung ausgewertet werden. Im Detail wird der Verlauf der Fahrbahnmarkierungen berechnet und aufgrund des Verlaufs angeben, in welcher Situation sich das Fahrzeug befindet (z.B. Linkskurve, Geradenstück, etc.). Diese Situationsbeschreibungen werden mit den zu diesem Zeitpunkt gültigen Steuerkommandos (für Lenkrad, Bremse und Gaspedal) aufgezeichnet und in einer Situationsdatenbank gespeichert.

In einem zweiten Teil des Gesamtsystems werden im Vergleich zu einer aktuellen Situation alle ähnlichen Situationen der Vergangenheit identifiziert, d.h. ob es in der Situationsdatenbank ähnliche Situationsbeschreibungen zu der Situationsbeschreibung der aktuellen Situation gibt. Wenn dies der Fall ist, können ebenfalls die zuvor aufgezeichneten Steuerkommandos ausgegeben werden. Sofern gewährleistet ist, dass für jede Situationsbeschreibung angemessene Steuerkommandos hinterlegt sind, ist ein solches System in der Lage, autonom Fahrsituationen zu bewältigen. Dies Fahrsystem basiert also primär auf Mustererkennungsverfahren.

Der Hauptfokus dieser Arbeit liegt allerdings auf der Lernfähigkeit eines solchen Systems. Da pro Situationsbeschreibung mehrere Steuerkommandos hinterlegt werden können (in jeder Situation sind beliebig viele verschiedene Verhalten möglich) müssen diese in bessere oder schlechtere Steuerkommandos unterschieden werden. Außerdem kann nicht davon ausgegangen werden, dass das jeweils beste Steuerkommando bereits bekannt ist; somit muss das System existente Steuerkommandos nicht nur bewerten, sondern auch neue Steuerkommandos eigenständig ausprobieren können. Dieser Anspruch auf Bewertung, bzw. Optimierung von Steuerkommandos für die einzelnen Situationen wird durch Verstärkungslernen erreicht.

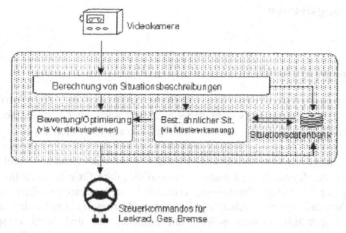

Abb. 1. Gesamtstruktur des Systems

Forschungsarbeiten im ähnlichen Umfeld

[1] beschreibt eine direkte Verbindung zwischen der Bildverarbeitung und einem neuronalen Netzwerk. Dieser Ansatz erbringt gute Fahrergebnisse, jedoch nur dann, wenn die Einzelbilder der Trainingssequenzen den Bildern im Fahrmodus ähnlich sind. Andere auf Neuronalen Netzen basierende Forschungsprojekte resultieren immer ebenso in der Abhängigkeit von den Bildern im Lernmodus.

Ein komplett anderer Ansatz versucht die Umwelt durch ein Modell abzubilden und daraus die angemessenen Steuerbefehle abzuleiten. [2] beschreibt einen frühren international anerkannten Erfolg eines Echtzeit-Fahrsystems BVV2 [3]. Alle Ansätze im Bereich Modellierung unterliegen aber jeweils der Notwendigkeit von Parametereinstellung und somit der Inflexibilität gegenüber Fahrzeug und Umwelt.

Das hier dargestellte Forschungsprojekt vermeidet sowohl neuronale Netze als auch explizite Modellierung. Fahreigenschaften werden über Bildverarbeitung, Klassifizierung und Mustererkennung ermöglicht; die Optimierung erfolgt über Verstärkungslernen. Da in diesem Artikel der Fokus auf der Lernfähigkeit liegt, wird im weiteren lediglich der Einsatz des Verstärkungslernen ausgeführt.

Verstärkungslernen

Situationen und Verhalten

Der Kern des Verstärkungslernens bilden die Situationen und die Verhalten. Ein Verhalten für eine Situation besteht dabei aus verschiedenen Aktionen, so z.B. der Ausgabe der Beschleunigung a an Gaspedal/Bremse sowie des Lenkwinkels φ. Jedes der Verhalten verfügt zudem über einen Wert $q(a,\varphi)$, der synonym für die Qualität (Angemessenheit) dieses Verhaltens für die gegebene Situation steht. Die Fahrfähigkeit des Systems wird dadurch ermöglicht, dass für eine aktuelle Situation die Menge der ähnlichen Situationen ermittelt wird und somit allen zu diesen ähnlichen Situationen gespeicherten Verhalten. Basierend darauf, wird dasjenige Verhalten ausgewählt, dessen q-Wert am höchsten ist und wird entsprechend ausgegeben.

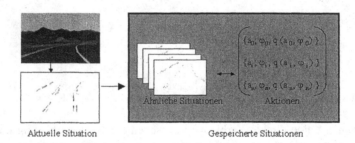

Abb. 2. Situationen und Verhalten (Summe aller Aktionen)

Bewertung

Verhalten müssen bewertet werden, und die Summe der Bewertungen muss konvergieren. Erst dann ist gewährleistet, dass angemessene Verhalten einen höheren q-Wert besitzen als weniger angemessene. Indirekt werden dabei auch die Situationen bewertet; eine Situation in der der Durchschnitts-q-Wert gering ist, ist somit schlechter/schwieriger als eine Situation mit hohem Durchschnitts-q-Wert.

Allerdings kann eine Bewertung oft nur mit einiger zeitlicher Verzögerung durchgeführt werden, denn eine Belohnung oder Bestrafung folgt nur selten unmittelbar auf ein Verhalten – meist erfolgt dies mehr oder weniger zeitlich verzögert. Dabei tritt aber immer dann eine zusätzliche Schwierigkeit auf, wenn nicht nur ein einzelnes Verhalten bewertet werden muss, bzw. darf. Ist nur die letzte Lenkbewegung der Grund für ein schlechtes Fahrverhalten oder nicht auch eventuell ein vorheriges Beschleunigen vor dem Eintritt in eine Kurve?

Es werden deshalb alle zurückliegenden Verhalten bewertet, allerdings exponentiell abgeschwächt. Bewertungen erfolgen dabei immer kumulativ, d.h. eine

Gesamtbewertung wird weiter erhöht oder erniedrigt. Der Gesamtwert eines Verhaltens entscheidet dann über die Wahrscheinlichkeit, dieses Verhalten in einer entsprechenden Situation wieder auszugeben, denn zum Fahren wird lediglich das Verhalten mit dem höchsten Gesamtwert lokalisiert und ausgegeben.

Diese Bewertungen erfolgen für jedes mögliche Verhalten in einer Situation und der Parameter der kumulierten Bewertungen wurde bereits oben als $q(a_n, \varphi_n)$ bezeichnet. Betrachtet man alle q-Parameter aller Situationen ergibt sich die Gesamtheit als $q(Situation_m, a_n, \varphi_n)$ für m mögliche Situationen und n möglichen Verhalten pro Situation.

Kumuliert repräsentiert der Parameter q die Summe aller zukünftigen Belohnungen r, wobei zukünftige Belohnungen durch einen Discountfactor γ ($0 < \gamma < 1$) reduziert werden, um nahe Belohnungen stärker zu gewichten als ferne.

$$q(Situation_t, a_t, \varphi_t) = r(Situation_t) + \sum_{i=1}^{\infty} \gamma^i r(Situation_{t+i})$$
$$= r(Situation_t) + \gamma \cdot q(Situation_{t+1}, a_{t+1}, \varphi_{t+1}) \tag{1}$$

Dies gilt genaugenommen allerdings nur für den eingeschwungenen Zustand, d.h. nach einer genügend hohen Anzahl von Bewertungen, damit die q-Werte jedes Verhalten konvergiert sind. Im unkonvergierten Zustand beinhaltet die Gleichung (1) noch einen Fehlerwert TDerr: Wenn man nun nach TDerr auflöst, erhält man einen Wert, der für das Update des q-Wertes der Situationen zum Zeitpunkt t verwendet werden kann, um langfristig Konvergenz der q-Werte zu erreichen.

$$TDerr = r(Situation_t) + \gamma \cdot q(Situation_{t+1}, a_{t+1}, \varphi_{t+1})$$
$$- q(Situation_t, a_t, \varphi_t) \tag{2}$$

TDerr ist die Basis für die Updates, die letztendlich für die Fähigkeit des Lernens verantwortlich sind. Damit sich das System während des Updates nicht aufschaukelt und somit eine Konvergenz verhindert, wird TDerr beim Update noch um einen Lernfaktor α ($0 < \alpha < 1$) vermindert.

$$q(Situation, a_t, \varphi_t) = q(Situation, a_t, \varphi_t) + \alpha \cdot TDerr \tag{3}$$

Um nicht nur die letzte, sondern auch alle weiter zurückliegende Verhalten zu bewerten (die mitverursachend für die aktuelle Situation verantwortlich sind), wird TDerr mittels einem Dämpfungsfaktor λ ($0 < \lambda < 1$) gedämpft auch für Updates weiter zurückliegender Verhalten verwendet.

Exploration und Exploitation

Selbst wenn sich nach Konvergenz gute und schlechte Verhalten unterscheiden lassen, ist noch nicht gewährleistet, dass sich unter den guten Verhalten auch das optimale Verhalten befindet. Deshalb wird das System im Normalfall versuchen, ab und zu neue Verhalten auszuprobieren (Exploration Modus). Es wird sich am besten bekannten Verhalten orientieren und dies leicht modifizieren, ausüben und dann der anschließenden Bewertung zuführen.

Wie oft solche Variationen durchgeführt werden, kann über einen Zufallsgenerator getriggert werden (d.h. wenn dieser unter einem parametrisierbaren Schwellwert liegt). Sollte dieser Schwellwert gleich Null sein, erfolgt keinerlei Variation. Dann wird keine weitere Optimierung der Verhalten durchgeführt und lediglich das aufgebaute Fahrverhalten genutzt. Dieser Modus wird Exploitation Modus genannt.

Experimentelle Ergebnisse

Die Fahreigenschaften eines Systems unter Einsatz von Mustererkennung wurden zuletzt in [5] und [6] dargestellt. Dabei wurde bestätigt, dass Fahren bereits dadurch ermöglicht wird, Verhalten ähnlicher Situationen durch Methoden der Mustererkennung zu identifizieren und auszugeben (dies explizit ohne inhaltliche Interpretation der Bildinformationen). Die Qualität des Fahrstils hängt dabei entscheidend von der Qualität der gespeicherten Verhalten ab (an dieser Stelle hat das System die Verhalten noch nicht selber generiert, sondern während einer Lernphase aufgezeichnet).

Basierend darauf bewertet und optimiert Verstärkungslernen die Verhalten, bzw. generiert zusätzlich neue. Dabei kann bereits für den Lenkwinkel α eine hinreichende Konvergenz erzeugt werden. Eine vollständige Konvergenz ist nicht möglich, da das System zum einem im Exploration Mode ständig neue Verhalten generiert - zum anderen, weil ein Fahrsystem auf Basis Bildverarbeitung eine gewisse Unschärfe bzgl. erkannter Situation beinhaltet, d.h. nicht vollständig deterministisch ist.

Zunächst wird mit gleichbleibender Geschwindigkeit eine ungleichmäßig schlangenlinienförmige Strecke gefahren und der Belohnungswert (reward) aufgrund des Seitenversatzes zur Fahrbahnmitte erzeugt.

Abb. 3 zeigt den Lenkwinkel in immer der gleichen Situation (d.h. am gleichen Ort der Strecke) bei verschiedenen Durchläufen. Da es in einer Situation ein optimales Verhalten geben sollte ist zur erwarten, dass sich über die verschiednen Durchläufe hinweg ein optimaler Lenkwinkel einstellt. Bereits nach kurzer Zeit kann ein Einpendeln des selektierten Lenkwinkels α erkannt werden (bzgl. Frequenz und Amplitude). Diese Konvergenz zeigt, dass der Lernprozess tatsächlich sein Ziel erreicht.

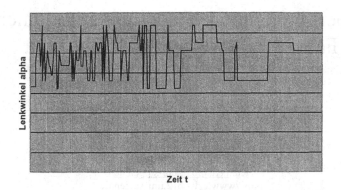

Abb. 3. Selektion des Lenkwinkels α in Abhängigkeit der Zeit

Literatur

[1] D. A. Pommerleau, "Efficient Training of Artificial Neural Networks for Autonomous Navigation", Neural Computation 3, 1991

[2] E.D.Dickmanns, A.Zapp, "Autonomous High Speed Road Vehicle Guidance by Computer Vision", Preprints of the 10th World Congress on Automatic Control, Vol.4, International Federation of Automatic Control, Munich, Germany, July 27-31, 1987

[3] K.-D.-Kuhnert, "A Vision System for Real Time Road and Object Recognition for Vehicle Guidance", Proc. Mobile Robots, Oct 30-31, 1986, Cambridge, Massachusetts, Society of Photo-Optical Instrumentation Engineers, SPIE Volume 727

[4] R. Sutton, A. G. Barto, Reinforcement Learning: An introduction, MIT-Press, 2000, Cambridge (USA)

[5] M. Krödel, K.-D. Kuhnert, "Reinforcement Learning to drive a car by pattern matching", Int'l Converence on Industrial, Electronics, Control and Instrumentation (IECON),Sevilla (Spain), November 5-8, 2002

[6] K.-D. Kuhnert, Wenjie Dong, Michael Krödel, „Lernen als Paradigma für die Fahrerassistenzsysteme der nächsten Generation", Workshop Fahrerassistenzsysteme, Walting (Deutschland), October 9-11, 2002

Über die lernende Regelung autonomer Fahrzeuge mit neuronalen Netzen

Klaus-Dieter Kuhnert , Wenjie Dong

Institute for Real-Time Learning Systems
Dept. of Electronic and Computer Engineering
University of Siegen
Kuhnert@fb12.uni-siegen.de
http://www.ezls.fb12.uni-siegen.de

Zusammenfassung: Ein genereller Ansatz für das Pfad-Folgeproblem bei autonomen Fahrzeugen wird vorgestellt. Mit Hilfe eines kinematischen Modells und der allgemeinen Lernfähigkeit eines künstlichen neuronalen Netzes wird ein adaptiver Regler entwickelt. Dieser Regler benötigt kein dynamisches Modell des Fahrzeuges, da es erlernt wird. Die Funktion des theoretischen Konzepts wird in Experimenten auf dem Fahrsimulator verifiziert.

1 Einleitung

Auf der unteren Ebene besteht die Regelung eines autonomen Fahrzeuges typischerweise aus Quer- und Längsführung. Es gibt eine Vielzahl von Untersuchungen in der Literatur zu diesen beiden Problemkreisen. Zur Verbesserung von Sicherheit und Komfort ist die Querführung ausführlich mit Methoden der modernen Regelungstheorie untersucht worden. Die dynamischen Modelle der Fahrzeuge werden typischerweise durch verschiedene lineare Modelle unter Berücksichtigung von Störungen angenähert Für lineare Modelle mit Störungen werden verschiedene Methoden zum Entwurf robuster Regler herangezogen. Z.B. wird in [22] die μ-Synthese Technik zum Reglerentwurf angewendet und ein robuster Regler vorgeschlagen. In [34], wird basierend auf der Theorie der veränderlichen Struktur ein sliding-mode Regler vorgeschlagen. In [1][10] werden Entkopplungs- Techniken zusammen mit einem gestörten linearen Systemmodell verwendet. In [9][31][32] wird die H-infinite Theorie zum den Entwurf verwendet und verschiedene Regler vorgeschlagen. In [25], wird ein Regler basierend auf der Theorie adaptiver Regler vorgestellt. Neben den erwähnten Ansätzen zur modellbasierten Regelung werden auch einige nicht modellbasierte Regler in der Literatur für die Querführung vorgeschlagen. Die Lernfähigkeit neuronaler Netze und auch Verstärkungslernen werden zur Lösung des Längsführungsproblems verwendet. So werden zum Beispiel in [11][23][24], verschiedene neuronale Netzwerke-Regler beschrieben. Diese Regler werden off-line trainiert indem Daten über die Umgebung und die möglichen Kommandos der übergeordneten Ebene in verschiedenen Fahrsituationen eingeben werden. In [14][15][21][33] wird Verstärkungslernen für die Fahrzeugsteuerung eingesetzt. Ebenso wie die Querführung ist auch die Längsführung intensiv untersucht worden. In [36], wird das Längsführungsverhalten des Fahrzeuges zu einem linearen Modell vereinfacht und dann ein Regler mittels der linearen Regelungstheorie abgeleitet. In [30], wird ein Längsregler für ein autonomes Fahrzeug vorgestellt, der den Abstand zu einem vorfahrenden Fahrzeug konstant hält. Es wird ein direkter dezentralisierter Algorithmus verwendet. In [26][27][28][6], werden verschieden PID-artige Regler vorgeschlagen. In [7][19], wird die sliding-mode Technik für den Längsregler verwendet. In [20], a wird ein lineares Modell dritter Ordnung zusammen mit einer Lyapunov Funktion verwendet.

Wie der obiger kurzer Überblick über verwandte Arbeiten zeigt, werden in der Regelung (autonomer) Fahrzeuge primär die Längs- bzw. Die Querreglung betrachtet. In diesem Papier werden wir jedoch eine Sollpfad Verfolgung mit vorgegebenem Geschwindigkeitsprofil untersuchen. Ziel ist es einen Regler zu entwerfen, der das Fahrzeug einem vorgeplanten Pfad mit der gewünschten Geschwindigkeit folgen lässt. Vorausgesetzt der Sollpfad wird durch ein übergeordnetes Modul bestimmt, und zwar durch Auswertung visueller und odometrischer Daten, so wird hier ein adaptiver auf einem neuronalen Netz basierender Regler entworfen, sodass obiges Pfadfolgeproblem gelöst wird. Um die praktische Gültigkeit der theoretisch abgeleiteten Ergebnisse zu zeigen ist der Regler in einigen Varianten auf dem Simulator des Instituts implementiert worden. Die experimentellen Ergebnisse werden vorgestellt und zeigen die Effektivität des Ansatzes.

2 Problembeschreibung

Angenommen ein ebener Pfad (RC) wird mit einer Kamera aus einer Bildfolge extrahiert und sei somit bekannt (siehe Abbildung 1). Sei P der Mittelpunkt der Hinterachse des Fahrzeuges und seine Koordinate im festen Koordinaten system $O-XY$ ist (x, y), die Orientierung des Fahrzeuges im festen Koordinatensystem $O-XY$ ist α.

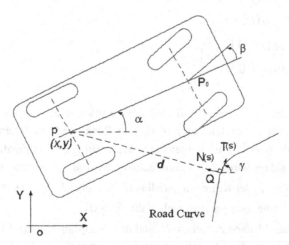

Abbildung 1. Fahrzeuggeometrie

Falls das Fahrzeug nicht in Richtung der Hinterachse rutschen kann, kann seine Bewegung beschrieben werden durch

$$J(q)\dot{q} = 0, \tag{1}$$

$$M(p)\ddot{p} + C(p,\dot{p})\dot{p} + G(p) + U(p,\dot{p}) = B(p)\tau + J^T(p)\lambda \tag{2}$$

wobei $p = [x, y, \alpha]^T$ die Koordinate des Systems ist, $M(p)$ ist eine beschränkte positive definite symmetrische Trägheitsmatrix, $C(p,\dot{p})\dot{p}$ sind die Zentripetal- und Corioliskräfte, $G(p)$ ist die Gravitationskraft, $U(p,\dot{p})$ beinhaltet die nicht modellierte Dynamik des Systems, Reibungskräfte und beschränkte externe Störungen, $B(p)$ ist die Eingabe Transformationsmatrix, $J = [\sin\alpha, -\cos\alpha, 0]$, λ ist der Vektor der Lagrange Multiplikatoren, τ ist der Vektor der Reglereingabe und das hochgestellte T bedeutet die Transponierung. Zusätzlich, gelten für Gleichung (2) folgende Eigenschaften[12].

Eigenschaft1: Für ein geeignet gewähltes $C(p,\dot{p})$, ist $(\dot{M} - 2C)$ schiefsymmetrisch.

Durch die Bedingung (1) und die Dynamik (2), kann man mit Hilfe der in [4] angegebenen Vorgehensweise die Bewegung des Fahrzeuges beschreiben:

$$\dot{x} = v_1 \cos\alpha, \dot{y} = v_1 \sin\alpha, \dot{\alpha} = v_2, \tag{3}$$

$$M_1(p)\dot{v} + C_1(p,\dot{p})\dot{p} + G_1(p) + U_1(p,\dot{p}) = B_1(p)\tau \tag{4}$$

wobei

$$M_1(p) = f^T(p)M(p)f(p),$$

$$C_1(p,\dot{p}) = f^T(p)[M(p)\dot{f}(p) + C(p,\dot{p})f(p)], G_1(p) = f^T(p)G(p),$$

$$U_1(p,\dot{p}) = f^T(p)U(p,\dot{p}),$$

$$B_1(p) = f^T(p)B(p),$$

$$f(p) = \begin{bmatrix} \cos\alpha & 0 \\ \sin\alpha & 0 \\ 0 & 1 \end{bmatrix}, v = \begin{bmatrix} v_1 \\ v_2 \end{bmatrix}.$$

Außerdem kann der Pfad definiert werden durch einen seiner Punkte, den entsprechenden Tangentenvektor in diesem Punkt und die Krümmung $curv(s)$ in diesem Punkt wobei s im mitgeführten krummlinigen Koordinatensystem entlang der Kurve angegeben wird. Zur Vereinfachung wird angenommen, dass 1. $curv(s)$ ist differenzierbar; 2. der Krümmungsradius (d.h. $1/curv(s)$) jeden Punktes auf dem Pfad größer ist als eine feste positive reele Zahl $R(>0)$.

Falls der Abstand zwischen P und dem Sollpfad genügend klein ist, gilt, dass R (die Projektion des Punktes P auf den Pfad) eindeutig ist. Sie heiße Q. Es sei s die krummlinige Koordinate im Punkte Q und $(Q, T(s), N(s))$ ist der Frenet Rahmen auf der Kurve im Punkt Q. Die Position des Punktes P in der Ebene wird durch

(s,d) parametrisiert, wobei d die Koordinate des Punktes P entlang $N(s)$ ist. Sei θ die Richtung der Fahrzeugorientierung bezogen auf die Pfadtangente (d.h. $\theta = angle(T(s),\overline{PP_0}) = \alpha - \gamma$), so wird die Konfiguration des Fahrzeuges durch $q = [s,d,\theta]^T$ parametrisiert.

Mit Hilfe der klassischen Mechanik können (3)-(4) geschrieben werden:

$$\dot{s} = \frac{v_1 \cos\theta}{1 - curv(s)d}, \dot{d} = v_1 \sin\theta,$$

$$\dot{\theta} = v_2 - \frac{v_1 curv(s)\cos\theta}{1 - curv(s)d}, \tag{5}$$

$$M_2(p)\dot{v} + C_2(p,\dot{p})v + G_2(p) + U_2(p,\dot{p}) = B_2(p)\tau \tag{6}$$

wobei l_1 der Abstand zwischen dem Punkt P und dem Punkt P_0 ist. v_1 ist der Betrag der Geschwindigkeit in P, β ist der Winkel der Vorderräder bezogen auf die Richtung des Fahrzeugkörpers.. $M_2(q)$, $C_2(q,\dot{q})$, $G_2(q)$, $U_2(q,\dot{q})$ und $B_2(q)$ sind entsprechende Werte zu $M_2(q)$, $C_2(q,\dot{q})$, $G_2(q)$, $U_2(q,\dot{q})$ und $B_2(q)$ mit $p = \Psi(q)$. $p = \Psi(q)$ ist die Transformation von mitgeführten krummlinigen Koordinaten in orthogonale Koordinaten. In diesem Artikel wird sie nicht als bekannt vorausgesetzt. Es ist anzumerken, dass $(\dot{M}_2(q) - 2C_2(q,\dot{q}))$ wegen Eigenschaft 1 schiefsymmetrisch ist.

Sei die Sollgeschwindigkeit der Fahrzeuges v_1^*, stellt sich die Aufgabe einen Regler so zu entwerfen, dass bei Eingabe von τ in Gleichung (7) $|d(t)|$ und $|(v_1(t) - v_1^*(t))|$ so klein wie möglich werden wenn die Zeit gegen unendlich geht unter der Bedingung das $M_2(q)$, $C_2(q,\dot{q})$, $G_2(q)$ und $U_2(q,\dot{q})$ unbekannt sind..

3 Reglerentwurf

Sei

$$g(q) = [g_1,g_2] = \begin{bmatrix} 1 & 0 \\ (1-curv(q_1)q_2)\tan q_3 & 0 \\ -curv(q_1) & 1 \end{bmatrix},$$

$$u = \begin{bmatrix} u_1 \\ u_2 \end{bmatrix} = \begin{bmatrix} \dfrac{v_1 \cos q_3}{1 - curv(q_1)q_2} \\ v_2 \end{bmatrix} = \phi^{-1}(q)v,$$

dann können (5)-(6) geschrieben werden als

$$\dot{q} = g(q)u, \tag{7}$$

$$M_3(q)\dot{u} + C_3(q,\dot{q})u + G_3(q) + U_3(q,\dot{q}) = B_3(q)\tau \tag{8}$$

wobei

$$M_3(q) = \phi^T(q)M_2(q)\phi(q),$$

$$C_3(q,\dot{q}) = \phi^T(q)[M_2(q)\dot{\phi}(q) + C_2(q,\dot{q})\phi(q)],$$

$$G_3(q) = \phi^T(q)G_2(q), U_3(q,\dot{q}) = \phi^T(q)U_2(q,\dot{q}),\ B_3(q) = \phi^T(q)B_2(q).$$

Sei $e = [e_1, e_2, e_3]^T = \Phi(q)$, $w = [w_1, w_2]^T = \Psi^{-1}(q)u$

mit $e_1 = q_1$, $\quad e_2 = h(q_2)$, $\quad e_3 = L_{g_1}e_2 + k_2e_2$,

$w_1 = u_1$, $\quad w_2 = u_1 L_{g_1}^2 e_2 + u_2 L_{g_2}L_{g_1}e_2$,

wobei L die Lie'sche Ableitung und konstant ist, $k_2 (> 0)$ ist ein Entwurfsparameter, $h(q_2)$ ist eine glatte monotone Funktion die $(-R, R)$ auf $(-\infty, +\infty)$ abbildet, wobei die erste Ableitung streng größer als eine feste reele Zahl ist und $h(0) = 0$.

(7)-(8) können dann geschrieben werden als

$$\begin{cases} \dot{e}_1 = w_1, \\ \dot{e}_2 = w_1(e_3 - k_2e_2), \\ \dot{e}_3 = w_2 + k_2w_1(e_3 - k_2e_2), \end{cases} \tag{9}$$

$$M_4(e)\dot{w} + C_4(e,\dot{e})w + G_4(e) + U_4(e,\dot{e}) = B_4(e)\tau \tag{10}$$

wobei

$$M_4(e) = \Psi^T(q)M_3(q)\Psi(q)\big|_{q=\Phi^{-1}(e)},$$

$$C_4(e,\dot{e}) = \Psi^T(q)[M_3(q)\dot{\Psi} + C_3(q,\dot{q})\Psi]\big|_{q=\Phi^{-1}(e)},$$

$$G_4(e) = \Psi^T(q)G_3(q)\big|_{q=\Phi^{-1}(e)},$$

$$U_4(e,\dot{e}) = \Psi^T(q)U_3(q)\big|_{q=\Phi^{-1}(e)},$$

$$B_4(e) = \Psi^T(q)B_3(q)\big|_{q=\Phi^{-1}(e)}.$$

An dieser Stelle sollte erwähnt werden, dass falls e während der Regelung beschränkt ist, die Transformation Ψ nicht singulär wird und $|q_2| < R$, $|\theta| < \pi/2$. Mit Hilfe der Lernfähigkeit eines 2- bzw. 3-lagigen feedforward Netzwerkes erhält man folgendes Hauptresultat:

Theorem: Angenommen v_1^* ist differenzierbar und $v_1^*(t) \geq \varepsilon_v > 0$, sei der neuronale Netzwerkregler

$$\tau = B_4^{-1}(e)[-\widehat{W}^T\sigma(\widehat{V}^T r) - K_p(w-\eta) + \chi + \Lambda] \text{ mit der update Regel}$$

$$\widehat{W} = Q[\sigma(\widehat{V}^T r)(w-\eta)^T - \sigma'(\widehat{V}^T r)\widehat{V}^T r(w-\eta)^T$$

$$-\gamma\|(w-\eta)\|\widehat{W} - \gamma\|E_2\|\widehat{W}],$$

$$\widehat{V} = H[r(\sigma'^T(\widehat{V}^T r)\widehat{W}(w-\eta))^T - \gamma\|(w-\eta)\|\widehat{V} \qquad -\gamma\|E_2\|\widehat{V}],$$

und

$$\chi = -\mu_1(\|\widehat{Z}\|_F + Z_B)(w-\eta) - \mu_2(\|\widehat{Z}\|_F$$
$$+Z_B)\|E_2\|(w-\eta)/(\|(w-\eta)\|+\delta_1),$$

$$\eta = \begin{bmatrix} v_1^* \\ -k_3 v_1^* e_3 - v_1^* e_2 - k_2 v_1^*(e_3 - k_2 e_2) \end{bmatrix},$$

$$\Lambda = \begin{bmatrix} -(e_2 + k_2 e_3)(e_3 - k_2 e_2) \\ -e_3 \end{bmatrix}, \sigma'(\hat{V}^T r) = \frac{\partial \sigma(\hat{V}^T r)}{\partial(\hat{V}^T r)},$$

wobei $r = [e^T, w^T, \eta_1, \dot{\eta}_1]^T$, $E_2 = [e_2, e_3]^T$, und $\widehat{Z} = \mathrm{diag}[\widehat{W}, \hat{V}]$, dann werden für genügend große Verstärkungsfaktoren $k_i(2 \le i \le 3)$ und K_p, $e_i(2 \le i \le 3)$, $\dot{e}_i(2 \le i \le 3)$, $\hat{V}$ und $\hat{W}$ sind gleichmäßig vollständig beschränkt. Darüber hinaus können $e_i(2 \le i \le 3)$ und $\dot{e}_i(2 \le i \le 3)$ so klein wie gewünscht gehalten werden indem die Verstärkungen $k_i(2 \le i \le 3)$ und K_p vergrößert werden, mit konstanten Matritzen $Q = Q^T$ und $H = H^T$, sowie den Konstanten $Z_B \ge \| diag[W, V]\|_F$, $\gamma > 0$, $\delta_1 > 0$, μ_1 und μ_2 sind hinreichend große Konstanten.

Aus Platzgründen wird der Beweis hier weggelassen. Er wird anderweitig [5] veröffentlicht. Beliebig kleine Grenzen für $\|E_2\|$ und $\|w-\eta\|$ könne durch große Regelverstärkungen $k_i(2 \le i \le 3)$ und K_p erreicht werden. Generell kann man

$$h(q_2) = \frac{2R}{\pi}\tan\frac{\pi q_2}{2R}$$

wählen.
Falls R groß genug ist oder der Pfad eine Gerade ist reicht $h(q_2) = q_2$.

4 Experimente

Um die Gültigkeit des vorgeschlagenen Reglers experimentell nachzuweisen wurde er auf dem Fahrsimulator des Institutes [13][14][15][16] implementiert. Der Simulator besteht aus zwei miteinander verbundenen PCs. Ein Rechner, der so genannte System-PC, verarbeitet den einlaufenden Videodatenstrom und berechnet die Mittenabweichung, den Gierwinkel und die Krümmung der Fahrbahn. Aus diesen Daten werden dann mit Hilfe des hier vorgeschlagenen Algorithmus die Steuersignale für die Längs- und die Querführung (also für Gas/Bremse und Lenkung) berechnet, um dem Sollpfad zu folgen. Die Steuersignale werden dann dem zweiten Rechner zugeführt, dem so genannten Simulator- PC, der für die Simulation der Umgebung und des Fahrzeuges zuständig ist. Die Rechner sind dabei durch einen Konverter (joystick-box) miteinander verbunden, sodass der System-PC alternativ zu einer manuellen Steuerung des Fahrzeuges durch einen Joystick oder ein Lenkrad, Steuersignale direkt an den Simulator-PC übergeben kann. Als Simulationswerkzeug werden eine kommerzielle Software für Autorennen und diverse Zusatzmodule verwendet. Die Software erzeugt in Echtzeit eine hoch aufgelöste, graphische Darstellung der Verkehrsituation. Diese

Bilder können entweder mit einer Videokamera aufgenommen oder direkt in den System-PC übertragen werden.

Die Simulationssoftware ist in Lage eine Vielzahl verschiedener Fahrzeugtypen mit komplexer Dynamik zu erzeugen. Ebenso stehen eine ganze Reihe verschiedener Strecken mit unterschiedlichen Umgebungsbedingungen zu Verfügung

Bei unseren Experimenten wurde das Fahrzeug "Chevrolet Corvette (B)" und ein sehr hügeliger und kurviger Kurs: "Rocky Pass" verwendet. Um den Einfluss der Annahme des Fahrens auf der Ebene zu prüfen, wurde zusätzlich eine Variante des Kurses mit konstanter Geländehöhe getestet.

Um ein möglichst großes Gesichtfeld zu haben wurde die Position der Kamera direkt in der Mitte der Stoßstange gewählt. Zusätzlich zu dem hier beschriebenen Regler wurden ein Bildverarbeitungs- und ein Pfadplanungsmodul verwendet, um mit geschlossener Regelschleife testen zu können. Die Bildverarbeitung bestimmt durch modellbasierte adaptive Farbsegmentierung die Lage der Fahrbahnmarkierungen. Aus den verdünnten Markierungen werden dann die Parameter, die zur Sollpfadbestimmung notwendig sind (Ablage, Gierwinkel, Fahrbahnkrümmung) bestimmt.

Wir setzen aus Einfachheitsgründen $e_2 = q_2$ beim Reglerentwurf. Durch einfache Rechnung kann der Regler gemäß Kapitel 3 erhalten werden (siehe Anhang). Bei den Experimenten wurde der Parameterraum für die Verstärkungsfaktoren -wie in Tabelle 1 gezeigt- systematisch untersucht. Primäre Begrenzungsfaktoren sind die Fahrbahnbreite und die Qualität der Messdaten. Die größte mittlere Geschwindigkeit, die sich nach sorgfältiger Einstellung der Parameter bei obigen Vorgaben erreichen ließ, war 85 km/h. Was in Anbetracht der Schwierigkeit und der stark variierenden Anforderungen entlang der Strecke durchaus beachtlich ist. Darüber hinaus wurden noch andere Fahrzeuge auf anderen Strecken kursorisch getestet, wobei ähnliche Ergebnisse erzielt wurden

Diese zufriedenstellenden Ergebnisse zeigen, dass sich die theoretischen Überlegungen auch in der Praxis verifizieren lassen.

Tabelle 1: Zeitbedarf für den ersten Abschnitt von Strecke 5 (Rocky Pass: 3550 m lang)

Erste Spalte: vereinfachter Regler;
Zweite Spalte: kinematischer Regler
Dritte Spalte: neuronaler Regler

1. Parametereinfluss

für die Sollgeschwindigkeit: $v_1^* = 65 + 20 / \sqrt{1 + curv(s)^2}$

k_2	k_3	(Minuten, Sec)	(Minuten, sec)	(Minuten, sec)
0.04	0.004		lost	
0.06	0.006		3,03	
0.08	0.007	lost	3,02	lost
0.09	0.008	3,05	3,03	3,03
0.1	0.009	3,04	3,03	3.02
0.12	0.01	3,03	3,03	3,03
0.14	0.01	3,03	3,02	3,02
0.16	0.012	3,05	3,02	3,02
0.18	0.013	3,06	3,03	3,03

0.2	0.014	3,03	3,04	3,02
0.22	0.016	lost	3,04	lost
0.3	0.02		lost	

2. Einfluss der Sollgeschwindigkeit

für $k_2 = 0.14$, $k_3 = 0.01$

$v_1^* = v + 20/\sqrt{1 + curv(s)^2}$ wobei v ist:	(Minuten, Sec)	(Minuten, Sec)	(Minuten, Sec)
45	4,20	4,19	4,18
55	3,32	3,29	3,23
65	3,03	3,02	3,02
75	2,40	2,40	2,37
85	lost	lost	lost

$v_1^* = \omega_1 + \omega_2 / \sqrt{1 + curv(s)^2}$		(Minuten, Sec)	(Minuten, Sec)	(Minuten, Sec)
ω_1	ω_2			
	10	4,36	4,35	4,36
45	20	4,20	4,19	4,18
	30	3,58	3,57	3,57
	10	3,44	3,44	3,45
55	20	3,32	3,29	3,23
	30	3,17	3,16	3,15
	10	3,10	3,09	3,10
65	20	3,03	3,03	3,02
	30	2,49	2,48	2,48
	10	2,56	2,54	2,55
75	20	2,40	2,40	2,37
	30	lost	lost	lost

5 Referenzen

1. J. Ackermann, "Robust decoupling, ideal steering dynamics and yaw stabilization of 4WS car," Automatica, vol. 30, no. 11, pp. 1761-1768, 1994.
2. A. M. Bloch, M. Reyhanoglu, and N. H. McClamroch, "Control and stabilization of nonholonomic dynamic systems," *IEEE Trans. Auto. Contr.,* Vol.37, pp.1746-1757, 1992.
3. G. Cybenko, "Approximation by superpositions of a sigmoidal function," *Math. Contr. Signals Syst.,* Vol.2 no.4, pp.303-314, 1989.
4. W. Dong and W.L. Xu, "Adaptive Tracking Control of Uncertain Nonholonomic Dynamic System," *IEEE Transactions on Automatic Control,* Vol.43, no.3, 2001, pp.450-454.
5. W. Dong, K.-D.Kuhnert, „Robust Adaptive Neural Network Based Control of Autonomous Vehicles", submitted to IEEE Jornal on Intelligent Transport Systems.
6. T. Fujioka et al., "Longitudinal vehicle following control for autonomous driving," in Proc. AVEC'96 Int. Symp. Advanced Vehicle Control, Germany, June 24-28, 1996, pp. 1293-1304.
7. J. K. Hedrick et al., "Longitudinal vehicle controller design for IVHS systems," in Proc. Amer. Control Conf., 1991, pp. 3107-3111.
8. Y. Hirano, H. Harada, E. Ono, and K. Takanami, "Development of an integrated system of 4WS and 4WD by H control," in SAE Paper 930 267, 1993, pp. 79-86.
9. K Hornik, M. Stinchombe, and H. White, "Multilayer feedforward networks are universal approximators," *Neural Networks,* Vol.2, pp.359-366, 1989.
10. Y. Jia, "Robust Control with Decoupling Performance for Steering and Traction of 4WS Vehicles under Velocity-Varying Motion," IEEE TRANSACTIONS ON CONTROL SYSTEMS TECHNOLOGY, VOL. 8, NO. 3,pp.554-569, 2000.
11. N. Kehtarnavaz, N. Griswold, K. Miller, and P. Lescoe, "A Transportable Neural-Network Approach to Autonomous Vehicle Following," IEEE TRANSACTIONS ON VEHICULAR TECHNOLOGY, VOL. 47, NO. 2, pp.694-702, 1998.
12. M. Krstic, I. Kanellakopoulos and P. Kokotovic, Nonlinear and Adaptive Control Design, John Wiley & Sons, Inc., New York, 1995.
13. M. Krödel, K.-D. Kuhnert, „Pattern matching for either autonomous driving or driver assistance systems". IEEE Inteligent, Vehicle Symposium (IV'2002), June 17-21, 2002, versailes, France.
14. M. Krödel, K.-D. Kuhnert „Reinforcement learning to drive a car by pattern matching", The 28th Annual Conference of the IEEE Industrial Electronics Society (IECON 2002), November 5-8, Sevillia, Spain, pp. 1728-1734.
15. K.-D. Kuhnert, M. Krödel, „Autonomous driving by pattern matching and reinforcement learning", Int'l Colloquium on Autonomous and Mobile Systems. June 25-26, 2002, Magdeburg, Germany.
16. K.-D. Kuhnert, M. Krödel,W. Dong, „Lernen als Paradigma für die Fahrerassistenzsysteme der nächsten Generation", Workshop Fahrerassistenzsysteme, Oktober 9-11, 2002, Walting, Germany.
17. F. Lewis, C. Abdallah, and D. Dawson, Control of Robot Manipulators. Macmillan: New York, 1993.
18. F.L. Lewis, A. Yesildirek, and K. Liu, "Multilayer neural-net robot controller with guaranteed tracking performance," *IEEE Trans. on Neural Networks,* Vol.7, no.2, pp.388-399, 1996.
19. D. H. McMahon et al., "Longitudinal vehicle controller design for IVHS: Theory

and experiment," in Proc. Amer. Control Conf., 1992, pp. 1753-1757.

20. T. S. No, K.-T. Chong, and D.-H. Roh, "A Lyapunov Function Approach to Longitudinal Control of Vehicles in a Platoon," IEEE Transactions on Vehicular Technology, Vol. 50, no. 1, 4, 2001.

21. S. Oh, J. Lee, and D. Choi, "A New Reinforcement Learning Vehicle Control Architecture for Vision-Based Road Following," IEEE TRANSACTIONS ON VEHICULAR TECHNOLOGY, VOL. 49, NO. 3, pp.997-1005, 2000.

22. E. Ono, K. Takanami, N. Iwama, Y. Hayashi, Y. Hirano, and Y. Satoh, "Vehicle integrated control for steering and traction systems by -synthesis," Automatica, vol. 30, no. 11, pp. 1639-1647, 1994.

23. A. Pomerleau, "ALVINN: An autonomous land vehicle in a neural network," in Advances in Neural Information Processing, vol. 1. San Francisco, CA: Morgan-Kaufman, 1989.

24. I. Rivals, D. Canas, L. Personnaz, and G. Dreyfus, "Modeling and control of mobile robots and intelligent vehicles by neural networks," in Proc. IEEE Intelligent Vehicle Symp., Paris, France, Oct. 1994, pp.137-142.

25. Seibum B. Choi, "The Design of a Look-Down Feedback Adaptive Controller for the Lateral Control of Front-Wheel-Steering Autonomous Highway Vehicles," IEEE TRANSACTIONS ON VEHICULAR TECHNOLOGY, VOL. 49, NO. 6, 2257-2269, 2000.

26. S. E. Shladover, "Longitudinal control of automated guideway transit vehicles within platoons," J. Dyn. Syst., Measure., Contr., vol. 100, pp. 302-310, 1978.

27. S. E. Shladover, "Longitudinal control of automotive vehicles in close-formation platoons," J. Dyn. Syst., Measure., Contr., vol. 113, pp. 231-241, 1991.

28. S. Sheikholeslam and C. A. Desoer, "Longitudinal control of a platoon of vehicles I: Linear model," PATH, Res. Rep. UCB-ITS-PRR-89-3, Aug. 19, 1989.

29. H.T. Sussmann and P. Kokotovic, "The peaking phenomenon and the global stabilization of nonlinear systems," IEEE Trans. Auto. Contr., Vol.36, pp.424-440, 1991.

30. D. Swaroop, J. K. Hedrick, and S. B. Choi, "Direct Adaptive Longitudinal Control of Vehicle Platoons," IEEE Transactions on Vehicular Technology, Vol. 50, no. 1, pp.150-161, 2001.

31. Jeng-Yu Wang and Masayoshi Tomizuka, "Gain-Scheduled H-infinity Loop-Shaping Control for Automated Lane Guidance of Tactor-Semitrailer Combination Vehicles," Proc. of American Control Conference, Chicago, June 2000.

32. Jeng-Yu Wang and Masayoshi Tomizuka, "Robust H-infinite Lateral Control of Heavy-Duty Vehicles in Automated Highway System," 1999 IEEE American Control Conference, San Diego, June 1999.

33. G. Yu, I. K. Sethi, "Road following with continuous learning", in Proc. Intelligent Vehicle'95, Detroit, MI, pp. 412-417.

34. S. H. Yu and J. J. Moskwa, "A global approach to vehicle control: Coordination of four wheel steering and wheel torques," ASME Trans. J.Dynamics, Measurement, Contr., vol. 116, pp. 659-667, Dec. 1994.

35. C. Samson, "Path following and time-varying feedback stabilization of wheeled mobile robot," Conf. of Int. Conf. ICARCV, Vol.1, Singapore, 1992.

36. Y. Zhang, E.B. Kosmatopoulos, P.A. Ioannou, C.C. Chien, "Autonomous Intelligent Cruise Control Using Front and Back Information for Tight Vehicle Following Maneuvers," IEEE Transactions on Vehicular Toohnology, Vol.48, No. 1. pp.319-328, 1999.

6 Anhang

Bei den Experimenten wird der Regler folgendermaßen hergeleitet:

$$e_1 = q_1, \quad e_2 = q_2,$$

$$e_3 = L_{g_1} e_2 + k_2 e_2 = (1 - curv(q_1)q_2)\tan q_3 u_1 + k_2 e_2,$$

$$w_1 = u_1,$$

$$w_2 = u_1 L_{g_1}^2 e_2 + u_2 L_{g_2} L_{g_1} e_2 = \frac{1 - curv(q_1)q_2}{\cos^2 q_3} u_2 - \frac{curv(q_1)(1 - curv(q_1)q_2)}{\cos^2 q_3} u_1$$

$$-q_2 \tan q_3 u_1 \frac{\partial curv(q_1)}{\partial q_1} - (1 - curv(q_1)q_2)\tan^2 q_3 curv(q_1)u_1,$$

gemäß der Ergebnisse in Kapitel 3 erhält man

$$\eta_1 = v_1^*,$$

$$\eta_2 = -k_3 u_1 e_3 - u_1 e_2 - k_2 u_1 (e_3 - k_2 e_2) = -(k_2 + k_3)\dot{e}_2 - (1 + k_2 k_3)u_1 e_2.$$

Der neuronale Regler wird im Theorem beschrieben.
Falls die Dynamik des Systems vernachlässigt wird kann der kinematische Regler folgendermaßen hergeleitet werden

$$v_1 = \frac{1 - curv(q_1)q_2}{\cos^2 q_3} \eta_1 = \frac{1 - curv(q_1)q_2}{\cos^2 q_3} v_1^*,$$

$$v_2 = u_2 = \frac{\cos^2 q_3}{1 - curv(q_1)q_2}[-(k_2 + k_3)\dot{e}_2 - (1 + k_2 k_3)u_1 e_2 + q_2 \tan q_3 v_1^* \frac{\partial curv(q_1)}{\partial q_1}$$

$$+ \frac{curv(q_1)(1 - curv(q_1)q_2)}{\cos^2 q_3} v_1^* + (1 - curv(q_1)q_2)\tan^2 q_3 curv(q_1)v_1^*]$$

$$= \frac{\cos^2 q_3}{1 - curv(q_1)q_2}[-(k_2 + k_3)\dot{e}_2 - (1 + k_2 k_3)u_1 e_2 + q_2 \tan q_3 v_1^* \frac{\partial curv(q_1)}{\partial q_1}]$$

$$+ (1 + \sin^2 q_3)curv(q_1)v_1^*.$$

Falls die Krümmung der Fahrbahn klein ist und das Fahrzeug nahe am Sollpfad fährt sind $curv(q_1)$ und q_3 nahezu 0, d.h., $curv(q_1) \approx 0, q_3 \approx 0.$
es folgt dann für den kinematischen Regler

$$v_1 = v_1^*,$$

$$v_2 = -(k_2 + k_3)\dot{e}_2 - (1 + k_2 k_3)u_1 e_2 + q_2 \tan q_3 v_1^* \frac{\partial curv(q_1)}{\partial q_1} + curv(q_1)v_1^*$$

$$= -(k_2 + k_3)\dot{e}_2 - (1 + k_2 k_3)u_1 e_2 + curv(q_1)v_1^*.$$

„Virtual Waterway" - eine Simulationsumgebung für die Erprobung von Navigationssystemen zur autonomen Führung von Binnenschiffen

J. Beschnidt[1], E. D. Gilles[1,2]

[1] Universität Stuttgart, Pfaffenwaldring 9, 70550 Stuttgart,
beschnidt@isr.uni-stuttgart.de,
home page: http://www.isr.uni-stuttgart.de/~schiff
[2] Max-Planck-Institut für Dynamik komplexer technischer Systeme, Magdeburg

Zusammenfassung Der Artikel stellt Aufbau, Funktionsweise und Anwendungen einer virtuellen Navigationsumgebung für die Simulation von Verkehrsvorgängen auf Binnenwasserstraßen und Küstengewässern vor. Schwerpunkt der Simulationsumgebung ist die Modellierung der Dynamik von Schiffen in strömenden Gewässern sowie die wirklichkeitsnahe Nachbildung von Sensormessungen, wie Radar oder GPS. Durch Kopplung mit einem Navigationssystem zur autonomen Bahnführung von Schiffen können dessen Funktionen, wie integrierte Sensorsignalverarbeitung, automatische Kursregelung und Leitlinienplanung, unter realitätsnahen Bedingungen umfassend und gefahrlos erprobt werden.

1 Motivation und Zielstellung

Eines der beständigsten Forschungsprojekte am Institut für Systemdynamik und Regelungstechnik der Universität Stuttgart und am Max-Planck-Institut für Dynamik komplexer technischer Systeme in Magdeburg ist die Entwicklung eines integrierten Navigationssystems für Binnenschiffe [5,6,9,10]. Ziel dieses Forschungsvorhabens ist die automatische und autarke Führung eines Schiffes auf der Binnenwasserstraße. Durch die automatische Schiffsführung sollen die Arbeitsbedingungen an Bord verbessert und die Sicherheit auf den Wasserwegen erhöht werden. Der Schiffsführer wird von Routineaufgaben befreit und durch vielfältige Informationen in schwierigen Situationen, zum Beispiel bei unsichtigem Wetter oder Fahrten bei Nacht, unterstützt. Das Navigationssystem wurde bereits erfolgreich erprobt und ist gegenwärtig auf mehreren Binnenschiffen im Einsatz [2,3]. Die Firma *IN – Innovative Navigation GmbH* vermarktet in enger Kooperation mit den genannten Instituten eine Variante des Systems unter dem Namen *RadarPilot 720°*.

Die Entwicklung und der erfolgreiche Einsatz des Navigationssystems wäre undenkbar ohne eine umfassende Erprobung unter realitätsnahen Bedingungen. Insbesondere bei der Untersuchung neuer Verfahren und Komponenten kann ein bedeutender Anteil der kostspieligen und unter Umständen sogar gefährlichen Versuchsfahrten vermieden und durch Simulationen mit einem geeigneten Werkzeug ersetzt werden. Die hier vorgestellte Simulationsumgebung dient diesem Zweck. Sie erlaubt die Echtzeitsimulation der relevanten Elemente der realen Welt (siehe Abb. 1) und ermöglicht so die Erprobung sämtlicher Funktionen des Navigationssystems unter realistischen Bedingungen. Für ein simuliertes Schiff kann die gesamte Bandbreite an Meßsignalen und Informationen generiert werden, die in der Realität entsprechende Hardwarekomponenten an Bord liefern würden. Des weiteren muß das virtuelle Schiff auf die Steuersignale des Navigationssystems durch Änderung seines Bewegungszustandes reagieren, wobei sowohl die Eigendynamik des Schiffes als auch der Einfluß der Umgebung berücksichtigt werden muß. Für das Navigationssystem sollte es im Idealfall nicht erkennbar sein, ob es ein reales oder virtuelles Schiff steuert.

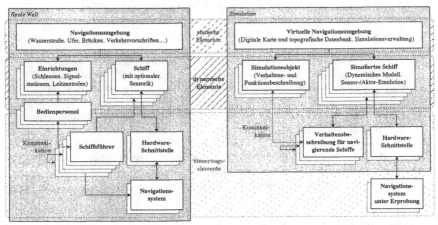

Abb. 1. Entsprechungen in realer und virtueller Navigationsumgebung

Neben der Erprobung von Navigationssystemen soll die Simulationsumgebung auch die Nachbildung von weitläufigeren Verkehrsvorgängen auf Wasserstraßen erlauben. Dazu gehören Untersuchungen zur Verkehrsbeeinträchtigung durch Engstellen oder zur Koordinierung von Schleusendurchläufen. Hierbei spielt die exakte Modellierung der Schiffsdynamik eher eine untergeordnete Rolle, viel mehr müssen Verhaltensmuster für Schiffsführer und Bedienpersonal entworfen sowie Funktionsabläufe und Kommunikationswege nachgebildet werden.

2 Aufbau und Funktionsweise der Simulationsumgebung

2.1 Datenbasis

Die Simulation basiert auf einer digitalen Nachbildung der Wasserstraße in Form einer 'elektronischen Karte'. Diese kann eine Gruppe von Flüssen oder auch die Küstenregion eines Meeres abdecken. Die Karte liefert die statischen Daten zur Topographie der Wasserstraße, wie Uferlinien, Brücken, Tiefen- und Strömungsprofile, außerdem wichtige Navigationsdaten, zum Beispiel den Verlauf von Fahrrinne und Idealkurs sowie Verkehrsvorschriften. Die Karte dient nicht nur als

Datenbank sondern ermöglicht letztlich auch die grafische Darstellung der Navigationsumgebung der simulierten Schiffe (siehe Abb. 2).

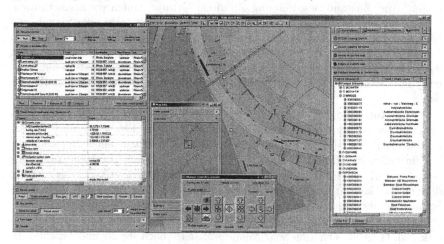

Abb. 2. Verkehrssimulation auf dem Rhein bei Speyer

Grundlage für die elektronische Karte bildet ein auf dem maritimen ECDIS-Standard[1] basierendes Kartenwerk der europäischen Binnengewässer, welches im Rahmen der Inland-ECDIS-Erweiterung [7] um für die Binnennavigation relevante Elemente ergänzt wurde. Die Kartenbasis hat eine flexible objektorientierte Struktur. Jedem Element ist eine Geometriebeschreibung und ein Attributsatz zugeordnet. Die Geometrie definiert Lage und Ausdehnung des Objektes in der Karte während über die Attribute die Eigenschaften des Objektes festgelegt werden. Geometrie- und Attributsätze können bei Bedarf beliebig erweitert und modifiziert werden. So ist es zum Beispiel möglich, eine geänderte Betonnung des Fahrwassers oder den gemessenen Verlauf von Tiefenprofilen durch ein inkrementelles Update in die vorhandene Karte aufzunehmen. Das Kartenmaterial wird im allgemeinen durch die nationalen Wasser- und Schiffahrtsbehörden erstellt, zertifiziert und in regelmäßigen Intervallen aktualisiert, so daß sie mit ausreichender Genauigkeit die örtlichen Gegebenheiten der Wasserstraße wiedergeben.

2.2 Simulationsmodul

Kern des Simulationsmoduls ist der sog. Administrator, der die simulierten Objekte verwaltet und den Zeittakt der Simulation bestimmt. Die zeitliche Beschleunigung der Simulation kann je nach Aufgabe beliebig vorgegeben werden, bei Anbindung an ein Navigationssystem ist man jedoch auf Echtzeitsimulation festgelegt.

---

[1] Electronic Chart Display and Information System

Das Simulationsmodul unterscheidet zwischen statischen und dynamischen Simulationsobjekten. *Statische Objekte* sind ortsfest und verfügen über eine Verhaltens- und Zustandsbeschreibung. Zu dieser Gruppe zählen vor allem Einrichtungen entlang der Wasserstraße, wie Schleusen, Leitzentralen oder Signal- und Überwachungsanlagen. *Dynamische Objekte* ändern im Verlauf der Simulation ihren Bewegungszustand. Sie erfordern deshalb neben dem Verhaltensmuster ein dynamisches Model, welches den Bewegungsvorgang und die Reaktion auf Stelleingriffe beschreibt. Wichtigster Vertreter dieser Gruppe sind die simulierten Schiffe.

Ohne Nutzereingriff werden die Schiffe entsprechend des gewählten Verhaltensmusters auf einer typischen Kurslinie entlang des Flusses geführt. Dieser Modus dient vor allem dazu, Verkehrssituationen nachzustellen, in denen die Schiffe autonom agieren. Alternativ kann das Schiff auch per Hand über eine Bedienkonsole oder durch ein externes Navigationssystem gesteuert werden. In diesem Fall kommt das Bewegungsmodell zum Einsatz, um die Reaktion des Schiffes auf die Steuersignale zu berechnen.

Die verwendeten Differentialgleichungen zur Beschreibung der Schiffsdynamik (Gl. 1) leiten sich vom sog. *Nomoto-Modell* nach [8] ab und beschreiben die Längs- und die Querdynamik der Schiffsbewegung als Verzögerungsverhalten 1. Ordnung mit nichtlinearen Koeffizienten.

$$
\frac{d}{dt}
\begin{bmatrix} v \\ \omega \\ x_r \\ y_r \\ \psi \end{bmatrix}
=
\begin{bmatrix}
\frac{1}{T_l(v)}\left(-v + K_l(n_b, n_s)\right) \\
\frac{1}{T_q(v)}\left(-\omega + K_q(v)\,\delta + K_d(v, n_b, n_s)\right) \\
v\sin\psi + L_l\omega\cos\psi + L_q\omega\sin\psi \\
v\cos\psi - L_l\omega\sin\psi + L_q\omega\cos\psi \\
\omega
\end{bmatrix}
+ \mathbf{w}(t)
\tag{1}
$$

Unter *Längsdynamik* (Zeile 1) wird die Abhängigkeit der Vorausgeschwindigkeit gegen Wasser v von den Backbord- und Steuerbord-Maschinendrehzahlen n_b und n_s verstanden, K_l steht für ein nichtlineares, vom jeweiligen Schiffstyp abhängiges Kennlinienfeld und legt die Übertragungsfunktion von Drehzahl auf Vorausgeschwindigkeit fest. T_l ist die geschwindigkeitsabhängige Zeitkonstante der Längsdynamik. Die *Querdynamik* (Zeile 2) beschreibt die Reaktion des Schiffes auf eine Änderung der Ruderlage δ bzw. des Drehzahlverhältnisses zwischen linkem und rechtem Antrieb. Auch hier werden nichtlineare Kennlinienfelder (K_q und K_d) eingesetzt, um das Verhalten je nach Schiffstyp anzupassen. T_q ist analog zu T_l die geschwindigkeitsabhängige Zeitkonstante der Querdynamik. Die Gleichungen für $\dot{x}_r$ und $\dot{y}_r$ beschreiben die Änderung der Relativposition des Schiffes in Abhängigkeit von Vorausgeschwindigkeit v, Vorauswinkel ψ und Drehgeschwindigkeit ω. x_r und y_r sind Koordinaten in einem globalen rechtwinkligen Koordinatensystem. Da die Rotationsbewegung um den Massenmittelpunkt des Schiffes erfolgt, wird mit L_l und L_q der Abstand des Schwerpunktes vom willkürlich gewählten Schiffsbezugspunkt festgelegt.

Die Modellierung der Schiffsdynamik als reines Verzögerungsglied stellt eine Vereinfachung der Realität dar. Untersuchungen in [10] haben gezeigt, daß die Parameter für Modelle höherer Ordnung in der Praxis nur schwer identifizierbar sind und die Auswirkungen dieser höheren Genauigkeit auf das Systemverhalten im Bereich der Störungen liegen, die von außen auf das System wirken. Diesem unsicheren Anteil wird durch den stochastischen Term $w(t)$ Rechnung getragen. Für bestimmte Anwendungsfälle kann das Modell noch weiter vereinfacht werden. So fallen unter der Annahme reiner Streckenfahrt mit konstanter Geschwindigkeit die nichtlinearen Anteile in $\dot{\omega}$ weg und die Gleichung für die Relativgeschwindigkeit vereinfacht sich zu $\dot{v} = 0$.

Auf fließenden Gewässern muß zusätzlich zur Dynamik des Schiffes der ortsabhängige Vektor der Strömung $(\dot{x}_d, \dot{y}_d)_{(x,y)}$ berücksichtigt werden. Der Strömungsverlauf ist von vielen Faktoren, wie z. B. Tiefenprofil und Uferbebauung, abhängig und läßt sich momentan nicht quantitativ berechnen. Es existieren auch keine frei verfügbaren Strömungsdaten. Zur Simulation der Strömung wird deshalb ein paralleler Verlauf zur Flußachse angenommen. Der Betrag der Fließgeschwindigkeit wird für jeden Fluß vorgegeben und kann entsprechend der Flußlängskoordinate (Flußkilometer) angepaßt werden. Die Absolutbewegung des Schiffes ergibt sich durch Addition der Relativbewegung und des lokalen Strömungsvektors.

2.3 Sensorik

Als Ergebnis der Bewegungsberechnung liefert das Modell den exakten Zustand (Position, Geschwindigkeit, Drehbewegung) des Schiffes innerhalb der Simulation. In der Realität stehen diese Zustandsdaten jedoch nicht zur Verfügung, sondern müssen gemessen werden. Jede Messung ist wiederum mit Fehlern behaftet, so daß der wahre Bewegungszustandes des Schiffes nur näherungsweise bestimmt werden kann.

Im integrierten Navigationssystem *RadarPilot 720°* erfolgt dies durch Verarbeitung aller Sensorsignale in einem erweiterten Kalman-Filter, welcher die stochastischen Eigenschaften der Sensormessungen und die Dynamik des Schiffes modelliert [9]. Jeder Meßwert wird dabei entsprechend seiner aktuellen Genauigkeit und Verfügbarkeit gewichtet. Als Ergebnis dieser Verarbeitung liegt ein (unter den gegebenen Umständen) optimaler Schätzwert für den aktuellen Bewegungszustand vor, der dann für anschließende Funktionen, wie Bahnregelung oder Kartendarstellung, verwendet wird. Der große Vorteil dieser Methode liegt neben der Filterung des Meßrauschens in der inhärenten Integration redundanter Meßquellen in die Berechnung des Bewegungszustandes. Liefern mehrere Sensoren einen Meßwert für die gleiche physikalische Größe (zum Beispiel Position), so geht jede Einzelmessung mit der ihr zugeordneten Genauigkeit in die Berechnung ein und hat einen entsprechenden Anteil am Endergebnis. Fällt ein Sensor aus, so wird die Bestimmung des betroffenen Zustands durch die anderen Messungen und die Weiterrechnung des internen Modells gestützt.

So wird zum Beispiel die Position des Schiffes im Navigationssystem hauptsächlich durch GPS, aber auch durch den Vergleich von digitalisiertem Radarbild mit den Konturen der elektronischen Karte und durch Prädiktion der Bewegungsgleichungen berechnet. Fällt nun der GPS-Sensor während einer Brückendurchfahrt aus, so läßt sich die Position auf Grundlage von Radar-Karten-Vergleich und Koppelnavigation bestimmen und somit das sichere Funktionieren des Navigationssystems garantieren.

Dank dieser Eigenschaften kommt der integrierten Sensorverarbeitung eine besondere Bedeutung innerhalb des Navigationssystems zu. Um die Sensorverarbeitung umfassend zu testen, ist demzufolge eine realitätsnahe Sensormodellierung mitsamt Fehlermodellen und Ausfallerscheinungen notwendig. Die Simulationsumgebung stellt zu diesem Zweck eine Auswahl der wichtigsten Sensoren an Bord von Binnenschiffen zur Verfügung:

- Bordradar
- GPS (Standard, PDGPS, CPDGPS, Winkel-GPS)
- Ruderlagegeber
- Wendeanzeiger (Drehgeschwindigkeit)
- Kreiselkompass
- Dopplerlog (Geschwindigkeit gegenüber Wasser bzw. Grund)
- Tiefenecholot
- Ultraschall-Abstandssensoren
- Laser-Scanner-Abstandssensoren
- AIS-Transponder (Positions- und Kursinformationen benachbarter Schiffe)

Da Radar und GPS innerhalb der Sensorverarbeitung eine Sonderstellung haben, soll im folgenden auf die Signalgenerierung für diese Sensoren näher eingegangen werden.

Radar

Das Radargerät ist der wichtigste Sensor innerhalb des Navigationssystems. Es liefert im Gegensatz zu den meisten anderen Sensoren keine skalare, sondern eine bildartige Meßinformation. Die Antenne dreht in ca 2.3 s um ihre Hochachse und sendet dabei Impulse mit einer mittleren Frequenz von 9445 MHz aus. Die Laufzeit Δt_l vom Senden eines solchen Impulses bis zum Empfang des Erstechos entspricht der doppelten Entfernung r_{obj} des reflektierenden Objektes von der Antenne:

$$\Delta t_l = \frac{2\,r_{obj}}{c_{Luft}} \qquad (2)$$

Die radiale Ausdehnung eines Radarechos l_e ergibt sich in ähnlicher Beziehung aus der Impulsdauer Δt_i:

$$l_e = \frac{c_{Luft}\,\Delta t_i(r_{max})}{2} \qquad (3)$$

Die Impulsdauer ist in Abhängigkeit vom Erfassungsradius r_{max} je nach Radargerät auf bestimmte Stufen festgelegt. Bei dem auf Binnenschiffen eingesetzten Nahbereichsradar wird üblicherweise ein Impuls von 50 ns ausgesendet, so daß die resultierenden Echos eine Länge von ca. 7,5 m besitzen. Bei Radaranlagen im Hochseebereich mit Reichweiten von 32 km und mehr dauert ein typischer Impuls 1200 ns und resultiert in einer Echolänge von 180 m.

Radargeräte liefern ihre Bild- und Synchronisationsinformationen im wesentlichen in vier Signalen: Trigger, Video, Heading und Sync. Der *Triggerimpuls* markiert den Zeitpunkt der Aussendung des Radarstrahls. Je Radarumlauf werden ca. 6900 Strahlen erzeugt. Das *Videosignal* enthält den Intensitätsverlauf des empfangenen Radarstrahls und gibt damit unter Bezug auf den entsprechenden Triggerzeitpunkt Auskunft über Entfernung und Reflektivität der Radarobjekte. Der *Headingimpuls* markiert die Vorausrichtung der Antenne. Das *Synchronisierungssignal* ist ein synchron zur Drehung der Antenne erzeugtes periodisches Signal. Je Umdrehung werden ca. 107 Perioden generiert. In Verbindung mit dem Headingimpuls läßt sich daraus die aktuelle Ausrichtung der Antenne ableiten.

Zur Verarbeitung des Radarbildes im Navigationssystem wird es zunächst über eine Interface-Elektronik digitalisiert und durch Filterung auf 3424 Strahlen je Bild (32 je Synchronisationsperiode) reduziert. Die Echointensität wird je nach Anwendungsfall auf ein bis acht Bit diskretisiert, die radiale Auflösung auf 3 m. Als Ergebnis der Vorverarbeitung wird dem Navigationssystem ein in Polarkoordinaten orientiertes Radarbild-Bitmap übergegeben. Dies ist auch die vom simulierten Radarsensor genutzte Schnittstelle.

In der Simulation wird das Radargerät durch einen angepaßten Raytracing-Algorithmus erzeugt. Um auch bei einer hohen Anzahl von Radarobjekten die Echtzeitfähigkeit der Radarbildberechnung zu gewährleisten, werden der eigentlichen Schnittstellenberechnung zwei Optimierungsstufen vorangestellt. Aus der digitalen Karte und der Simulationsverwaltung werden zunächst die Koordinaten aller radarreflektierenden Objekte in der Umgebung der Radarantenne ausgelesen und in das lokale Koordinatensystem der Antenne transformiert (Bild 3, links). Da diese Koordinaten sich bei sich langsam bewegenden Objekten, wie Schiffen, nur geringfügig ändern, werden sie zwischengespeichert und für mehrere aufeinanderfolgende Radarbilder verwendet.

In einem weiteren Segmentierungsschritt werden die für einen kleinen Kreissektor $(\alpha_{min}, \alpha_{max})$ um die aktuellen Ausrichtung der Radarantenne relevanten Radarobjekte bestimmt und entsprechend ihrer Sichtbarkeit auf wenige Polygonzüge reduziert (Bild 3, rechts). Schließlich werden für die Radarstrahlen im betrachteten Sektor die Schnittpunkte mit den reduzierten Radarobjekten berechnet. Für jeden Schnittpunkt wird, in Abhängigkeit von den Reflektionseigenschaften des verursachenden Radarobjektes und den Eigenschaften des Radarstrahles in dieser Entfernung von der Antenne, ein Radarecho generiert. Aus den Echodaten wird das vom Navigationssystem erwartete Radar-Bitmap zusammengestellt und über die Sensorschnittstellen zum Navigationssystem übertragen.

Radargeräte sind relativ ungenaue Sensoren und weisen in der Praxis eine ganze Reihe nichtidealer Effekte und Fehlmessungen auf. Neben den bereits genannten prinzipbedingten Eigenschaften der Abtastung durch gebündelte elektromagnetische Strahlen, wie Öffnungswinkel der Radarkeule, unterschiedliche Reflektivität der Radarobjekte und endliche Dauer des Radarimpulses, zeigen sich in der Realität eine Vielzahl von Störungen und Scheinechos im Radar-

124

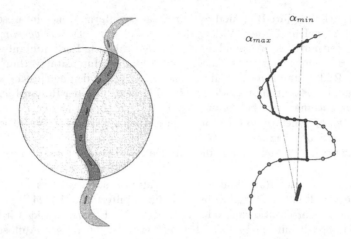

Abb. 3. Segmentierung der Radarobjekte nach Entfernung und Sektorzugehörigkeit

bild, die die Verarbeitung im Navigationssystem erschweren. Dieses nichtideale Verhalten muß auch durch das simulierte Radargerät nachgebildet werden. Die *zeitliche Verzerrung* des Radarbildes durch die Eigenbewegung des Sensors während des Antennenumlaufs wird durch die oben beschriebene Segmentierung der Radarbildgenerierung realitätsnah nachgebildet. Eine weitere Störgröße, die Lage des für den Karten-Match wichtigen *Erstechos* eines Radarobjektes, hängt in der Realität stark von der Beschaffenheit des Objektes ab, bei Uferlinien zum Beispiel vom Bewuchs oder vom aktuellen Wasserstand. Da die Koordinaten des Erstechos durch die in der Schnittstellenelektronik vorgenommene radiale Diskretisierung auf 3 m bereits 'verfälscht' werden, wird diese Störung in der Simulation momentan noch nicht berücksichtigt.

Ein großes Problem für die Radarbildverarbeitung stellen *Mehrfachreflexionen* des Radarstrahls dar. Mehrfachreflexionen innerhalb eines Objektes, wie zum Beispiel in einer Stahlgitterbrücke, führen zu einer scheinbaren Verlängerung des Echos um ein Vielfaches der Impulslänge. Mehrfachreflexionen zwischen unterschiedlichen Objekten, wie zum Beispiel dem eigenen und einem passierenden Schiff, führen zu Spiegelungen im Radarbild, die als eigenständige, langlebige Scheinechos wahrgenommen werden und vor allem Objektverfolgungsalgorithmen sehr leicht täuschen können. Das synthetische Radarbild wird deshalb auf Konstellationen untersucht, in denen Mehrfachechos auftreten können und in einem solchen Fall um passende Scheinechos bzw. verlängerte Echos ergänzt. Die auf der Richtcharakteristik der Radarantenne beruhende Verbreiterung der Radarkeule mit zunehmender Entfernung von der Antenne führt dazu, daß auch Objekte von einem Radarstrahl erfaßt werden, die sich nur am Rand der Keule oder im Bereich eines der Nebenmaxima befinden. Dies führt im Radarbild zu einer *Verbreiterung* des Radarechos eines kleinen Objektes und, im Falle von nahe beieinander liegenden Objekten, zu einer *Verschmelzung* von Radarechos. Beide Fälle werden in der Simulation durch die Berücksichtigung der Keulenbreite bei größeren Abständen eines Objektes von der Radarantenne erfaßt. Ein typisches Ärgernis in der Radarpraxis ist der sog. *Clutter*, der zum Beispiel durch Regen oder Wellengang entsteht. Clutter äußert sich durch meist kleine, bewegliche Störechos mit geringer Lebensdauer, die durch ihre oft große Zahl den Zeitaufwand für die Verarbeitung des Radarbildes erheblich in die Höhe treiben. Zur Simulation von Clutterechos wird ein separater Cluttergenerator verwendet, der Störechos variabler Größe erzeugt, bewegt und nach Überschreitung der Lebensdauer wieder entfernt. Die Clutterobjekte werden wie 'normale' Radarobjekte im Zuge der Radargenerierung auf Schnittpunkte mit den Radarstrahlen abgetastet. Sonstige Störeinflüsse, wie zum Beispiel Abschattungseffekte durch unterschiedliche Objekthöhen, variierende Reflektionseigenschaften von Objekten gleichen Typs oder das Zerfallen des Echos eines Objektes in Teilechos, werden momentan noch nicht berücksichtigt. Bild 4 zeigt links das aufgezeichnete Original-Radarbild einer Verkehrsituation auf dem Rhein mit Mehrfachechos (M) und Clutter (C), rechts im Vergleich dazu das in der Simulation erzeugte synthetische Radarbild der nachgestellten Situation.

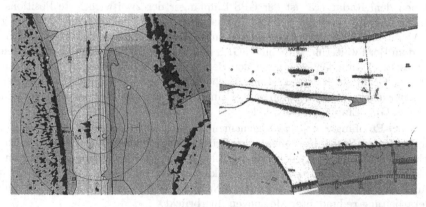

Abb. 4. Original- und synthetisches Radarbild mit Multipath-Echos

Die Echtzeitfähigkeit der Radargenerierung wird durch die Berücksichtigung der Störeinflüsse nicht beeinträchtigt. Der durchschnittliche Zeitbedarf für die Berechnung eines kompletten Umlaufs bei 10 km Erfassungsradius und ca. 300 Radarobjekten unterschiedlicher Ausdehnung beträgt auf einem handelsüblichen 1 GHz-PC 110 ms. Bei 2.3 s realer Umlaufzeit können somit unter vergleichbaren Bedingungen ca. 20 Radargeräte simuliert werden. Eine weitere Möglichkeit, den Rechenzeitbedarf zu verkürzen, ergibt sich bei stationären Radarstationen. Hier wird die Lage der Erstechos unbeweglicher Radarobjekte, wie Uferlinien oder Brücken, im voraus berechnet. Die im Bild 5 dargestellte Küstenradarstation im finnischen Archipelago benötigt für die Abtastung von ca. 2800 kleinen Inselobjekten bei 100 km Erfassungsradius nach der Initialisierung durchschnittlich 8 ms je Umlauf.

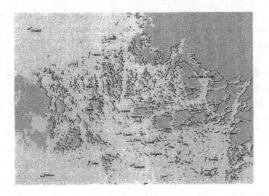

Abb. 5. Synthetisches Radarbild einer Küstenradarstation im Finnischen Archipelago

GPS

Neben dem Radargerät ist der GPS-Empfänger der zweitwichtigste Positions-Sensor an Bord. Trotz der seit der Abschaltung der künstlichen Verschlechterung (SA) im Mai 2000 inzwischen relativ guten Genauigkeit des Basis-GPS (SPS) wird an Bord weiterhin Differential GPS (DGPS) mit Langwellenkorrekturdaten eingesetzt. Damit läßt sich unter den Bedingungen der Streckenfahrt eine horizontale Genauigkeit von ± 1-2 m erreichen. Zur zusätzlichen Bestimmung des Vorauswinkels (Heading) werden auf einigen Versuchsschiffen inzwischen auch Winkel-GPS-Empfänger verwendet.

GPS-Empfänger sind im Allgemeinen relativ zuverlässige Sensoren - solange sie genügend Satelliten 'sehen'. Bei Brückendurchfahrten oder ähnlichen Abschattungen kommt es jedoch zu Ausfällen der Positionsmessung mit einer anschließenden Re-Initialisierungsphase, inklusive diverser Nebeneffekte. Dieser Zeitraum wird wie bereits beschrieben vom Navigationssystem durch Prädiktion und Verarbeitung redundanter Messungen überbrückt.

Zum Test dieser Funktionen müssen deshalb die simulierten GPS-Empfänger ein vergleichbares Ausfallverhalten aufweisen. Bei freier Streckenfahrt liefert der Sensor seine aktuelle Position, verschoben um einen Rauschanteil, der von der aktuellen Genauigkeitsklasse abhängt. Betrachtet man die Dynamik der Positionsfehler aufeinanderfolgender Messungen, so fallen zwei Anteile auf: ein niederfrequenter Anteil mit einer Periode von 10 bis 15 min und ein bandbegrenzter Rauschanteil. Hinzu kommt ein Offset, der sich wesentlich langsamer verändert und deshalb für die dynamischen Betrachtungen als konstant angenommen werden kann. Die Amplituden dieser Einzelanteile sind von der momentanen Fix-Güte abhängig. Bild 6 zeigt Original- und Simulationsverlauf einer GPS-Messung für einen festen Punkt (Single Point Positioning) nach Abzug des konstanten Offsets. Die Amplituden der Rauschanteile wurden mit 0.5 vorgegeben, die Periode der langsamen Komponente beträgt 12 min, die Bandbreite des rosa Rauschens liegt bei 0.05 Hz. Der im Bild entfernte Offset wird in der Simulation durch eine angepaßte Lissajous-Funktion mit einstündiger Periode modelliert.

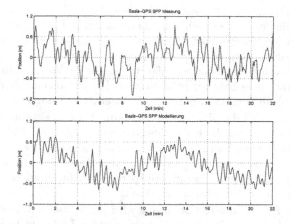

Abb. 6. Offsetbefreiter stationärer Positionsverlauf, gemessen (oben) und simuliert

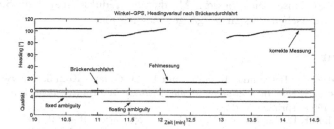

Abb. 7. Simulation der temporären Headingfehlmessung nach einer Brückendurchfahrt

Beim Unterqueren einer Brücke wird in der Simulation die GPS-Messung unterbrochen und anschließend schrittweise auf die ursprüngliche Fix-Güte zurückgeführt. Je nach Empfängertyp werden dabei auch temporäre Fehlmessungen berücksichtigt. So kommt es zum Beispiel bei dem eingesetzten Winkel-GPS-Empfänger während der Re-Initialisierungsphase gelegentlich zu als 'hochgenau' markierten Lösungen, deren Headingwinkel bis zu 90° vom wahren Wert abweicht. Um die Robustheit des Navigationssystems gegenüber dieser Störung zu testen, wird der Effekt wie in Bild 7 dargestellt ebenfalls nachgebildet. Zu erkennen ist die an die Brückendurchfahrt bei 11 min anschließende Re-Initialisierung (Qualität auf 3), die zunächst in der Fehlmessung zwischen 12 und 13 min resultiert. Bei 14 min liegt dann der korrekte Wert wieder an.

3 Anwendungen und Ausblick

Die Simulationsumgebung wird gegenwärtig für unterschiedliche Aufgaben eingesetzt. Zum einen dient sie im Rahmen der Weiterentwicklung des Navigationssystems als Testumgebung für neue Module und Algorithmen. Neben den aktuellen Themen, wie der automatischen Leitlinienplanung [1] und der Untersuchung neuer dynamischer Schiffsmodelle [4], standen hier in der Vergangenheit die Einbindung neuer Sensoren, wie Echolot oder Ultraschall [3], sowie Regelungsalgorithmen für Anlege- und Kolonnenfahrtmanöver im Vordergrund. Durch die Möglichkeit, eine große Zahl von Schiffen in die Simulation einzubeziehen, lassen sich auch komplexe Verkehrssituationen nachstellen und untersuchen.

Zum anderen wird die Simulationsumgebung bei der Erprobung eines neuartigen Radarsystems für die Küstenüberwachung eingesetzt. Dabei werden die Radarbilder einer Kette von Küstenradaranlagen in einer Revierzentrale erfaßt und einander überlagert und so ein Gesamtabbild des Verkehrsgeschehens erzeugt. Während der Erprobungszeit erfolgt die Verkehrssimulation und Radarbildgenerierung in der Simulationsumgebung.

Neben dem Einsatz als Testumgebung wird die *Virtuelle Wasserstraße* auch für Demonstrations- und Trainingszwecke verwendet. In Arbeit befindet sich zur Zeit ein Kommunikationsmodul, welches es den Verkehrsteilnehmern erlaubt, untereinander Absprachen zu treffen, um zum Beispiel den Durchsatz an Engstellen oder Schleusen zu verbessern. Mit diesem Modul wird auch die Simulation von makroskopischen Verkehrsvorgängen möglich sein.

Literatur

1. R. Barthel, J. Beschnidt, T. Gern, and E. D. Gilles. Konfliktanalyse auf Binnenwasserstraßen. In *Autonome Mobile Systeme*, Informatik aktuell, pages 56–65, Berlin, 1999. Springer Verlag.
2. J. Beschnidt, R. Barthel, and E. D. Gilles. Application of an integrated navigation system on inland vessels. In E. Pagaello, F. Groen, and R. Dillmann, editors, *Intelligent Autonomous Systems 6*, pages 793–800, Amsterdam, 2000. IOS Press.
3. J. Beschnidt, M. Sandler, and E. D. Gilles. Einsatz eines integr. Navigationssystems zur Ortung und Führung von Peilschiffen. In W. Augath, editor, *Gewässervermessung und Hydrograph. Informationssysteme*, pages 158–178, Stuttgart, 1999.
4. R. Bittner, A. Driescher, and E. D. Gilles. Eine Vorsteuerung zur hochgenauen Bahnführung von Binnenschiffen. In *3. Wismarer Automatisierungssymp.*, 2002.
5. T. Gern, U. Kabatek, and E. D. Gilles. Objektverfolgung und Leitlinienplanung für ein autonomes Binnenschiff. In *Autonome Mobile Systeme 1998*, Informatik aktuell, pages 110–121, Berlin, 1998. Springer Verlag.
6. E. D. Gilles, M. Faul, U. Kabatek, R. Neul, T. Plocher, and M. Sandler. Integrated Navigation System for Inland Shipping. In K. Linkwitz and U. Hangleiter, editors, *High Precision Navigation*, pages 619–630, Stuttgart/Freudenstadt, 1991.
7. Inland ECDIS Working Group. *Inland electronic chart display and information system*. Concerted Action on Inland Navigation. European Commission, 1999.
8. K. Nomoto, T. Taguchi, K. Honda, and S. Hirano. On the steering qualities of ships. *Int. Shipbuilding Progress*, 4(35):354–370, 1957.
9. M. Sandler, A. Wahl, M. Faul, U. Kabatek, and E. D. Gilles. Autonomous guidance of ships on waterways. *Robotics and Autonomous Systems*, 18:327–335, 1996.
10. R. Zimmermann and E. D. Gilles. State estimation and system identification of inland vessels. In K. Kijima, editor, *Control Applications in Marine Systems*, *CAMS'98*, pages 271–276. IFAC, Society of Naval Architects of Japan, 1998.

Situationsbasiertes Fahrmanagement auto-mobiler Plattformen mit Fuzzy Pattern Klassifikation

R. Loke, St. F. Bocklisch

Professur für Systemtheorie
Fakultät für Elektrotechnik und Informationstechnik
Technische Universität Chemnitz, D-09107 Chemnitz
http://www.infotech.tu-chemnitz.de/~systemth

Zusammenfassung Zur Steuerung von auto-mobilen Systemen müssen auf Grund von ungenauen Sensor-, Umgebungs- und Positionsinformationen risikobehaftete Entscheidungen getroffen werden. Mit der Methode der Fuzzy Pattern Klassifikation lassen sich solche unscharfen Situationen beschreiben und identifizieren. In diesem Beitrag wird ein situationsbasiertes Fahrmanagement vorgestellt, welches unter Verwendung von mehreren Low-Cost-Umgebungssensoren und ungenauen Positionsinformationen Situationen identifiziert und letztlich scharfe Entscheidungen für die Abarbeitung einer vorgegebenen Handlungskette trifft.

1 Einleitung

Klassische Navigationsverfahren basieren auf der Lokalisierung mobiler Plattformen in einer Karte. In den letzten Jahren sind bereits Ansätze verfolgt worden, in denen keine vollständige Karte mehr notwendig ist [1]. Typischerweise werden natürliche Landmarken mit der Sensorik auf der mobilen Plattform erkannt und im Fahrmanagement genutzt. Damit kann der Positionsfehler minimiert werden.

Mit Hilfe von **Handlungsketten**, bestehend aus Handlungssegmenten, können in einer vorab bekannten Umgebung solche markanten Umgebungssituationen genutzt werden, um das Fahrverhalten einer mobilen Plattform gezielt umzuschalten bzw. zu beeinflussen. Dabei wird ein der Umgebung angemessenes **Fahrverhalten** ausgewählt (z. B. Wandführung, angepasste Geschwindigkeit), welches lokal auftretende Störungen zwischen der Plattform und der Umgebung kompensiert.

In einem Handlungssegment wird ein ausgewähltes Fahrverhalten bis zum Erreichen einer festgelegten markanten **Umgebungssituation** (Zwischenziel) ausgeführt und nach dessen Erreichen das nächst folgende Handlungssegment aktiviert. Das Ausführen eines Fahrverhaltens bis zur Erkennung der nächsten vorgegebenen markanten Umgebungssituation unter gestörten Bedingungen und die damit verbundene **risikobehaftete Entscheidungsfindung** ist - als wissenschaftliche Aufgabenstellung gesehen - für jedes Handlungssegment immer gleich.

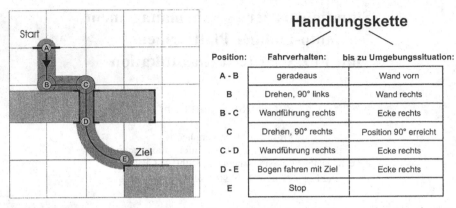

Handlungskette

Position:	Fahrverhalten:	bis zu Umgebungssituation:
A - B	geradeaus	Wand vorn
B	Drehen, 90° links	Wand rechts
B - C	Wandführung rechts	Ecke rechts
C	Drehen, 90° rechts	Position 90° erreicht
C - D	Wandführung rechts	Ecke rechts
D - E	Bogen fahren mit Ziel	Ecke rechts
E	Stop	

Abbildung 1. Beispiel einer möglichen Handlungskette, bestehend aus sechs zugewiesenen Fahrverhalten mit den dazugehörigen markanten Umgebungssituationen

Im Fahrmanagement muss permanent eine **Entscheidung** getroffen werden, ob auf das nächste Handlungssegment mit dem damit verbundenen festgelegten Fahrverhalten umgeschalten werden soll. Diese Entscheidungsfindung geschieht zur Laufzeit unter gestörten Bedingungen und ist damit risikobehaftet.

Die Entscheidungsfindung stützt sich unter anderem auf eine zu erkennende markante Umgebungssituation, deren Erreichen durch das aktuelle Fahren unter gestörten Bedingungen variiert. Die zu erkennende Umgebungssituation kann fuzzifiziert beschrieben werden (**Umgebungsunschärfe**). Diese Umgebungsunschärfe wird auch in der linguistischen Formulierung einer markanten Umgebungssituationen, wie zum Beispiel im geometrischen Begriff „Wand" und deren Lage (vorn, parallel, rund 50 cm Abstand) zur Plattform deutlich.

Üblicherweise werden zur Erkennung von Umgebungssituationen vorrangig ein oder wenige hochpräzise und damit kostenintensive Sensoren eingesetzt (z. B. Laserscanner). Durch die Verwendung von mehreren Low-Cost-Sensoren und damit ungenaueren Sensorinformationen (**Sensorunschärfe**), tritt das Problem der Signalunschärfe verstärkt auf, welche ebenfalls berücksichtigt werden soll.

Der Einsatz mehrere unterschiedlicher oder auch gleichartiger Low-Cost-Sensoren (Sensorarray) hat den Vorteil, dass sich bei einer Störung oder sogar einem Totalausfall eines Sensors die Entscheidungsfindung auf die restlichen Sensorinformationen stützen kann.

Mit der Anwendung von mehreren verschiedenartigen Umgebungssensoren (z. B. Helligkeitssensoren, Metalldetektor, Magnetfeldsensoren) kann der Begriff „Umgebungssituation" qualitativ weiter gefasst werden, weil sich dadurch die Sichtweise zur Umgebung erweitert.

Durch die Erfassung der Eigenbewegung der mobilen Plattform stehen zusätzliche Informationen zur Verfügung, in welcher Position sich die Plattform relativ zur nächsten Umgebungssituation befindet. Die Weg-Integration auf der mobilen Plattform ist aber ebenfalls mit einer eigenen Ungenauigkeit behaftet (**Positionsunschärfe**) und muss in der Entscheidungsfindung berücksichtigt werden.

2 Fuzzy Pattern Klassifikation

Mit der Methode der Fuzzy Pattern Klassifikation, welche in Chemnitz entwickelt wurde [2] und seit Jahren in zahlreichen Anwendungsbereichen erfolgreich eingesetzt wird [3], können **hochdimensionale unscharfe Mengen** parametrisch beschrieben und wieder identifiziert werden.

Eine zu beschreibende Menge ist ein eingeschränktes Abbild (Modell) der objektiven Realität. Welcher Teil der objektiven Realität beschrieben werden soll, wird durch die Auswahl von **signifikanten Merkmalen** (charakteristischen Eigenschaften) zur Unterscheidung der Mengen bestimmt. Die Anzahl und Art der benötigten signifikanten Merkmale (m_n) bestimmen die Dimensionalität des **Merkmalsraumes** und die Sichtweise. Können den Mengen inhaltliche Bedeutungen zugewiesen werden, so kann man diese als semantische Klassen (K_k) bezeichnen.

Beispiele können verschiedene Betriebssituationen eines Antriebes z. B. Leerlauf (K_1), Normallast (K_2) oder Überlast (K_3) sein. Zur Unterscheidung dieser drei Klassen kann der gemessene Motorstrom als signifikantes Merkmal (m_1) dienen. Die drei Betriebsituationen können scharf oder unscharf (fuzzifiziert) beschrieben werden.

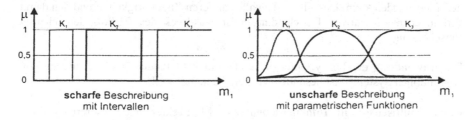

Abbildung 2. Scharfe Beschreibungen im Vergleich zu unscharfen Beschreibung von drei semantischen Klassen (K_1, K_2, K_3) über einem 1-dimensionalen Merkmalsraum (m_1)

Klassen werden nach der Methode der Fuzzy Pattern Klassifikation mit **parametrischen Zugehörigkeitsfunktionen** beschrieben. Diese können in der **Lernphase** entweder direkt von einem Experten festgelegt oder automatisch auf der Basis von Lerndaten erstellt werden.

In der **Arbeitsphase** eines Klassifikators werden für eine konkrete Ausprägung (Objekt) im Merkmalsraum (z. B. entstanden durch eine Messung) die Zugehörigkeiten (μ_k) zu allen definierten Klassen bestimmt.

Werden kontinuierlich Messungen durchgeführt, erhält man zu jedem Abtastzeitpunkt (t_i) einen **Messvektor**. Dieser wird vorverarbeitet und führt zu einem Abbild der objektiven Realität in Form eines Objektes (zu t_i) im Merkmalsraum. Zu jedem Abtastzeitpunkt wird die **Zugehörigkeit** des Objektes zu allen definierten Klassen bestimmt, und es wird ein Zugehörigkeitsvektor über der Zeit gebildet. Änderungen im Messvektor führen zu einer Trajektorie des Objektvektors im n-dimensionalen Merkmalsraum und damit zu einem **Zugehörigkeitsverlauf**.

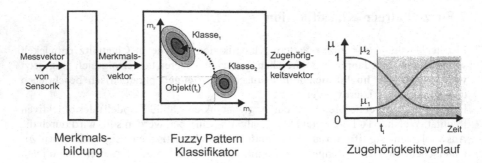

Abbildung 3. Arbeitsphase eines Fuzzy Pattern Klassifikators mit einem Beispiel von zwei Klassen im 2-dimensionalen Merkmalsraum

Eine **unscharfe Aussage** (Zugehörigkeitsvektor) aus einer erfolgten Fuzzy Pattern Klassifikation kann in eine endgültige scharfe Identifikationsentscheidung überführt werden. Um eine **scharfe Entscheidung** zu erhalten, kann die Klasse mit der höchsten Zugehörigkeit gewählt werden, wobei eine Mindestzugehörigkeit (Schwelle) gefordert werden kann. Der Abstand zu allen anderen Zugehörigkeiten und den damit verbundenen alternativen Entscheidungen ist Ausdruck des **Risikos** der scharfen Entscheidung.

Die **Anwendung** der Fuzzy Pattern Klassifikations Methode für die Steuerung von auto-mobilen Systemen ist besonders vielversprechend, weil:

- sich **multisensorielle Informationen** (z.B. Messvektor aus Sensorarray) direkt oder vorverarbeitet in n-dimensionalen Merkmalsräumen verknüpft als Objektvektor abbilden
- **verschiedene Umgebungssituationen** als Klassen definiert werden können und durch eine aktuelle Messung die Zugehörigkeit zu diesen identifiziert werden kann
- die **Sensorunschärfe** (z.B. Signalrauschen) und die **Situationsunschärfe** (Ähnlichkeit einer Umgebung) im Modell (unscharfer Klassifikator) mit enthalten ist und damit Berücksichtigung findet
- die Umgebungssituationen durch einen **Experten** mit Klassenparametern direkt definiert werden können
- **Situationen** vorgeführt und dadurch auch Klassen automatisch **angelernt** werden können
- durch die unscharfe Beschreibung der Klassen (Umgebungssituationen) in der Arbeitsphase eine **graduierte Aussage** abgeleitet werden kann, inwieweit sich die Plattform innerhalb oder außerhalb einer Klasse befindet
- auf der Basis der Zugehörigkeiten zu den Situationen unter Berücksichtigung des **Risikos** eine **scharfe Entscheidung** getroffen werden kann.

3 Klassifikation von Umgebungssituationen

Die Umgebung einer mobilen Plattform kann beispielsweise mit Hilfe von Abstandssensoren erfasst werden. Eine Umgebungssituation ist in diesem Fall eine Konstellation der gemessenen Abstände zwischen Plattform und Umgebung.

Konkret wurden mit 32 Low-Cost-Abstandssensoren, welche auf der Plattform angeordnet sind, definierte Umgebungssituationen unter gestörten Bedingungen wieder identifiziert. Eine konkrete Umgebungssituation wird dabei durch die gemessenen Abstände (Messvektor) in einen Objektvektor überführt.

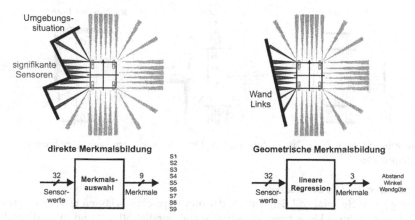

Abbildung 4. Direkte Merkmalsbildung durch Auswahl signifikanter Sensoren (links) und Merkmalsbildung durch geometrische Primitive (z.B. Wand)

In Abhängigkeit von der **Merkmalsbildung** kann eine gemessene Umgebungssituation unterschiedlich abgebildet werden. Der Merkmalsraum kann gebildet werden durch:

1. die **Auswahl** von **signifikanten Sensoren** (z. B. nur linke Hemisphäre), welche den Merkmalsraum aufspannen
2. oder die **Generierung** von **charakteristischen Eigenschaften** der Situation (z.B. mit linearer Regression, signifikante Merkmale wie Abstand und Winkel zu einer Wand).

Durch die Auswahl und Bildung von signifikanten Merkmalen wird bei beiden Varianten eine Reduktion der zu verarbeitenden Sensorinformationen erreicht und auf der Plattform festgelegt, was diese beobachten soll.

3.1 Identifikation von prototypischen Umgebungssituationen

Aus der Sicht der Plattform (gemessene Abstände) kann die Umgebung in Gebäuden (z. B. Büros) durch geometrische Elemente wie zum Beispiel Wände und Ecken und deren Lage (Hemisphäre, Abstand, Winkel) zur Plattform charakterisiert werden.

Durch eine Gruppierung aller möglichen Umgebungssituationen in beispielsweise 20 **prototypische Umgebungsklassen** wurde eine Reduktion der Sensorinformation erreicht. Man erhält einen „intelligenten Sensor", der zu jedem Abtastzeitpunkt die Zugehörigkeiten zu Wänden und Ecken bestimmt. Die Wahl der Umgebungsklassen und deren inhaltliche Bedeutung (semantische Klassen) stützte sich dabei auf für den Menschen linguistisch formulierbare Begriffe. Durch die Nutzung von Prototypen wird es für den Wegplaner (Experte) möglich, aus einem Pool von Umgebungsklassen eine Handlungskette zu formulieren (z. B. führe Fahrverhalten aus, bis „geschlossene Ecke links vorn" identifiziert wird).

Abbildung 5. Pool von 20 prototypischen Umgebungsklassen zur Beschreibung von Handlungsketten

Prinzipieller Aufbau der Klassen

Am folgenden Beispiel soll der Aufbau der prototypischen Klassen erläutert werden. Aufgabe ist es, zwei Umgebungsklassen („Wand parallel 50cm" und „Wand parallel 30cm") mit zwei Sensoren aufzubauen. Die Sensoren spannen den Merkmalsraum direkt auf, so dass Sensor1 (S_1) als erstes Merkmal (m_1) und Sensor2 (S_2) als zweites Merkmal (m_2) genutzt werden.

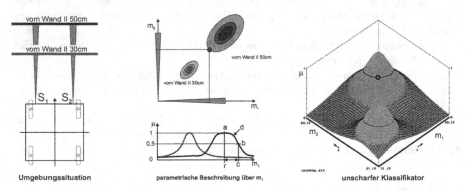

Abbildung 6. Beispiel für die parametrische Beschreibung von zwei Umgebungsklassen (K_1, K_2) mit zwei Sensoren (S_1, S_2), welche einen 2-dimensionalen Merkmalsraum aufspannen

Um die Klasse „Wand II 50cm" zu definieren, wird über den Merkmalen die Zugehörigkeitsfunktion festgelegt. Der Repräsentant (r) wird auf den Abstand von 50cm gelegt, dort soll die höchste Zugehörigkeit (a=1) sein. Mit Hilfe der

Randzugehörigkeit (b) von 0,5 und einer weichen Graduierung (d=2) kann die Unschärfe der Klasse über dem Intervall (2x c) festgelegt werden. Für den Aufbau der prototypischen Umgebungsklassen sind die Sensorunschärfe und die Umgebungsunschärfe von Bedeutung.

1. Sensorunschärfe
Die Ursachen der Sensorunschärfe rühren unter anderem aus:
- Messverfahren bedingten Ungenauigkeiten
- der Ungenauigkeit des Sensors selbst (Wandlung von physikalischer Größe in ein elektronisches Signal)
- Störungen der Atmosphäre während der Messung
- Messfehler durch verschiedene Oberflächenbeschaffenheiten (z. B. Rauheiten, Struktur, Farbe, Material)
- Digitalisierungsfehler

Die Sensorunschärfe wurde bestimmt, indem im praktischen Experiment ein konstanter Abstand vorgeführt und das Sensorsignal aufgezeichnet wurde. Statistisch (Spanne) wurde eine Sensorunschärfe von 10 Prozent des Messwertes ermittelt.

2. Umgebungsunschärfe
In der inhaltlichen Bedeutung, was z. B. „Wand parallel 50 cm" sein sollen, steckt eine Toleranz. Welcher Abstand und Winkel zur Wand soll noch toleriert werden, damit die Situation noch als solche erkannt wird? Die Abstands- und Winkeltoleranz wurde auf 20 Prozent zur idealen Wandsituation festgelegt und führt ebenfalls zu einer Toleranz in den Sensorwerten.

Aufbau der Ecken-Klassen
Der Aufbau der Ecken-Klassen erfolgte wie im gezeigten Beispiel nur mit jeweils sechs Sensoren und damit im 6-dimensionalen Merkmalsraum.

Aufbau der Wand-Klassen
Für den Aufbau der Wand-Klassen wurden die Merkmale mit einer linearen Regression über jeweils sechs Abstandssensoren berechnet. Ergebnis der Regression sind die Merkmale Abstand und Winkel zu einer geschätzten Wand. In den Merkmalen steckt selbst eine Unschärfe, da die Wandschätzung fehlerbehaftet ist. Der Vorteil ist aber, dass die Abstands- und Winkeltoleranz direkt und unabhängig voneinander im Klassifikator vorgegeben werden können. Als drittes Merkmal wurde die Güte einer Wand (Maß für die Linearität einer Wand) verwendet. Damit kann festgelegt werden, ab welchem Linearitätsfehler (z. B. runde oder stufige Wand) eine Wand als solche noch akzeptiert werden soll.

Ergebnisse des prototypischen Umgebungsklassifikators
Führt man der Plattform eine reale Umgebungssituation vor, so werden die Zugehörigkeiten zu Wänden und Ecken (siehe Abbildung 5. Umgebungsprototypen) bestimmt und charakterisieren damit die vorgeführte Umgebungssituation.

Der Umgebungsklassifikator berechnet zu jedem Abtastzeitpunkt der Sensoren die Zugehörigkeit zu allen Umgebungsklassen.

Bei einer Testfahrt der mobilen Plattform in einer strukturierten Umgebung erhält man die Zugehörigkeiten zu Wänden und Ecken als **Zugehörigkeitsverlauf** über der **Zeit**. Dieser Zugehörigkeitsverlauf ist charakteristisch für den konkret gefahrenen Weg in dieser Raumumgebung (siehe Abbildung 7).

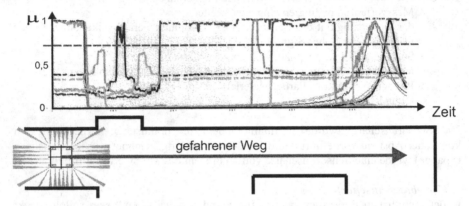

Abbildung 7. Berechneter Zugehörigkeitsverlauf für 20 protoypische Umgebungsklassen, der bei einer realen Geradeausfahrt entstanden ist

Legt man eine Mindestzugehörigkeit im Zugehörigkeitsverlauf fest (in Abbildung 7 z. B. $\mu_A = 0{,}75$), findet man Bereiche, in denen prototypische Umgebungssituationen sicher zugeordnet werden können. Diese Bereiche (z. B. Wand links ist eindeutig identifizierbar) können zur überwachten Ausführung eines Fahrverhaltens (z. B. linke Wandführung) verwendet werden.

Zu den Zeitpunkten, bei denen signifikante Änderungen des Zugehörigkeitsverlaufes erkennbar sind, befindet sich die mobile Plattform in einer markanten Umgebungssituation (natürliche Landmarke), welche zur Entscheidung für die Änderung des Fahrverhaltens genutzt werden kann.

3.2 Erwartungsklassifikator zur Entscheidungsfindung

Für jedes Handlungssegment wird eine erwartete markante Umgebungssituationen festgelegt. Diese Situation soll unter gestörten Bedingungen bei der Ausführung eines Fahrverhaltens eintreten. Mit Hilfe eines Erwartungsklassifikators kann die Zugehörigkeit zu einer erwartenden Situation identifiziert und eine endgültige scharfe Entscheidung getroffen werden. Das Risiko einer solchen Entscheidung wird durch das Niveau der Zugehörigkeit und die Relation der einzelnen Klassenzugehörigkeiten zueinander bestimmt.

Zusätzlich werden im Erwartungsklassifikator noch die Informationen der Weg-Integration (X, Y, α) genutzt, um festzulegen, in welcher ungefähren Entfernung die Situation erwartet wird. Die gemessene Entfernung bis zum Eintreffen der Situation ist fehlerbehaftet und hängt ab:

- von der Positioniergenauigkeit der mobilen Plattform während der Ausführung des Fahrverhaltens
- der Genauigkeit der Weg-Integration selbst (kinematische Berechnung unter Annahmen z. B. Raddurchmesser)
- Genauigkeit des Ortes beim Festlegen des Nullpunktes (z. B. Rücksetzen)

Die Ungenauigkeit der Weg-Information kann experimentell durch mehrfaches Ausführen des Handlungssegmentes unter gestörten Bedingungen bestimmt werden. Wenn die maximale Zugehörigkeit der erwarteten Umgebungssituation erreicht und als risikoarm erkannt ist, wird die gemessene Weg-Information abgelesen. Die folgende Abbildung zeigt die dabei auftretenden Streuungen als einen Teil der Unschärfe.

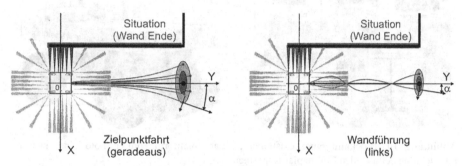

Abbildung 8. Ermittelte Unschärfe der Weg-Information bei verschiedenen Fahrverhalten

Im Erwartungsklassifiaktor wird für ein Handlungssegment eine Erwartungsklasse definiert, in der die erwartete Umgebungssituation zusammen mit der Weg-Information verknüpft wird. Da die Weg-Information die Zugehörigkeit der Erwartungsklasse signifikant mitbestimmt, wird eine zusätzliche Sicherheit erreicht, falls die Umgebungssituation vorzeitig auftreten sollte (z. B. massive Fehlmessung).

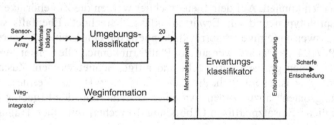

Abbildung 9. Blockschaltbild für Erwartungsklassifikation zur Steuerung von Handlungsketten

In der Merkmalsauswahl der Erwartungsklassifikation werden die erwarteten (signifikanten) Umgebungsprototypen ausgewählt. Es können zusätzliche Umgebungssensoren (z. B. Helligkeitssensor) unter Berücksichtigung von Unschärfen mit in die Umgebungsprototypen integriert werden. Die signifikanten

Umgebungsprototypen bilden zusammen mit der Weg-Information den n-dimensionalen Merkmalsraum, in dem die Erwartungsklasse definiert wird.

4 Technische Realisierung

Am Lehrstuhl für Systemtheorie der TU Chemnitz wurde in den letzten Jahren eine mobile Laborplattform zu Forschungs- und Lehrzwecken entwickelt.

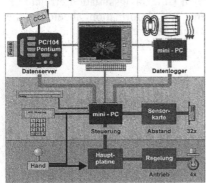 

Abbildung 10. Blockbild einer existierenden Laborplattform (links), Foto einer sich in Entwicklung befindenden Einsatzplattform (rechts)

Die mobile Laborplattform hat vier gelenkte und angetriebene Radsätze. Der Lenkwinkel und die Radgeschwindigkeit besitzen eigene analoge Regelkreise. Die kinematischen Berechnungen zur Ansteuerung der Radsätze unter Einhaltung der Koppelbindungen werden vom Steuerrechner (mini-PC) übernommen. Der „mini-PC" wurde eigens für solche Anwendungen entwickelt und hat eine integrierte Prozesskoppelkarte, mit der die 32 Abstandssensoren ausgelesen und die Radsätze gesteuert werden können. Auf dem Steuerrechner werden die Zugehörigkeiten zu den Umgebungsprototypen und zur Erwartungsklasse berechnet. Ebenfalls werden die Fahrverhaltensweisen (einige sensorrückgekoppelt) mit dem „mini-PC" geregelt.

Mit einem PC/104 als Datenserver auf der Plattform können alle Sensor- und internen Steuerinformationen grafisch dargestellt und aufgezeichnet werden. Zusammen mit einem Datenlogger ist es möglich, die Laborplattform z. B. als „Vermessungssystem für Umgebungsdaten" anzuwenden. An einer Überführung der Ergebnisse auf eine industrietaugliche Einsatzplattform (Abbildung 10 rechts) mit einer Traglast von bis zu 100 kg wird gearbeitet.

Literatur

1. Pauly M., Finke M., Peters L., Beck K., Echtzeitfähige Positionskorrektur auf Basis natürlicher Landmarken, 15. Fachgespräch Autonome Mobile Systeme 1999, Springer Verlag, 2000, 98-107
2. Bocklisch St. F. , Prozeßanalyse mit unscharfen Verfahren, ISBN 3-341-00211-1, Verlag Technik Berlin, 1987
3. Bocklisch St. F., Fuzzy Technologien und Neuronale Netze in der Praxis, Tagungsband des 10. Chemnitzer Kolloquiums, Shaker Verlag Aachen, 1995

Echtzeit-Raumszenenanalyse zur bildgestützten zielorientierten Navigation mobiler Roboter

Martin Rous, Henning S. Lüpschen und Karl-Friedrich Kraiss

Lehrstuhl für Technische Informatik
Rheinisch-Westfälische Technische Hochschule Aachen (RWTH)
Ahornstr. 55, 52074 Aachen
{Rous,Luepschen,Kraiss}@techinfo.rwth-aachen.de
www.techinfo.rwth-aachen.de

Kurzfassung. Eine Raumszenenanalyse ermöglicht die Erkennung navigationsrelevanter Strukturen in Räumen wie Türen oder den Boden in monokularen Bildern aus der Umgebung. Die Erkennung basiert auf allgemeinem Wissen über Form und Funktionalität der gesuchten Strukturen. Die Raumszenenanalyse ist echtzeitfähig und arbeitet auch bei sich ändernden Beleuchtungsbedingungen stabil. Sie ist für den Einsatz im Inneren von Gebäuden geeignet, in denen klare Linienstrukturen und größere farblich homogene Flächen auftreten. Kern dieses Verfahrens ist ein Segmentierungsansatz, der sowohl regionenbasierte als auch kantenbasierte Elemente verbindet. Die Segmentierung führt zunächst eine richtungsselektive Hough-Transformation mit einer Liniensegmentdetektion durch und erzeugt so ein Gitternetz aus konvexen Polygonen. Farbähnliche, homogene Polygone segmentiert und verschmilzt ein Flächenwachstumsverfahren. Zum Schluss folgt eine Merkmalsextraktion und Identifikation, um Regionen bekannten Objekten zuzuordnen.

1 Einleitung

Mobile Roboter müssen in der Lage sein, sich in realen, veränderlichen Umgebungen zurecht zu finden und ein autonomes „intelligentes" Verhalten zu demonstrieren. Deshalb besitzen sie die Fähigkeit, ihre Umwelt mit Hilfe unterschiedlichster Sensorik zu erfassen. Dazu gehören Sensoren zur Entfernungsmessung wie Ultraschallsensoren und Laserscanner. In den letzten Jahren werden immer häufiger auch Kamerasysteme eingesetzt, um Informationen über die Einsatzumgebung zu akquirieren.

Auf diesen Sensor setzt die Bildverarbeitung auf, um etwa Kanten oder zusammenhängende Regionen in Bildern zu detektieren. Zur Deutung dieser Symbole, die Voraussetzung für eine sinnvolle Steuerung mobiler Roboter ist, kommen Techniken der Mustererkennung zum Einsatz, die der Merkmalsextraktion bzw. der Identifikation von Objekten, Formen oder Strukturen dienen.

Existierende bildbasierte Navigationssysteme arbeiten zum Großteil *positionsbasiert*, d. h. , sie versuchen, die absolute Position des Roboters in einem Weltmodell zu bestimmen. Zu diesem Zweck werden Landmarken aus Bildern extrahiert und mit gespeicherten Referenz-Landmarken verglichen. Die verwendeten Landmarken sind häufig künstlicher Natur und befinden sich an Wänden oder Türen. Die Detektion der Landmarken und deren Abgleich mit dem vorhandenen Weltmodell ermöglichen eine absolute Positionsbestimmung des Roboters.

Im Gegensatz dazu verfolgt das bildbasierte Assistenzsystem VICTORIA einen *zielorientierten* Navigationsansatz [RMK01]. Diesem liegt ebenfalls die Extraktion von Landmarken zugrunde, aber anders als bei positionsbasierten Ansätzen ist nicht mehr die Bestimmung der absoluten Position des Roboters notwendig. Landmarken werden ausschließlich zur Peilung benötigt, um sie mittels *Visual Servoing* {Bremen} ansteuern zu können.

Eine gravierende Verbesserung gegenüber bestehenden Verfahren liegt in der Selektion rein natürlicher Landmarken, welche häufig an Rändern wichtiger Raumstrukturen wie Türen und Boden zu finden sind. Die Selektion der Landmarken basiert auf einer Szenenanalyse, also auf der *Erkennung* der *Bedeutung* ausgewählter Objekte.

2 Standardverfahren zur Szenenanalyse

Unter Szenenanalyse wird häufig die Rekonstruktion einer dreidimensionalen Umgebung aus einer Folge zweidimensionaler Bildansichten verstanden. Die verwendeten Verfahren besitzen Vorwissen über Randbedingungen, wie Ort und Art der Beleuchtungsquellen, die Abbildungseigenschaften der Kamera, Eigenschaften der beobachteten Objekte und ihrer Oberflächen sowie die Beziehungen der Objekte zueinander [Lie02]. Das Herzstück jeder Szenenanalyse stellt die Segmentierung dar, gefolgt von der Objektidentifikation.

2.1 Segmentierung

Sowohl die Güte und Genauigkeit des Ergebnisses als auch die Ausführungsdauer hängen von der gewählten Segmentierung ab. Viele in der Literatur beschriebenen Segmentierungsalgorithmen besitzen Ausführungszeiten, die im Bereich von mehreren Sekunden bis Minuten liegen (z. B. [TZ02] oder [FB02]). Diese Verfahren liefern gute Ergebnisse, sind aber in der mobilen Robotik nicht einsetzbar. Betrachtet man z. B. die Segmentierungverfahren Mean Shift [CM02] und Color-Structure-Code [And00] so ergeben sich für ein Bild eines Flures die in Abb. 1 dargestellten Ergebnisse. Die Segmentierungsergebnisse erscheinen auf den ersten Blick gelungen, besitzen jedoch entscheidende Nachteile. So rufen Lichtreflexionen mit beiden Algorithmen willkürliche Grenzverläufe zwischen benachbarten Regionen hervor. Ein Vergleich mit dem entsprechenden Kantenbild könnte dies beseitigen, allerdings auf Kosten zusätzlicher Rechenzeit. Desweiteren geben die regionenbeschreibenden Punktmengen keinerlei Auskunft über deren geometrische Form. Zudem sind weder Nachbarschaftsbeziehungen zwischen Regionen bekannt noch Informationen darüber, welche Abschnitte der Randkurve mit einer Kante in einem Bild übereinstimmen. Informationen über Bildkanten finden

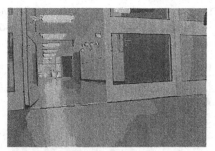

Abb. 1. *Links* Mean Shift und *Rechts* Color-Structure Code Segmentierung

ebenfalls keine Verwendung, was eine Zuordnung zu relevanten Linienstrukturen des Raumes erschwert. Basierend auf einer Implementierung des Mean Shift Algorithmus von Comaniciu und Meer, beträgt die Ausführungszeit auf einem Rechner mit 933MHz für Bilder der Dimension 377×260 etwa 1.22 Sekunden. Die Segmentierung mit Hilfe des Color-Structure-Codes (CSC) ist zwar bedeutend schneller (im Gegensatz zum Mean Shift nur 0.16 Sekunden) jedoch sind die genannten grundsätzlichen Nachteile identisch. In beiden Fällen ist eine aufwendige Nachbearbeitung der segmentierten Regionen notwendig, um eine Identifizierung der gesuchten Raumstrukturen zu gewährleisten.

2.2 Objektidentifikation

Dem Prozess der Segmentierung schließt sich die Merkmalsextraktion bzw. Objektidentifikation an. Zu diesem Zweck wird nach bekannten Strukturen bzw. Objekten gesucht. Häufig reagieren die eingesetzten Verfahren jedoch sehr sensibel auf unbekannte Hintergründe und Beleutungsverhältnisse, was die Anwendung in der Szenenanalyse für mobile Roboter verhindert. Deshalb wird ein neuartiges Verfahren, die sogenannte Raumszenenanalyse entwickelt, welche eine optimierte Liniensegmentdetektion und eine Identifikation von Raumstrukturen mit sehr wenig a priori Wissen einsetzt.

3 Das entwickelte Raumszenenanalyse-Verfahren

Der Begriff Raumszenenanalyse (RSA) beschreibt die Analyse monokularer *Einzelbilder*, welche die Detektion von Raumstrukturen, die für die Navigation mobiler Roboter von Bedeutung sind, zum Ziel hat. Sie wird in der reaktiven Ebene eines Navigationssystems eingesetzt, welches auf der 3T-Architektur von Bonasso und Kortenkamp [BK95] basiert und der Identifizierung von Landmarken dient.

Bei der RSA steht die Extraktion zusammenhängender Raumstrukturen mit Hilfe von Gradienten-, Farb- und Linienmerkmalen im Vordergrund. Die primäre Anforderung an die RSA ist die Erkennung von Boden, Bodenkanten und Türen. Darüber hinaus soll sie einfach zu erweitern sein, um später auch andere Strukturen wie Wände oder Hindernisse zu entdecken.

Das gewünschte Ergebnis einer RSA verdeutlicht Abb. 2. Zur Bestimmung der befahrbaren Fläche (Flur) wurde der Boden als zusammenhängende Region markiert.

Abb. 2. *Links* ist das Bild eines Flures dargestellt. Die RSA soll, wie im Bild *rechts* gezeigt eine Unterteilung nach zusammenhängenden Raumstrukturen, hier Boden und Türen durchführen.

Aus Effiziensgründen ist das System ausschließlich für Aufgaben im Inneren von Gebäuden (*indoor scenario*) ausgelegt, z. B. in langen Korridoren wie sie in Krankenhäusern, Rehabilitationszentren oder Bürogebäuden zu finden sind. Dieses Einsatzgebiet legt die Ausnutzung von Linienstrukturen, die Raumstrukturen repräsentieren, nahe.

In Innenräumen sind zudem zahlreiche farblich homogene Flächen vorhanden und die Beleuchtungsverhältnisse bewegen sich in einem definierten Rahmen. Dies lässt die Ausnutzung von Farbinformationen mittels einer Farbsegmentierung zu, auch wenn Reflexionen und Schattenwürfe dieses erschweren.

3.1 Die Verarbeitungsstufen des Segmentierungsansatzes

Wie bereits erläutert, sind die untersuchten punktorientierten (Mean Shift) bzw. regionenbasierten (CSC) Farbsegmentierungsmethoden für eine RSA nicht geeignet. Aus diesem Grund wird ein mehrstufiger Segmentierungsansatz verwendet, der sowohl kantenbasiert als auch regionenbasiert arbeitet. Er erzielt eine hohe Effizienz durch die Ausnutzung von Linienstrukturen, verwertet jedoch zusätzlich Farbinformationen.

3.1.1 Funktionsprinzip: Dieser Ansatz basiert auf der Idee, dass viele wichtige Raumstrukturen von Linien begrenzt werden. Die gefundenen Linien bilden ein Liniengitter, welches aus vielen konvexen Polygonen besteht. Wichtige Raumstrukturen, wie der Boden oder Türen, werden aus mehreren zusammenhängenden Polygonen gebildet, die häufig farbähnlich sind. Aufgabe der Segmentierung ist es nun, alle farblich homogenen Polygone des Liniengitters zu bestimmen. Anschließend werden diejenigen benachbarten Polygone zusammengefasst, die ein Farbähnlichkeitskriterium erfüllen, jedoch *nicht* durch Liniensegmente voneinander getrennt sind. Dieses Zusammenfassen von Regionen ähnelt einem Flächenwachstumsverfahren, bei dem die Basis-Segmente bzw. Regionen mit Hilfe von Linienstrukturgrenzen bestimmt wurden. Der grundlegende Aufbau des Segmentierungsansatzes ist in Abb. 3 dargestellt.

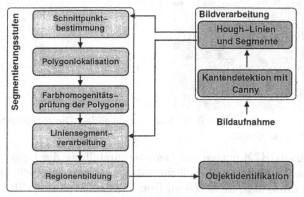

Abb. 3. *Aufbau der Segmentierung:* Nach der Extraktion von Linen folgt die Polygonbildung. Anschließend wird die Farbhomogenität zur Regionenbildung überprüft bevor eine Objektidentifizierung erfolgt.

3.1.2 Kanten, Linien und Liniensegmente: Linienstrukturen einer Szene setzen sich aus mehreren Liniensegmenten zusammen. So ist eine geschlossene Tür von einem Türrahmen umgeben, der je nach Perspektive einem Rechteck oder einem Trapez entspricht. Der Liniendetektion ist eine Kantendetektion vorgeschaltet, die durch das benutzte YUV-Modell im Y-Kanal (Luminanz) ermittelt wird.

Kantendetektion: Eine schnelle und hinreichend genaue Kantendetektion bildet eine wichtige Voraussetzung für die anschließende Linienerkennung. Sie muss sorgfältig auf diese abgestimmt werden, um optimale Ergebnisse bzgl. Geschwindigkeit und Genauigkeit zu erzielen. Der in der LTI-LIB [1] implementierte Canny-Filter [Can86] ist zwar schnell, sein Einsatz wirft aber ein neues Problem auf. Er berechnet zwar die Richtung einer Kante, doch ist die Genauigkeit z. B. nicht mit der des Consistent Gradient Operators (CGO) vergleichbar. Eine Kombination der Vorteile des Canny-Kantendetektors mit der Genauigkeit des CGOs wird deshalb in diesem Ansatz verwendet.

Linien und Liniensegmente: Zur Gewinnung von Linien verwendet die RSA die Richtungsselektive-Hough-Transformation (RHT), welches eine Erweiterung der von Paul V. C. Hough entwickelten Hough-Transformation (HT) ist [Hou62]. Sie bietet eine schnelle, zuverlässige und einfach zu parametrisierende Transformation die eine Liniensegmentdetektion, basierend auf dem Ansatz von Foresti [For00] beinhaltet. Hierzu wird in jede Zelle des Parameterraumes (PR) der RHT zusätzlich die Information über Anfangs- und Endpunkt verschiedener Liniensegmente gespeichert. Im Einzelnen sind das die euklidischen Abstände vom Lotfußpunkt von Geraden. In Abb. 4 ist das Ergebnis einer RHT mit einer Segmentdetektion abgebildet. Die Anzahl der detektierten Linien lässt sich über die Maximum-Suche steuern.

---

[1] LGPL: http://sourceforge.net/projects/ltilib

 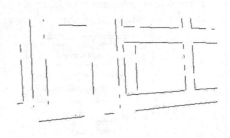

Abb. 4. Die RHT wurde auf ein Bild (*links*) angewendet. Die extrahierten Liniensegmente sind *rechts* dargestellt.

Duda und Hart [DH72] nutzen zur Geradendarstellung die Hesse'sche Normalenform um das Problem der unendlichen Steigungen zu umgehen. Daraus ergibt sich die sogenannte diskrete Standard-Hough-Transformation (SHT) zu:

$$f(m,n) \rightarrow F(k,l) = \sum_{m=0}^{M-1} \sum_{n=0}^{N-1} f(m,n)\delta(m - kn - l) \tag{1}$$

$$\text{mit} \quad \delta(k) = \begin{cases} 1 & \text{für} \quad k = 0 \\ 0 & \text{sonst} \end{cases}$$

Die RHT verwendet die Ausrichtung von Kanten, um den Rechenaufwand der SHT zu reduzieren und um Maxima deutlicher auszuprägen (siehe Abb. 5), indem ungewollte Überlagerungen mit anderen Transformationskurven reduziert werden.

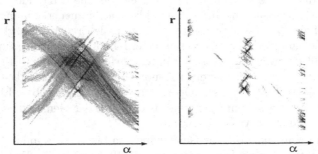

Abb. 5. *Links*: Parameterraum der SHT. Der Abstand vom Ursprung ist auf der Ordinate, der Winkel auf der Abszisse aufgetragen. *Rechts*: Im Vergleich dazu der Parameterraum der RHT. Die sinusförmigen Kurven wurden nur im Bereich der lokalen Maxima akkumuliert.

Liniensegmente: Der Parameterraum gibt sowohl Aufschluss über die Richtung und die Lage von Geraden im Kantenbild als auch über die Anzahl der Punkte, die zur Bildung des jeweiligen lokalen Maximums beigetragen haben. Es werden jedoch keine Informationen über die genaue Position der Punkte innerhalb der Geraden gespeichert. Dies bedeutet, dass z. B. eine gestrichelte Linie nicht von einer durchgezogenen Linie zu unterscheiden ist, welches nicht immer nachteilig ist. Eine Linie kann demzufolge auch aus mehreren *Liniensegmenten* bestehen.

3.1.3 Bestimmung von Polygonen:
Um farblich homogene Polygone eines Liniengitters zu ermitteln, bedarf es einer Lokalisation ihrer Eckpunkte. Dazu werden die Schnittpunkte aller Geraden bestimmt, die sich innerhalb des Bildes befinden. Folgender Algorithmus ermittelt dann die Polygone des Liniengitters anhand der Schnittpunkte.

1. Wähle einen beliebigen Schnittpunkt auf einer Geraden.
2. Wandere entlang der Geraden bis zum nächsten Schnittpunkt.
3. Biege rechts ab.
4. Wiederhole Schritte 2 und 3 bis wieder der ursprüngliche Punkt erreicht ist.

Farblich homogene Polygone: Nachdem alle Polygone des Liniengitters ermittelt worden sind, wird geprüft, welche dieser Polygone farblich homogen sind. Eine Möglichkeit die Farbhomogenität eines Polygons zu bestimmen, ist die Berechnung der Standardabweichung der Farbwerte vom mittleren Farbwert. Polygone gelten dann als farblich homogen, wenn die gewichtete quadratische Summe der Standardabweichungen der jeweiligen Komponenten unterhalb eines Schwellwertes liegt. Um mögliche Ungenauigkeiten der Linienextraktion zu kompensieren wird ein Inneres-Polygon ermittelt, welches die Eckpunkte in den Winkelhalbierenden hat. Der Abstand vom ursprünglichen Eckpunkt ermittelt sich aus der Diskretisierung der Winkelhalbierenden mit einer Look-Up-Table.

Liniensegmentverarbeitung: Benachbarte, farblich homogene Polygone werden nur zusammengefasst, wenn sich *kein* Liniensegment zwischen ihnen befindet. Alle Liniensegmente, deren Länge kürzer als ein Drittel der Polygonkantenlänge ist finden keine Beachtung. Dies verhindert, dass kurze, fehlerhafte oder überstehende Liniensegmente das Segmentierungsresultat verfälschen.

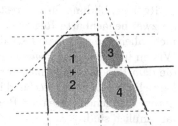

Regionenbildung: Den letzten Schritt der Segmentierung bildet ein Flächenwachstumsverfahren, bei dem farbähnliche, benachbarte Regionen miteinander verschmolzen werden. Auf diese Art entstehen größere zusammenhängende Regionen, deren Zugehörigkeit zu einer gesuchten Raumstruktur anhand ihrer Merkmale überprüft wird. Farbähnliche, benachbarte Polygone werden *nicht* zusammengefasst, wenn sie durch ein Liniensegment voneinander getrennt sind (siehe Abb. 6).

Abb. 6. *Rechts:* Die Regionen 1 und 2 werden vereint, da sie farbähnlich und nicht durch ein Liniensegment getrennt sind.

3.2 Interpretation der Segmentierten Bilder

Ein wichtiges Merkmal in Bezug auf die Raumszenenanalyse ist der Abstand von Regionen zur Bodenkante. Eine geschlossene Tür besitzt eine untere Kante parallel zur Bodenkante, bei einer offenen Tür läuft die untere Kante von der Bodenkante in die Bodenregion hinein. Zur weiteren Formanalyse der zusammenhängenden Regionen bietet sich die Bestimmung der konvexen Hülle oder einer approximierten Hülle der Regionen an. Dies lässt sich durch den effizienten BFP-Algorithmus [BFP82] erreichen. Die Anzahl der betrachteten Punkte ist gering, da nur die Eckpunkte von Bedeutung sind und nicht die Punkte im Inneren der Regionen.

Gefundene Merkmale dienen dazu, Regionen bestimmten Objektklassen zuzuordnen. Im Fall der RSA sind dies Türen und in eingeschränktem Maße der Boden. Die Bodenkante stellt einen Sonderfall dar, da sie eine Linienstruktur ist und sich nicht aus Regionen zusammensetzt.

Bodenkanten: Die Bestimmung der Bodenkanten geschieht unabhängig von der Segmentierung, da es sich um Linien handelt. Es werden nur die mittels der RHT gewonnenen Informationen verwendet. Um die Suche effizient zu verwirklichen, gelten folgende Einschränkungen:

- Die Bodenkante wird durch eine Hough-Linie repräsentiert.
- Bodenkanten müssen eine Mindestlänge haben.
- Es kommen nur annähernd horizontale Hough-Linien in Betracht.

Zudem wird ausgenutzt, dass sich Bodenkanten immer unterhalb des Fluchtpunktes befinden, der für eine ensprechend zum Boden ausgerichtete Kamera in der Bildmitte liegt. Die Segmente, die dem unteren Bildrand am nächsten liegen, werden markiert. Diejenige Hough-Linie, welche die längsten markierten Segmente enthält, ist die wahrscheinlichste Bodenkante.

Boden: Der Boden ist für die Navigation mobiler Roboter von erheblicher Relevanz, da er den befahrbaren Bereich definiert. Um Fehler bei der Erkennung zu reduzieren, erfolgt eine gesonderte Regionenbildung, *bevor* die beschriebene Regionenbildung für das restliche Bild durchgeführt wird. Die Entscheidung, ob zwei benachbarte Regionen verschmolzen werden dürfen, wird beim Boden nicht allein aufgrund von Farbähnlichkeitsvergleichen getroffen. Es wird a priori-Wissen über die grundlegende Raumgeometrie verwendet. So können Regionen, die dem Boden zugerechnet werden, beispielsweise niemals oberhalb der Bodenkante liegen. Dementsprechend ist eine Verschmelzung von Regionen, die sich auf unterschiedlichen Seiten der Bodenkante befinden, nicht erlaubt, selbst wenn sie farbähnlich sind.

Als Startpunkt des Flächenwachstumsverfahrens wird ein Polygon gewählt, das am unteren Bildrand platziert ist. Seine Lage hängt vom Montagepunkt der gewählten Kamera ab. Die Bodenbildung unterteilt sich in zwei Phasen: In der ersten Phase werden Polygonverschmelzungen entlang des unteren Bildrandes durchgeführt, wobei man sich, ausgehend vom Startpolygon, nach rechts und links bewegt (Abb. 7). Wird der Bildrand erreicht oder zwischen zwei benachbarten Polygonen ein Liniensegment bzw. die Bodenkante entdeckt, endet diese Phase. Die somit erzeugte Region am unteren Bildrand stellt den befahrbaren Nahbereich des Bodens dar.

In der zweiten Phase werden ausgehend von Polygonen des Nahbereichs weitere Verschmelzungen nach oben ausgeführt. Auf diese Art und Weise baut sich die Bodenregion vom unteren Bildrand aus auf.

Eine weitere Besonderheit sind die Gewichte des verwendeten Farbähnlichkeitskriteriums. Um den Einfluss von Lichtspiegelungen und Schattenwurf zu reduzieren, wird beim Farbähnlichkeitsvergleich benachbarter Regionen die Y-Komponente, welche die Helligkeit der Bildpunkte angibt, nur gering gewichtet.

Türen: Die Erkennung von Türen geschieht hauptsächlich anhand ihrer Farbe, die als a priori-Wissen aus dem Umweltmodell bekannt ist. Reines Strukturwissen ist nicht ausreichend, um eine stabile Erkennung zu gewährleisten, vor allem dann, wenn nur ein Teil der Tür innerhalb des Bildausschnittes liegt. Dieser Fall tritt oft auf, da die Kameras in ca. 40 cm Höhe angebracht sind und deshalb bei geringem Aufnahmeabstand nur der untere Teil der Tür im Blickfeld liegt. Zusätzlich wird überprüft, ob die Tür zwei senkrechte Kanten besitzt, die jeweils von der Bodenkante ausgehen und oberhalb der Bildmitte enden.

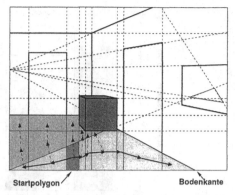

Abb. 7. Ausgehend vom Startpolygon werden die am unteren Bildrand befindlichen Polygone miteinander verschmolzen (durchgezogene Pfeile). Nach Erreichen des Bildrandes oder der Bodenkante beginnt die zweite Phase. Gestrichelte Linien entsprechen detektierten Hough-Linien.

4 Diskussion der Ergebnisse und Ausblick

Das Ziel ist es 7-10 RSAs pro Sekunde auf einem Onboard-Rechner mit Bildern der Dimension 377×260 zu erreichen. Der erste Schritt der RSA, die Kantendetektion mit dem Canny-Filter, benötigt etwa $0.05 - 0.06$ Sekunden. Durch eine optimierte Implementierung ist es möglich die Ausführungszeit erheblich zu verbessern. Im Anschluss folgt die Berechnung der Kantenrichtungen auf Basis des angepassten CGO. Seine Ausführungszeit von ≤ 0.01 Sekunden hängt außer von der Bildgröße vor allem von der Anzahl der Kantenpunkte ab. Danach erfolgt eine Liniensegmentdetektion nach dem Ansatz von Foresti [For00]. Durch diese zusätzliche Segmentdetektion wird die RHT so belastet, dass sie in etwa die Geschwindigkeit der ursprünglichen SHT erreicht, also $0.06 - 0.08$ Sekunden. Die Geschwindigkeit der darauffolgenden Maximum-Suche ist hauptsächlich von der Größe des PR abhängig, also von der Bildgröße und der Winkelauflösung. Bei einer Winkelauflösung von $1°$ ergibt sich für die RHT inklusive Maximum-Suche eine durchschnittliche Ausführungszeit von etwa $0.10 - 0.12$ Sekunden. Für die RSA insgesamt ergeben sich anhand dieser Betrachtungen die in Abb. 8 dargestellten Ausführungszeiten für jeweils $1°$ und $2°$ Winkelauflösung. Die Worst Case-Szenarien beruhen auf den Messwerten, die sich bei durchschnittlich 7000 Kantenpunkten und einer hohen Polygonzahl ergeben. Die Best Case-Szenarien beruhen auf den Messwerten bei durchschnittlich 4000 extrahierten Kantenpunkten. Ein Ergebnis der RHT veranschaulicht Abb. 9. Es sind jedoch auch die grundsätzlichen Schwierigkeiten bei der Türdetektion aus einer solchen Perspektive zu erkennen. Obwohl sich der Roboter etwa zwei bis drei Meter vor der Tür befindet, ist diese nur zum Teil zu erkennen. Ohne Wissen über die

148

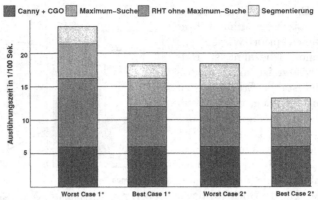

Abb. 8. Ausführungszeit der RSA bei verschiedenen Winkelauflösungen.

zu erwartende Türfarbe, müsste sich die Erkennung an kleinen Details wie der Türklinke, den Türangeln oder dem Spalt zwischen Boden und Tür orientieren. Diese Lösung impliziert allerdings eine sehr genaue und zeitaufwendige Analyse und scheidet damit aus.

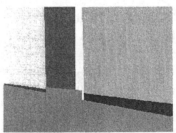

Abb. 9. Ergebnis der RHT mit erkannter Bodenkante und Liniensegmenten der Tür (*links*) und der RSA mit markiertem Boden und Tür (*rechts*).

Ein weiteres Beispiel ist in Abb. 10 zu erkennen. Selbst das Polygon in der linken unteren Ecke dessen farbliche Inhomogenität durch eine Lichtspiegelung der Deckenleuchten hervorgerufen ist, wird obwohl kaum eine Farbähnlichkeit zum Nachbarpolygon besteht dem Boden zugerechnet.

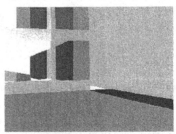

Abb. 10. Starke Spiegelung in der linken unteren Ecke beeinflussen nicht das Ergebnis.

In Abb. 11 wird eine Treppenhaus-Szene gezeigt, bei der die beschriebene RSA noch scheitert. Starkes Gegenlicht führt zu Fehlern bei der Kantenextraktion und somit auch bei der Linien- und Regionbildung. Es ist deutlich zu erkennen, dass der Boden am rechten Rand zu weit noch oben verschmolzen wurde (Abb. 11).

Abb. 11. Segmentierung einer Treppenhaus-Szene mit gefundenen Hough-Linien.

Für die Weiterentwicklung der RSA wird eine Regionenverfolgung in höheren Interpretations-Ebenen angestrebt. Durch Verfolgen der Bodenregion, können damit zu große Sprünge abgefangen und korrigiert werden. Eine weiter Möglichkeit zur Fehlerbehebung besteht in einer adaptiven Farbanpassung. Dabei findet eine ständige Anpassung der Histogramme statt, um eine konsistente Segmentierung unter variierenden Umgebungsbedingungen zu gewährleisten.

Literatur

[And00] S. Ando. Consistent gradient operators. *IEEE Transactions on Pattern Analysis and Machine Intelligence*, 22(3):252–265, March 2000.

[BFP82] J. Bentley, G.M. Faust, and F. Preparata. Approximation algorithms for convex hulls. *Communications of the ACM*, 25:64–68, 1982.

[BK95] R. P. Bonasso and D. Kortenkamp. Characterizing an architecture for intelligent, reactive agents. Technical report, Metrica Inc. Robotics and Automation Group, NASA Johnson Space Center, Houston, TX, 1995.

[Can86] J. Canny. A computational approach to edge detection. *IEEE Trans. on Pattern Analysis and Machine Intelligence*, (6):679–698, November 1986.

[CM02] D. Comaniciu and P. Meer. Mean shift: A robust approach toward feature space analysis. *IEEE PAMI*, 24(5):603–619, May 2002.

[DH72] R. O. Duda and P. E. Hart. Use of the hough transformation to detect lines and curves in pictures. *Communications of the ACM*, 15(1):11–15, 1972.

[FB02] J. Fauqueur and N. Boujemaa. Image retrieval by regions: Coarse segmentation and fine color description. In *Proc. of International Conference on Visual Information System (VIS'2002)*, Hsin-Chu, Taiwan, 2002.

[For00] G.L. Foresti. A real-time hough-based method for segment detection in complex multisensor images. *Real-Time Imaging*, 6(2):93–111, 2000.

[Hou62] P. V. C. Hough. Method and means for recognizing complex patterns. Technical report, U.S.Patent 3.069.654, Dec. 1962.

[Lie02] C.-E. Liedtke. *Rechnergestützte Szenenanalyse*. Inst. für Theo. Nachrichtentechnik und Informationsverarbeitung, Universität Hannover, 2002.

[RMK01] M. Rous, A. Matsikis, and K.-F. Kraiss. Optische Navigation für den assistierten Betrieb eines Rollstuhls. In *Informatik Aktuell, Fachgespräche Autonome Mobile Systeme*, pages 29–35. Springer Verlag, 2001.

[TZ02] Zhuowen Tu and Song-Chun Zhu. Image segmentation by data-driven markov chain monte carlo. In *IEEE PAMI*, volume 24, pages 657–673, May 2002.

Gas Source Tracing with a Mobile Robot Using an Adapted Moth Strategy

Achim Lilienthal, Denis Reimann, and Andreas Zell

WSI, University of Tübingen, Sand 1, 72074 Tübingen, Germany,
{lilien,reiman,zell}@informatik.uni-tuebingen.de

Abstract. As a sub-task of the general gas source localisation problem, gas source tracing is supposed to guide a gas-sensitive mobile system towards a source by using the cues determined from the gas distribution sensed along a driven path. This paper reports on an investigation of a biologically inspired gas source tracing strategy. Similar to the behaviour of the silkworm moth *Bombyx mori*, the implemented behaviour consists of a fixed motion pattern that realises a local search, and a mechanism that (re-)starts this motion pattern if an increased gas concentration is sensed. While the moth uses the local airflow direction to orient the motion pattern, this is not possible for a mobile robot due to the detection limits of currently available anemometers. Thus, an alternative method was implemented that uses an asymmetric motion pattern, which is biased towards the side where higher gas sensor readings were obtained. The adapted strategy was implemented and tested on an experimental platform. This paper describes the strategy and evaluates its performance in terms of the ability to drive the robot towards a gas source and to keep it within close proximity of the source.

1 Introduction

Probably all living creatures respond to chemical stimuli. By using their sense of smell or taste, animals acquire information from their environment. Thus, attractive odours enable animals to find food (like sea-birds that do trace the airborne plume of fish oil in order to find their prey), or a mate (like moths, where the male localises its female conspecific guided by pheromones). On the other hand, repulsive odours are often used to avoid possibly dangerous situations. Thus, odours can warn of spoiled food, the presence of a predator or a fire [4]. Furthermore, chemicals are often used for communication among the individuals of a species: ants leave chemical marks that are followed by other ants in order to find a source of food. Honeybees produce repellent odours after gathering nectar to prevent their fellows from trying to collect nectar from the same flower. Finally, dogs mark their territory and organise a rich social behaviour based on odours.

To provide robots with the ability to localise gas sources is very promising for a broad range of applications, including automatic humanitarian demining or enabling an "electronic watchman" that is able to indicate toxic gas leaks, leaking solvents or a fire at its initial stage. In addition to existing gases, self-produced odours can also be used, for example in cleaning applications to mark those parts of an area that are already covered [11].

Chemical sensing entered the field of mobile robotics in the beginning of the 1990's by initial experiments, which applied gas source tracing strategies based on gradient-following [15, 21]. Although such strategies can improve the tracing performance on average [13], they are prone to be mislead by the non-smooth and multimodal character of gas distribution in real-world environments. Due to the slow diffusion velocity at room temperature, the spread of gas in closed rooms without artificial ventilation is dominated by turbulence and weak convective airstreams caused by spatial temperature differences [24]. Thus, a patchy, temporally fluctuating gas distribution is formed consisting of a number of local concentration maxima. Remarkably, the location of the global maximum is usually *not* located at the location of the gas source if this source has been active for some time.

On this account most publications in the field of mobile noses assume an experimental setup that minimizes the influence of turbulent gas transport by either shortening the source-to-sensor distance in *trail following* [17, 20, 22, 23] or by assuming a strong unidirectional airstream in the environment for gas source localisation. Primarily, a strong airstream can be used for this purpose to get additional information about the local wind speed and direction from an anemometer. Thus, strategies become feasible that utilise the instantaneous direction of flow as an estimate of source direction [2] to combine gas searching behaviour with periods of upwind movement [5, 6, 16, 19]. Without a strong artificial airflow, however, the detection limits of the available wind measuring devices (anemometers) are not low enough to measure weak convective airflows. With state of the art anemometers based on the cooling of a heated wire [7], the bending of an artificial whisker [18] or the influence on the speed of a small rotating paddle [16] reliable readings can be obtained only for wind speeds in the order of at least 10 cm/s.

Following a suggestion of Hayes et al. [5], the problem of gas source localisation in an enclosed 2D area assuming a sufficiently strong constant airflow, can be broken down into three subtasks:

– *plume finding*: detecting an increased concentration
– *plume traversal*: following the gas plume to its origin
– *source declaration*: determining that the source was found

Although the existence of a constant plume is not guaranteed in an unventilated indoor environment, this classification can be applied without the assumption of a strong constant airflow in a similar way:

– *gas finding*: detecting an increased concentration
– *source tracing*: following the cues determined from the sensed gas distribution (and eventually using other sensor modalities) towards the source
– *source declaration*: determining the certainty that the source was found

This paper addresses the problem of gas source tracing. The algorithm proposed in this paper is based on the strategy to search a pheromone source, applied by the male silkworm moth, *Bombyx mori*. When this moth detects the particular pheromones released by conspecific females, it uses the local wind direction in order to estimate the direction to the pheromone source. For the implementation on a real robot, however, an indoor environment without a strong unidirectional airflow is considered. Thus, it is not possible to use the same mechanism because of the mentioned limitation of currently available anemometers. Therefore, an alternative method was applied that uses the gas sensor readings only.

The rest of this paper is structured as follows: in Section 2, the tracing behaviour of the moth *Bomby mori* is introduced. Next, the adapted algorithm based on the moth's strategy is explained in Section 3. Then, the experimental setup is introduced in Section 4, followed by a discussion of the experiments (Section 5) and a statistical evaluation of the performance of the applied strategy in terms of its ability to drive the robot towards a gas source and to keep it nearby (Section 6). Finally, conclusions are given in Section 7.

2 Gas Source Tracing: Behaviour of *Bombyx Mori*

The behaviour of the silkworm moth *Bombyx mori* is well-investigated and suitable for adaptation on a wheeled robot, because this moth usually does not fly [10]. The behaviour is mainly based on three mechanisms [9]:

- *a trigger*: if the moth's antennae are stimulated by intermittent patches of pheromones, a fixed motion pattern is (re-)started
- *local search*: the motion pattern realises an oriented local search for the next pheromone patch
- *estimation of source direction*: the main orientation of the motion pattern that implements the local search is given by the instantaneous upwind direction, which provides an estimate of the direction to the source

Stimulation to either antenna triggers the specific motion pattern of the *Bombyx* males. This fixed motion sequence starts with a forward surge directed against the local air flow direction. Afterwards, the moth performs a "zigzag" walk, while it starts to turn to that direction where the stimulation was sensed. The turn angles and the length of the path between subsequent zigzag turns is increased with each turn [8]. Finally, a turning behaviour is performed, while the turns can be more than 360°. This "programmed" motion sequence is exactly restarted from the beginning if a new patch of pheromones is sensed. As it could be shown in wind tunel experiments by Kanzaki [9], this behaviour results in a more and more straightforward path directed towards the pheromone source if the frequency of pheromone stimulation is increased.

3 Gas Source Tracing: Implementation

3.1 Fixed Motion Pattern

For the implementation on a real robot, the gas source tracing strategy of the moth *Bombyx mori* had to be adapted because information about the local wind direction is not available. For the algorithm that is used by the robot, those parts of the biological strategy mentioned above, which rely on the local air stream direction are therefore skipped. Thus, the robot's orientation is not changed at the beginning of the fixed motion pattern

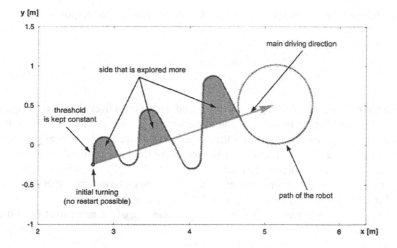

Fig. 1. Fixed motion pattern that is executed by the robot in response to an increased gas concentration.

and the initial forward surge is omitted. The resulting path is shown in Fig. 1. After being triggered by increased sensor readings, the robot starts the zigzag movement by turning approximately 65° to the side at which the higher concentration was sensed. Afterwards it performs six zigzag turns (with a length of the successive straight movements of approximately 20 cm, 30 cm, 50 cm, 70 cm, 90 cm, and 55 cm, respectively), followed by a circular motion with a radius of approximately 50 cm.

The main direction of the zigzag motion is equal to the current heading of the robot when the fixed motion pattern is triggered. However, the robot can change its orientation if the motion sequence is restarted. Because the asymmetric path is biased towards the side where the higher sensor readings were obtained, this side is explored more (see Fig. 1). Consequently, the chance that the motion pattern is restarted on this side is higher. Assuming that there is a higher chance to find the gas source on the side where the stronger concentration is sensed, a robot controlled by this gas tracing strategy should be able to move towards a gas source and to stay within close proximity to it.

3.2 Trigger

Sensor Preprocessing In order to compensate for the sensitivity mismatch of individual sensors as well as for seasonal drifts, the raw sensor readings r_i were normalised to the range of $[0,1]$. To avoid frequent elaborate calibration and to realise automatic adjustment to changing environmental conditions, a dynamically maintained normalisation was chosen. Both the minimum $r_{min,i}$ and maximum readings $r_{max,i}$ were constantly updated for each sensor and were used to calculate the normalised response x_i as

$$x_i^{(t)} = \frac{r_i^{(t)} - r_{min,i}^{(t)}}{r_{max,i}^{(t)} - r_{min,i}^{(t)}}. \tag{1}$$

Note that the normalisation range gets wider and might not cover the actual range of values with time. This causes changes in response r to be less pronounced in the normalised value x. To avoid this problem the normalisation range is dynamically trimmed by means of increasing the minimum and decreasing the maximum value in eq. 1 by a fixed fraction of the normalisation range - Δx_{min}^{trim}, and Δx_{max}^{trim}, respectively - and constantly repeating this procedure after each Δt^{trim} seconds. During the experiments described in this paper the values $\Delta x_{min}^{trim} = \Delta x_{max}^{trim} = 1\%$ and $\Delta t^{trim} = 30$ s were used. Finally, the normalised response values belonging to one side of the robot were combined by averaging.

Releasing the Trigger The trigger that (re-)starts the motion pattern operates on the normalised sensor readings. It is released if the normalised value exceeds a threshold that is initially set to a value η. Gas-sensitive systems based on metal oxide sensors exhibit a long recovery time, with a time constant of decay in the order of typically more then ten seconds (see [12] that investigates a similar mobile nose). Consequently, a prolonged period of increased sensor readings results, if the robot enters an area with an elevated gas concentration. To avoid permanent triggering due to this effect, two additional mechanisms are used: first, the motion pattern cannot be triggered before the robot starts to drive along the first straight line. In addition, the threshold is set to the value that triggered the motion sequence and kept constant until the robot reaches the end of the first straight track. Both mechanisms are indicated in Fig. 1. After the first straight movement has been completed, the threshold is decreased at a rate of $\Delta \eta$ until it reaches the minimum value η. For the experiments in this paper, values of $\eta = 0.2$ and $\Delta \eta = 0.01$ s^{-1} were used.

3.3 Random Search

As long as increased sensor readings are not obtained, the robot explores the available area by applying a randomized search strategy. Here, the robot drives along straight paths until it enters the clearance area around an obstacle. If so, a direction is randomly chosen from the set of valid options. Then, the robot rotates to this direction and proceeds with a straight movement.

If the robot enters the clearance area around an obstacle while performing the fixed motion pattern, the translation speed is set to zero (without changing the rotational fraction) until the robot is able to continue driving.

Fig. 2. (a) The mobile robot Arthur equipped with two sets of three gas sensors on each side at the front corner. Also shown is the gas source to the left of the robot. (b) Position and orientation of the gas sensors.

4 Experimental Setup

4.1 Robot and Gas Sensors

The adapted gas source tracing strategy was implemented on the mobile robot Arthur that is based on the model ATRV-Jr. from iRobot (see Fig. 2 (a)). The robot is equipped with several external sensors. In addition to the gas sensitive system, only the data from the SICK laser range scanner were used for the experiments presented below to correct the position data obtained from odometry. Remarkably, the robot (length = 80 cm, width = 65 cm, height without laser range scanner = 55 cm) is considerably bigger than a silkworm moth, where the antennae are separated by just a few centimeters.

The mobile nose is based on the commercial gas sensor system VOCmeter-Vario from AppliedSensor, which was described in detail in [14]. For the experiments presented in this paper two sets of three metal oxide sensors (of type TGS 2600 from Figaro) were used. These sensors were symmetrically mounted at a height of 21 cm, 29 cm and 40 cm on each side at the front corners of the robot (see Fig. 2 (b)).

Metal oxide sensors comprise a heating element coated with a sintered semiconducting material. The measured quantity is the resistance R_S of the surface layer at an operating temperature of between 300°C and 500°C [3]. Exposed to a reducing gas, the potential barrier at the grain boundary is lowered, and thus the resistance of the surface layer decreases. In consequence of the measurement principle, metal oxide sensors exhibit some drawbacks. Namely the low selectivity, the comparatively high power consumption (caused by the heating device) and a weak durability. Furthermore, metal oxide sensors are subject to a long response time and an even longer recovery

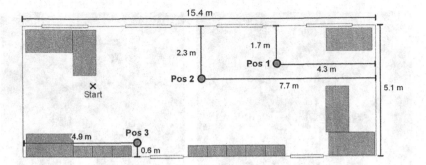

Fig. 3. Floor Plan of the laboratory room, in which the experiments were performed.

time [12]. However, this type of gas sensor is most often used for mobile noses because it is inexpensive, highly sensitive and relatively unaffected by changing environmental conditions like room temperature or humidity.

4.2 Environment and Gas Source

All experiments were performed in a 15.4 m × 5.1 m room at the University of Tübingen. A floor plan of this room is shown in Fig. 3. In addition, the obstacles in the room (cupboards and desks), the starting position of the robot and the position where the gas source was placed are indicated. During the experiments all attempts were made to keep environment closed. However, due to the fact that the room was also used as an office, up to two persons were working, moving and sometimes leaving or entering the room during the experiments. Thus, the environment can be considered uncontrolled to some extent (although all the persons were told to be careful).

The gas source was chosen to be a cylindric vessel with a diameter of 40 mm and a height of 25 mm filled with ethanol, which was used because it is non-toxic and easily detectable by metal oxide sensors. In order to be recognisable by the laser range scanner, a frame made of wire with a cardboard marking mounted on top was placed above the vessel (see Fig. 2 (a)).

5 Experiments

At the beginning of the experiments the robot was placed at the starting position indicated in Fig. 3. Next, the gas source was uncovered. In order to avoid that an initially produced gas cloud could dominate the gas distribution throughout the whole experiment, the ethanol was poured in the container approximately 90 minutes before at a different location. Then, the robot was started, and the initially applied exploration behaviour starts to drive with a randomly chosen forward direction. The velocity was limited to 4 cm/s. In order to be able to escape U-shaped obstacles a clearance of 85 cm had to be used. Therefore, this represents the minimum distance to the gas source the robot could reach during the experiments.

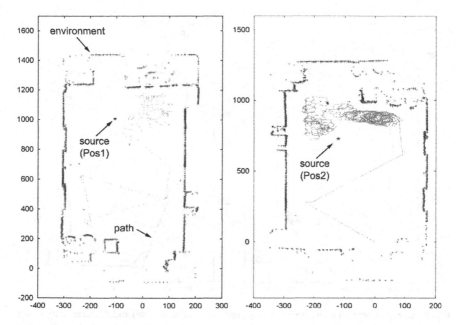

Fig. 4. Two experiments with an active source placed at "Pos1" (left side) and "Pos2" (right side) respectively.

In Fig. 4 and Fig. 5 the path of the robot during four trials is shown. In order to determine accurate information about the path driven, a scan matching algorithm [1] was used for offline correction of the odometry data.

In the trial that is shown on the left side of Fig. 4 an active gas source was placed at "Pos1". After a short period of exploration the trigger was frequently fired and the robot stayed in the vicinity of the gas source. During that period, the average distance to the gas source was approximately 1.9 m. In the trial that is shown on the right side of Fig. 4 an active gas source was placed at "Pos2". Here, a comparable result was obtained. After being triggered first, the robot succeeded in staying near the gas source, while the average distance to the gas source was approximately 1.8 m during that period.

For the two gas source positions used in the trials shown in Fig. 4, the robot was able to move around the gas source. In such a case, the robot was usually staying on one side of the source, probably indicating the existance of a plume-like gas distribution oriented towards that side. If the source was placed at "Pos3" like in the trial shown on the left side of Fig. 5, the robot was not able to drive around it. Here, the robot firstly drove past the source and "found" it later after exploring the room for approximately 15 minutes. After a period of 35 minutes, where the robot stayed in the vicinity of "Pos3", it departed for another 15 minutes of random exploration. Finally, the source was found again and the robot managed to stay there during the remaining 50 minutes of the trial.

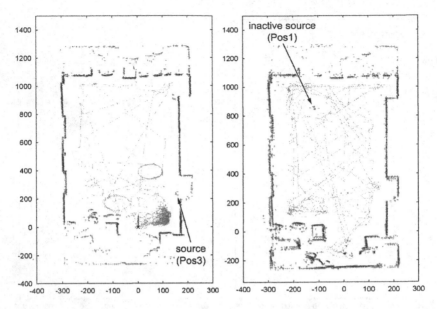

Fig. 5. An experiment with an active source placed at "Pos3" (left side) and a reference trial with an inactive source placed at "Pos1" (right side).

6 Results

The typical trials discussed in the previous section suggest that the modified moth strategy is able to perform the intended task. In order to quantify this result, the average distance to the center of the gas source was determined for six trials with an active source and three reference trials. During these reference trials no gas source was used, but the wire frame was present as an obstacle at one of the positions indicated in Fig. 3. An example of such a reference experiment with the source placed at position "Pos1" is shown on the right side of Fig. 5. Two different methods were applied to calculate the average distance for those experiments with an active gas source: considering all the distance values during the trial or just those that were obtained after the fixed motion pattern was triggered for the first time. The corresponding results, applying both methods as well as the reference value obtained from the trials without an active gas source, are itemised in Table 1. Assuming a symmetrical distribution, the corresponding standard deviation is also given.

Comparing the reference experiments with the trials where an active source was present using a Student t-test reveals no significant difference. This holds whether all the distance values are considered ($p_{H_0} = 0.433$) or just those after the motion pattern was triggered first ($p_{H_0} = 0.167$). Due to the limited number of experiments as well as the limited space, a statistically validated statement is not possible. However, the statistical and the qualitative analysis of the experiments indicate that the suggested modifications of the moth's gas source tracing behaviour are suitable to adapt this biologically inspired strategy to a robot, even one of considerably larger size.

experiment	average distance [cm]
active source, all	225.6 ± 179.6
active source, after first trigger	195.5 ± 119.8
inactive source	317.7 ± 235.2

Table 1. Statistics of 6 trials with an active source and 3 reference trials with an inactive source.

7 Conclusions

This paper introduces a gas source tracing strategy, which was adapted for use on a mobile robot based on the behaviour of the silkworm moth *Bombyx mori*. The moth uses a combination of a fixed motion pattern and a triggering mechanism that (re-)starts the motion pattern if a pheromone patch is sensed. Additionally, the motion pattern is oriented towards the instantaneous upwind direction. Due to the detection limits of currently available anemometers, information about the local wind direction is not available on a mobile robot. Besides from the larger size this is the main difference compared to the biological system. Therefore, a strategy that uses gas sensor readings only had to be applied. The proposed algorithm was implemented and tested in an indoor environment without artificial ventilation. The experiments indicate that the modified strategy is able to decrease the average distance between the robot and the gas source compared to random walk. An advantage of the suggested algorithm is that the potential vicinity to a gas source is indicated (by a high triggering frequency). Therefore, this strategy in combination with a method to declare that the gas source was found could be a possible approach to the full gas source localisation problem.

References

1. Peter Biber and Wolfgang Straßer. The Normal Distributions Transform: A New Approach to Laser Scan Matching. In *Proceedings of the 2003 IEEE/RSJ International Conference on Intelligent Robots and Systems (IROS'03)*, 2003.
2. C.T. David, J.S. Kennedy, J.S. Ludlow, and J.N. Perry. A Re-Appraisal of Insect Flight Towards a Point Source of Wind-Borne Odor. *Journal of Chemical Ecology*, 8:1207–1215, 1982.
3. Julian W. Gardner and Philip N. Bartlett. *Electronic Noses - Principles and Applications*. Oxford Science Publications, Oxford, 1999.
4. Elise Hancock. A Primer on Smell. *Johns Hopkins Magazine, Electronic Edition – A Special Issue on the Senses*, 9, September 1996.
5. A.T. Hayes, A. Martinoli, and R.M.Goodman. Swarm Robotic Odor Localization. In *Proceedings of the 2001 IEEE/RSJ International Conference on Intelligent Robots and Systems (IROS-01)*, volume 2, pages 1073–1078, Maui, Hawaii, USA, October 2001.
6. Hiroshi Ishida, Yukihiko Kagawa, Takamichi Nakamoto, and Toyosaka Moriizumi. Odour-Source Localization in the Clean Room by an Autonomous Mobile Sensing System. *Sensors and Actuators B*, 33:115–121, 1996.
7. Hiroshi Ishida, K. Suetsugu, Takamichi Nakamoto, and Toyosaka Moriizumi. Study of Autonomous Mobile Sensing System for Localization of Odor Source Using Gas Sensors and Anemometric Sensors. *Sensors and Actuators A*, 45:153–157, 1994.
8. Ryohei Kanzaki. Self-generated Zigzag Turning of *Bombyx Mori* Males During Pheromone-mediated Upwind Walking. *Zoological Science*, 9:515–527, 1992.

9. Ryohei Kanzaki. Behavioral and Neural Basis of Instinctive Behavior in Insects: Odor-Source Searching Strategies without Memory and Learning. *Robotics and Autonomous Systems*, 18:33–43, 1996.

10. Ryohei Kanzaki. Coordination of Wing Motion and Walking Suggests Common Control of Zigzag Motor Program in a Male Silkworm Moth. *J Comp Physiol A*, 182:267–276, 1998.

11. Svetlana Larionova, Nuno Almeida, Lino Marques, and A. T. de Almeida. Olfactory Coordinated Area Coverage. In *Proceedings of the IEEE International Conference on Advanced Robotics (ICAR 2003)*, pages 501–506, Coimbra, Portugal, 2003.

12. Achim Lilienthal and Tom Duckett. A Stereo Electronic Nose for a Mobile Inspection Robot. In *Proceedings of the IEEE International Workshop on Robotic Sensing (ROSE 2003)*, Örebro, Sweden, 2003.

13. Achim Lilienthal and Tom Duckett. Experimental Analysis of Smelling Braitenberg Vehicles. In *Proceedings of the IEEE International Conference on Advanced Robotics (ICAR 2003)*, pages 375–380, Coimbra, Portugal, 2003.

14. Achim Lilienthal, Michael R. Wandel, Udo Weimar, and Andreas Zell. Sensing Odour Sources in Indoor Environments Without a Constant Airflow by a Mobile Robot. In *Proceedings of the IEEE International Conference on Robotics and Automation (ICRA 2001)*, pages 4005–4010, 2001.

15. Roberto Rozas, Jorge Morales, and Daniel Vega. Artificial Smell Detection for Robotic Navigation. In *Proceedings of the IEEE International Conference on Robotics and Automation (ICRA 1991)*, pages 1730–1733, 1991.

16. R. A. Russell, L. Kleeman, and S. Kennedy. Using Volatile Chemicals to Help Locate Targets in Complex Environments. In *Proceedings of the Australian Conference on Robotics and Automation*, pages 87–91, Melbourne, Aug 30- Sept 1 2000.

17. R. Andrew Russell. Ant Trails - an Example for Robots to Follow? In *IEEE Int Conf. Robotics and Automation (ICRA 1999)*, pages 2698–2703, 1999.

18. R. Andrew Russell and Anies H. Purnamadjaja. Odour and Airflow: Complementary Senses for a Humanoid Robot. In *IEEE Int Conf. Robotics and Automation (ICRA 2002)*, pages 1842–1847, 2002.

19. R. Andrew Russell, David Thiel, Reimundo Deveza, and Alan Mackay-Sim. A Robotic System to Locate Hazardous Chemical Leaks. In *IEEE Int Conf. Robotics and Automation (ICRA 1995)*, pages 556–561, 1995.

20. R. Andrew Russell, David Thiel, and Alan Mackay-Sim. Sensing Odour Trails for Mobile Robot Navigation. In *IEEE Int Conf. Robotics and Automation (ICRA 1994)*, pages 2672–2677, 1994.

21. G. Sandini, G. Lucarini, and M. Varoli. Gradient-Driven Self-Organizing Systems. In *Proceedings of the 1993 IEEE/RSJ International Conference on Intelligent Robots and Systems*, pages 429–432, Yokohama, Japan, July, 26–30 1993.

22. Titus Sharpe and Barbara Webb. Simulated and Situated Models of Chemical Trail Following in Ants. In R. Pfeifer, B. Blumberg, J.-A. Meyer, and S.W. Wilson, editors, *Proceedings of the 5th Conference on Simulation of Adaptive Behaviour*, pages 195–204, 1998.

23. E. Stella, F. Musio, L. Vasanelli, and A. Distante. Goal-oriented Mobile Robot Navigation Using an Odour Sensor. In *Proceedings of the Intelligent Vehicles Symposium '95*, pages 147–151, 1995.

24. Michael R. Wandel, Achim Lilienthal, Tom Duckett, Udo Weimar, and Andreas Zell. Gas Distribution in Unventilated Indoor Environments Inspected by a Mobile Robot. In *Proceedings of the IEEE International Conference on Advanced Robotics (ICAR 2003)*, pages 507–512, Coimbra, Portugal, 2003.

Approaches to Gas Source Tracing and Declaration by Pure Chemo-tropotaxis

Achim Lilienthal[1] and Tom Duckett[2]

[1] WSI, University of Tübingen, Sand 1, 72074 Tübingen, Germany,
lilien@informatik.uni-tuebingen.de
[2] AASS, Örebro University, Fakultetsgatan 1, S-70182 Örebro, Sweden,
tdt@tech.oru.se

Abstract. This paper addresses the problem of localising a static gas source in an uncontrolled indoor environment by a mobile robot. In contrast to previous works, especially the condition of an environment that is not artificially ventilated to produce a strong unidirectional airflow is considered. Here, the propagation of the analyte molecules is dominated by turbulence and convection flow rather than diffusion, thus creating a patchy distribution of spatially distributed eddies. Positive and negative tropotaxis, based on the spatial concentration gradient measured by a pair of electrochemical gas sensor arrays, were investigated. Both strategies were implemented utilising a direct sensor-motor coupling (a Braitenberg vehicle) and were shown to be useful to accomplish the gas source localisation task. As a possible solution to the problem of gas source declaration (the task of determining with certainty that the gas source has been found), an indirect localisation strategy based on exploration and concentration peak avoidance is suggested. Here, a gas source is located by exploiting the fact that local concentration maxima occur more frequently near the gas source compared to distant regions.

1 Introduction

Unlike visual or auditory stimuli, chemical stimuli are not inherently directional. In order to achieve spatial chemo-orientation an animal has therefore to determine a concentration gradient from comparing either successive stimuli (klinotaxis) or simultaneously sensed intensities from two or more receptors (tropotaxis). As pointed out by Grasso in Holland and McFarland [9] the traditional framework for understanding animal orientation by Fraenkel and Gunn [5] is limited because it assumes a uniform gradient of the distribution. This assumption is usually not fulfilled for gas distributions in natural environments. Due to the low diffusion velocity of gases at room temperature [20], the dispersal of an analyte gas is dominated by turbulence and the prevailing air flow rather than diffusion [29]. A real gas distribution therefore reveals many discontinous patches of local eddies [8, 23], thus creating local concentration maxima that can mislead a gradient following strategy. Moreover, the absolute maximum of the instantaneous distribution is usually *not* located near the gas source if this source has been active for some time [16].

Localising a gas source is therefore a challenging task. Considering the chaotic nature of turbulent gas transport, it is clear that the same applies also to the sub-problem of source declaration. Because the source isn't necessarily featured by the highest intensity, the information that the source is in the immediate vicinity with high certainty has to be determined from the sensed concentration pattern Investigating these problems can lead to a deeper understanding of the physical properties of turbulent motion, as well as the way in which animals use odours for navigation purposes.

Most work on chemical sensing for mobile robots assumes an experimental setup that minimizes the influence of turbulent transport by either minimising the source-to-sensor distance in *trail following* [22, 26–28] or by assuming a strong unidirectional airstream in the environment. Primarily a strong airstream can be used to get additional information about the local wind speed and direction from an anemometer. Thus strategies become feasible that utilise the instantaneous direction of flow as an estimate of source direction [2] by combining gas searching behaviours with periods of upwind movement [7, 10, 21, 25]. Furthermore, the condition of a constant unidirectional airstream implies a more structured distribution of the odorant. For such situations it is possible to model the time-averaged spread of gas [8] because the complexity of turbulent air movement can be described with a diffusion-like behaviour ruled by an additional diffusion coefficient (see [11]). The available wind measuring devices, however, are limited in their applicable range. With state of the art anemometers based on the cooling of a heated wire [11], the bending of an artificial whisker [24] or the influence on the speed of a small rotating paddle [21], reliable readings can be obtained only for wind speeds in the order of at least 10 cm/s.

The intention of this work is to enable a mobile robot to trace a gas source and declare whether the source has been found without being restricted to an environment with a strong unidirectional airflow (as in [3, 4, 17, 18]). This paper especially addresses the applicability of reactive localisation techniques that use a direct sensor-motor coupling based on an instantaneously measured spatial concentration gradient (pure chemotaxis). Such systems are known as Braitenberg vehicles due to the influential thought experiments of Valentino Braitenberg [1]. In his book the author mentioned utilising a sense of smell as an example. But so far no evaluation based on real implementation on a mobile robot that navigates guided by airborne chemicals is available to our knowledge.

The rest of this paper is structured as follows: first, the experimental setup and the experiments performed are described in Sections 2 and 3. The corresponding experimental results are then discussed in Section 4 followed by conclusions and suggestions for future work (Section 5).

2 Experimental Setup

2.1 Robot and Gas Sensors

The experiments were performed with a Koala mobile robot (see Fig. 1) equipped with the Mark III mobile nose [14], comprising 6 tin oxide sensors manufactured by Figaro. This type of chemical sensor shows a decreasing resistance in the presence of reducing volatile chemicals in the surrounding air. In consequence of the measurement principle, metal oxide sensors exhibit some drawbacks. Namely the low selectivity, the comparatively high power consumption (caused by the heating device) and a weak durability.

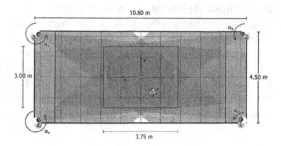

Fig. 1. Koala Robot with the Öre-bro Mark III mobile nose.

Fig. 2. Floor plan of the used laboratory room together with an outline of the area inspected.

Further on, metal oxide sensors are subject to a long response time and an even longer recovery time [14]. However, this type of gas sensor is most often used for mobile noses because it is inexpensive, highly sensitive and relatively unaffected by changing environmental conditions like room temperature or humidity. The sensors were placed in sets of three (of type TGS 2600, TGS 2610 and TGS 2620) inside two separate tubes containing a suction fan each. Multiple, redundant sensor types were used only to increase the robustness of the system (there was no attempt to discriminate different odours). Papst Fans (405F) were used to generate an airflow of 8 m^3/h. The distance between the two sets of sensors was 40 cm.

2.2 Absolute Positioning System

To record the position of the robot, the vision-based absolute positioning system W-CAPS [15] was applied, which tracks a distinctly coloured object mounted on top of the robot (the cardboard "hat" shown in Fig. 1). The positioning system uses four Philips PCVC 740K web-cameras mounted at fixed positions with a resolution of 320×240 pixels to triangulate the (x,y) position of the centre of the colour blob. By combining up to 6 single position estimates, it provides centimeter level accuracy. Fig. 2 shows the camera positions and the respective fields of view. The graded shadings indicate the number of cameras that can sense each part of the environment.

The heading ϑ of the robot can be estimated by the tangent to the robot's path while the robot is moving at non-zero speed. By fusing these estimates with the values provided by odometry, an accurate estimate of the heading is obtained that is not subject to long term drift. Further details are given in [15].

2.3 Environment and Gas Source

All experiments were performed in a rectangular laboratory room at Örebro University (size 10.6×4.5 m^2). The robot's movement was restricted so that its centre was always located inside the central region where precise and reliable position information is available. The air conditioning system in the room was deactivated in order to eliminate the possibility of a dominant constant airflow.

To emulate a typical task for an inspection robot, a gas source was chosen to imitate a leaking tank. This was realised by placing a paper cup filled with ethanol on a support in a bowl with a perimeter of 12 cm (see Fig. 1). The ethanol dripped through a hole in the cup into the bowl at a rate of approximately 50 ml/h. Ethanol was used because it is non-toxic and easily detectable by the tin oxide sensors.

3   Experiments

3.1   Implementation

Both the positive and the negative tropotactic localisation strategies, were implemented utilising a direct sensor-motor coupling. This kind of steering architecture is frequently refered to as a Braitenberg vehicle. In his famous book [1] Braitenberg explains which kind of behaviour results for these vehicles (denominated as type 2, 3 and 4) by using different classes of intermediate transfer functions assuming a uniform gradient. In this paper inhibitory connections that apply a monotonic transfer function were used. Thus maximum wheel speed results if the sensed concentration is low, which in turn implements a simple sort of exploration behaviour. On the other hand the robot is slowed down by high concentrations of the analyte.

With uncrossed connections and a monotonic transfer function the wheel on the side that is stimulated more is driven slower and therefore the robot effectively turns to this side. This behaviour was called *permanent love* by Braitenberg because it is supposed to move the vehicle to a source of stimulation and stay near this source in theory. Note that "high concentration" or "stimulation" in this context always means "high sensor values" and that these values do not reflect the actual concentration directly due to the non-zero response and the strong memory effect caused by the long recovery time of the metal oxide sensors (Section 2.1, the response characteristics of the Mark III mobile nose are also discussed in [14]).

With crossed inhibitory connections and a monotonic transfer function the robot is also slowed down by elevated sensor responses but will in contrast turn away from them. Such a vehicle tends to stay at locations nearby a maximum of stimulation, too, but continues to wander if another maximum comes into focus. Accordingly, Braitenberg called this kind of behaviour *exploring love*. Again this description applies to a system with ideal sensors that moves guided by a smooth distribution peaked just at the actual location of existing sources.

3.2   Sensor Preprocessing

The sensor-motor wiring realises a transfer function $v(x)$ that determines the speed of the connected wheel from the sensed quantity x. To calculate the value of x the raw sensor readings r_i were nomalised to the range of $[0,1]$. In order to compensate for the sensitivity mismatch of individual sensors as well as for seasonal and environmental drifts, a dynamically maintained normalisation was chosen. Both the minimum and maximum values were constantly updated and used to calculate the normalised response x_i for each sensor as

$$x_i^{(t)} = \frac{r_i^{(t)} - r_{min,i}^{(t)}}{r_{max,i}^{(t)} - r_{min,i}^{(t)}}. \tag{1}$$

It has to be considered that the normalisation range gets wider and might not cover the actual range of values with time. This causes changes in response to be less pronounced in x. To avoid this problem, the normalisation range is dynamically trimmed each Δt^{trim} seconds by increasing the minimum and decreasing the maximum value in eq. 1 by a fixed fraction of the normalisation range as

$$r_{min,i}^{(t)} = \tilde{r}_{min,i}^{(t)} + \Delta_{min}^{trim}(\tilde{r}_{max,i}^{(t)} - \tilde{r}_{min,i}^{(t)}), \tag{2}$$

$$r_{max,i}^{(t)} = \tilde{r}_{max,i}^{(t)} - \Delta_{max}^{trim}(\tilde{r}_{max,i}^{(t)} - \tilde{r}_{min,i}^{(t)}). \tag{3}$$

Here, $\tilde{r}_{min,i}^{(t)}$ and $\tilde{r}_{max,i}^{(t)}$ refer to the minimum and maximum value at time t before trimming. Finally the normalised response values belonging to one side of the robot were combined by averaging as

$$x_L^{(t)} = \sum_{i=1}^{N_L} x_i^{(t)}/N_L, \qquad x_R^{(t)} = \sum_{i=1}^{N_R} x_i^{(t)}/N_R, \tag{4}$$

where N_L and N_R are the number of sensors contained in the sensor array on the left and right side respectively.

For the experiments presented, $N_L = N_R = 3$ sensors and the trimming parameters

$$\Delta_{min}^{trim} = \Delta_{max}^{trim} = 1\% \text{ and } \Delta t^{trim} = 30\,s$$

were used, which were found to be suitable in an initial test sequence.

3.3 A Testbed for Localisation Strategies

Both Braitenberg-type strategies considered were tested repeatedly with the following scenario. A 3.75 m × 3 m field was defined by establishing virtual walls. These boundaries were realised by assigning an artificial potential field [12] that effects a repellent pseudo-force, which increases linearly with the penetration depth and starts to be effective at a distance of 20 cm. The experiments were performed in the central region of the room where precise and reliable position information is available (see Fig. 2).

Now the robot could move freely within this virtual field while being constantly tracked by the absolute positioning system. Next, a gas source was placed at a known position inside the field. This could be a real source or just an assumed one for reference tests. Then a series of experiments was performed with this configuration as follows:

- set the robot to a random starting position inside the virtual field (with a clearance of at least 100 cm to the centre of the source),
- rotate the robot to a random initial heading,

– start to move the robot controlled by the particular strategy to be tested,
– count a succesful try and restart if the robot enters the obstacle clearance area around the gas source.

These steps were repeated for a fixed amount of time while the position and the sensor readings were constantly logged for evaluation purposes.

4   Results

The following sections present a discussion of the behaviour of gas-sensitive Braiten-berg vehicles with uncrossed ("permanent love") and crossed inhibitory connections ("exploring love"). Typical trajectories are shown in Figures 3 and 4. Here, the path of the robot's centre is indicated by a hollow circle, while the position of the front corners is plotted using small dots. The starting position and the initial heading of the corre-sponding trial are marked by an arrow, which originates from the starting position. Also shown are the virtual repellent walls (broken line) that enclose the area where the repel-lent force increases with the penetration depth of the robot. Finally, the clearance area of the gas source is shown by two circles. A trial was stopped if one of the front corners of the robot entered the inner circle. The outer circle is derived by obstacle growing [13], assuming a circular shaped robot. The radius was chosen to be the minimum distance between the centre of the robot and the source. Note that because the robot actually has a rectangular profile, the outer circle provides just an approximate notion of the obstacle's boundary with respect to the centre of the robot.

In the according experiments the linear transfer function

$$v(x) = K_v(1 - x) \tag{5}$$

with a velocity gain K_v of either 5 cm/s or 3 cm/s was used and the source was placed in the middle of the virtual field. Frequently the robot could reach the source in a strik-ingly straightforward way, as in the example of Fig. 3 (a). But quite often the Braiten-berg vehicle was also mislead by transient concentration maxima and made "decisions" that appear to be exactly the wrong ones to an external observer. This is illustrated in Fig. 3 (b). When the robot first reached the location at which it finally managed to turn towards the source, hardly any reaction was obtained. A few minutes later the source was found directly from almost exactly the same spot.

The statistical evaluation of the experiments, with the gas source placed in the mid-dle of the testbed area, is summarised in Table 1 in terms of the average path length the robot needs to find the gas source, the average distance to the source, the average driving speed and the total path length covered with a particular strategy. All the runs were conducted in the same room (see Fig. 2) and a total of 36.5 hours of localisation experiments was performed where the robot drove almost 5 kilometers.

To validate the results, reference tests were performed without a gas source present. Because the sensor readings were not considered during these tests, the robot moved basically like a ball on a billard table. As in all other experiments, a successful trial was counted when the robot entered the area assigned to be the source.

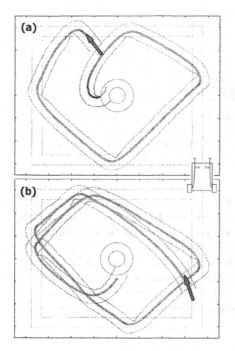

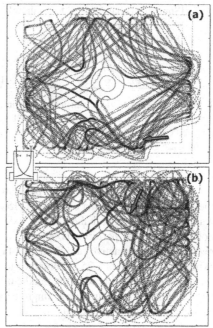

Fig. 3. Examples of the driven path of a Braitenberg-Vehicle with uncrosssed $(1-x)$-connections (*permanent love*).

Fig. 4. Examples of the driven path of a Braitenberg-Vehicle with crosssed $(1-x)$-connections (*exploring love*).

4.1 Localisation by Exploration and Hillclimbing

With the source placed in the middle of the inspected area, the average path length of a vehicle with uncrossed $(1-x)$-connections was 8.49 m compared to 9.67 m for the reference (the median was 6.57 m compared to 8.31 m). Applying the Wilcoxon two sample test[3], no significant difference could be determined in this case ($p_{H_0} = 0.2685$)[4]. Thus, a significant improvement of the gas source tracing performance in terms of the average path length cannot be asserted. However, it is important to note that the tested reference strategy, which approximately implements specular reflection at the walls, does not provide uniform coverage over a designated area [6]. Instead, the central area is covered excessively at the expense of the periphery [19]. Hence, the fact that the Braitenberg vehicle does not outperform the reference strategy might be caused by the inherent tendency of the reference strategy to "find" a gas source in the middle of the testbed area.

---

[3] Because the path lengths are not normally distributed, a statistical test was performed that does not assume a specific distribution.

[4] The Wilcoxon two sample test evaluates the hypothesis H_0 that the populations from which the samples are taken have identical median values.

Source	Strategy	$K_v[\frac{cm}{s}]$	tot. path [m]	av. path [m]	av. dist. [cm]	av. speed/K_v
	Ref (1-x)	5	319.0	9.67 ± 7.66	136.7 ± 44.9	95.9%
Middle	PL, 1-x	5	1044.0	8.49 ± 7.93	127.4 ± 45.7	73.5%
	EL, 1-x	5/3	731.8	40.66 ± 34.10	143.3 ± 41.0	76.5%
Corner	Ref (1-x)	5	1554.9	20.46 ± 19.38	223.5 ± 78.7	97.6%
	PL, 1-x	5/3	1251.1	11.69 ± 11.22	199.3 ± 88.2	75.5%

Table 1. Statistics of the localisation experiments. The second column references the applied strategy: Ref (reference random search), PL (uncrossed connections, *(permanent love)* or EL (crossed connections, *(exploring love)*. In cases where different speed gains K_v were tested both of them are given separated by a slash.

Additional tests were therefore performed with the source placed at a less prominent location near to one corner of the field (15 cm away from the beginning of the repellent wall potential along both the x- and y-axis). For each corner a total of approximately 3 hours of trials was performed both with and without a source. The average path length needed to reach an active gas source was 11.69 m, compared to 20.46 m in the reference experiments (median: 7.25 m compared to 17.09 m). In contrast to the situation where the gas source was placed in the middle of the testbed area, the Wilcoxon two samples test reveals a highly significant improvement in tracing performance in terms of the average path length ($p_{H_0} < 10^{-4}$).

4.2 Localisation by Exploration and Concentration Peak Avoidance

With crossed connections a completely different behaviour results. Although the robot is expected to stay near the source (again assuming a smooth gradient) and thus collisions should be not unlikely, the robot managed to avoid the source most of the time (see Fig. 4). The difference compared to the trials with uncrossed connections is apparent and can be demonstrated with high certainty by a Wilcoxon two sample test ($p_{H_0} < 10^{-7}$).

Though this strategy is obviously not suitable for driving the robot towards a gas source as quickly as possible, it offers an interesting solution to the full gas source localisation problem, including the declaration of the source. This can be seen in Fig. 4. After combining the shown paths, the location of the source is indicated by the part of the picture that remains light. Notice that in contrast to the area that is covered by an obstacle (the inner circle in Figures 3 and 4), the area between the concentric circles should not remain completely light in the case of pure obstacles.

The reason why exploration and concentration peak avoidance might be a solution for gas source localisation can be explained as follows: with crossed inhibitory connections the robot explores the available space and evades each local concentration maximum. Because there exist many of them, it is hard to find a particular maximum that belongs to the actual source by a hillclimbing strategy. On the other hand, concentration maxima occur more frequently near the odour source and thus the source's location remains comparatively light in plots of the driven path such as Fig. 4.

There are several reasons to favour a localisation strategy based on exploration and concentration peak avoidance. First of all it provides a method for declaring a gas source that does not appear as an obstacle to the robot, a task which can't be accomplished by a hillclimbing strategy because the location of a gas source is usually not featured by a global concentration maximum. It might also be preferable to evade increased gas concentrations in case of an analyte that is corrosive or in other ways offensive to the robot itself.

Note that the experiments point to a feature that can be used to identify a gas source rather than providing a complete solution that is generally applicable. If the source is not detectable as an obstacle, for example, it would not be possible to avoid collisions with the currently used setup. During the experiments the robot moved occasionally into the clearance area around the gas source. A collision with the gas source could corrupt the practicability of the proposed method if the robot spilled the smelling liquid or wetted its tyres, which would cause the robot to become a gas source too.

5 Conclusions and Future Work

This paper is concerned with the problem of tracing and declaring a static gas source by a mobile robot using electrochemical gas sensors. Two Braitenberg-type strategies were investigated in an environment without a controlled airflow and both were shown to be of possible use for gas source localisation.

Using uncrossed inhibitory connections it was found that the average path length the robot needs to move to the source can be decreased. The path length could be reduced by up to a factor of two compared to a strategy that explores the available area ignoring the gas sensor readings. This factor, however, depends on the considered situation and the reference search strategy used.

For real world applications this strategy has to be extended by an additional declaration mechanism to determine that the gas source has been found with high certainty. This mechanism could be added by using other sensors, which provide clues on possible sources, for example, by recognising a beaker or a puddle by vision.

With crossed connections the robot evades each local concentration maximum including those that are closest to the source. Due to the fact that maxima occur more frequently near the odour source, the path of the robot covers the whole available area except that near to the actual location of the source.

Applying this strategy therefore offers a solution to the task of gas source declaration without using additional sensors. A further advantage is that the average distance to the gas source is increased (see Table 1) and that direct contact between the robot and the volatile or liquid substance to be detected can be diminished. This might be preferable in the case of an analyte that is corrosive or in other ways offensive to the robot itself. Furthermore, it helps to prevent the robot from wetting its wheels in cases where the gas source is a liquid substance that cannot be sensed as an obstacle. This is generally not desired because the robot would thereby become a gas source too. With the setup of the Mark III mobile nose, however, it was not possible to avoid collisions with the gas source completely. Future work should therefore address possible modifications to achieve a collision-free path even if the gas source cannot be sensed as an obstacle. A suggestion would be to add a third gas sensor array in a tube that sticks out to the front of the robot in order to examine the area the robot is about to drive towards.

If this third tube protrudes over the robot's front sufficiently, it should be possible to decrease the probability to traverse a puddle of the analyte with the robot, even if the robot approaches the source from a down-wind direction.

A possible objection to the suggested method is time consumption. Because the actual location of a gas source is determined by excluding all other possible locations, the time needed to locate the source increases with the size of the area observed. On the other hand the time consumption scales down with the number of robots utilised. And after all, there is as yet no other known method to localise a gas source that does not appear as an obstacle to the robot in an uncontrolled environment.

References

1. Valentino Braitenberg. *Vehicles: Experiments in Synthetic Psychology*. MIT Press/Bradford Books, 1984.
2. C.T. David, J.S. Kennedy, J.S. Ludlow, and J.N. Perry. A Re-Appraisal of Insect Flight Towards a Point Source of Wind-Borne Odor. *Journal of Chemical Ecology*, 8:1207–1215, 1982.
3. T. Duckett, M. Axelsson, and A. Saffiotti. Learning to Locate an Odour Source with a Mobile Robot. In *Proceedings of the IEEE International Conference on Robotics and Automation (ICRA 2001)*, Seoul, South Korea, May, 21–26 2001.
4. Ahmed Mohamod Farah and Tom Duckett. Reactive Localisation of an Odour Source by a Learning Mobile Robot. In *Proceedings of the Second Swedish Workshop on Autonomous Robotics*, pages 29–38, Stockholm, Sweden, October 10-11 2002.
5. G.S. Fraenkel and D.L. Gunn. *The Orientation of Animals*. Clarendon Press, Oxford, 1940.
6. Douglas Gage. Randomized Search Strategies with Imperfect Sensors. In *Proceedings of SPIE Mobile Robots VIII*, volume 2058, pages 270–279, 1993.
7. A.T. Hayes, A. Martinoli, and R.M.Goodman. Swarm Robotic Odor Localization. In *Proceedings of the 2001 IEEE/RSJ International Conference on Intelligent Robots and Systems (IROS-01)*, volume 2, pages 1073–1078, Maui, Hawaii, USA, October 2001.
8. J. O. Hinze. *Turbulence*. McGraw-Hill, New York, 1975.
9. Owen Holland and David McFarland. *Artificial Ethology*. Oxford University Press, New York, 2001.
10. Hiroshi Ishida, Yukihiko Kagawa, Takamichi Nakamoto, and Toyosaka Moriizumi. Odour-Source Localization in the Clean Room by an Autonomous Mobile Sensing System. *Sensors and Actuators B*, 33:115–121, 1996.
11. Hiroshi Ishida, K. Suetsugu, Takamichi Nakamoto, and Toyosaka Moriizumi. Study of Autonomous Mobile Sensing System for Localization of Odor Source Using Gas Sensors and Anemometric Sensors. *Sensors and Actuators A*, 45:153–157, 1994.
12. O. Khatib. Real-Time Obstacle Avoidance for Manipulators and Mobile Robots. In *Proceedings of the IEEE International Conference on Robotics and Automation (ICRA 1985)*, pages 500–505, 1985.
13. Jean Claude Latombe. *Robot Motion Planning*. Kluwer Academic, 1991.
14. Achim Lilienthal and Tom Duckett. A Stereo Electronic Nose for a Mobile Inspection Robot. In *Proceedings of the IEEE International Workshop on Robotic Sensing (ROSE 2003)*, Örebro, Sweden, 2003.
15. Achim Lilienthal and Tom Duckett. An Absolute Positioning System for 100 Euros. In *Proceedings of the IEEE International Workshop on Robotic Sensing (ROSE 2003)*, Örebro, Sweden, 2003.

16. Achim Lilienthal and Tom Duckett. Experimental Analysis of Smelling Braitenberg Vehicles. In *Proceedings of the IEEE International Conference on Advanced Robotics (ICAR 2003)*, pages 375–380, Coimbra, Portugal, 2003.

17. Achim Lilienthal, Michael R. Wandel, Udo Weimar, and Andreas Zell. Experiences Using Gas Sensors on an Autonomous Mobile Robot. In *Proceedings of EUROBOT 2001, 4th European Workshop on Advanced Mobile Robots*, pages 1–8. IEEE Computer Press, 2001.

18. Achim Lilienthal, Michael R. Wandel, Udo Weimar, and Andreas Zell. Sensing Odour Sources in Indoor Environments Without a Constant Airflow by a Mobile Robot. In *Proceedings of the IEEE International Conference on Robotics and Automation (ICRA 2001)*, pages 4005–4010, 2001.

19. Michael J. McNish. Effects of uniform target density on random search. Master's thesis, Naval Postgraduate School, Monterey, California, 1987.

20. Takamichi Nakamoto, Hiroshi Ishida, and Toyosaka Moriizumi. A Sensing System for Odor Plumes. *Analytical Chem. News & Features*, 1:531–537, August 1999.

21. R. A. Russell, L. Kleeman, and S. Kennedy. Using Volatile Chemicals to Help Locate Targets in Complex Environments. In *Proceedings of the Australian Conference on Robotics and Automation*, pages 87–91, Melbourne, Aug 30- Sept 1 2000.

22. R. Andrew Russell. Ant Trails - an Example for Robots to Follow? In *IEEE Int Conf. Robotics and Automation (ICRA 1999)*, pages 2698–2703, 1999.

23. R. Andrew Russell. *Odour Sensing for Mobile Robots*. World Scientific, 1999.

24. R. Andrew Russell and Anies H. Purnamadjaja. Odour and Airflow: Complementary Senses for a Humanoid Robot. In *IEEE Int Conf. Robotics and Automation (ICRA 2002)*, pages 1842–1847, 2002.

25. R. Andrew Russell, David Thiel, Reimundo Deveza, and Alan Mackay-Sim. A Robotic System to Locate Hazardous Chemical Leaks. In *IEEE Int Conf. Robotics and Automation (ICRA 1995)*, pages 556–561, 1995.

26. R. Andrew Russell, David Thiel, and Alan Mackay-Sim. Sensing Odour Trails for Mobile Robot Navigation. In *IEEE Int Conf. Robotics and Automation (ICRA 1994)*, pages 2672–2677, 1994.

27. Titus Sharpe and Barbara Webb. Simulated and Situated Models of Chemical Trail Following in Ants. In R. Pfeifer, B. Blumberg, J.-A. Meyer, and S.W. Wilson, editors, *Proceedings of the 5th Conference on Simulation of Adaptive Behaviour*, pages 195–204, 1998.

28. E. Stella, F. Musio, L. Vasanelli, and A. Distante. Goal-oriented Mobile Robot Navigation Using an Odour Sensor. In *Proceedings of the Intelligent Vehicles Symposium '95*, pages 147–151, 1995.

29. Michael R. Wandel, Achim Lilienthal, Tom Duckett, Udo Weimar, and Andreas Zell. Gas Distribution in Unventilated Indoor Environments Inspected by a Mobile Robot. In *Proceedings of the IEEE International Conference on Advanced Robotics (ICAR 2003)*, pages 507–512, Coimbra, Portugal, 2003.

Verhaltensbasierte Navigation für die Exploration von Innenräumen mit dem mobilen Roboter *MARVIN*

Stefan Blum

Lehrstuhl für Realzeit–Computersysteme
Technische Universität München
Arcisstr. 21
D-80333 München
Stefan.Blum@rcs.ei.tum.de

1 Einleitung

Verhaltensbasierte Steuerungsarchitekturen haben in der mobilen Robotik seit Mitte der Achtziger Jahre des vergangenen Jahrhunderts eine lange Tradition [1, 2]. Da für die Exploration von Innenräumen zur Erstellung eines Umgebungsmodells a priori nur wenig Modellwissen vorhanden ist, sind verhaltensbasierte Ansätze im Gegensatz planungsorientierten Verfahren flexibler einsetzbar und erlauben eine einfache Modellierung zur parallelen Ausführung von Teilaufgaben.

Der vorliegende Beitrag stellt die im Rahmen des DFG-Projekts *Exploration von Innenräumen mit optischen Sensoren auf mehreren, aufgabengerechten Abstraktionsebenen* erstellten Navigationsstrategien für die Exploration eines typischen Bürogangs vor. Teile des Szenarios wurden bereits 1999 erfolgreich demonstriert, allerdings beruhte die Ablaufsteuerung damals auf einem einfachen Zustandsautomaten, der nur sequentielle Abläufe gestattete [3].

Der Beitrag gliedert sich wie folgt: In nächsten Abschnitt wird der eingesetzte Roboter *MARVIN* beschrieben, Abschnitt 3 behandelt allgemein die Systemarchitektur bezüglich Softwareintegration und Verhaltenskoordination. Abschnitt 4 stellt die für Explorationsaufgaben eingesetzten Komponenten vor, die in einer Beispielapplikation, beschrieben in Abschnitt 5, zum Einsatz kommen. Der Beitrag schließt mit einem Ausblick auf mögliche künftige Arbeiten (Abschnitt 6).

2 Mobile Roboter-Plattform *MARVIN*

Der am Lehrstuhl für Realzeit–Computersysteme zum Einsatz kommende mobile Roboter *MARVIN* (siehe Abbildung 1) ist auf Basis der nichtholonomen Plattform *Labmate* der Firma TRC aufgebaut, die Bewegungen mithilfe von zwei angetriebenen Rädern realisiert. Die Ansteuerung erlaubt das Absetzen von sogenannten *point-to-point commands*, mit deren Hilfe der Roboter zielgenau manövriert werden kann, wobei allerdings nur Drehungen auf der Stelle und Geradeausfahrten durchgeführt werden können. Im alternativen *jog-mode* können Translationsgeschwindigkeit $v(t)$ und Winkelgeschwindigkeit $\omega(t)$ unabhängig voneinander eingestellt werden.

Darüberhinaus integriert die Plattform einen Bumper und besitzt die Möglichkeit der odometrischen Positionsbestimmung, die durch Kalibrierung [4] zwar verbessert wurde, jedoch gerade bei längeren Fahrten die üblichen kumulativen Fehler durch mechanische Ungenauigkeiten, Schlupf und Bodenunebenheiten aufweist. Durch geringe Bandbreite der seriellen Schnittstelle zu Labmate entstehen bei der Abfrage des Status (Position und Bumper) zudem Latenzzeiten von ca. 20 ms, so daß die odometrische Positionsbestimmung nur im Stillstand sinnvoll ist.

Neben einem *Acuity* 360° Laserscanner werden als Hauptsensorik CCD-Kameras eingesetzt. Dabei ist ein Stereokamerasystem realisiert mit zwei Basler IEEE1394 Farbkameras auf einem AMTEC Schwenk/Neige-Kopf montiert. Die aktuelle Konfiguration mit weiteren Kameras ist fließend und hängt von den geraden durchgeführten Experimenten ab.

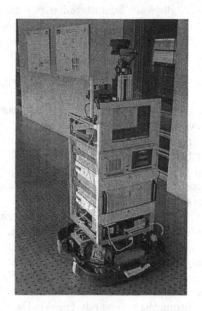

Abbildung 1.
Der mobile Roboter *MARVIN*

Als Rechnereinheiten befinden sich drei Industrie-PCs (1 dual Pentium@1266MHz sowie 2 Celeron@400MHz) fest auf *MARVIN*, die bei Bedarf nur ein Petium4@1600MHz Notebook ergänzt werden können. Die Vernetzung ist über Ethernet (100 Mbit intern, 2 Mbit Funk-WLAN) realisiert. Auf allen PCs setzen wir ausschließlich das freie Betriebssystem *Linux* ein.

3 CORBA-basierte Systemarchitektur OSCAR

Nach heutigem Stand lassen sich komplexe Softwaresysteme unter Einbeziehung vieler Entwickler nur sinnvoll im Rahmen von vereinheitlichten Strukturen implementieren und warten. Für den Roboter MARVIN wurde daher die Systemarchitektur *OSCAR* (Operating System for the Control of Autonomous Robots) realisiert. Für die notwendige Modularisierung steht ein Komponentenmodell zur Verfügung, das eine *Application Programming Interface (API)* zur Integration von logischen Verarbeitungseinheiten beinhaltet. Die Komponenten kommunizieren dabei auf Basis von CORBA, was Transparenz für die Übertragung von Daten unter unterschiedlichen Gegebenheiten (innerhalb eines Threads, zwischen verschiedenen Threads innerhalb des gleichen Adressraums, zwischen lokalen Prozessen sowie zwischen auf verschiedenen Rechner laufenden Prozessen) sicherstellt. Zudem bietet CORBA mit dem polymorphen Datentypen *any* die Möglichkeit, Schnittstellen zu entwerfen, ohne konkrete Datentypen a priori festlegen zu müssen. OSCAR ist komplett in C++ realisiert und kapselt den Programmierer von Applikationen fast vollständig vom Umgang mit CORBA[1].

3.1 Sensorintegration und Perzeption

Da verhaltensbasierte Systeme auf Basis von Elementarverhalten die Sensordatenauswertung möglichst direkt in Aktorikkommandos umsetzen müssen, um die notwendige Reaktionsfähigkeit zu erreichen, ist eine effiziente Integration der Sensorik sowie von Perzeptionsalgorithmen notwendig. Die Strukturierung von OSCAR sieht hierfür physikalische Sensoren, logische Sensoren und Interpretationsmodule vor (siehe [3, 5]), die durch entsprechende Komponententypen repräsentiert sind.

Im Allgemeinen besitzt eine Komponente eine vom Entwickler definierte Zahl von Eingangs- und Ausgangskanälen, für die jeweils ein Datentyp (*cue type*) festgelegt wird[2] und über die die Übertragung sog. *cues*[3] realisiert ist. Ein- und Ausgangskanäle besitzen jeweils einen Ringpuffer für eine zeitliche Zwischenspeicherung (lokaler Datencache). *Cues* werden entweder von der empfangenden Komponente aktiv angefordert (*pull*) oder von der erzeugenden Komponente automatisch versandt (*push*). Darüberhinaus besitzt jede Komponente eine einheitliche Konfigurationsschnittstelle in Form eines *property system*, über die Aktivierung/Deaktivierung und dynamische Rekonfiguration möglich ist. Jede Komponente kann passiv (*single-step mode*) oder aktive (*continuous mode*) betrieben werden. Im letzteren Fall wird eine Zykluszeit definiert, die vom System überwacht und ausgeregelt wird[4].

Das Starten und Beenden von Applikationen (Komponenteninstantiierung, Konfiguration und Verbindungsaufbau) sowie die Überwachung der Komponenten werden von OSCAR-Infrastrukturtasks bewerkstelligt. Dabei können auch normale CORBA-Server in Form von *services* verwaltet werden. Wesentliches Merkmal beim Design der Systemarchitektur ist die möglichst hohe Wiederverwendbarkeit von einzelnen Komponenten für verschiedene Anwendungen sowie die Unterstützung der Applikationsentwicklung durch verschiedene Tools; darunter befindet sich auch eine Simulationsumgebung für den Roboter *MARVIN*,

---

[1] Einzig bei der Definition von zu übertragenden Datentypen werden rudimentäre Kenntnisse über CORBA IDL benötigt, CORBA IDL ist allerdings C/C++ syntaktisch sehr ähnlich.

[2] Es existiert aber auch ein Pseudodatentyp generic z.B. für die Realisierung von der Datenlogging Komponente.

[3] Der Begriff *cue* umfaßt hier Sensorrohdaten, Merkmale und Hypothesen.

[4] Im Gegensatz zu einem Echtzeitsystem kann die Einhaltung dieser Zykluszeit nicht garantiert werden.

die auf Basis des zum Einsatz kommenden Umgebungsmodells GEM [6] realisiert wurde. Für eine detaillierter Beschreibung von OSCAR siehe [5].

3.2 Verhaltenskoordination und Aktorikansteuerung

Die Steuerung der Aktorik (Plattform und Schwenk/Neige-Kopf) erfolgt über eine verhaltensbasierte Ablaufsteuerung. Für eine Applikation werden die notwendigen Elementarverhalten in Verhaltenskomponenten integriert, einer speziellen Ausprägung einer OSCAR-Komponente, die mit einem zusätzlichen Zustandsautomaten mit den Zuständen green, yellow und red und entsprechend sechs Transitionen versehen ist. Für jeden Zustand und jede Transition ist es möglich, entsprechend notwendige Funktionalität zu implementieren. Die einzelnen Elementarverhalten berechnen in den Zuständen green und yellow fortlaufend aus den gelieferten *cues* einen Sensorkontext, der eine Art Klassifikation der aktuell erfaßten Situation darstellt. Ein vorliegender Sensorkontext stellt eine notwendige, aber nicht hinreichende Voraussetzung für die Aktivität eines Elementarverhaltens dar. Beiträge zur Aktoriksteuerung kann ein Verhaltensmodul nur im Zustand green liefern, in den Zuständen yellow und red ist das Elementarverhalten systemtechnisch nicht aktiviert. Da das verhaltensbasierte Designparadigma den parallelen Ablauf der Elementarverhalten vorsieht, ist eine Arbitrierung der Elementarverhalten notwendig, die die Zustandswechsel in den einzelnen Elementarverhalten triggert.

Die Arbitrierung ist durch die Definition von Beziehungen zwischen je zwei unterschiedlichen Elementarverhalten untereinander konfigurierbar. Seien für eine Applikation b Elementarverhalten $B_1, B_2, \ldots, B_b$ im Einsatz, dann bestimmt eine Inhibitionsbeziehung $\gamma_{i,j}$, daß ein aktives Elementarverhalten B_j die Aktivierung von B_i unterdrückt. Eine Aktivierungsbeziehung $A_{i,j}$ macht hingegen die Aktivierung von B_j für ein aktives B_i zur Voraussetzung. Sei ferner η_i die Aktivierung und C_i der Sensorkontext des Elementarverhaltens B_i, und faßt man zum einfacheren Verständnis die bisher eingeführten Variablen als boolesche Variablen[5] auf, so gilt folgende Aussage:

$$\eta_i = C_i \wedge (\bigwedge_{j \neq i} \overline{\gamma_{i,j} \wedge \eta_j}) \wedge (\bigwedge_{j \neq i} \overline{A_{i,j} \wedge \overline{\eta_j}}) \tag{1}$$

Die direkte Umsetzung von Gleichung (1) für die Arbitrierung führt zu einigen Nachteilen: Der ungefilterte Sensorkontext zieht bei anzunehmenden Rauschen sofort einen Zustandswechsel nach sich, was zu unerwünschten Oszillationen führt. Selbst bei von der sich ändernden Situation beabsichtigte Zustandswechsel erfolgen unverzüglich. Darüberhinaus ist die Modellierung von Sequenzen ohne zeitliche Speicherung des alten Zustands nicht möglich. Abhilfe schafft hier der *Dynamic Approach to Behavioral Organization* [7], der in [8] vereinfacht wurde. Die Grundidee hierbei ist, Aktivierung und Sensorkontext auf unscharfe Logik abzubilden und mit Hilfe von Dynamiken (Differentialgleichungen erster Ordnung) die notwendige zeitliche Filterung des Sensorkontextes, ein weiches

---

[5] $\gamma_{i,j}$ und $A_{i,j}$ sind *wahr*, falls eine entsprechende Beziehung existiert.

Umschaltverhalten sowie ein Kurzzeitgedächtnis zu realisieren. Insgesamt ergibt sich somit ein durch die Inhibitions- und Aktivierungsbeziehungen verkoppeltes b-dimensionales Differentialgleichungssystem, das zur Arbitrierung in einer OSCAR-Komponente realisiert ist. Der Austausch von Sensorkontext und Aktivierung von bzw. zu den einzelnen Verhaltenskomponenten erfolgt dabei über die Konfigurationsschnittstellen.

Als Erweiterung zum *Dynamic Approach* sieht die Steuerungsarchitektur vor, Inhibitionsbeziehungen nur dann wirksam werden zu lassen, wenn sich tatsächlich Widersprüche bei der Ausführung von Aktorikkommandos ergeben[6], da gerade bei Explorationsaufgaben a priori nicht bekannt ist, welche Elementarverhalten parallel ausführbar sind. Hierzu werden die einzelnen Aktivierungsvariablen an ein Verhaltensfusionsmodul übertragen, das die von den einzelnen Verhaltensmodulen erzeugten Kommandos fusioniert. Definiert man mit η_{th} einen Schwellwert für das ein Verhaltensmodul systemtechnisch als aktiviert gilt, dann ergibt sich für die Ansteuerung der einzelnen Aktuatorparameter θ_k durch Superposition:

$$\theta_k(t) = \begin{cases} \frac{1}{S_k(t)} \sum_{i=1}^{b} \eta_i'(t)\theta_{i,k}(t)s_{i,k} \text{ , falls } S_k(t) \neq 0 \\ 0 \text{ , sonst} \end{cases} \tag{2}$$

Dabei ist $S_k(t) = \sum_{i=1}^{b} \eta_i'(t)s_{i,k}$ mit

$$\eta_i'(t) = \begin{cases} \eta_i \text{ , falls } \eta_i(t) \geq \eta_{th} \\ 0 \text{ , sonst} \end{cases} \text{ und } s_{i,k} = \begin{cases} 1 \text{ , falls } Bi\ \theta_k \text{ steuert} \\ 0 \text{ , sonst} \end{cases}$$

Verglichen werden nun die Aktuatorparameter $\theta_{i,k}(t)$ der einzelnen aktiven Elementarverhalten mit dem Ergebnis der Superposition $\theta_k(t)$. Ergeben sich hierbei Diskrepanzen, werden schrittweise die vorgesehenen Inhibitionsbeziehungen aktiviert.

3.3 Konfiguration von Applikationen

Die für die Definition von unterschiedlichen Applikationen einzusetzenden Komponenten und die Konfiguration des Arbitierungssystems mittels Inhibitions- und Aktivierungsbeziehungen geschieht über die Erstellung eines Konfigurationsfiles, das von OSCAR's Boot-Task eingelesen und ausgewertet wird. Für die Syntax wurde die Konfigurationssprache BDL (Behavior Definition Language) entworfen. Ähnlich der Verwendung des Schlüsselwortes `class` und der Instantiierung von Objekten in C++, existieren in BDL die Schlüsselworte `component` und `service` zur Deklaration sowie `instance`: verwendete Komponenten und Services müssen zunächst deklariert werden und können dann ggf. auch mehrfach instantiiert werden. Bei der Deklaration ist die Definition bestimmter Attribute wie `host`, `mode` (continuous/single-step mode), `start-mode` (z. B. zum

---

[6] In [7] sind die Beziehungen statisch vorgegeben.

Start im Debugger) und `cycle-time` sowie von Komponenten-spezifischen Zeilenkommandoparametern möglich, die bei der Instantiierung ergänzt oder überschrieben werden können. Pull- und push-Verbindungen werden durch Angabe von Quelle und Ziel geschaltet, durch Überprüfung des Datentyps ist die Angabe der Kanalnummern nicht notwendig, Mehrdeutigkeiten werden durch Benutzung eines *tag* aufgelöst. Verhaltenskomponenten werden mit ihren von ihnen benötigten Perzeptionskomponenten und Verbindungen in eine `behavior <Name> {}`-Umgebung integriert. Da in einer Applikation unterschiedliche Verhaltenskomponenten oft die gleichen Perzeptionskomponenten verwenden, werden Perzeptionskomponenten nach Möglichkeit (Gleichheit von eingehenden Verbindungen sowie gleiche Instanzenattribute) nur einmal instantiiert. Dies ermöglicht die Wiederverwendung von Komponentenagglomeraten auf Verhaltensebene für unterschiedliche Applikationen. Schließlich lassen sich noch die Beziehungen zwischen den Elementarverhalten mit den Schlüsselworten `inhibition` und `requirement` in BDL definieren.

4 Implementierte Komponenten

Zur Zeit existieren ca. 90 verschiedene OSCAR-Komponenten, wobei allerdings ca. 60% Test- und Performanzbestimmungskomponenten ohne Bezug zu reellen Anwendungen mit dem Roboter sind. Im Folgenden sind die für das Verständnis der im nächsten Abschnitt beschriebenen Beispielapplikation notwendigen Perzeptionskomponenten und Verhaltenskomponenten aufgeführt.

4.1 Perzeptionskomponenten

Physikalische Sensoren Die einzelnen Sensorsystem des Roboters sind in verschiedene physikalische Sensorkomponenten integriert. Hierunter fallen Komponenten für Video4Linux, IEEE1394 sowie zur Erfassung der punktförmigen Laserabstandsdaten und der Odometrie.

Bildverarbeitungskomponenten Zur Perzeption der Umgebung werden im Augenblick ein schneller Kantenfolger sowie eine modellbasiertes Türlokalisationskomponente und eine OCR-Komponente zur Erkennung von Raumnummern auf Türschildern eingesetzt. Darüberhinaus werden in [9] entworfene Verfahren zur Auswertung des optischen Flußfelds eingesetzt. Dabei wird der optische Fluß durch SAD-Korrelation mit einer auf dem SIMD Befehlssatz basierende Implementierung in Echtzeit berechnet.

Laserscan-Verarbeitungskomponenten Laserscandaten werden mit Hilfe eines Split/Merge Algorithmus zunächst zu Linien zusammengefaßt [10]. Basierend auf einem heuristischen Verfahren wird in einer darauf aufbauenden Komponente die Position der Wand bestimmt. Eine Laserscan Matching Komponente vergleicht die extrahierte Laserlinienmerkmale mit gespeicherten Referenzscans und bestimmt für den plausibelsten Referenzscan den gemessenen Versatz $(\Delta x, \Delta y, \Delta \varphi)$ mit einer heuristisch bestimmten Plausibilität $0 \leq p \leq 1$ [11, 12]. Referenzscans dienen somit als Landmarken.

Lokale Hinderniskarte Zur Vermeidung von Hindernisse werden Lasermerkmale und aus dem optischen Fluß detektierte Hindernisse in eine Rasterkarte eingetragen und über einen begrenzten Zeitraum fusioniert. Das Ergebnis der Kartenerstellung sind fahrbare Kurvenbahnen bei konstanter Translationsgeschwindigkeit gemäß dem Dynamic Window Approach [13].

Weitere Einzelheiten zu den Perzeptionskomponenten sind in [3] beschrieben.

4.2 Verhaltenskomponenten

Die zum Einsatz kommenden Verhaltenskomponenten steuern die Plattform mittels gesetzter Sollgeschwindigkeiten für Translation $v(t)$ und Rotation $\omega(t)$ sowie die beiden Freiheitsgrade des Schwenk/Neige-Kopfes $\alpha(t)$ und $\beta(t)$.

Wenden An den beiden Enden des zu explorierenden Gangs ist ein Wenden des Roboters vorgesehen, wozu Landmarken als Laserscan abgespeichert wurden. Für das Wenden wird $v(t)$ auf Null und $\omega(t)$ auf $\pm\omega_{turn}$ gesetzt, wobei das Vorzeichen so gewählt wird, daß sich der Roboter immer von der Wand „wegdreht". Der Sensorkontext C_{turn} wird aus dem vom Laserscan-Matching ermittelten Relativversatz $(\Delta x, \Delta y, \Delta\varphi)$ mit der Plausibilität p bestimmt:

$$C_{turn} = \sigma^*(c_p(p - p_{th}))\sigma^*(-c_d(\Delta x^2 + \Delta y^2 - d_{th}^2))\sigma^*(c_\varphi(\varphi_{th} - |\Delta\varphi|)) \qquad (3)$$

mit der auf den Wertebereich $]0; 1[$ normierten Schaltfunktion

$$\sigma^*(x) = \frac{1}{2}(1 + \tanh x)$$

Dabei sind c_p, c_d und c_φ Konstanten, die die Steilheit der Schaltfunktion tanh bestimmen. Die Schwellwerte p_{th}, d_{th} und φ_{th} sind so gewählt, daß das Wendeverhalten innerhalb eines bestimmten Abstands von der Position der erstellten Landmarke aktiv werden kann und sich nach Erreichen des Zielwinkelbereichs $|\delta\varphi| > \varphi_{th}$ selbst deaktiviert.

Freifahren Das Freifahrverhalten ist einfach durch Setzen der Translationgeschwindigkeit auf einen kleinen Wert $v(t) = -v_{free}$ und durch Setzen der Rotationsgeschwindigkeit auf $\omega(t) = 0$ realisiert. Der Sensorkontext für dieses Verhalten ist immer gegeben.

Wandfolgen Eine wesentliche Navigationsleistung des Roboters ist das Folgen der Wand des zu explorierenden Gangs. Der Sensorkontext $C_{wall} \in \{0; 1\}$ ist dadurch bestimmt, daß eine Wand durch die Wandfilter-Komponente detektiert wird und von der Hinderniskarte eine freie Bahn berechnet werden kann. Für das Wandfolgen wurde in [14] vorgeschlagener PD-Regler angepaßt, der neben dem Abstand zur Wand auch die relative Orientierung des Roboters berücksichtigt. Bei konstanter Translationgeschwindigkeit $v(t)$ ergibt sich für die Winkelgeschwindigkeit:

$$\omega(t) = \arctan[\frac{l}{v^2(t)\cos\vartheta_{Wall}}(k_p(D_{Wall} - d_{Wall}) - 2\sqrt{k_p}v(t)\sin\vartheta_{Wall}] \quad (4)$$

Dabei sind l und k_p Reglerkonstanten, D_{Wall} der Soll-Abstand zur Wand, d_{Wall} der aktuell gemessene Abstand zur Wand und ϑ_{Wall} die relative Orientierung zur Wand. Der Regler erweist sich als sehr robust gegenüber zur Hindernisvermeidung notwendigen Bahnabweichungen.

Position-Anfahren Zum Anfahren einer Position unter Berücksichtigung eines bestimmten Orientierungswinkels wird ebenfalls der in Gleichung (4) beschriebene Regler verwendet. Dabei nähert sich der Roboter asymptotisch der durch die Anfahrposition und -orientierung bestimmten Geraden. Die Asymptote wird dabei fortlaufend auf Basis eines Positionsschätzer[7] fortlaufend in das aktuelle Roboterkoordinatensystem transformiert. Das Verfahren funktioniert allerdings nur für Anfahrpositionen, die genügend weit von der Ausgangsposition entfernt sind[8]. Der Sensorkontext C_{Ap} wird auf 1 gesetzt, wenn eine Anfahrposition übergeben wird, und wird nach Erreichen dieser wieder gelöscht.

Tür-Detektion Das Türdetektionsverhalten steuert den Pan-Winkel $\alpha(t)$ des Schwenk/Neige-Kopfes bei einem fixierten Tiltwinkel $\beta(t)$ so, daß die optische Achse der zur Detektion von Türen verwendeten Kamera einen definierten Punkt an der Wand trifft; dabei wird dessen Projektion auf die x-Achse des Roboterkoordinatensystems[9] konstant gehalten. Da der Pan-Winkelbereich eingeschränkt ist, ergibt sich als Sensorkontext für die Türdetektion $C_{dd} \in \{0; 1\}$ die Bedingung, daß der Pan-Winkel eingestellt werden kann und daß C_{wall} gegeben ist.

Weitere Verhaltenskomponenten Die Komponenten *Türlokalisation* und *Türschild-Lesen* stoppen den Roboter und triggern die entsprechenden Perzeptionskomponenten. Das Verhaltensmodul *Modellaktualisierung* nimmt keinen Einfluß auf die Aktorik, sondern entkoppelt die Aktualisierung des Umgebungsmodells vom Vorgängerverhalten (siehe Abschnitt refErgebisse) *Türschild-Lesen*. Somit muß die Modellaktualisierung dann nicht im Stillstand erfolgen.

5   Explorationsszenario Lehrstuhlgang

Das Explorationsszenario ist in [3] ausführlich erläutert. Durch die inzwischen vorgenommene Umstrukturierung der Ablaufsteuerung kommen die oben aufgeführten Verhalten zum Einsatz. Zunächst sind die Verhalten *Wandfolgen* und *Türdetektion* aktiv. Erreicht die Plausibilität einer detektierten Tür einen

---

[7] durch „Integration" der an die Aktorik geleiteten Fahrkommandos

[8] Als Ausweichlösung im Augenblick eine Sequenz von point-to-point Kommandos implementiert.

[9] entspricht der aktuellen Richtung des Roboters

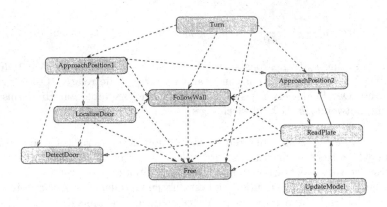

Abbildung 2.
Inhibitionsbeziehungen (gestrichelt) und Aktivierungsbeziehungen (durchgezogen) der
eingesetzten Verhaltenskomponenten

Schwellwert, so unterdrückt das Verhalten *Position-Anfahren* beide zuvor genannten Veralhten und bewegt den Roboter auf eine zur Türlokalisation geeignete Position. Dort wird das Verhalten *Türlokalisation* aktiv und sorgt somit für den Stillstand des Roboters. Kann die genaue Türposition bestimmt werden, so wird eine zweite Instanz des Verhaltens *Position-Anfahren* aktiv und bewegt den Roboter vor das Türschild. Anschließend erfolgt bei aktiviertem Verhalten *Türschild-Lesen* ein weiterer kurzer Stillstand des Roboters. Erreicht der Roboter das Ende des Gangs, so wird das Verhalten *Wenden* aktiv. Das Verhalten *Freifahren*, dessen Sensorkontext immer 1 ist, wird von allen anderen Plattformansteuernden Verhalten unterdrückt und kommt somit nur dann zum Einsatz, wenn von der Hinderniskarte keine freie Band ermittelt werden konnte.

Die eingeführten Verhaltensbeziehungen sind in Abbildung 2 dargestellt.

6 Ausblick

Das durch den *Dynamic Approach* vorgeschlagene Arbitrierungsschema erlaubt eine additive Ergänzung des Szenarios um weitere Verhaltenskomponenten. Für jedes neu hinzugefügtes Verhalten müssen dabei nur ggf. weitere Beziehungen zu den bereits vorhandenen ergänzt werden. Angedacht ist hierbei die Integration zweier Kartographierungsverhalten, die aus Genauigkeitsgründen den Stillstand des Roboters benötigen, da in einem Fall Laserscans statistisch gefiltert und im zweiten Fall mit Hilfe des Stereokamerasystems ein Voxelmodell erzeugt wird.

Um höchst mögliche Parallelisierbarkeit zu erreichen, werden die Verhaltensmodule in Zukunft neben den von ihnen gesetzten Aktorikparametern einen aktuellen Gültigkeitsbereich in Form eines Hyperellipsoids im Aktorikparameterraum definieren können. Die Arbitrierung bildet dann die Schnittmenge aller Gültigkeitsbereiche und muß dann ggf. seltener Inhibitionsbeziehungen aktivieren. Die Hoffnung besteht hierbei, daß gerade noch umfangreichere Applikationen entsprechend effizienter durchgeführt werden können.

Literatur

1. Brooks, R.A.: A Robust Layered Control System For a Mobile Robot. IEEE Journal of Robotics and Automatisation **RA-2, No. 1** (1986) 14–23
2. Arkin, R.C.: Behavior-Based Robotics. MIT Press (1998)
3. Blum, S., Einsele, T., Hauck, A., Stöffler, N.O., Färber, G., Schmitt, T., Zierl, C., Radig, B.: Eine konfigurierbare Systemarchitektur zur geometrisch-topologischen Exploration von Innenräumen. In: Autonome Mobile Systeme. Informatik aktuell, Springer-Verlag (1999) 378–387
4. Rauschert, I.: Messung und Korrektur systematischer Odometriefehler bei mobilen Robotern. TU München, Lehrstuhl für Realzeit-Computersysteme, Interdisziplinäres Projekt (2000)
5. Blum, S.: OSCAR - Eine Systemarchitektur für den autonomen, mobilen Roboter MARVIN. In: Autonome Mobile Systeme. Informatik aktuell, Springer-Verlag (2000) 218–230
6. Hauck, A., Lanser, S., Zierl, C.: Hierarchical Recognition of Articulated Objects from Single Perspective Views. In: Proc. Computer Vision and Pattern Recognition (CVPR'97), IEEE Computer Society Press (1997) 870–883
7. Steinhage, A.: Dynamical Systems for the Generation of Navigation Behavior. PhD thesis, Ruhr-Universität, Bochum, Germany (1997)
8. Bergener, T.: Eine lernfähige Architektur zur Organisation der Verhalten eines autonomen Roboters. PhD thesis, Ruhr-Universität Bochum (2000)
9. Stöffler, N.O.: Realzeitfähige Bestimmung und Interpretation des optischen Flusses zur Navigation mit einem mobilen Roboter. PhD thesis, TU München (2001)
10. Einsele, T.: Localization in Indoor Environments Using a Panoramic Laser Range Finder. PhD thesis, TU München (2002)
11. Einsele, T.: Real-Time Self-Localization in Unknown Indoor Environments using a Panorama Laser Range Finder. In: Proc. IEEE/RSJ Int. Conf. on Intelligent Robots and Systems (IROS'97), Grenoble, France (1997) 697–703
12. Bandouch, J.: Umgebungsexploration mit einem autonomen mobilen Roboter unter Nutzung verschiedener Sensoren, Teilbereich: Laserkartographierung. TU München, Lehrstuhl für Realzeit-Computersysteme, Interdisziplinäres Projekt (2003)
13. Fox, D., Burgard, W., Thrun, S.: The Dynamic Window Approach to Collision Avoidance. IEEE Trans. on Robotics and Automation 4 (1997)
14. Das, A., Fierro, R., Kumar, V., Southall, J., Spletzer, J., Taylor, C.: Real-Time Vision-Based Control of a Nonholonomic Mobile Robot. In: Proc. IEEE Int. Conf. on Robotics and Automation (ICRA'01). (2001) 1714–1719

Handling Environment Dynamics
in Medial Axis Based Localization

Michael Fiegert   Charles-Marie De Graeve

Michael.Fiegert@siemens.com, Siemens AG, Corporate Technology, 81730 Munich, Germany

charles.de_graeve@stud.uni-karlsruhe.de, TU Karlsruhe, Germany

Abstract. *For mobile robot localization we use a map based on the medial axis of free space. It combines the generality of occupancy grids with the efficiency of geometric feature maps. In contrast to these, no global consistent coordinate frame is needed and no special features like lines or corner points need to be present in the environment. Therefore the approach is very universal with respect to the size and type of environment.*

However, the ordinary medial axis is not robust with respect to new objects in formerly free space. For our approach to be useful in dynamic environments, this decisive disadvantage of medial axis based localization needs to be overcome. This paper presents two solutions for this problem, after shortly sketching the map building and localization process of our MALoc system

1   Introduction

Localization and map building are fundamental skills of autonomous mobile robots. A lot of research has been done in this area and algorithms have been developed that proved to be useful in real environments [e.g. 1,2,3,4]. Currently localization is mostly done with maps containing geometric features, occupancy grids or appearance-based maps. See [5] for an overview of state of the art map building.

Each of the successful systems is defined for and works well in environments of a certain type and size. On the other hand a lot remains to be done until a solution is found that

- generalizes well within the broad spectrum of possible environments differing in size, dynamics, distribution and similarity of obstacles and other attributes, and

- is efficient in terms of processing time and memory consumption.

Feature maps fail if the necessary structure assumptions do not apply (e.g. missing line features). Occupancy grids are very general, but not efficient and they do not scale well. Appearance based approaches require a very dense coverage of the area in the map building phase and can not generalize to places that are too far off from places with an appearance attached to them. Furthermore, they fail if appearance varies a great deal over time. Figures 1 and 4 show examples of some demanding situations.

Figure 1: Local occupancy grid from laser range measurements in a canteen. No line features are present and the dots are not invariant because chairs are moved, and because of sensor noise. Nevertheless a structure which is persistent over time is present.

In section 2 we briefly sketch our Medial Axis based Localization system (MALoc) that has been built to work in any environment, is memory efficient and fast. In section 3 two algorithms are presented that extend this approach to be useful in dynamic environments. In section 4 we give experimental results and then conclude with an outlook.

2 Overview of the MALoc System

Our approach fits very well into the framework proposed by Kuipers long ago: the spatial semantic hierarchy [6]. On the basic level in this hierarchy, the robot is steered to distinctive locations by basic reactive behaviours. Once a basic behaviour successfully terminates, this implies localization at this point. In a more recent version [7], Kuipers suggests to use local maps to recognize distinctive locations and locate relative to them, avoiding the necessity to really drive there.

Starting from a local occupancy grid for sensor fusion we use the medial axis (MA) to find such distinctive locations. The MA was introduced by Blum [8], and is defined as the set of points in free space that have equal minimal distance to at least two obstacle points (similar to Generalized Voronoi Diagrams, see [9]). It can be calculated by a wave propagation algorithm [10]. We prune it by defining that details of free space smaller than the robot are not interesting. Figure 2 shows a local grid from the same environment as in Figure 1, enhanced with its pruned MA. It can be seen that the topology of free space is represented pretty well and that meet points, like T-junctions or crossings, can be used as distinctive locations in the sense mentioned above. After annotating all MA points with the distance to the closest obstacle and taking curvature into account, we get even more distinctive markers which can be used for localization. We assume those annotations to be present when we use the concept medial axis (MA) in the following.

Figure 2: Pruned medial axis and robot location within the same measurement shown in figure 1.

Others have used MA for localization too [11,12], but structure assumptions (presence of lines) have been made and environments have been assumed to be mostly static, two assumptions we do not make.

We use MA because of the following advantages:

- Every environment has a MA that is significant (except for obviously pathological cases).
- A local part of the MA is often characteristic enough not to be confused with nearby parts or even unique in the entire MA map. Therefore, if the robot configuration is known with respect to the local MA, it is known within the MA map (localization and global localization).
- MA are very robust with respect to some usually problematic types of sensor noise and environment changes.
- MA can be represented and approximated very efficiently.
- MA can be compared to each other very efficiently.
- MA contain topology almost explicitly and allow for simple planning and exploration algorithms.
- MA provide all information necessary for area filling algorithms.

2.1   Map Representation

At this point the MA represents a set of curves in a 2D plane. This set of curves is further abstracted to a graph. A small set of points is selected: All topologically characteristic points, which are those corresponding to nodes with grade three or higher, and enough others of the MA to keep the modelling error low.

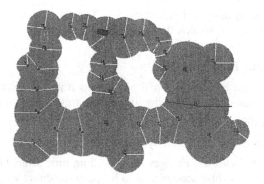

Figure 3: Map representation: a selection of MA points shown by a small number and a grey disc representing free space. The generators are the endpoints of the associated lines. The edges of the graph are not shown.

This set together with their topological connections, the corresponding obstacle points at minimal distance ("generators", see section 3.2), uncertainty information and possibly other annotations forms the representation of our map (see figure 3).

2.2 Localization

The basic principle for localization with MA is to match the current local MA to a part of the global MA map. We combined this concept with Monte Carlo Localization (MCL), a probabilistic localization process based on particle filters [13].

In MCL the belief about the current configuration of the robot is modelled by a probability distribution, which is represented by a set of samples. Usually for global localization the samples are initialised with equal distribution. Then in alternating phases the samples are propagated according to odometry information, weighted and resampled according to the plausibility for each sample, which is based on the current and expected sensor readings.

Since it has been found, that the original MCL algorithm counter-intuitively can yield worse results with better sensors, we use a variant: monte carlo localization with mixture proposal distribution [14]. Besides the usual forward propagation step, in which samples of the current belief are propagated and rated by sensor measurements, a backward propagation step is added. It produces samples out of sensor information, propagates them backwards and rates them with the current belief.

A MA match can be seen as very distinctive sensor information with which we can produce highly relevant samples for this backward propagation step. This allows us to confine the initial sample set to a small number of configurations instead of an uninformed equal distribution, improves accuracy and efficiency by reducing the amount of samples necessary and allows to recover quickly from wrong localisation (kidnapped robot problem). We get these configuration hypotheses from a fast hierarchical elimination process with which we find matches between the local MA and the stored global map.

An extension for this is described in Section 3.1. The process used for weighting the samples in the forward propagation step is described in section 3.2.

3   Environment Dynamics

In most applications the environment will not stay as it is, but objects will be added, removed, moved, or are currently moving like people walking by for example.

It is possible to get rid of currently fast moving objects by pre-processing.

Very slow dynamics can be dealt with by gradually adapting the map.

The real challenge however are changes on a medium time scale. On this time scale object motion is too slow or discontinuous to be detected directly by the sensors and too fast or abrupt to be handled by re-adjusting the map regularly. Think of a warehouse with pallets coming in and being placed on the floor, or redecoration in a department store. We need to be able to match the locally visible environment to the map, even if the appearance has changed heavily since map building. In the sequel, we distinguish between two classes of such environment dynamics:

1.   The topological structure of the MA (i.e. the corresponding graph) is invariant.
2.   The topological structure changes.

Note that exactly the same change in appearance can be either caused by changes in the environment or by sensor limitations. An example of practical relevance are the shelves in a supermarket where the sensor measurement might vary substantially with the filling. If a sensor on the other hand measures a empty compartment by sometimes seeing the back wall, sometimes the front side of a shelf (sensor noise), the effect is exactly the same as with filling up the compartment (dynamics). Using the proposed methods to cope with environment dynamics will therefore help to overcome such sensor limitations as well (see figure 4).

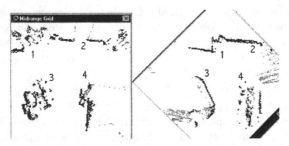

Figure 4: Change of appearance due to sensor limitations. The hight of the sensor mountpoint was slightly different for the two measurements. Specular reflection occured at a metal plate (1) and the bumper of some shelves came into sight (3,4). Additionaly a door (2) had been closed.

For the first class of dynamics, where the exact position and shape of objects varies, but pathways stay mostly clear, the size and topology of free space are essentially preserved. Then the use of the MA together with a robust comparison process already provides the solution.

For the second class, where objects appear in formerly free space, the medial axis changes dramatically and comparison will fail. We present two new solutions for this problem: "higher order medial axes" and "fast sample rating with generators".

3.1 Higher Order Medial Axis

The basic idea of this method is to compute a special MA from the local map that can be matched with the global map although new objects showed up in the local map. We want to efficiently calculate the MA that would have been generated if $j =1, 2, \ldots$ k objects wouldn't be present in the local map. Therefore in addition to the MA we generate the medial axis of higher order, which is defined not by equal minimal distance to the next obstacle points, but by equal minimal distance to the next but j obstacles. Note that by switching from "obstacle points" to "obstacles" a segmentation becomes necessary[1], but this segmentation process can be heavily supported by the MA already calculated. Figure 5 shows an example where one extra object has been added for illustration. It can be seen how the MA changes and that the old MA can be reconstructed as MA of order 1 in those areas where the object changed the MA. The original MA is completely contained within the union of MA of order 0 (effective outside the influence of the extra object) and 1 (within the influence of the extra object).

Such higher order medial axis can be calculated by a multi layer distance transformation, also called "bucket sorting propagation" [10] with complexity $O(n*k*\log(k))$ where n is the amount of pixels and k is the maximal order.

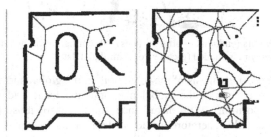

Figure 5: In the right picture one extra object has been added (simulated data here), and also the MA of order 1. It can replace the lost part of the original MA in the surrounding of the extra object.

If there were no unknown regions in the local environment, then the medial axis would provide the complete segmentation, where objects are defined as all pixels within a cycle in the MAs associated graph. In this case our method would

---

[1] After segmentation "higher order voronoi" might be more accurate here, but we keep the term "medial axis" to avoid confusion

presumably be the same than adding all the medial axes generated when deleting all objects on a trail basis, first individually, then in pairs,...

As a result, configuration hypotheses can be generated if there is a sufficiently large part in our local map which is not influenced by more than k new objects, though the number of false hypothesis and the CPU power needed increase with the parameter k.

3.2 Fast Sample Rating with Generators

Another method, which has the potential to tolerate much more disturbance is the construction of the expected local grid from a configuration hypothesis and the global MA map, and then comparing this expected local grid with the measured local grid. But this construction and the comparison (taking sensor noise into account) is an expensive processes. Our second method relies on the observation that we can confine this comparison to a very small subset of the grid map pixels (ca. 1/500 in our system) if these are chosen well: the minimal distance points that define a MA point, especially those chosen to be in the global map. We call those points "generators". For time efficiency we simply store them while map building instead of reconstruction while localization.

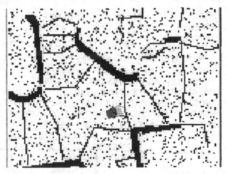

Figure 6: The generators (endpoint of straight lines) of configuration hypothesis overlaid over a local map with heavy noise added (picture from simulated data)

Given a configuration hypothesis of the robot both in the global and the local map, we can project the generators of the global map into the local grid map. We expect obstacles at those positions. With disturbance due to sensor noise or dynamics that might not be true exactly. Therefore we do not look up the occupancy in the grid, but the distance to the next obstacle in the distance transformed of the grid. This was already computed while extracting the MA. Then the sum of the squared (in order to punish large ones) distances gives a good measure of similarity which can be computed extremely fast since this is basically lookup. The necessary normalisation is done in the MCL process, where the sample weights are normalised to sum up to one.

If a multiple hypothesis approach were used instead of MCL, it should be possible to exact the hypothesis by means of a gradient descent over this simple similarity measure.

3.3 Localization with Mixture Proposal Distribution

The profiles of those two methods perfectly fit the needs of Monte Carlo Localization with mixture proposal distribution.

The first process provides more information, can generate global configuration hypothesis, until it breaks down when there is too much dynamics. It is used to generate particles for the "backward propagation".

The second process is used to rate particles after "forward propagation". It is not that specific, but still enough for position tracking. It keeps up much longer when dynamics increase, and is fast enough to evaluate a large set of particles.

Although removed objects are also handled by the second one, emphasis lies on added objects in both methods.

4 Results

We have presented two methods to cope with environment dynamics in medial axis based localization approaches.

In addition to the described localisation approach for dynamic environments we have implemented exploration and map building with simultaneous localisation, also including a first version of loop closing. This is based on the same algorithms described, but we currently assume a mostly static environment for map building.

Figure 7: The pioneer robot used for most experiments, here with additional omnidirectional camera.

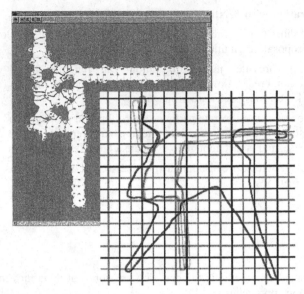

Figure 8: Map built at nighttime in a mall and trajectories of a localization experiment at daytime. (dark: odometrie, medium: odometrie and gyroscope, light: MALoc localization)

Successful tests have been performed with recorded data and on a pioneer robot (figure 7). Map building, fast global localization and good recovery from manually introduced localization error (kidnapped robot) has been shown with recorded data from a very large department store (2200 m^2). In experiments in a canteen (a small part of which is shown in figure 1,2; ca. 800 m^2) the robot performed global localization and good position tracking with a map build more than one year before. Figure 8 shows a map that has been build at night time in a mall were mostly closed shutters were seen by the sensors. Localization at daytime worked well with deviation in the magnitude of some centimetres even though no pre-processing was active to filter out the people walking around and the sensors were now seeing all kinds of goods instead of the shutters.

5 Outlook

Future work includes:
- Do a quantitative analysis of the performance.
- Explicitly include the case of objects disappearing.
- Extend map building (SLAM) to dynamic environments.
- Make use of other sensors. Until now only laser range measurements have been used.

Acknowledgement

This work was partially supported by the German Department for Education and Research (BMBF) under grant no. 01 IL 902 D0 as part of the lead project MORPHA.

References

[1]   D. Kortenkamp, R Bonasso, R. Murphy (eds); *Artificial Intelligence and Mobile Robots: Case studies of successful Robot Systems.* MIT Press 1998.

[2]   J.-S. Gutmann; W.Burgard, D. Fox, K. Konolige; An experimental comparison of localization methods. *In Int. Conf. On Intelligent Robtos and Systems (IROS)*, 1998.

[3]   W. Rencken, W. Feiten, M. Soika; Large consistent geometric Landmark Maps. In *Sensor Based Intelligent Robots*, 2000.

[4]   S. Thrun, et al.; Probabilistic Algorithms and the Interactive Museum Tour-Guide Robot Minerva. In *International Journal of Robotics Research*, Vol. 19, No. 11.

[5]   S. Thrun; Robotic Mapping: A Survey. In G. Lakemeyer and B. Nebel (eds.) *Exploring Artificial Intelligence in the New Millenium*, Morgan Kaufmann 2003.

[6]   B. Kuipers; *Representing Knowledge of Large-Scale Space.* PhD thesis, MIT 1977.

[7]   B. Kuipers; The Spatial Semantic Hierarchiy. In *Artificial Intelligence* 119, 2000.

[8]   H. Blum; A transformation for extracting new descriptors of a shape. In Whaten-Dunn (ed.) *Models for the Perseptiom of Speech and Visual Form*, MIT Press 1967.

[9]   R. Ogniewicz, M. Ilg; Voronoi Skeletons: Theory and Applications, In *Conference on Computer Vision and Pattern Recognition* (CVPR), 1992.

[10] Cuisenaire, B. Macq; Fast Euclidean morphological operators using local distance transformation by propagation. In *7th Intl Conference on Image Processings and its Applications*, 1999.

[11] D. Van Zwynsvoorde, T. Siméon, R. Alami. Building topological models for navigation in large scale environments. In *International Conference on Robotics and Automation (ICRA)*, 2001.

[12] D. Blanco,   B.Boada, L. Moreno; Localization by Voronoi Diagrams Correlation. In *International Conference on Robotics and Automation (ICRA)*, 2001.

[13] D. Fox, S. Thrun, W.Burgard, F. Dellaert. Particle Filters for mobile Robot Localization. In A. Doucet, N. Fereitas, N. Gordon (eds.), *Sequential Monte Carlo Methods in Practice*, Springer 2000

[14] S.Thrun, D. Fox, W. Burgard; Monte Carlo Localization With Mixture Proposal Distribution. In *AAAI 7. Nat. Conf. On AI*, 2000

A Multigrid Approach
for Accelerating Relaxation-Based SLAM

Udo Frese[1] and Tom Duckett[2]

[1] DLR Oberpfaffenhofen
German Aerospace Center
Institute of Robotics und Mechatronics
D-82230 Wessling, Germany
Udo.Frese@dlr.de, www.robotic.dlr.de
[2] AASS Learning Systems Lab
Department of Technology
Örebro University
S-70182 Örebro, Sweden
tdt@tech.oru.se, www.aass.oru.se

Abstract. This paper addresses the problem of simultaneous localisation and mapping (SLAM) by a mobile robot. An incremental SLAM algorithm is introduced that is derived from so-called multigrid methods used for solving partial differential equations. The approach overcomes the relatively slow convergence of previous relaxation methods because it optimizes the map at multiple levels of resolution. The resulting algorithm has an update time that is linear in the number of mapped features, even when closing very large loops, and offers advantages in handling non-linearities compared to previous approaches. Experimental comparisons with alternative algorithms using two well-known data sets are also presented.

1 Introduction

To navigate in unknown environments, an autonomous robot requires the ability to build its own map while maintaining an estimate of its own position. The SLAM problem is hard because the same sensor data must be used for both mapping and localisation. We can separate two major sources of uncertainty in solving this problem: (*i.*) the *continuous* uncertainty in the positions of the robot and observed environmental features, and (*ii.*) the *discrete* uncertainty in the identification and re-identification of environmental features (data association). Any approach to the SLAM problem that considers both types of uncertainty must somehow search the space of possible *maps*, since alternative assignments in data association can produce very different maps.

Our approach belongs to a family of techniques where the environment is represented by a graph of spatial relations between reference frames that is obtained by scan matching [8, 7]. With this approach, it is natural to separate the topological (discrete) and geometric (continuous) elements of the representation, and to consider tracking the M most likely topological hypotheses as a practical solution to the SLAM problem. Alternative topological hypotheses generally correspond to decisions over whether or not to "close a loop", based on the uncertainty in the re-identification of previously mapped features. The key problem here is that to evaluate the likelihood of one single hypothesis, a large linear equation system has to be solved in order to infer the most likely geometric representation given a particular topology.

A desirable property for any SLAM algorithm is that the computation time for updates should be linear in the number of features n stored in the map [5]. To achieve this objective, we have investigated so-called multigrid methods for solving partial differential equations [2], resulting in a new SLAM algorithm for solving the equation system of a single topological hypothesis called 'Multilevel Relaxation'. Relaxation is an iterative method for solving equations, which is equivalent to Gauss-Seidel iteration or Gibbs sampling at zero temperature. The new approach improves on the previously introduced algorithm [3], which was significantly slower when closing large loops, by carrying out the optimization process at multiple levels of resolution in the underlying map.

In the following sections, we derive the basic algorithm for single level relaxation (§2), followed by an overview of multigrid methods (§3) and the Multilevel Relaxation algorithm (§4). Due to lack of space the description is brief, a more extended discussion can be found in [4]. Results including experimental comparisons with alternative algorithms are presented in §5, and the conclusion in §6 discusses how to embed the new algorithm within a framework for tracking multiple topological hypotheses.

1.1 Related Work

Guivant and Nebot [6] introduced a so called Compressed Extende Kalman Filter (CEKF) for real-time mapping. By restricting the Kalman update to a subset of landmarks in a local area, updates can be performed at cost $O(1)$ and then transferred to the overall map in $O(n^2)$. With a further approximation, that can be reduced to $O(n)$, though the problem of closing large loops is not yet solved.

Montemerlo et al. [9] used a particle filter to track the pose of the robot, where each particle also includes a set of Kalman filters estimating the position for each landmark. This approach is able to represent and search between multiple hypotheses for the full map (i.e., robot pose plus all landmark positions), but the particle set must be large enough to contain a particle sufficiently close to the true pose of the robot at all times. The algorithm requires $O(M \log n)$ time for M particles, though it is not clear how the number of particles scales with the complexity of the environment.

Thrun et al. [12] applied extended information filters utilizing the sparsity of the information matrices in SLAM, as proposed by Frese and Hirzinger [5]. The equation solving is performed iteratively by relaxation. The authors propose to relax only $O(1)$ landmarks at each step, which would result in a constant time algorithm. However, in the numerical literature, relaxation is reputed to need $O(n^2)$ time for reducing the equation error by a constant factor [2, 10, §19.5]. For instance after observing n landmarks each $O(1)$ times, the algorithm will

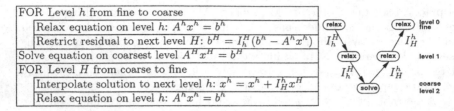

FOR Level h from fine to coarse
Relax equation on level h: $A^h x^h = b^h$
Restrict residual to next level H: $b^H = I_h^H (b^h - A^h x^h)$
Solve equation on coarsest level $A^H x^H = b^H$
FOR Level H from coarse to fine
Interpolate solution to next level h: $x^h = x^h + I_H^h x^H$
Relax equation on level h: $A^h x^h = b^h$

Fig. 1. General multigrid algorithm (V-cycle), and example with 3 levels.

have spent only $O(n)$ time on equation solving, so it is doubtful whether this approach will suffice in general.

2 Single Level Relaxation

The input to the algorithm is a set $\mathcal{R}$ of $m = |\mathcal{R}|$ relations on n planar frames. Each relation $r \in \mathcal{R}$ describes the likelihood distribution of frame a^r relative to frame b^r. It is modelled as a Gaussian with mean μ^r and covariance C^r. The output is the maximum likelihood (ML) estimation vector $\hat{x}$ for the poses of all the frames.

In the context of SLAM, each frame corresponds to the robot pose at a certain time. Each relation corresponds to a measurement of the relative pose between two frames, either by odometry for consecutive frames or as the result of matching the laser scans (or other sensor readings) taken at the respective robot poses. As usual, the mean μ^r of such a relation is the actual measurement and the covariance C^r is taken from a suitable model of the measurement uncertainty.

The algorithm proceeds in three steps [10, §15]:

1. Linearize the measurement functions.
2. Compute a quadratic error function $\chi^2(x)$ and represent it by a matrix A and a vector b as $\chi^2(x) = x^T A x - 2x^T b$.
3. Find the minimum $\hat{x}$ of $\chi^2(x)$ by solving $Ax = b$.

The first two steps are the same used in most least square nonlinear model fitting algorithms. Specific to relaxation is the way of solving $Ax = b$. It is performed by going through all block rows A_i and solving $(Ax)_i = b_i$ for x_i. This process is repeated until convergence.

2.1 Derivation of the Linear Equation System

Maximizing likelihood is equivalent to minimizing negative log likelihood or χ^2 error energy:

$$\chi^2(x) = \sum_{r \in \mathcal{R}} z^{rT} (C^r)^{-1} z^r, \quad \text{with } z^r = f(x_{a^r}, x_{b^r}) - \mu^r, \tag{1}$$

$$f\left(\begin{pmatrix} a_x \\ a_y \\ a_\phi \end{pmatrix}, \begin{pmatrix} b_x \\ b_y \\ b_\phi \end{pmatrix} \right) = \begin{pmatrix} (a_x - b_x) \cos b_\phi + (a_y - b_y) \sin b_\phi \\ -(a_x - b_x) \sin b_\phi + (a_y - b_y) \cos b_\phi \\ a_\phi - b_\phi \end{pmatrix}$$

The measurement function f maps the two poses of the two frames a^r and b^r to the relative pose of a^r with respect to b^r. As usual, it is linearized at some linearization point $\breve{a}^r, \breve{b}^r$ corresponding to some estimate for the two frames. We use the most recent estimate for $\breve{b}^r$ and choose $\breve{a}^r$ so that $f(\breve{a}^r, \breve{b}^r) = \mu^r$. This means that the linearization points chosen for a measurement are consistent with the measurement itself. Compared to using the most recent estimate for $\breve{a}^r$ this produces a much smaller error when closing a loop.

$$f\left(\begin{pmatrix} a_x \\ a_y \\ a_\phi \end{pmatrix}, \begin{pmatrix} b_x \\ b_y \\ b_\phi \end{pmatrix}\right) \approx \mu + \underbrace{\begin{pmatrix} \cos \breve{b}_\phi & \sin \breve{b}_\phi & 0 \\ -\sin \breve{b}_\phi & \cos \breve{b}_\phi & 0 \\ 0 & 0 & 1 \end{pmatrix}}_{J_a} (a - \breve{a}) + \underbrace{\begin{pmatrix} -\cos \breve{b}_\phi & -\sin \breve{b}_\phi & \mu_y^r \\ \sin \breve{b}_\phi & -\cos \breve{b}_\phi & -\mu_x^r \\ 0 & 0 & -1 \end{pmatrix}}_{J_b} (b - \breve{b})$$

Substituting the linearized function into (1) yields a quadratic approximation:

$$z^r \approx J_a^r\left(x_{a^r} - \breve{a}^r\right) + J_b^r\left(x_{b^r} - \breve{b}^r\right), \quad \chi^2(x) = \tag{2}$$

$$x^T \sum_{r \in \mathcal{R}} \underbrace{\begin{pmatrix} \cdots & & & & \cdots \\ \cdots & J_a^{rT}(C^r)^{-1}J_a^r & \cdots & J_a^{rT}(C^r)^{-1}J_b^r & \cdots \\ & \cdots & & \cdots & \\ \cdots & J_b^{rT}(C^r)^{-1}J_a^r & \cdots & J_b^{rT}(C^r)^{-1}J_b^r & \cdots \\ \cdots & & & & \cdots \end{pmatrix}}_{A} x - 2x^T \sum_{r \in \mathcal{R}} \underbrace{\begin{pmatrix} \cdots \\ J_a^{rT}(C^r)^{-1}\left(J_a^r\breve{a}^r + J_b^r\breve{b}^r\right) \\ \cdots \\ J_b^{rT}(C^r)^{-1}\left(J_a^r\breve{a}^r + J_b^r\breve{b}^r\right) \\ \cdots \end{pmatrix}}_{b}$$

Each relation r contributes to block-rows a^r and b^r of b and the intersection of these rows and columns in A. Since χ^2 is invariant under movement of the whole map, A is singular. To make it positive definite, a relation between frame 0 and a global frame is added ($J_b = 0$).

The matrix A is called the information matrix, and is the inverse of the estimation covariance matrix. A block $A_{ab} \neq 0$ appears only between frames a, b with a common relation, which are normally only $O(1)$ for a given a. This sparsity is essential for the efficiency of relaxation. The ML estimate $\hat{x}$ minimizes $\chi^2(x)$ or equivalently makes the gradient equal to 0:

$$0 = \frac{\partial\left(\chi^2(x)\right)}{2\partial x} = \frac{\partial\left(x^T A x - 2x^T b\right)}{2\partial x} = Ax - b \tag{3}$$

So with the definitions made above, the equation to be solved is $Ax = b$ for a sparse matrix A. The full posterior distribution is in principle given by $\exp(-\frac{1}{2}\chi^2(x))$, but this is of little practical value, since usually the posterior for some selected frames is desired. This requires computation of the covariance matrix A^{-1}, which appears to be impossible in less than $O(n^2)$ time, so in this paper we concentrate on computing the ML estimate $\hat{x}$.

2.2 Iterative Solution by Relaxation

The basic idea of relaxation is to solve the equation system $Ax = b$ one (block-) row at a time. Relaxation of (block-) variable x_i consists of solving (block-) row i of the equation for x_i considering all other x_j as fixed[3]:

$$x_i' = x_i + A_{ii}^{-1}(b_i - A_{i\bullet}x) \tag{4}$$

---

[3] $A_{i\bullet}$ denotes row i and $A_{\bullet i}$ denotes column i of A.

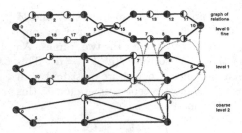

Fig. 2. Example for a three level hierarchy: For each coarser level every even numbered frame is selected and the odd ones are interpolated from their even predecessor and successor. Coarse frames (black) are represented on the next coarser level, fine frames (white) are interpolated. Lines show the sparsity pattern of A^0, A^1 and A^2. The first level is identical to the graph of relations $\mathcal{R}$. Arrows show the interpolator I_1^0 and I_2^1 (only for frames $6 \ldots 10$)

From the perspective of minimizing $x^T A x - 2x^T b$, this means finding the minimum x_i if all other x_j remain unchanged. In a single iteration, (4) is used to update all x_i. After x_i is updated, the new value is used in the update of all following x_j, $j > i$ (Gauss-Seidel relaxation).

Every iteration reduces $x^T A x - 2x^T b$, so it will converge to the unique minimum $A^{-1}b$, thereby solving the equation. Since A is sparse, evaluating (4) takes $O(1)$ and a single iteration $O(n)$ time. For typical A, $O(n)$ iterations are needed to reduce the error by a constant factor [2, 10, §19.5]. However local or oscillating parts of the error are reduced much more effectively than smooth or global parts, so in practice, few $(1-3)$ iterations suffice, except when closing a large loop [3].

3 Multigrid Linear Equation Solvers

Historically, relaxation has been widely used for the numerical solution of partial differential equations (PDE). These continuous equations appear, for instance, in the simulation of heat flow, fluid dynamics or structural mechanics. As an example, the solution to a heat flow problem is a function $\mathbb{R}^3 \to \mathbb{R}$ assigning a temperature to each point in 3-D space. Numerically they are solved by discretizing the function onto a grid of sampling points. Thereby the PDE is converted into an ordinary sparse linear equation system. It is often solved using relaxation. The problem with this approach is that *oscillating* parts of the error are reduced efficiently, but it takes much longer to reduce the remaining *smooth* error.

A breakthrough was the development of so-called multigrid methods in the 1970's [1, 2]. The idea is to discretize the PDE at different levels of resolution. Relaxation on a fine level (high resolution) effectively smooths the error. Then relaxation on a coarser level is used to reduce that error, which on the lower resolution is again more oscillatory.

3.1 Geometric Multigrid

To realize this idea, a single iteration of relaxation is first performed at the finest level. The remaining residual $b^h - A^h x^h$ is then restricted to the next coarser level by a *restriction* operator I_h^H [4]. On the coarsest level, the residual equation is solved directly (e.g., by Cholesky decomposition [10, §2.9]). Then the solution

---

[4] We follow the literature on multigrid methods in distinguishing different levels by superscript ^{h}. For two levels ^{h} denotes the finer and ^{H} the coarser level.

x^H is interpolated to the next finer level by an *interpolation* operator I_H^h and used to update the solution x^h there. In the geometrical context underlying most PDEs, a hierarchy of coarser levels is easily constructed by discretizing the PDE onto grids with increasing grid spacing, i.e., onto fewer sampling points. The propagation of the residual from fine to coarse and then of the solution back from coarse to fine is called a V-cycle (Fig. 1). It needs $O(n)$ time, since the size of the levels decreases exponentially. For suitable I_H^h, I_h^H and A^H it reduces the error by a constant factor [2].

3.2 Galerkin Multigrid

For PDEs, A^H can be naturally derived as the discretization onto a smaller set of sampling points. I_H^h and I_h^H are usually chosen as linear interpolation and weighted averaging respectively. If no "natural" choice for A^H and I_h^H is available, the Galerkin operator defines them purely algebraically for a given interpolator I_H^h. It is derived from the equivalent minimization problem (which on the finest level is just the original problem of minimizing $\chi^2(x)$):

$$g(x) = {x^h}^T A^h x^h - 2{x^h}^T b \tag{5}$$

Since the coarse x^H corresponds to the fine $I_H^h x^H$, the coarse equation must minimize $g(I_H^h x^H)$:

$$0 = \frac{1}{2} \frac{\partial \left(g(I_H^h x^H)\right)}{\partial x^H} = \overbrace{{I_H^h}^T A^h I_H^h}^{A^H} x^H - \overbrace{{I_H^h}^T}^{I_h^H} b \tag{6}$$

So by using the Galerkin operator $I_h^H = {I_H^h}^T$, $A^H = {I_H^h}^T A^h I_H^h$, the coarse equation minimizes $g(x)$ over the range of the interpolator. Relaxation on any level thereby reduces $g(x)$, ensuring convergence to the unique solution for any I_H^h. For fast convergence, however, the choice of I_H^h is still crucial.

Another point to consider is that I_H^h has to be local in some sense, otherwise coarser matrices will become increasingly dense, taking more than $O(n)$ time per iteration.

4 Multilevel Relaxation

In this section we describe the Multilevel Relaxation algorithm proposed in this paper. Unlike many PDEs, in SLAM the problem is not discretized onto a regular grid, so the question is how to define the hierarchy of coarser levels. The algorithm exploits the fact that the frames form a sequence, namely the robot's trajectory, so selecting every second frame is a suitable way of generating a coarser level (Fig. 2). It uses a multilevel representation for equation (3) with a sparse matrix A. On this hierarchy it implements a Galerkin based V-cycle. The algorithm is incremental, updating $\hat{x}$ for each new frame. Such an update involves three tasks: (*i*.) Extend A^h, b^h on all levels necessary to represent the new frame. (*ii*.) Update A^h, b^h and I_H^h based on the new relations. (*iii*.) Apply c V-cycles to update the ML estimate $\hat{x}$. The first two steps involve only few entries of A^h and b^h and take $O(\log n)$, the third step takes $O(cn)$.

4.1 Data Structure

The algorithm maintains the graph of relations $\mathcal{R}$ in the usual way, with linked lists that allows efficient traversal of the set of edges incident upon a given node. Each relation r stores the corresponding Gaussian μ^r, C^r and linearization point $\breve{a}^r$, $\breve{b}^r$ (§2.1). For the multilevel hierarchy, each level h contains the sparse equation matrix A^h, vector b^h, overall solution $\hat{x}^h$, residual solution x^h and the sparse interpolation matrix I_H^h. A^h is stored as a set of 3×3 blocks $\{(i, j, A_{ij}) | A_{ij} \neq 0\}$. Blocks of a given row are linked for efficient traversal. This allows computation of $(Ax)_i = A_{i\bullet}x$ and relaxation by equation (4) in $O(1)$. The interpolator I_H^h is stored in an array, since each row contains at most two blocks. We define $C(f)$, the set of coarse frames from which f is interpolated, and $F(f)$, the fine frame corresponding to f.

4.2 Update

When new measurements arrive, a new frame is introduced into A^h, b^h and I_H^h, new relations are added and the equation is updated on each level. Only $O(1)$ frames are involved, so the update is performed in $O(1)$ per level and $O(\log n)$ total. Our approach is to always recompute a complete row of A^h, b^h, and I_H^h, keeping track of the changed rows from fine to coarse level. Since each row contains only $O(1)$ nonzero blocks, updating only the affected blocks is little faster and more complicated. For a new frame A^h, b^h and I_h^H are extended as necessary. Let $\mathcal{F}^h$ be the set of frames adjacent to a new relation. From the sparsity pattern in (2) it can be seen that only A_{ij}^h, b_i^h for $i, j \in \mathcal{F}^h$ changes, so we recompute rows $\mathcal{F}^h$. For each $f \in \mathcal{F}^h$ the blocks generated by all relations incident to f are added to $A_{f\bullet}^h$ and b_f^h. Next the interpolator I_H^h is updated. From the Galerkin principle we are free to choose the interpolator, so we update rows $\mathcal{F}^h$, to limit the resulting change in A^H. Equation (7) shows I_H^h:

$$I_H^h = \begin{pmatrix} I & & & \\ E_1^- & E_1^+ & & \\ & I & & \\ & E_3^- & E_3^+ & \\ & & I & \\ & & & \ddots \end{pmatrix}, \qquad \begin{array}{l} (I_H^h)_{ij} \neq 0 \\ \Leftrightarrow j \in C(i) \end{array} \qquad (7)$$

Row $(I_H^h)_{f\bullet}$ has blocks at columns $C(f)$, so updating rows $\mathcal{F}$ changes columns $C(\mathcal{F})$. For a coarse f, row $(I_H^h)_{f\bullet}$ is a single identity block I. For a fine f, it is two blocks E_f^+ and E_f^- defined by (9). The last step is to update $A^H = {I_H^h}^T A^h I_H^h$, resulting in a change to columns $C(\mathcal{F})$ of I_H^h and $\mathcal{F}$ of A^h. A change in A_{ij}^h changes rows $C(i)$ of A^H, so that rows $C(\mathcal{F})$ are recomputed. When a level H has less than $n_{\min}$ frames (32 in our experiments), the equation on that level is solved directly using a Cholesky decomposition $A^H = U^T U$.

4.3 Interpolation

There are several difficulties in devising a good interpolator in the context of SLAM: (i.) The interpolator must be based on the matrix A^h or estimate $\hat{x}^h$, not on the set of relations, since the latter is only available at the finest level. (*ii.*) It must be rotation invariant, since otherwise it creates apparent orientation information in the coarse equations, since for some orientations the interpolation fits better than for others. Since orientation is usually very uncertain [5], this effect distorts the coarse solution. (*iii.*) This may even happen for rotation invariant interpolators due to linearization of the rotation [4]. To reduce this problem, we use the following geometric formula for interpolating a fine frame b from coarse frames a and c:

$$b = a + \alpha(c - a) + \beta(c - a)^{\perp}, \quad \alpha \in [0 \ldots 1], \ \beta \in [-1 \ldots + 1], \tag{8}$$

$$\begin{pmatrix} b_x \\ b_y \\ b_\phi \end{pmatrix} = E_b^- a + E_b^+ c, \quad E_b^- = \begin{pmatrix} 1-\alpha & \beta & 0 \\ -\beta & 1-\alpha & 0 \\ 0 & 0 & \frac{1}{2} \end{pmatrix}, \quad E_b^+ = \begin{pmatrix} \alpha & -\beta & 0 \\ \beta & \alpha & 0 \\ 0 & 0 & \frac{1}{2} \end{pmatrix} \tag{9}$$

It defines the vector $b - a$ as a linear combination of $c - a$ and the orthogonal vector $(c - a)^{\perp}$. Therefore it is rotation invariant. The constants α and β are chosen, so that $E_b^- \check{a} + E_b^+ \check{c} = \check{b}$, but clipped to avoid extreme cases. Thereby the position of b relative to a and c closely matches the position used for linearization.

4.4 Nonlinearity and Convergence

To obtain a consistent estimate incrementally, a single V-cycle for each new frame appears to suffice (§5), even when closing a loop. We update the linearization point $\check{a}^r$, $\check{b}^r$ of a portion of the relations afterwards (5% in our experiments), so that the map can converge to the *nonlinear* ML estimate while the robot continues moving. This is a great advantage over EKF based implementations, which do not allow changing of the linearization point after integration and can thus be subject to severe linearization errors [5].

For an immediate ML estimate $\hat{x}_{\mathrm{ML}} = \arg\min_x \chi^2(x)$, iteration with a termination criterion is performed. The idea is to stop when the equation error $\hat{x} - \hat{x}_{\mathrm{ML}}$ is much smaller than the estimation error $\hat{x}_{\mathrm{ML}} - x_{\mathrm{true}}$ (details in [4]).

5 Results

We have evaluated the performance of the proposed algorithm on two well known datasets, one from the University of Freiburg [7] and a single loop taken from the Carnegie Mellon Wean Hall [11]. They are processed by the software package *ScanStudio*[5] which performs the scan-matching. The resulting graph of relations is passed to our implementation, computes the χ^2 function and uses either 'Cholesky decomposition' (CD)[6], 'Single level relaxation' (SLR), 'Multilevel relaxation' (MLR) or 'One MLR iteration' (1MLR) for minimization. All four algorithms start with an initial estimate based on the first relation involving a frame. The last two methods 'Incremental Multilevel Relaxation' (IMLR) and

---

[5] We would like to thank Steffen Gutmann for the Freiburg data and the permission to utilize *ScanStudio*, and Sebastian Thrun for the Wean Hall data.

[6] a direct $O(n^3)$ equation solver [10, §2.9]

	Freiburg			Wean Hall		
	iter.	time	χ^2	iter.	time	χ^2
Initial Estimate			16395061			1126227
Cholesky Decomposition (CD)		19.951 s	428397		1.268 s	6113
Single level relaxation (SLR)	12	0.437 s	431995	630	0.786 s	7122
Multilevel relaxation (MLR)	12	0.586 s	427178	12	0.059 s	5992
One MLR iteration (1MLR)	1	0.023 s	501273	1	0.003 s	40375
Exact Minimum			425639			5986
Incremental MLR (IMLR)	1	avg. 14.4 ms	426104	1	avg. 1.6 ms	6178
Incremental SLR (ISLR)	1	avg. 8.6 ms	425759	1	avg. 0.7 ms	91772
n, m	906	8081		346	932	
Blocks $\neq 0$ in A^0, A^1, A^2	15770	9824	4154	2054	848	414

Fig. 3. Performance on Freiburg / Wean Hall data: CD, SLR, MLR, 1MLR all compute a batch estimate for the whole data set. IMLR and ISLR incrementally process each new frame (the average time per frame is given). The exact minimum was computed by iterating MLR to numerical convergence of the equation $Ax = b$.

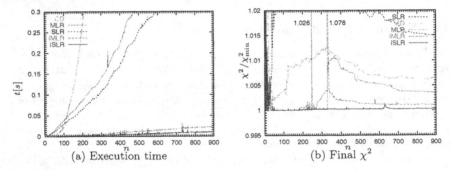

(a) Execution time

(b) Final χ^2

Fig. 4. Performance on Freiburg data plotted over number of frames. Algorithm names are sorted from high to low values. (b) is scaled to show χ^2 values up to 2% above the minimum, which all correspond to excellent estimates.

'Incremental Single Level Relaxation' (ISLR) apply a single MLR and SLR iteration for each new frame. Thereby they incrementally maintain an estimate as our algorithm would actually be used on a mobile robot. All experiments were conducted on a Pentium IV, 1.7 GHz using LINUX/gcc 2.95.3 (Fig. 3, 4).

For both datasets, MLR is much more efficient than CD and provides a better estimate. The latter point is true because CD solves the linearized problem, while all others perform nonlinear minimization. It is worth noting that linearization effects can be seen in the χ^2 value despite the small orientation error. SLR is faster than MLR on the Freiburg data, but much slower on the Wean Hall data. The reason therefore lies in the difference between the two datasets (Fig. 5a, c). The Wean Hall data is a long loop with a large global error. MLR is more efficient in reducing this type of error than SLR, which needs many more iterations. The error in the Freiburg data is mainly local, so both MLR and SLR need the same number of iterations.

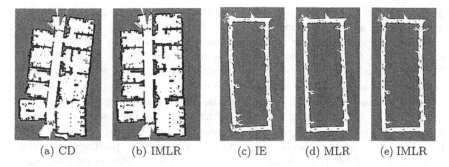

(a) CD (b) IMLR (c) IE (d) MLR (e) IMLR

Fig. 5. Results for Freiburg ($17m \times 26m$, a-b) and Wean Hall ($36m \times 74m$, c-e).

There is an inconsistency in the lower right two rooms of the Freiburg CD estimate (Fig. 5a), which is also visible for the MLR, SLR and 1MLR estimates. The reason is that scans from the lower room and scans from the upper room overlap only slightly through the small doorway, so *ScanStudio* did not match any of them, and this inconsistency is not visible in the graph of relations.

IMLR and ISLR are much faster than CD, MLR and SLR, if an incremental estimate is desired. For the Freiburg data, both estimates are extremely good (Fig. 4, 5b) and better than CD and MLR most of the time, with the exception of two outliers occurring after integrating two inconsistent relations. Surprisingly, the ISLR estimate is even better than the IMLR estimate, which has been found to be related to linearization effects. For the Wean Hall data, the CD and MLR estimates are initially better than the IMLR estimate (Fig. 4, 5d-e), which is in turn much better than the ISLR estimate. This is because both perform only a single iteration after closing the loop. Here the advantage of IMLR can be seen, since it closes the loop consistently (Fig. 5e), which is not achieved by ISLR.

6   Conclusions and Future Work

This paper introduced a new SLAM algorithm, Multilevel Relaxation, which is suitable for incremental, on-line use on a mobile robot in $O(n)$ time, including closing of large loops. This is possible because (*i.*) the algorithm makes an iterative refinement to the existing solution at each step, rather than re-solving the equation system from scratch, and (*ii.*) it exploits an important property of multigrid methods, namely that the residual error is geometrically smooth, i.e., it is distributed evenly over the whole map. In the case of closing a very large loop, as in the Wean Hall example presented, it can take several further iterations to converge to the maximum likelihood solution. However, the map is already geometrically *consistent* after a single iteration, that is, none of the measured relations are strongly violated in the estimated vector $\hat{x}$, and the map should be useful for navigation purposes. A further advantage of relaxation methods is that non-linearities can be handled by recomputing the linearization points if necessary. Remarkably, the result from a few iterations is already better than the exact solution of the linearized problem provided by Cholesky decomposition.

Future work will include embedding the new algorithm in a framework for handling both the continuous and discrete uncertainty in the SLAM problem. This would be achieved by multi-hypothesis tracking in the space of possible maps, where one hypothesis corresponds to one possible topology. In this paper, we have only used the algorithm to solve the linear equation system for a single topological hypothesis (i.e., we assumed no data association errors), but it should also provide a good core engine for multi-hypothesis SLAM, e.g., by tracking the best M topological hypotheses, due to its ability to close loops efficiently. While loops occur relatively rarely in most indoor environments, alternative topological interpretations of the same sensor data within a multi-hypothesis framework will often correspond to decisions on whether or not to close a loop – this is why an efficient equation solver is highly desirable for solving the SLAM problem in its most general form.

References

1. A. Brandt. Multi-level adaptive solutions to boundary-value problems. *Math. Comp*, 31:333–390, 1977.
2. W. Briggs. A multigrid tutorial. Ninth Copper Mountain Conference On Multigrid Methods, 1999. (http://www.llnl.gov/CASC/people/henson/mgtut/ps/mgtut.pdf).
3. T. Duckett, S. Marsland, and J. Shapiro. Fast, on-line learning of globally consistent maps. *Autonomous Robots*, 12(3):287–300, 2002.
4. U. Frese and T. Duckett. A multigrid approach for accelerating relaxation-based SLAM. In *Proceedings of the IJCAI Workshop Reasoning with Uncertainty in Robotics, Acapulco*, pages 39–46, 2003.
5. U. Frese and G. Hirzinger. Simultaneous localization and mapping - a discussion. In *Proc. IJCAI Workshop on Reasoning with Uncertainty in Robotics, Seattle*, 2001.
6. J. Guivant and E. Nebot. Optimization of the simultaneous localization and map-building algorithm for real-time implementation. *IEEE Trans. Robotics and Automation*, 17(3):242–257, 2001.
7. J. Gutmann and K. Konolige. Incremental mapping of large cyclic environments. In *Proc. IEEE Int. Symposium on Computational Intelligence in Robotics and Automation - CIRA-99, Monterey, CA*, 1999.
8. F. Lu and E. Milios. Globally consistent range scan alignment for environment mapping. In *Autonomous Robots*, volume 4, pages 333 – 349, 1997.
9. M. Montemerlo, S. Thrun, D. Koller, and B. Wegbreit. FastSLAM: A factored solution to the simultaneous localization and mapping problem. In *Proc. AAAI Nat. Conf. on Artificial Intelligence, Edmonton, Canada*, 2002.
10. W. Press, S. Teukolsky, W. Vetterling, and B. Flannery. *Numerical Recipes, Second Edition*. Cambridge University Press, 1992. ISBN 0-521-43108-5.
11. S. Thrun, W. Burgard, and D. Fox. A probabilistic approach to concurrent mapping and localization for mobile robot. *Machine Learning*, 31(5):1 – 25, 1998.
12. S. Thrun, D. Koller, Z. Ghahramani, H. Durrant-Whyte, and N. A.Y. Simultaneous mapping and localization with sparse extended information filters. In *Proc. of the Fifth Int. Workshop on Algorithmic Foundations of Robotics, Nice, France*, 2002.

Automatische Kartographierung der Signalcharakteristik in Funknetzwerken

Patrick Rößler[1], Uwe D. Hanebeck[1], Marian Grigoras[2], Paul T. Pilgram[2], Joachim Bamberger[2] und Clemens Hoffmann[2]

[1] Universität Karlsruhe (TH), Institut für Rechnerentwurf und Fehlertoleranz, Lehrstuhl für Intelligente Sensor-Aktor-Systeme, 76128 Karlsruhe
[2] Siemens AG, Corporate Technology, Information & Communication, 81370 München
roessler@ira.uka.de

Zusammenfassung Sowohl für die Installation, Inbetriebnahme und Diagnose eines Funknetzwerks, als auch zur Ortung von mobilen Kommunikationsendgeräten, ist es von großer Bedeutung, die Ausbreitungseigenschaften des elektromagnetischen Feldes der Sendeantennen zu kennen. In dieser Arbeit wird ein Robotersystem zur automatischen Vermessung der örtlichen Signalcharakteristik der Funksender am Beispiel von Feldstärkemessungen vorgestellt.

1 Einleitung

Funk-Kommunikationssysteme, basierend auf z.B. Wireless LAN, Bluetooth, GSM oder DECT, werden in den verschiedensten Bereichen eingesetzt. In industriellen Produktionsanlagen und Büroumgebungen, aber auch im Gesundheitswesen sind sie omnipräsent.

Die Ausbreitungseigenschaften des elektromagnetischen Feldes bestimmen dabei wesentlich die Leistungsfähigkeit der Kommunikationsanlage hinsichtlich Flächendeckung, Verfügbarkeit und Übertragungsrate. Funknetzbetreiber sind zum Einen daran interessiert, die Verteilung der Feldausbreitungseigenschaften bzw. Signalcharakteristika, wie z.B. elektromagnetische Feldstärke, Bit-Fehlerrate, Signal-Rausch-Abstand, etc., zu ermitteln, um das Funknetz optimal zu planen und zu warten.Zum Anderen sind die Netzdienstleister daran interessiert, ihren Kunden ortsabhängige Dienste anzubieten.

Hierfür muss die Position des Empfangsgeräts bekannt sein. Da für die Positionsschätzungen typischerweise nur Daten, die während des normalen Netzbetriebs entstehen, herangezogen werden sollen, bietet es sich an auch hier die Signalcharakteristik zu betrachten.

Im Folgenden werden Funknetzwerke, wie Wireless LAN oder DECT, betrachtet, bei denen die Kommunikation zwischen Mobilteilen, wie DECT-Telefonen oder mit Wireless LAN ausgestatteten PDAs oder Notebooks, und stationären Basisstationen stattfindet. In der Literatur gibt es mehrere Arbeiten, die sich mit der Ortung von Mobilteilen in derartigen Netzen befassen. Bei einigen Ansätzen basiert die Lokalisierung allein auf der Netzwerktopologie [1].

Dabei wird die Position des Mobilteils anhand der Basisstation, mit der es verbunden ist, und seiner Verbindungsgeschichte bestimmt. Die Genauigkeit eines solchen Verfahrens ist allerdings gering, da als möglicher Aufenthaltsort nur ein sehr großes Gebiet um die Basisstation, mit der das Mobilteil verbunden ist, angegeben werden kann.

Ein Großteil der Verfahren schätzt die Position auf Grund der empfangenen Feldstärken sämtlicher verfügbarer Basisstationen. Teilweise wird dabei ein detailliertes physikalisches Modell für die Wellenausbreitung verwendet. Dafür sind allerdings wie in [2] detaillierte Informationen über die Umgebung vonnöten, die im Allgemeinen nicht verfügbar sind. Deshalb wird meistens zunächst eine Feldstärkekarte erstellt, die dann später zur Lokalisierung verwendet wird.

Häufig wird auf Basis der Feldstärkekarte eine Schätzung der Position des Mobilteils vorgenommen, wobei nur die Messung zu einem Zeitpunkt verwendet wird [3, 4]. In [5] wird ein rekursives stochastisches nichtlineares Filterverfahren zur Positionsschätzung von DECT-Mobiltelefonen beschrieben, das auch den zeitlichen Verlauf der Feldstärken in Betracht zieht.

Bei den meisten dieser Arbeiten wird die Karte von Hand vermessen, was wegen des hohen Aufwands im praktischen Einsatz nicht vertretbar ist. Deshalb wird hier ein Robotersystem zur automatischen Erstellung einer Feldstärkekarte vorgestellt. Ein solches System hat den Vorteil, dass die Karte während des laufenden Betriebs ständig aktualisiert werden kann, so dass sie sich Änderungen in der Netzstruktur (z. B. Ausfällen einzelner Sendestationen) anpasst.

Der Artikel ist wie folgt aufgebaut. Zunächst wird in Abschnitt 2 das Problem der Kartographierung von Funknetzwerken formal beschrieben. In Abschnitt 3.1 wird dann auf die Karte eingegangen. Es wird beschrieben, wie sich die Karte aus einem deterministischen und einem stochastischen Teil zusammensetzt. Abschnitt 3.2 erläutert die Anforderungen, die ein Algorithmus zur Lokalisierung basierend auf diesen Karteninformationen erfüllen muss. Es folgt die experimentelle Verifikation des vorgestellten Systems in Abschnitt 4. Hier wird sowohl das Robotersystem zur automatischen Vermessung der Feldstärken, als auch die Qualität der Karten betrachtet. In Abschnitt 5 werden die wichtigsten Punkte noch einmal zusammengefasst und ein Ausblick auf weitere Arbeiten gegeben.

2 Problemformulierung

Während des normalen Betriebs vermisst ein Mobilteil die Feldstärken aller Basisstationen. Basierend auf dieser Information soll die Lage des Mobilteils geschätzt werden. Die genaue Lage der Basisstationen ist dabei zumeist nicht bekannt. Außerdem lässt sich ein exaktes physikalisches Modell der Signalausbreitung für Innenbereiche nur mit sehr großem Aufwand erstellen, da es in komplexer Weise von den Gebäudeeigenschaften abhängt [6]. Deshalb wird hier ein Verfahren mit zwei Phasen angewandt, bei dem zunächst eine Karte der Feldstärken für die einzelnen Basisstationen erstellt wird. Anschließend werden die Mobilteile mittels dieser Karte lokalisiert.

Die Feldstärkekarte lässt sich durch das Messmodell

$$\hat{y}_k = \begin{bmatrix} \hat{y}_{k,1} \\ \vdots \\ \hat{y}_{k,N} \end{bmatrix} = \begin{bmatrix} h_1(x_k) \\ \vdots \\ h_N(x_k) \end{bmatrix} + \begin{bmatrix} v_1 \\ \vdots \\ v_N \end{bmatrix} = h(x_k) + v_k$$

beschreiben, das die logarithmischen gemessenen Signalstärken aller Basisstationen

$$\hat{y}_{k,\zeta} = 10 \cdot \log_{10}\left(\frac{P_{k,\zeta}}{1\text{mW}}\right)$$

mit $\zeta = 1 \ldots N$ als deterministische nichtlineare Funktion $h_\zeta(x_k)$ in Abhängigkeit von der Lage x_k des Mobilteils darstellt. v_k beschreibt den additiven Fehler der logarithmischen Messung. Dies entspricht einer multiplikativen Unsicherheit, die aus der unbekannten Dämpfung resultiert.

In den betrachteten Funknetzwerken können die Basisstationen durch eine eindeutige, bei der Kommunikation übertragene, Kennung identifiziert werden. So lässt sich jede Messung genau einer der Messgleichungen zuordnen, was das Schätzproblem deutlich vereinfacht.

Auch in der Lokalisierungsphase soll nicht in den normalen Netzbetrieb eingegriffen werden. Zusätzliche Sensoren am Benutzer oder dem Mobilteil sind nicht erwünscht. Deshalb muss die Lokalisierung allein basierend auf den ohnenhin während des normalen Betriebs anfallenden Feldstärkemessungen des Mobilteils erfolgen.

3 Kartographierung und Lokalisierung

Wie in Abb. 1 gezeigt, wird in der Kartographierungsphase vom Roboter zunächst auf Basis von Messungen und einer geschätzten Referenzlage eine Feldstärkekarte erstellt.

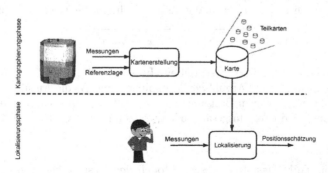

Abbildung 1. Aufteilung in die Kartographierungs- und Lokalisierungsphase.

Diese Karte besteht aus Teilkarten, die die Sendecharakteristik jeweils einer Basisstation beschreiben. In der späteren Lokalisierungsphase können mehrere Benutzer, die ein Mobilteil mit sich führen, anhand dieser Karte lokalisiert werden. Bei gleichzeitiger Ausführung der beiden Phasen (Abb. 2) aktualisiert der Roboter die Karte, während die Benutzer schon lokalisiert werden.

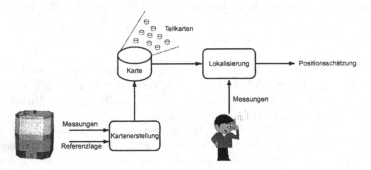

Abbildung 2. Gleichzeitige Durchführung der beiden Phasen Kartographierung und Lokalisierung.

3.1 Kartographierungsphase

Das Messmodell besteht aus einem deterministischen und einem stochastischen Teil. Während der deterministische Teil die Position des Mobilteils in Abhängigkeit von den gemessenen Feldstärken beschreibt, modelliert der stochastische Teil die Unsicherheiten dieses Modells.

Deterministisches Messmodell. Hier wird vereinfachend angenommen, dass die logarithmische empfangene Feldstärke einer Basisstation linear mit der Entfernung abnimmt. Dieser Zusammenhang lässt sich durch die Messgleichung

$$h_\zeta(\boldsymbol{x}_k) = -\sqrt{(\boldsymbol{x}_k - \boldsymbol{m}_\zeta)\, \boldsymbol{P}_\zeta^{-1}\, (\boldsymbol{x}_k - \boldsymbol{m}_\zeta)^T} + \Delta_\zeta \tag{1}$$

für jede Basisstation $\zeta = 1 \ldots N$ beschreiben. Insgesamt liegen $\sum_{i=0}^M N_i$ Messgleichungen vor, wobei M die Anzahl der Messpunkte und N_i die Anzahl der an jedem Messpunkt empfangenen Basisstationen ist. Hieraus sind bei zweidimensionalen Positionskoordinaten insgesamt $6N$ Parameter aus $\boldsymbol{m}_\zeta$, $\boldsymbol{P}_\zeta$ und Δ_ζ zu schätzen.

Stochastischer Teil. Das stochastische Modell der Unsicherheiten muss sowohl die Abweichung zwischen der tatsächlichen Sendercharakteristik und dem Messmodell als auch das Messrauschen in Betracht ziehen.

Modellunsicherheiten. Die Modellunsicherheiten stellen den Unterschied zwischen dem exakten Modell der logarithmischen empfangenen Feldstärke und dem deterministischen Messmodell $h_\zeta(x_k)$ dar. Abb. 3 verdeutlicht diesen Unterschied. Dieser Fehler rührt zum einen von dem stark vereinfachten Modell. Zum anderen repräsentiert er aber auch lokale Abweichungen, die aus den spezifischen Gebäudeeigenschaften resultieren. Hierunter sind z. B. unterschiedliche Dämpfungs- oder Reflektionseigenschaften der verschiedenen Materialen zu verstehen. Die Modellunsicherheiten werden hier vereinfachend mit dem Mittelwert $\mu_{v,\zeta}^{\langle 1 \rangle}$ und der Standardabweichung $\sigma_{v,\zeta}^{\langle 1 \rangle}$ beschrieben.

Messrauschen. Das Messrauschen stellt die zeitliche Variation der Messungen bei einer bestimmten Lage dar. In Abb. 3 ist beispielhaft zu erkennen wie die Messwerte von der tatsächlichen Sendercharakteristik abweichen. Auch das Messrauschen lässt sich vereinfachend durch Mittelwert $\mu_{v,\zeta}^{\langle 2 \rangle}$ und Standardabweichung $\sigma_{v,\zeta}^{\langle 2 \rangle}$ beschreiben.

Kombination der Unsicherheiten. Die Unsicherheit des Gesamtmodells ist die Kombination von Modellunsicherheit und Messrauschen. Um ein einfaches Modell zu erhalten, wird hier angenommen, dass beide Teilunsicherheiten unabhängig voneinander sind.

In diesem Fall lässt sich die Gesamtunsicherheit für die Basisstation $\zeta = 1, \ldots, N$ durch eine Verteilung mit dem Mittelwert $\mu_{v,\zeta} = \mu_{v,\zeta}^{\langle 1 \rangle} + \mu_{v,\zeta}^{\langle 2 \rangle}$ und der Standardabweichung $\sigma_{v,\zeta} = \sqrt{\left(\sigma_{v,\zeta}^{\langle 1 \rangle}\right)^2 + \left(\sigma_{v,\zeta}^{\langle 2 \rangle}\right)^2}$ beschreiben.

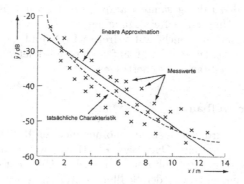

Abbildung 3. Schematische Gegenüberstellung von Modellfehler und Messrauschen.

3.2 Lokalisierungsphase

In der Lokalisierungsphase werden mehrere Endgeräte gleichzeitig lokalisiert. Da für ortsabhängige Dienste die Positionsinformation serverseitig und nicht im

Mobilteil benötigt wird, sollte die Lokalisierung möglichst auf einem zentralen Rechner, auf dem auch die Karteninformationen gespeichert sind, ausgeführt werden.

Dadurch ergeben sich für den Lokalisierungsalgorithmus folgende Anforderungen. Die Rechenleistung muss frei zwischen den verschiedenen Lokalisierungsanwendungen verteilt werden können. Deshalb wird ein *anytime*-Algorithmus mit einstellbarer Genauigkeit benötigt, der jederzeit ein sinnvolles Ergebnis liefert. Ein früher Abbruch der Berechnung beeinflusst also nur die Genauigkeit der Positionsschätzung, nicht aber ihre Verfügbarkeit. Mit längerer Laufzeit wird die Genauigkeit der Schätzung erhöht.

Da bei der Positionsschätzung anhand der Feldstärkekarten Nichtlinearitäten auftreten, muss ein nichtlineares Filterverfahren zum Einsatz kommen. Dieses verwendet zusätzlich noch ein Modell für die Bewegung des Benutzers, um die Qualität der Schätzung zu verbessern und die Messungen zu kombinieren.

Geeignete nichtlineare Filterverfahren für die Lokalisierung sind z. B. das optimale *Progressive Bayes*-Filter [7] oder das PDSME-Filter [5]. Letzteres ist zwar suboptimal, dafür allerdings deutlich einfacher zu implementieren und schon in der Anwendung auf Lokalisierungsproblemen in Funknetzwerken erprobt.

4 Experimentelle Ergebnisse

Zur Verifizierung unserer theoretischen Überlegungen wurden in den Räumen des Lehrstuhls für Intelligente Sensor-Aktor-Systeme (ISAS) Experimente durchgeführt. Hierbei wurden zunächst Messungen im DUKATH-Netz [8], dem campusweiten Wireless LAN der Universität Karlsruhe (TH), vorgenommen. Das DUKATH deckt nahezu das gesamte Campusgebiet ab und ist für Studenten und Mitarbeiter der Universität frei zugänglich.

Die Ergebnisse sind aber nicht auf Wireless LAN und das DUKATH-Netz beschränkt, sondern lassen sich leicht auf andere Funknetze z. B. gemäß den Bluetooth- oder DECT-Standards übertragen.

4.1 Technischer Aufbau

Die Kartenerstellung wird von einem autonomen mobilen Roboter durchgeführt. Dabei handelt es sich um eine OmniBase-Plattform, welche am Lehrstuhl für Steuerungs- und Regelungstechnik der Technischen Universität München entwickelt [9] wurde und jetzt von der Sedlbauer AG[1] in einer Kleinserie gefertigt wird. Sie besitzt vier gleichartige Radmodule mit je einem Standard-Rad. In jedem dieser Radmodule sind zwei Antriebsmotoren untergebracht, von denen einer zur Lenkung und einer zum Antrieb des Rades dient. Da die insgesamt acht Motoren unabhängig von einander angesteuert werden können, ist die Möglichkeit gegeben, die Plattform frei in drei Freiheitsgraden (Position und Orientierung) zu bewegen. Die Koordination der Antriebe erfolgt mittels einer

---

[1] http://www.sedlbauer-ag.de/

Low-Level-Steuerung in der Plattform, die die vier Räder auf konsistenten Bahnen um den sog. ICR (*Instantaneous Center of Rotation*) regelt. Die Bahnplanung erfolgt in einem übergeordneten Steuerrechner, wobei die Kommunikation zwischen dem Steuerrechner und der *Low-Level*-Steuerung über eine CORBA-Schnittstelle erfolgt, die drei Funktionen zur Verfügung stellt: Abfragen der von der Odometrie geschätzten Lage des Roboters, Setzen der Lage und Setzen der Geschwindigkeiten. Der Geschwindigkeitsvektor $u_k = \begin{bmatrix} \dot{x}_k\ \dot{y}_k\ \dot{\psi}_k \end{bmatrix}^T$ gibt dabei die Soll-Geschwindigkeiten entlang der x- bzw. y-Achse eines externen Koordinatensystems und die Winkelgeschwindigkeit der Orientierung des Roboters an.

Für die Kartographierung wurde die Plattform mit einem speziellen Aufbau versehen (Abb. 4), auf dem ein Compaq iPAQ Pocket PC mit einer Lucent Orinoco Wireless LAN-Karte angebracht ist. Während der Roboter durch das Gebäude fährt, misst der iPAQ die Feldstärken aller verfügbaren Basisstationen. Dabei verhält er sich passiv, da in einem auf IEEE 802.11 [10] basierenden Netzwerk die Basisstationen ständig sog. *Beacon*-Signale aussenden. Die Messergebnisse werden über eine serielle Schnittstelle an den Roboter übertragen, wo sie zusammen mit der vom Roboter geschätzten Referenzlage weiterverarbeitet werden.

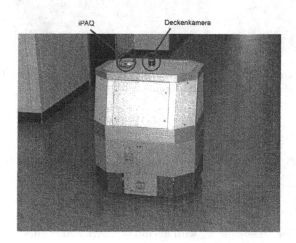

Abbildung 4. Der omnidirektionale Roboter auf Messfahrt.

4.2 Roboterlokalisierung

Bildverarbeitung. Der Roboter lokalisiert sich mittels einer Deckenkamera am gleichmäßigen Deckenmuster in den Räumen des ISAS. Zwischen quadratischen weißen Deckenplatten befinden sich graue Verstrebungen. Die Kreuzungen der

Deckenverstrebungen bilden ein 1200 mm Raster und werden als Landmarken betrachtet.

Zur Erkennung der Landmarken wird zunächst ein Eckenfilter [11] angewandt. Vier Eckpunkte, die ein Quadrat bilden werden als Landmarke erkannt. Abbildung 5 zeigt ein Kamerabild, in dem eine Landmarke erkannt wurde. Die gemessene Lage des Roboters $\boldsymbol{x}^m = \begin{bmatrix} x^m & y^m & \psi^m \end{bmatrix}^T$ ergibt sich aus der tatsächlichen Lage der Landmarke und ihrer Lage im Kamerabild.

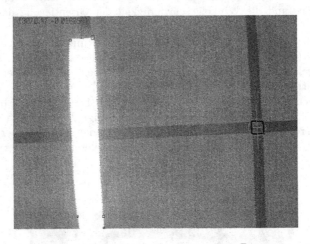

Abbildung 5. Die Landmarke an der Position $(2400, 0, 0)^T$ wurde im Bild erkannt. Eine zweite Landmarke wird von einer Lampe verdeckt.

Lokalisierung. Da bei der Bildauswertung die Lage des Roboters in globalen Koordinaten bestimmt wird, lässt sich die Messgleichung zu

$$z_k = h(\boldsymbol{x}_k^m) + \boldsymbol{v}_k = \boldsymbol{x}_k^m + \boldsymbol{v}_k$$

vereinfachen. Der Messfehler $\boldsymbol{v}_k$ wird als unkorreliert und normalverteilt um den Mittelwert Null mit der Kovarianz $\boldsymbol{R}$ angenommen.

In jedem Zeitschritt wird ein Prädiktionsschritt durchgeführt. Dabei wird $\hat{\boldsymbol{x}}_k^p$, die prädizierte Lage des Roboters, von der Odometrie ermittelt. Die Fehlerkovarianz wird durch

$$\boldsymbol{C}_k^p = \boldsymbol{C}_{k-1}^e + \boldsymbol{Q}$$

vereinfacht fortgeschrieben, wobei $\boldsymbol{Q}$ für die Kovarianzmatrix des Systemfehlers, $\boldsymbol{C}^p$ für die priore und $\boldsymbol{C}^e$ für die posteriore Kovarianzmatrix stehen.

Immer wenn ein Messdatum vorliegt, d. h. eine Landmarke erkannt wurde, wird ein Messschritt durchgeführt. Dies muss nicht in jedem Zeitschritt der Fall sein. Der sog. *Kalman-Gain* K_k lässt sich wegen der einfachen Messgleichung vereinfacht als

$$K_k = C_k^p \cdot (C_k^p + R)^{-1}$$

darstellen. Die geschätzte Lage des Roboters $\hat{x}_k^e$ und die posteriore Kovarianz C_k^e ergeben sich als

$$\hat{x}_k^e = \hat{x}_k^p + K_k \cdot (\hat{z}_k - \hat{x}_k^p)$$

und

$$C_k^e = C_k^p - K_k \cdot C_k^p.$$

Die geschätzte Lage des Roboters $\hat{x}_k^e$ wird anschließend als aktuelle Position für Regelungszwecke verwendet.

Abb. 6 zeigt den Fehler der reinen Koppelnavigation gegenüber der Kameranavigation. Hierzu wurde der Gang des ISAS zehnmal durchfahren, was einer Gesamtstrecke von ca. 700 m entspricht. Nach den zehn Durchfahrten betrug die Abweichung in der Orientierung mehr als 45°. Die Abweichung in der Position beträgt mehrere Meter. Wird die Bildverarbeitung hinzugenommen, reduziert sich der Fehler der Positionsschätzung im Mittel ca. 15 cm.

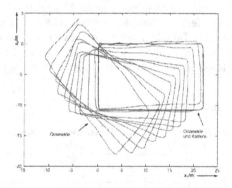

Abbildung 6. Vergleich der Positionsschätzung basierend auf Koppel- und Kameranavigation.

4.3 Kartenerstellung

Bei der Kartenerstellung werden die 6 Parameter pro Basisstation aus Gleichung 1 geschätzt, wobei für x_k die Referenzposition des Roboters[2] und für $h_\zeta(x_k)$ die gemessene Feldstärke der Basisstation ζ an der Stelle x_k eingesetzt wird. Dieses nichtlineare Optimierungsproblem wird mit der Methode der kleinsten Quadrate iterativ gelöst. In der Abbildung 4.3 sind die Teilkarten für zwei Basisstationen zu sehen. In den Abbildungen ist zu erkennen, dass die tatsächlichen Messwerte durch das Modell gut beschrieben werden.

---

[2] Gegenwärtig ist die Orientierung des Roboters konstant.

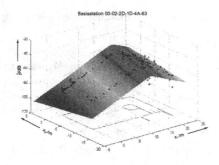
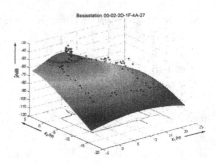

(a) MAC-Adresse 00-02-2D-1F-4A-63   (b) MAC-Adresse 00-02-2D-1F-4A-27

Abbildung 7. Die Karten für zwei Basisstationen. Die Kreuze bezeichnen die tatsächlichen Messwerte. Die gefahrene Bahn ist eingezeichnet.

Die Gesamtunsicherheit des Systems, gemäß Abschnitt 3.1, lässt sich aus der Abweichung des Messmodells zu den Messwerten schätzen. Die Teilunsicherheiten sind dabei unbekannt. Tabelle 1 zeigt Mittelwert $\mu_{v,\zeta}$ und Standardabweichung $\sigma_{v,\zeta}$ des kombinierten Fehlers aus Messrauschen und Modellunsicherheit am Beispiel einiger Basisstationen. Da sich die Basisstationen teilweise in ande-

Tabelle 1. Mittelwert und Standardabweichung der Messungen einiger Basisstationen.

MAC-Adresse	Mittelwert $\mu_{v,\zeta}$	Standardabweichung $\sigma_{v,\zeta}$	# Messpunkte
00-02-2D-1F-4A-27	0.0026607	5.4904	241
00-60-1D-22-0C-DB	0.0054436	3.3548	265
00-02-2D-1F-4A-63	-0.00076926	4.3643	275
00-60-1D-F2-81-69	0.00018049	2.812	114
00-02-2D-03-9E-10	0.0017724	2.9376	108

ren Stockwerken befinden als der Roboter, könnte die Genauigkeit des Modells dadurch erhöht werden, dass der Positionsvektor zu einem vierdimensionalen Lagevektor erweitert wird. In diesem Fall würden z für die Höhe und außerdem ψ für die Orientierung in der x/y-Ebene ergänzt, wodurch sich die Zahl der zu schätzenden Parameter von $6N$ auf $15N$ erhöht.

5   Zusammenfassung und Ausblick

In diesem Artikel wurde ein System vorgestellt, das automatisch die örtliche Signalcharakteristik von Funknetzwerken vermisst und kartographiert. Als Anwendungsbeispiel wurden Feldstärkekarten von Wireless LAN-Netzwerken erstellt, die zur Benutzerlokalisierung verwendet werden können. Die hierbei erstellten Karten beschreiben die Feldstärkeverteilungen aller verfügbaren Basisstationen in analytischer Form und modellieren den Modellfehler und das Messrauschen stochastisch. Zur Lokalisierung auf Basis dieser Karten werden analytische stochastische Filterverfahren [5, 7] eingesetzt. Experimente mit der omnidirektionalen Roboterplattform OmniBase, die Teile des campusweiten Wireless LAN der Universität Karlsruhe (TH) DUKATH [8] vermessen hat, zeigen vielversprechende Ergebnisse, die sich leicht auf andere Funknetzwerke übertragen lassen. Die weitreichende Infrastruktur des DUKATH-Netzes legt nahe, das hier vorgestellte System auch auf andere Gebäude und auf das Freigelände zu erweitern.

Literatur

1. Peyrard, F., Soutou, C., Mercier, J.J.: Mobile Stations Localization in a WLAN. In: Proceedings of the 25th Annual IEEE Conference on Local Computer Networks (LCN'00), Tampa, Florida (2000) 136 – 142
2. Hassan-Ali, M., Pahlavan, K.: A New Statistical Model for Site-Specific Indoor Radio Propagation Prediction Based on Geometric Optics and Geometric Probability. IEEE Transactions on Wireless Communications 1 (2002) 112 – 124
3. Howard, A., Siddiqi, S., Sukhatme, G.S.: An Experimental Study of Localization Using Wireless Ethernet. In: Proceedings of the 4th International Conference on Field and Service Robotics, Japan (2003)
4. Bahl, P., Padmanabhan, V.N.: RADAR: An In-Building RF-based User Location and Tracking System. In: Proceedings of IEEE INFOCOM 2000. Volume 2., Tel Aviv, Israel (2000) 775 – 784
5. Rauh, A., Briechle, K., Hanebeck, U.D., Bamberger, J., Hoffmann, C.: Localization of DECT Mobile Phones Based on a New Nonlinear Filtering Technique. In: Proceedings of SPIE Bd. 5084, AeroSense Symposium, Orlando, Florida (2003)
6. Fleury, B.H., Leuthold, P.E.: Radiowave Propagation in Mobile Communications: An Overview of European Research. IEEE Communications Magazine 34 (1996) 70 – 81
7. Hanebeck, U.D., Briechle, K., Rauh, A.: Progressive Bayes: A New Framework for Nonlinear State Estimation. In: Proceedings of SPIE Bd. 5099, AeroSense Symposium, Orlando, Florida (2003)
8. Hettler, A., Wigand, R.: DUKATH - Drahtlose Universität Karlsruhe (TH) (Stand: Juli 2003) http://www.uni-karlsruhe.de/~DUKATH/.
9. Hanebeck, U.D., Saldic, N., Freyberger, F., Schmidt, G.: Modulare Radsatzsysteme für omnidirektionale mobile Roboter. In: Robotik 2000 Tagung (VDI/VDE-Gesellschaft Mess- und Automatisierungstechnik), VDI Berichte 1552, Berlin (2000) 39 – 44
10. IEEE: IEEE Std 802.11-1997 Information Technology – Telecommunications And Information Exchange Between Systems – Local And Metropolitan Area Networks-specific Requirements – Part 11: Wireless Lan Medium Access Control (MAC) And Physical Layer (PHY) Specifications. (1997)
11. Intel Corporation: Open Source Computer Vision Library. (Stand: Juli 2003) http://www.intel.com/research/mrl/research/opencv/.

Farbhistogramm-basierte visuelle Monte-Carlo-Lokalisation für mobile Roboter

Alexander König, Simon Daniel Moser, and Horst-Michael Groß

Technische Universität Ilmenau, Fachgebiet Neuroinformatik
PF 10 05 65, 98684 Ilmenau
alexander.koenig@tu-ilmenau.de

Zusammenfassung Wir stellen ein Lokalisationsverfahren für autonome mobile Roboter vor, welches zur Erfassung seiner Umwelt Panoramafarbbilder der Umgebung verwendet. Als Ausgangspunkt dient die Monte-Carlo-Lokalisation (MCL) Fox u.a. [1], ein samplebasiertes Verfahren zur Zustandsschätzung der Position und Orientierung eines mobilen Systems. Dieses in den letzten Jahren populär gewordene Verfahren, welches typischerweise abstandsmessende Sensoren verwendet, führt in unserer realen Umgebung (Baumarkt) zu sensorischen Mehrdeutigkeiten im Gangsystem und wurde daher so modifiziert, dass es mit Bildern einer omnidirektionalen Kamera arbeitet. Die Kamera liefert ein deutlich signifikanteres Signal zur Charakterisierung der Umgebung. Wir präsentieren, in Fortführung zu [2],[3] eine weitere Möglichkeit zur Extraktion szenenbeschreibender Merkmale aus dem Kamerabild, welche verbesserte experimentelle Ergebnisse erzielt. Dabei mussten die Probleme der veränderlichen Beleuchtung und der Verdeckung der Umwelt (z.B. durch Personen) behandelt werden. Die experimentellen Resultate zeigen, dass das vorgestellte Verfahren eine genaue und robuste Selbstlokalisation für autonome Roboter unter realen Einsatzbedingungen in labyrinthartigen Umwelten ermöglicht.

1 Einführung und Motivation

In unserem PERSES-Projekt [4] entwickeln wir einen Serviceroboter (PERSES Abb. 1 Links), welcher als interaktiver Einkaufs-Assistent [5] innerhalb einer Markt-Umgebung eingesetzt werden soll. Typische Dienstleistungen, die angeboten werden sollen, beinhalten beispielsweise das Führen des Kunden zu einem gesuchten Artikel oder das Begleiten als mobiles Informationsterminal. Die Akzeptanz eines solchen Systems hängt dabei entscheidend von einer möglichst intuitiven Interaktion mit den Kunden ab. Zur Lösung dieser Aufgabe werden insbesondere visuell-basierte Methoden eingesetzt, da diese einerseits in der Lage sind, viele Informationen über die Umgebung zu vermitteln, die mit anderen Sensoren nicht wahrgenommen werden können, und eine möglichst natürlich wirkende Kommunikation mit menschlichen Nutzern erlauben. Zu diesem Zweck ist der Roboter unter anderem mit einem omnidirektionalen Kamerasystem ausgestattet, welches aus einer digitalen Farbkamera und einem sphärischen Spiegel besteht (Abb. 1 Mitte). Neben der Interaktion müssen eine Reihe von Navigationsaufgaben gelöst werden. Der Roboter muss eine Repräsentation seiner Einsatzumgebung besitzen und in der Lage sein, bestimmte Punkte darin selbstständig anzufahren. Dazu muss er zu jedem Zeitpunkt Kenntnis von seiner eigenen Position innerhalb der Umwelt haben (Selbstlokalisation).

Abbildung 1. (Links) interaktiver Shopping Assistent PERSES (B21 Roboter); (Mitte) omnidirektionale Kamera mit weißem Referenzring für Blendenregelung; (Rechts) omnidirektionale Ansicht der Umwelt mit weißem Referenzring (schraffierter Bereich)

Unser Lokalisationsverfahren basiert auf der in den letzten Jahren sehr populär gewordenen Monte-Carlo-Lokalisation nach Fox u.a. [1]. Hierbei werden in der Regel zur sensorischen Erfassung der Umwelt entfernungsmessende Systeme wie z.B. Laser- und Ultraschallscanner benutzt. Warum diese Vorgehensweise in unserem Fall problematisch ist, kann man in der Abb. 3 erkennen. Die für den interaktiven Shopping-Assistenten PERSES vorgesehene Einsatzgebiete (Marktumgebungen) weisen oft sehr symmetrisch angeordnete Regalreihen mit gleichen Abständen und Längen auf. Für einen Laserscanner bedeutet das, dass er an sehr vielen Positionen im Markt die gleichen sensorischen Eindrücke aus der Umwelt erhält. Solche Mehrdeutigkeiten erschweren die Lokalisation des Roboters deutlich. Aus diesem Grund verwenden wir die schon erwähnte omnidirektionale Kamera, welche eine farbige Panoramaansicht der Umwelt liefert (Abb. 1 Rechts). Da sich die Regalreihen auf Grund ihrer Struktur und Befüllung vor allem farblich unterscheiden lassen, kann die Verteilung von Farbe in der Umgebung des Roboters zur Beschreibung der aktuellen Situation herangezogen werden. Im nächsten Abschnitt wird zunächst die visuelle MCL erläutert. Es erfolgt eine Beschreibung der Merkmalsextraktion, des Gesamtsystem und der Funktionsweise. Danach wird ein Überblick über die experimentellen Untersuchungen geben. Am Ende stehen die Zusammenfassung und der Ausblick.

2 Visuelle Monte-Carlo-Lokalisation

2.1 Extraktion szenenbeschreibender Merkmale

Bei der visuellen Erfassung der Umwelt ergeben sich zwei entscheidende Probleme. Das ist zum einen die große Datenmenge und zum anderen die Abhängigkeit des sensorischen Eindrucks $\underline{o}_t$ von der Beleuchtungssituation, welche in realen Umgebungen i.d.R. nicht stabil ist. Dies kann dadurch gelöst werden, dass man helligkeitsinvariante Merkmale extrahiert, welche die aktuelle Situation $\underline{x}_t = (x, y, \varphi)_t$ des Roboters besonders eindeutig beschreiben (wenig sensorische Mehrdeutigkeiten). Der bisherige Ansatz zur Merkmalsgewinnung beruhte auf einfachen mittleren RGB-Werten ([2],[3], im weiterem **RGB** genannt). Diese erwiesen sich als besonders problematisch bei starken Beleuchtungsschwankungen. Deshalb wurde eine Reihe von geeigneten alternativen Merkmalen untersucht. Die besten Ergebnisse zeigte in experimentellen Voruntersuchungen [6] eine Histogrammrepräsentation (im weiterem **Hist**) bestehend aus einem Farbwinkelhistogramm (**H**) und einem Grauwerthistogramm (**V**), welche auf dem HSV-Farbraum basieren (in Anlehnung an Balthasar u.a. [7]). Dabei wurden der Farbwinkel (H) in 16 und die Helligkeit in 4 gleich große Bereiche (Bins) unterteilt. Die Farbe erhält hierbei einen deutlich größeren Anteil an der Repräsentation, damit das Gesamtmerkmal (H+V) weitestgehend stabil gegenüber Helligkeitsschwankungen ist. Anhand des Farbwinkels wird zunächst für jedes Pixel entschieden, ob es farbig bzw. unbunt ist (H nicht definiert ⇒ unbunt). Handelt es sich um ein farbiges Pixel, so wird es entsprechend des Farbwinkels in das Farbwinkelhistogramm, ansonsten in das Grauwerthistogramm (dann anhand von V), eingeordnet. Zur Bestimmung der Ähnlichkeit zwischen aktuellem und erwartetem Histogramm an der Position der Partikel wurde die Histogramm Intersection (HI) [8] benutzt. Dabei wird das Minimum zwischen den korrespondierenden Bins beider Histogramme gebildet und über alle Pixel normiert. Dann ergibt sich ein Ähnlichkeitswert (zwischen max = 1.0 und min = 0.0) für den Vergleich der beiden Histogramme.

In den Untersuchungen zeigte sich, dass diese Hist-Merkmale sehr gute Ergebnisse bei der Unterscheidung unterschiedlicher Positionen liefern, also wenige Mehrdeutigkeiten produzierten [6]. Ebenfalls erwiesen sie sich als besonders fehlertolerant gegenüber Helligkeitsschwankungen, da die Merkmale hauptsächlich auf dem Farbwinkel beruhen. Es sei hier noch erwähnt, dass dies nicht die einzige Möglichkeit ist, mit der wir die Problematik der Beleuchtungsschwankungen im Einsatzfeld behandeln, zusätzlich wird ein referenzbasiertes Korrekturverfahren zur Steuerung der Luminanz und der UV-Signale der verwendeten digitalen Kamera (Sony DFW-VL 500) eingesetzt ([9]). Der in Abb. 1 zu sehende weiße Ring unterhalb des Spiegels wird dazu verwendet, die Parameter für die Blende und für den Weißabgleich der Kamera zu bestimmen. Damit können große Schwankungen der Beleuchtung bereits zum frühestmöglichem Zeitpunkt, d.h. während der Bildgewinnung, kompensiert werden.

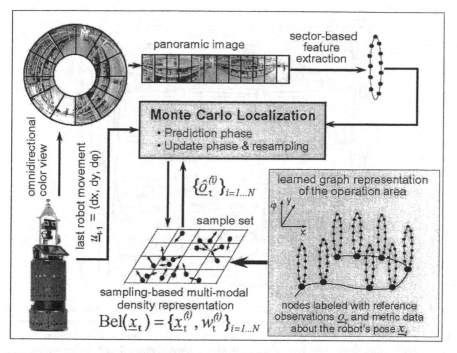

Abbildung 2. Grundidee unserer visuellen MCL; Grundlage bildet ein graphenbasiertes Umweltmodell. Der Roboter liefert visuelle und Odometrieinformationen woraus im MCL-Verfahren die aktuelle Position geschätzt wird.

2.2 Systemüberblick

Nach Darstellung der Merkmalsextraktion, soll nun ein Überblick über das Gesamtsystem der visuell-basierten MCL gegeben werden, welches in Abb. 2 dargestellt ist. Der Roboter (Abb. 2 u.l.) liefert zwei für die MCL wichtige Informationen, den aktuellen sensorischen Umwelteindruck $\underline{o}_t$ (Kamerabild) und die Bewegungsdaten $\underline{u}_t$ (Odometrie). Um die szenenbeschreibenden Merkmale (Hist) aus dem Bild zu extrahieren, wird das kreisförmige omnidirektionale Kamerabild polartransformiert (Abb. 2 o.). Das Ergebnisbild wird anschließend für die Merkmalsextraktion in n vertikale Segmente unterteilt (typischer Weise 10). In jedem dieser Segmente werden die Hist-Merkmale berechnet. Damit führt man eine deutliche Reduktion des Eingaberaums von $h \cdot w$ Bildpunkten auf n Histogramme durch, wobei grobe Nachbarschaftsinformationen im Bild durch die Segmentierung erhalten bleiben.

Das Umgebungsmodell (Abb. 2 r.) ist eine weitere wichtige Voraussetzung für die Lokalisation. Damit der Roboter sich in seiner Umwelt lokalisieren kann, muss er wissen, wie sie aussieht. Dafür wird in einer Teachphase ein Modell der Umwelt aufgebaut. Dies geschieht, indem der Roboter die Umgebung exploriert und an „wichtigen" Positionen eine Referenzansicht der Umwelt aufnimmt. Diese Teach-

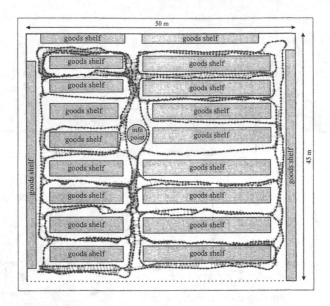

Abbildung 3. Grundriss des Marktes mit graphenbasiertem Umweltmodell; Knoten zwischen den Regalreihen stellen die gespeicherten Referenzansichten dar, mit deren Hilfe der zu erwartende Umwelteindruck für (fast) jede beliebige Position im Markt geschätzt werden kann. Das Umweltmodell wird während einer Teach-Fahrt unter Verwendung eines visuellen Odometriekorrekturverfahrens [10] gelernt.

Fahrt wird dem Roboter per Hand vorgegeben. Die Referenzansicht $\underline{o}_r$ (nur der extrahierte Merkmalsvektor) wird zusammen mit den aktuellen Positionsdaten $\underline{x}_t$ als Knoten in einer graphenbasierten Karte gespeichert. Die Referenzposition wird während der Teach-Fahrt durch ein visuelles Odometriekorrekturverfahren gewonnen, das die Fliesenstruktur des Marktes zur Korrektur der Orientierung des Roboters verwendet. Details hierzu sind [10] zu entnehmen. In Abb. 3 ist eine solche Karte zu sehen, die im Einsatzfeld aufgenommen wurde. Die Größe der Umgebung beträgt $45 \cdot 50$ Meter ($\approx 2200\text{m}^2$). In der Abbildung sind die Knoten (≈ 3000), an denen die Referenzansicht gespeichert sind, und die Regalreihen des Marktes in der Karte zu erkennen. Mit Hilfe der Sensorinformationen ($\underline{o}_t$ und $\underline{u}_t$) und dem Umgebungsmodell schätzt das MCL-Verfahren die aktuelle Position $\underline{x}_t$ des Roboters in der Umwelt.

2.3 Funktionsweise

Der Algorithmus der visuellen MCL funktioniert vom Grundansatz wie der von Fox [1] vorgestellte und wird hier nur kurz erläutert. Als erstes werden die Samples s^i (x_t^i = Zustand + w_t^i = Wahrscheinlichkeit) je nach Art des Vorwissen über die Initialposition des Roboters in den Zustandsraum eingestreut. Ist die Anfangsposition nicht bekannt (der hier praktizierte übliche Fall), so werden alle Samples s^i gleichmäßig verteilt. Die Wahrscheinlichkeit w_t^i (auch *Importance Factor*) ist dann für alle Samples gleich groß. Die geschätzte Position $Bel(\underline{x}_t)$ wird durch einen Satz S_t von N dieser gewichteten Samples s^i beschrieben ($Bel(\underline{x}_t) : S_t = \{\underline{x}_t^i, w_t^i\}_{i=1..N}$). Danach erfolgt eine Beobachtung, aus der der aktuelle sensorische Umwelteindruck, durch Berechnung des Merkmalsvektors $\underline{o}_t$ (Abb. 2), bestimmt wird. Dieser Merkmalsvektor beschreibt die aktuelle Situation in der sich der Roboter befindet. Mit dem aktuellen Merkmalsvektor $\underline{o}_t$ werden nun die Gewichte w^i aller Samples neu bestimmt. Da jedes Sample s^i einen möglichen Zustand $\underline{x}^i$ des Roboters beschreibt, kann mit Hilfe des Umgebungsmodells berechnet werden, wie die zu erwartende Ansicht $\underline{o}_t^i$ für jedes Sample aussehen müsste. Dafür wird der Referenzpunkt im Umgebungsmodell gesucht, der die geringste Euklidische Entfernung zum Sample hat. Der zu erwartende Merkmalsvektor $\underline{o}_t^i$ für das Sample s^i ergibt sich einfach aus dem gespeicherten Merkmalsvektor o_r^j des Referenzpunktes j. Diese Vorgehensweise ist nur unter der Annahme möglich, dass sich die lokale Ansicht um einen Referenzpunkt nur geringfügig für kleine Entfernungen (z.B. $\leq$0,5 Meter) ändert. Hier wird deutlich, dass das Verfahren eine relativ dichte Karte der Umgebung benötigt. Das Gewicht w_t^i jedes Samples wird bestimmt, in dem der aktuelle sensorische Eindruck $\underline{o}_t$ des Roboters mit dem erwarteten Eindruck $\underline{o}_t^i$ des Samples verglichen wird. Stimmen die beiden Merkmalsvektoren gut überein (HI), führt dies zu einem großen Gewicht w_t^i, wodurch die Wahrscheinlichkeit groß ist, dass sich der Roboter an dieser Stelle befindet.

Wurden alle Gewichte adaptiert, so wird anhand dieser Gewichte das so genannte *Importance Resampling* durchgeführt. Samples mit geringem Importance Factor w_t^i werden entfernt und bei Samples mit hohen Gewichten w_t^i platziert. Damit wird erreicht, dass an wahrscheinlicheren Positionen des Roboters, mehr Samples platziert werden. Nach dem Resampling führt der Roboter einen Bewegungsschritt $\underline{u}_t$ aus, der auf die Samples übertragen wird. Dabei wird die Bewegung für jedes Sample durch das Bewegungsmodell $p(\underline{x}_t|\underline{x}_{t-1},\underline{u}_{t-1})$ verrauscht ([1],[3], [11]) zur Berücksichtigung der Ungenauigkeit der Bewegung des Roboters (z.B. durch Schlupf usw.). Danach wird der Algorithmus zyklisch beginnend mit der Beobachtung wiederholt. Nach einigen Iterationen sammeln sich die Samples an den wahrscheinlichsten Positionen und konvergieren schließlich in einer Position, welche dem geschätzten Zustand (Pose) des Roboters entspricht.

3 Experimentelle Untersuchungen

Um die Praxistauglichkeit der farbhistogramm-basierten visuellen MCL zu überprüfen, wurden eine Reihe von Untersuchungen auf realen Daten durchgeführt. Bei diesen Daten handelt es sich um die kompletten Aufzeichnung der Bewegungsdaten und der Kamerabilder (Rohdaten) aus einer Reihe von mehrstündigen Baumarktexperimenten. Mit einem Teil der Daten wurde die Karte in Abb. 3 aufgebaut. Aus den restlichen Daten ergaben sich eine Reihe von Validierungsrouten, auf denen der Roboter sich jeweils aus einer unbekannten Anfangsposition heraus lokalisieren musste. Da die Daten zum Aufbau der Karte und der

Validierungsrouten zeitlich auseinander lagen, ergaben sich die in realen Umgebungen auftretenden Beleuchtungsschwankungen und Bildstörungen, mit denen das System zurecht kommen musste. Es wurde hierbei der mittlere Lokalisationsfehler und die Lokalisationssicherheit untersucht. Bei der Lokalisationssicherheit wurde ausgewertet, in wie vielen Schätzungen der Fehler über 2,5 Metern lag (in Prozent). Das System galt dann als nicht lokalisiert. Da es sich bei der MCL um ein Verfahren auf Basis von stochastischen Prozessen handelt, wurden alle Experimente zur statistischen Absicherung 50-mal wiederholt und die Ergebnisse gemittelt. Es wurden Routen unterschiedlicher Länge von ca. 20 (**UT1** = **U**nknown **T**our) bis 340 Metern (**UT4**) gewählt, welche durch alle Regionen des Marktes führten. In Tabelle 1 sind die Ergebnisse auf Grundlage der neuen Hist-Merkmale in Bezug auf die ursprünglichen RGB-Merkmale [3],[11] dargestellt.

Merkmale Route	UT1	UT2	UT3	UT4	Ø
Lokalisationsfehler					
RGB	74,8 cm	191,5 cm	38,3 cm	50,9 cm	67,7 cm
Hist	72,0 cm	51,0 cm	41,5 cm	46,8 cm	50,2 cm
Lokalisationsverluste					
RGB	0,0 %	6,5 %	0,1 %	0,0 %	0,7 %
Hist	0,0	0,0	0,0	0,0	0,0

Tabelle 1. Vergleich der Lokalisationsfehler des auf Hist-Merkmalen basierenden Ansatzes mit dem RGB-Ansatz (speziell UT2).

Man erkennt hier, dass die Hist-Merkmale bessere Ergebnisse bei der Lokalisation erzielen, besonders in der Route UT2 (Durchschnitt aller Routen $\approx$ 25% besser). Route UT2 war für die RGB-Merkmale besonders problematisch, da es hier eine Reihe von dynamischen Beleuchtungseinflüssen gibt (durch Oberlichter und Fensterfassaden), aus welchen die schlechteren Ergebnisse resultieren. In Bezug auf die Lokalisationssicherheit zeigte sich, dass der Fehler des Histogrammansatzes nie über die kritische Marke von 2,5 Meter stieg, im Gegensatz zum RGB-Ansatz, bei dem bei Route UT2 6,5 % der Schätzungen über diesem Wert lagen. Im Durchschnitt aller Routen betrug die Anzahl der Lokalisationsverluste beim RGB-Verfahren 0,7 % gegenüber 0.0 % beim neuen Verfahren. Die Durchschnittswerte in der Tabelle sind jeweils mit der Länge der Routen gewichtet.

3.1 Verdeckungen

Ein weiteres Problem in realen Umgebungen stellen Verdeckungen dar (z.B. durch Personen). In [11] wurde eine Möglichkeit vorgestellt, wie man verdeckte Segmente bei der Berechnung der Ähnlichkeit auslassen kann. Bei einer Verdeckung werden in der Regel nicht alle Bereiche des Kamerabildes verdeckt sein.

Deshalb werden nur die Segmente ausgewertet, die eine hohe Ähnlichkeit zwischen der Erwartung und dem tatsächlich Beobachteten aufweisen (selektive Segmentauswahl). Es konnte in [11] gezeigt werden, dass sich die Robustheit gegenüber Verdeckung damit deutlich steigern ließ. Aus diesem Grund wurde das Verfahren auch für den Hist-Ansatz eingeführt. Das Diagramm 4 zeigt die erzielten Ergebnisse.

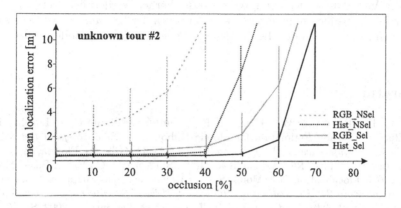

Abbildung 4. Verhalten der Merkmale bei unterschiedlich starker Verdeckung; Erwartet gute Ergebnisse erzielen beide Merkmalsverfahren mit der selektiven Segmentauswahl. Die besten Ergebnisse kann jedoch Hist_Sel erreichen (bis 60% Fehler kleiner 2 Meter).

Auch in Bezug auf die Verdeckung erwiesen sich die Hist-Merkmale als robuster (vgl. RGB_NSel vs. Hist_NSel; **NSel** = nicht selektive Segmentauswahl). Mit der Einführung der selektiven Segmentauswahl (**Sel**) konnte RGB_Sel das Ergebnis zwar bereits erheblich steigern, wurde aber von Hist_Sel noch übertroffen. Das Hist_Sel-Verfahren zeigt bis 60% Verdeckung des Kamerabildes noch akzeptable Lokalisationsgenauigkeiten (< 2 Meter). Damit ist es dem Roboter möglich, sich auch in einer Menschenmenge mit einem akzeptablen Fehler zu lokalisieren. Des Weiteren kann damit auch das Problem von Fensterfassaden weitestgehend gelöst werden. Ändert sich das Licht in einem Fenster, so wird nur ein Teil der Ansicht verändert (das Fenster selbst). An dieser Stelle im Bild stimmt die Erwartung dann nicht mehr mit dem Gemessenen überein, was man ebenfalls als Verdeckung auffassen und entsprechend verrechnen kann.

4 Zusammenfassung und Ausblick

Diese Arbeit zeigt, wie die in [2],[3],[11] vorgestellten Ergebnisse zur visuellen Monte-Carlo-Lokalisation für mobile Roboter durch Einsatz einer leistungsfähigen Merkmalsextraktion und eines flexibleren Vergleichsverfahrens (HI) noch weiter verbessert werden konnten. Dies gilt besonders im Hinblick auf Beleuchtungsschwankungen. Durch die sehr einfache Merkmalsverarbeitung und das Partikelfiltersystem ist dies in Echtzeit möglich ($\approx$ 350ms für eine Schätzung mit 10000 Samples auf einer 1500 MHz CPU). Die hier erreichte Lokalisationsgenauigkeit ist für den Einsatz der Roboters als Shopping-Assistent mit Lotsenfunktion zu Artikelgruppen völlig ausreichend. Weitaus wichtiger ist hierbei die Robustheit und Zuverlässigkeit des Verfahrens, was mit den erfolgreichen Untersuchungen zur Verdeckung und zur Lokalisationssicherheit verdeutlich werden sollte. In der Zukunft sollen dynamische Veränderungen der Umwelt, insbesondere der Regalbefüllung, und deren Berücksichtigung im Umgebungsmodell untersucht werden.

Literatur

[1] FOX, D. ; BURGARD, W. ; DELLERT, F. ; THRUN, S.: Monte Carlo Localization: Efficient Position Estimation for Mobile Robots. In: *Proceedings of the AAAI, National Conference on Artifical Intelligence, AAAI*. Orlando, Florida, 1999

[2] GROSS, H.-M. ; KOENIG, A. ; BOEHME, H.-J. ; SCHROETER, C.: Vision-Based Monte Carlo Self-localization for a Mobile Service Robot Acting as Shopping Assistant in a Home Store. In: *Proceedings of IROS'2002, IEEE/RSJ International Conference on Intelligent Robots and Systems, EPFL, Lausanne, Switzerland*, 2002, S. 256–262

[3] SCHRÖTER, Ch. ; KÖNIG, A. ; GROSS, H.-M.: Farbbild-basiertes Monte-Carlo-Lokalisationsverfahren für mobile Roboter. In: *8. Workshop Farbbildverarbeitung*, ZBS Ilmenau, ISSN 1432-3346, 2002, S. 111–118

[4] GROSS, H.-M. ; BOEHME, H.-J.: PERSES - A Vision-based Interactive Mobile Shopping Assistant. In: *Proceeding IEEE International Conference on Systems, Man and Cybernetics*, 2000, S. 80–85

[5] BÖHME, H.-J. ; WILHELM, T. ; SCHRÖTER, Ch. ; GROSS, H.-M.: PERSES - ein interaktiver Einkaufsassistent. In: *Conference Robotics 2002*, VDI-Berichte 1679, VDI-Verlag, 2002, S. 641–646

[6] KÖNIG, A. ; MOSER, D. S. ; GROSS, H.-M.: Untersuchung alternativer Farbmerkmale für die visuelle Monte-Carlo-Selbstlokalisation für mobile Roboter, 2003. – to appear: 9. Workshop Farbbildverarbeitung

[7] BALTHASAR, D. ; REHRMANN, V.: Robustes histogrammbasiertes Farbmatching. In: *Proceedings of 5. Workshop Farbbildverarbeitung'99,*. Ilmenau, Germany, 1999

[8] SWAIN, M.J. ; BALLARD, D.H.: Color Indexing. In: *International Journal of Computer Vision* 7:1 (1991), S. 11–32

[9] WILHELM, T. ; BÖHME, H.-J. ; GROSS, H.-M.: User Detection with an Omnidirectional Camera, 2003. – submitted to: 9. Workshop Farbbildverarbeitung

[10] SCHRÖTER, C. ; BÖHME, H.-J. ; GROSS, H.-M.: Extraction of orientation from floor structure for odometry correction in mobile robotics. In: *DAGM'03, 25th Pattern Recognition Symposium, Magdeburg*, 2003

[11] GROSS, H.-M. ; KOENIG, A. ; SCHROETER, C. ; BOEHME, H.-J.: Omnivision-based Probabilistic Self-localization for a Mobile Shopping Assistant Continued. In: *Proceedings of IROS'2003, IEEE/RSJ International Conference on Intelligent Robots and Systems, Las Vegas*, 2003

Schritthaltende 3D-Kartierung und Lokalisierung für mobile Inspektionsroboter

Peter Kohlhepp[+], Marcus Walther[++] und Peter Steinhaus[++]

[+] Forschungszentrum Karlsruhe in der Helmholtz-Gemeinschaft, Institut für Angewandte Informatik (IAI), Postfach 3640, 76021 Karlsruhe, kohlhepp@iai.fzk.de
[++] Universität Karlsruhe, Institut für Rechnerentwurf und Fehlertoleranz (IRF), Haid-und-Neu-Straße 7, 76131 Karlsruhe, mwalther@ira.uka.de, steinhaus@ira.uka.de

Zusammenfassung: Um technische Anlagen erfolgreich durch autonome Roboter zu inspizieren, ist eine sichere Navigation hilfreich bzw. notwendig. Eine präzise Lokalisierung des mobilen Roboters und ein aussagekräftiges 3D-Umweltmodell erleichtern diese Aufgabe. In diesem Artikel wird ein Verfahren vorgestellt, welches mit Hilfe einer neuartigen Scanneranordnung zur Erzeugung von 3D-Punktwolken, sowie eines modifizierten EKF, diese Aufgabe lösen soll. Durch eine sichere Schätzung der Lage im Raum anhand von überlappenden Teilbildern, kann ein solides Umweltmodell erstellt, und somit eine effiziente Navigation erreicht werden.

1 Einführung

Die Inspektion thermisch oder chemisch belasteter Bauteile in verfahrenstechnischen Anlagen bildet eine wichtige Zukunftsanwendung *frei* navigierbarer mobiler Roboter. Eine verwandte Problemstellung ist die automatisierte Vermessung von Bauwerken und deren regelmäßige Zustandsüberwachung durch Infrarot-Thermographie. Vergleichbarkeit und Kalibrierung der Infrarotbilder erfordern eine präzise *räumliche* Ausrichtung und die Kenntnis der *Oberflächengeometrie*. Zu inspizierende Objekte müssen wiedererkannt und lokalisiert sowie Wege selbstständig geplant werden.

Die benötigte 3D-Umweltkarte muss die aktuellen Objekte und Hindernisse des mit der Zeit sich ändernden Einsatzraumes aufzeigen. Repräsentation und Detaillierung sollten den Planungsalgorithmen von Robotern angepasst sein. Daher ist es keine echte Option, ein irgendwann einmal zu einem anderen Zweck erstelltes *CAD-Modell* des Einsatzraumes lediglich zu *importieren*. Solche, etwa mit Hilfe eines Flächenrückführungssystems [1,3] generierten Modelle optimieren die funktionellen und visuell-ästhetischen Anforderungen *menschlicher* Anlagenplaner, etwa an Vollständigkeit, Genauigkeit und Glattheit der Oberfläche. Die Roboter sollten vielmehr ihre benötigte Karte selbst aus Teilansichten fahrtbegleitend erstellen können. Dazu müssen die Roboterpositionen zur Karte bekannt sein. Wir haben es also mit dem Schätzproblem *Simultane Lokalisierung und Kartierung* (engl. SLAM) im 3D Raum zu tun, wobei Positionen und Karte einer tendenziell wachsenden Unsicherheit unterliegen.

Methodisch haben sich hier vor allem statistische Ansätze durchgesetzt, zum Beispiel Rekursive Filter wie der Extended Kalman Filter (EKF [2,5,6,9,19]). Sie beobachten Positionen aus komplementären verrauschten Sensorsignalen (Weggeber, Kamerabildmerkmale,..) und eignen sich ideal für den Echtzeitbetrieb. Das statistische Schätzproblem sollte eine eindeutige Lösung besitzen (*uni-modale Verteilung*). Zustandsräume wachsender Dimension, die bei explorativer Kartierung zwangsläufig auftreten, sind schwer zu handhaben; uns sind keine Ergebnisse bekannt, wo EKF's zur *Erstellung* detaillierter 3D Karten bereits praktisch eingesetzt werden. Für mehrdeutige Schätzprobleme eignen sich Markov-Modelle auf der Grundlage Bayes'scher Filter [21,22], Particle Filters [17] oder der EM-Algorithmus [18,20]. Seit den frühen Arbeiten von Elfes und Moravec werden *uniforme Gitternetze* zur Diskretisierung des Positionsraumes eingesetzt. Diese Datenstrukturen skalieren aber sehr schlecht auf drei Dimensionen und sind bei der Aktionsplanung von Robotern wenig hilfreich.

Bei den Datenstrukturen gehen wir einen völlig anderen Weg und verwenden auf allen Ebenen der Verarbeitung – Merkmalzuordnung, Lageschätzung, Integration von Karten und Planung – reduzierte Oberflächenmodelle [15,16]. In diesem Beitrag zeigen wir Lösungen zu zwei Teilproblemen auf:

- wie mit einem handelsüblichen 2D Laserscanner und einer neuartigen rotierenden Sensoranordnung eine schritthaltende, flächenbasierte 3D Umgebungsaufnahme erreicht wird (Abschnitt 2)
- wie durch Kooperation eines Extended Kalman Filter mit einer Tiefenbildlokalisierung eine zuverlässige simultane Lokalisierung und Kartierung in 3D möglich wird (Abschnitte 3 und 4).

2 Schritthaltende Erfassung und Segmentierung der Umgebung

Die Aufgabe des Roboters besteht darin, einen unbekannten Arbeitsraum zu kartieren und die Karte dabei so repräsentieren, dass er in Echtzeit Wege planen, Hindernisse vermeiden, Objekte erkennen oder die nächste Messposition planen kann. Fehlt eine globale und externe Ortsreferenz wie GPS, so muss das Fahrzeug entweder von Merkmalen bekannter Position der Karte ausgehend die eigene Position bestimmen, oder aus der eigenen, bekannten Position und der relativen Lage neuer Merkmale deren Position in der Karte eintragen. In der Tat passiert beides abwechselnd. Das Fahrzeug verfüge über einen 2D Laserscanner, welcher durch Laserabtastung die Entfernungen zu den nächst liegenden Hindernissen in einem Ebenenausschnitt (*Scanebene*) liefert. Solche Höhenprofile, auch *Scanlinien* genannt, können zu größeren Informationseinheiten zusammengefasst werden (*Teilansicht*, *Tiefenbild*), wenn der Sensor eine Bewegung ausführt.

Am Institut für Rechnerentwurf und Fehlertoleranz der Universität Karlsruhe wurde daher eine neuartige Sensorgeometrie entworfen, mit der ein 2D-Laserscanner (SICK LMS) unbegrenzt um seine optische Achse rotieren kann (ROSI). Stromversorgung und Datenübertragung erfolgen über Gold-Schleifringe. Der Aufbau auf der Experimentalplattform MORTIMER ist in Abb. 1 illustriert.

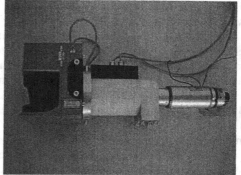

Abb. 1: Mobile Plattform MORTIMER (links) und **Rotierender SICK** Laserscanner ROSI (rechts)

Mit dem verwendeten SICK LMS Scanner wird eine Kugelkappe mit Öffnungswinkel von ca. 100° vor dem Fahrzeug erfasst; bei 180° Öffnungswinkel wäre es eine Hemisphäre. Dank der Rotation der Scanlinien werden keine Orientierungen bevorzugt oder benachteiligt, sondern Objekte im Zentrum erhalten die höchste Auflösung und solche am Rande des Blickfeldes die geringste. Dies unterstützt die Aufmerksamkeitssteuerung, Hinderniserkennung und Wegplanung eines Fahrzeugs optimal.

Die schritthaltende Kartierung erfordert mit der *lagerichtigen Verschmelzung* vieler Teilansichten auch die *Verdichtung* von Punkten zu Flächenmerkmalen. Verfahren aus dem Bereich Flächenrückführung können Teilmodelle nur als Punktwolken oder Dreiecksnetze lagerichtig verschmelzen und erzeugen erst am Ende ein Flächenmodell ("*Frühe Fusion, Späte Verdichtung*", [1,7]). Diese stapelorientierte Arbeitsweise ist vom Grunde her nicht auf einen schritthaltenden Betrieb übertragbar, weil sie aus einem *monoton wachsenden* Punktmodell *in jedem Schritt* eine zur Aktionsplanung geeignetere Karte *neu* abzuleiten hätte. Bei der "*Frühen Verdichtung, Späten Fusion*" wird jede Teilansicht sofort in Flächenstücke segmentiert und dann mit der aktuellen Karte verschmolzen. Rohdaten aus früheren Teilansichten sind nicht mehr verfügbar. Der Umfang der Karte wächst nicht mit der Punkt*menge*, also der *Zeit*, die der Roboter in der Umgebung messend verbringt, sondern nur mit der geometrischen *Komplexität* des kartierten Arbeitsraumes. Ergibt die Vermessung nichts Neues mehr, so verbessert sich nur die Genauigkeit bestehender Flächenmerkmale durch redundante Messungen.

Diese Vorgehensweise erfordert die Segmentierung in Echtzeit der in jedem Schritt neu anfallenden Information (*Teilansicht*). Doch wie sind diese Einheiten der optischen Sensorverarbeitung festzulegen? Bei Verwendung eines 2D Laserscanners oder einer Zeilenkamera liegt es nahe, jede Scanlinie als Teilansicht zu betrachten. In der Tat gibt es einige wenige Algorithmen, die Scanlinien schritthaltend zu Flächenstücken reduzieren. Die bekanntesten wurden 1994 von Jiang und Bunke für polyedrische Szenen entwickelt und einige Jahre später auf quadratische Oberflächen übertragen [11,12]. Diese Eigenschaft und ihre erwiesene hohe Laufzeiteffizienz macht sie attraktiv für den on-line-Betrieb. Da die Flächenstücke aus einzelnen Scanlinien - Geradenstücken oder Polynomen 2. Grades - erwachsen und *quer* zur Scanrichtung anfangs eine sehr geringe Ausdehnung haben, ist die Schätzung etwa ihrer Normalen empfindlich gegenüber Messfehlern. Gerade in der Verfahrrichtung schlägt sich aber die wachsende Unsicherheit der den Scanlinien zugrunde liegenden Fahrzeugpositionen nieder. Aus diesem Grund entscheiden wir uns für eine *bildbasierte* Regionenzerlegung in Scan- und in Querrichtung gleichzeitig als die robustere Alternative. Sie erfordert, mehrere aufeinander folgende Linien "willkürlich" zu Bildpaketen zusammen zu fassen. Bei der Messanordnung ROSI mit rotierendem Scanner ergibt die während einer halben Drehung um die optische Achse aufgenommene Punktmenge ein Bild. Aufeinander folgende Bilder zeigen weit gehende Überlappung (Redundanz).

Ein von uns weiter entwickeltes Split-and-Merge Verfahren ('Tree-of-Pyramid', [14]) extrahiert größtmögliche zusammenhängende und geometrisch homogene Flächenstücke, indem es ein Bild sukzessive an Punkten unterteilt, z.B. trianguliert, welche *lokale* Kriterien der *Inhomogenität maximieren*. Dies können Punkte mit maximalem Abstand von einer durch die Randpunkte definierten Referenzfläche, Punkte mit hoher Schnittkanten- oder Krümmungskantenstärke oder Randpunkte zwischen abgetasteten und undefinierten Bereichen sein. Die Unterteilung wird fortgesetzt, bis geometrisch homogene Saatregionen ("solide Facetten") entstehen, welche anschließend in anderer Reihenfolge miteinander zu größeren Flächenstücken verschmolzen werden. Ebenso werden einzelne, noch keiner Fläche zugewiesene Nachbar-Bildpunkte verschmolzen. Bereiche ohne gültige Messpunkte oder zu geringer Punktdichte, ebenso inhomogene, aber auch nicht sinnvoll weiter teilbare Gebiete ("transparente Facetten") ergeben Lücken zwischen den Flächenstücken. Somit entsteht ein Mosaik über Relationen miteinander verknüpfter Flächenstücke, allerdings keine in sich geschlossene und glatte Oberfläche.

Abb. 2 zeigt links ein mit ROSI gewonnenes dichtes Tiefenbild. Auf jede Halbumdrehung entfallen 153 Scanlinien (dies ergibt eine radiale Winkelauflösung von ca. 2.4°) mit je 450 Punkten, entsprechend der Winkelauflösung des SICK-Sensors von ca. 0.25°. Eine Reduktion auf 30 planare Flächenstücke ist rechts gezeigt. Alle Flächenstücke sind durch numerische Attribute wie Größe, Form und Verdeckungsgrad, äußere und innere 3D Berandungspolygone, Schwerpunkte, Richtungsvektoren, Krümmungsverteilung und (in diesem Fall) Ebenenapproximation charakterisiert. Der Detaillierungsgrad des Flächenmodells ist in vieler Hinsicht kontrollierbar, die Laufzeit beträgt hier etwa 5 sec für 2GHz PC.

Abb. 2: Tiefenbild von ROSI (links, das Bild entspricht einer halben Umdrehung und die erste Scanlinie ist ausgezeichnet), rechts eine grobe Flächenreduktion.

Wie die meisten Segmentierungsverfahren, erfordert auch Tree-of-Pyramid durch die Reihenfolge der Scanlinien und der Punkte *geordnete (parametrierte) Tiefenbilder.* Diese Ordnung wird bei der Segmentierung zur Bestimmung der Nähe, der Nachbarschaft oder des topologischen Zusammenhangs stark ausgenutzt, und sie ersetzt in vielen Fällen die reale Euklidische Distanz als Ordnungskriterium. Durch diesen Rückgriff auf Techniken der 2D-Bildverarbeitung besteht für die Segmentierung von 3D Punktwolken erst eine Chance auf echtzeitfähige Algorithmen. In der Regel wird ein rechteckiger diskreter Parameterraum $[u_{min}, u_{max}] \times [v_{min}, v_{max}]$ vorausgesetzt. Andere Sensorgeometrien führen aber auf andere Topologien des Parameterraums, im Fall von ROSI etwa auf ein Möbiusband: ein rechteckiger Streifen, dessen schmale Seiten um 180° verdreht zu einem Zylinder verklebt werden (Abb. 3).

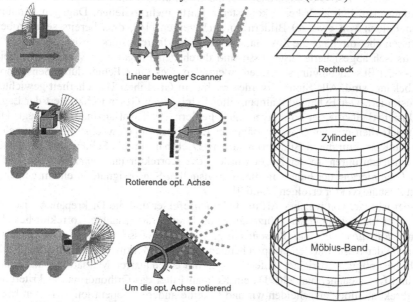

Linear bewegter Scanner

Rechteck

Rotierende opt. Achse

Zylinder

Um die opt. Achse rotierend

Möbius-Band

Abb. 3: Sensorgeometrie und resultierende Topologie des Parameterraums

Somit sind für ein Pixel (u, v) nicht nur $(u\pm1, v\pm1)$ Nachbarpixel für $u_{min}<u<u_{max}$, $v_{min}<v<v_{max}$, sondern (u_{min}, v) und $(u_{max}, v_{max}-v \pm1)$ für $v_{min} \leq v \leq v_{max}$. Neben der 8-er Nachbarschaft bei lokalen Maskenoperatoren (Bildglättung, Normalenschätzung) ist dies auch bei den numerischen Methoden im Parameterraum zu beachten, um etwa den Abstand oder Lotpunkt eines Pixels zu einer Gerade zu bestimmen oder benachbarte Gebiete zu finden. [In der segmentierten Teilansicht in Abb. 2 ist diese Erweiterung noch nicht vollzogen - das Möbiusband wurde zu einem Rechteck "aufgeschnitten"; daher trennt die erste Scanlinie die eigentlich verschmelzbaren Flächen.] Weitere wichtige Anpassungen betreffen die erwartete *Abtastdichte* im Tiefenbild, die nun ortsabhängig ist, ferner die Repräsentation und die Fortschreibung der *Unsicherheit* der Messpunkte, welche von der ersten zur letzten Scanlinie zunimmt.

3 Fortlaufende Registrierung und Verschmelzung

Die zu einer Bildfolge gehörende Trajektorie der Beobachterstandpunkte kann durch Ausrichten der Tiefenbilder in allen sechs Freiheitsgraden bestimmt werden, grundsätzlich sogar ohne jede Vorkenntnis über die Lage. Dazu muss die relative Überdeckung aufeinander folgender Bilder groß sein (ca. 80%), also entweder die Datenrate sehr hoch oder die Fahrgeschwindigkeit sehr gering. Geringere Überlappung, monotone Flächen ohne Struktur oder häufig wiederkehrende geometrische Strukturen führen dazu, dass der Suchraum für korrespondierende Flächenmerkmale exponentiell wächst und die Laufzeiten unvorhersehbar werden. Oder das Fahrzeug verliert nach wenigen Schritten das "globale Optimum", seine korrekte Position, und kann dann natürlich auch keine konsistente Karte mehr erstellen. Dagegen konnten wir an Folgen von etwa 40 Bildern kürzlich zeigen [16], dass bereits sehr grobes Vorwissen über die Lage die Zuverlässigkeit des Verfahrens stark verbessert.

Statistisch abgesicherte Ergebnisse sind durch den Einsatz von Weggebern, Neigungs- oder Beschleunigungssensoren zu erzielen, wenn ihre Fehler durch Sensormodelle bekannt sind. Alle Signale werden nach dem Grad ihrer Unsicherheit gewichtet und fusioniert. Der Extended Kalman Filter liefert einen Gesamtschätzwert der Lage mit Unsicherheit, die bei normalverteilten Fehlern als Kovarianzmatrix vorliegt. Da die Unsicherheit mit der Zahl unabhängiger Einzelmessungen wächst, bleibt die gelegentliche Korrektur durch Bildmerkmale unverzichtbar, um die Fehler der Lageschätzung zurückzuführen. In der Regel würde diese Korrektur nun *innerhalb* des EKF, durch *Fusionierung* der Fahrzeug- und der visuellen Sensorsignale in einem gemeinsamen Zustandsvektor erfolgen [2,4,6,9].

Dabei ist klar: von welcher Art die Odometriefehler und die Diskrepanz zwischen geschätzter und tatsächlicher Fahrzeuglage auch sind, die gesuchte Korrektur besteht in einer *Raumdrehung und Verschiebung*, welche gewisse sichtbare und ortsfeste Merkmale der Karte mit den entsprechenden visuellen Merkmalen der aktuellen Teilansicht bestmöglich ausrichtet (sofern es sich um einen starren Messaufbau aus Fahrzeug und Laserscanner handelt). Da ein Kalman-Filter das Orthonormalitätskriterium nicht direkt abbildet, entscheiden wir und für eine andere Kooperation zwischen EKF und visueller Signalverarbeitung als die Fusion. Sie ist als Datenflussdiagramm in Abb. 4 dargestellt.

1. Die Fahrzeuglage als Zustandsvektor *fester* Dimension mit Position und Orientierung, und ihre Kovarianz, werden aus Signalen der Weggeber und Neigungssensoren mit Hilfe des EKF laufend geschätzt. Die Neigungen des Geländes werden als unbekannte Störgrößen modelliert (vgl. Abschnitt 4). Die Initialisierung der Lageschätzung ist willkürlich; wir definieren den ersten Fahrzeug-Standort als den Ursprung des Weltkoordinatensystems und der Umweltkarte.

2. Die Umweltkarte mit den Flächenmerkmalen als Zustandsraum *variabler* Dimension wird durch ein System zur 3D-Tiefenbildverarbeitung (3D-OEL) *allein* verwaltet. Seine Hauptaufgabe besteht darin, neue Teilmodelle sukzessive lagerichtig zu verschmelzen. Dies erfolgt auf drei Ebenen. Die unterste sucht die besten Zuordnungen zwischen den Flächenmodellen aufgrund lageinvarianter Ähnlichkeitsmaße zwischen Flächen sowie zwei- und dreistelligen Flächenbeziehungen (Ähnlichkeit der Spatprodukte oder Spin-Repräsentationen [13]). Aus jeder Zuordnung wird die den mittleren Lagefehler zugeordneter Merkmale minimierende Rotation

und Translation, mit Hilfe des Horn-Algorithmus [10,15], geschätzt. Zuordnung und Lage werden auf der mittleren Ebene gemeinsam iterativ verbessert im Hinblick auf größte lageabhängige Ähnlichkeit. Dabei wird abwechselnd eine Zielgröße - Lage oder Zuordnung - fixiert und die andere optimiert; dies entspricht der Vorgehensweise beim Expectation Maximization Algorithmus [18]. Die oberste Ebene, ein Evolutionärer Algorithmus, bietet die Möglichkeit, durch Mutation und Rekombination von Zuordnungen lokalen Minima zu entkommen, ist aber nicht Bestandteil des on-line-Systems. Die in [8] beschriebene eigentliche Verschmelzung nach der Ausrichtung der Teilkarten erlaubt am Ende Rückschlüsse auf die Korrektheit der Zuordnung und der Lage (Konfidenzgrad).

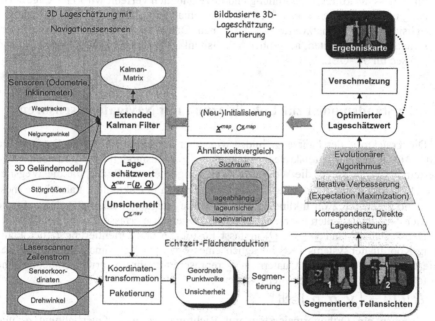

Abb. 4: Blockdiagramm zur schritthaltenden Lokalisierung und Kartierung in 3D

3. Immer wenn die Segmentierung (unterer Block in Abb. 4) ein neues Teilmodell liefert, das mit der 3D-Karte verschmolzen werden soll, kann vom EKF auch die zugehörige Beobachter-Transformation $\underline{x}^{nav} = (\underline{p}, \underline{Q})$ mit Translationsvektor $\underline{p}$ und Rotation $\underline{Q}$, sowie ihre Kovarianzmatrix $C^{\underline{x},nav}$ abgerufen werden. Diese Schätzwerte engen den Suchraum für korrespondierende Merkmale zusätzlich zu den lageinvarianten Ähnlichkeitsmaßen ein. Zwischen potenziellen Korrespondenten $\underline{v}_M$ in der Karte M und $\underline{v}_S$ im aktuellen Teilmodell S - etwa Achsen- oder Richtungsvektoren, oder Verbindungsvektoren der Schwerpunkte unverdeckter Flächen - wird ein *lageunsicheres Ähnlichkeitsmaß* mit Werten zwischen 0 und 1 mit Hilfe der Mahalanobis-Distanz definiert: $sim^{nav}(\underline{v}_M, \underline{v}_S) = e^{-\hat{\underline{v}}_M{}^T C^{\underline{x},nav^{-1}} \underline{v}_S}$ ($\hat{\underline{v}}_M$ das mit $\underline{x}^{nav}$ transformierte Merkmal $\underline{v}_M$). Ein lageunsicheres Ähnlichkeitsmaß für den Fall, dass statt der Verteilung obere Schranken für die Unsicherheit bekannt sind,

wurde in [16] bereits angegeben; Kombinationen aus beiden, wie von Hanebeck vorgeschlagen [9], sind möglich. In der Regel verbleibt nur eine Merkmalszuordnung, die sowohl lageinvariante als auch lageunsichere Beschränkungen hinreichend gut erfüllt. Aus ihr wird die beste Lagetransformation $\underline{x}^{map}$ geschätzt, wie unter 2. beschrieben. Auch $\underline{x}^{map}$ ist mit einer Unsicherheit $C^{\underline{X},map}$ behaftet: die Messfehler vom Laserscanner im Teilmodell S und die bestehende Unsicherheit der Flächenmerkmale der Karte M pflanzen sich über die Algorithmen in 2. auf die geschätzten Lageparameter fort. Wichtig ist jedoch, dass $C^{\underline{X},map}$ nicht direkt vom Ausmaß des Odometriefehlers abhängt. Eine indirekte Abhängigkeit besteht nur insofern, als ein zu stark angewachsenes Kovarianz-Ellipsoid $C^{\underline{X},nav}$ die Gefahr birgt, dass die korrekte Zuordnung und Lage gänzlich verfehlt wird.Die Lageschätzung und ihre Unsicherheit $\underline{x}^{map}$, $C^{\underline{X},map}$ werden an den EKF zurück gesandt und initialisieren seine Schätzwerte $\underline{x}^{nav}$, $C^{\underline{X},nav}$ neu. Beide Subsysteme arbeiten in unterschiedlichen Zeittakten; als grober Anhaltspunkt gilt 50-100 msec für den EKF und 2-5 sec für 3D-OEL.

4   Zustandsmodell zur Lokalisierung mit Navigationssensoren

Die Trajektorie des Fahrzeugs bilden wir, einer aktuellen Arbeit von Davison und Kita [4] folgend, als zeitdiskretes, nichtlineares Zustandsmodell nach und beobachten sie durch vier Sensoren: die Weggeber zweier angetriebener Räder, die die Wegstrecke ΔD und Richtungsänderung $\Delta\theta$ des Fahrzeugs in der aktuellen Fahrtebene messen, und zusätzlich zwei Inklinometer, welche die Neigungswinkel β, γ dieser Ebene in Richtung der aktuellen Fahrzeuglängs- bzw. Querachse erfassen.

Der Systemzustand $\underline{x} = (\underline{p}, \underline{Q})$ umfasst Position $\underline{p}$ und Orientierung $\underline{Q}$ des Fahrzeug-Koordinatensystems FKS bezüglich eines ortfesten Koordinatensystems WKS. Die Orientierung wird als Quaternion $\underline{Q}$ repräsentiert; ihr entspricht eindeutig eine Rotationsmatrix $\underline{R}$, die als Spaltenvektoren

$$R\left(\underline{Q}\right) := \left(\underline{v}, \underline{q}, \underline{n}\right) \in \Re^{3\times 3}$$

geschrieben ein Orthonormalsystem mit Richtungsvektor $\underline{v}$, Querrichtung $\underline{q}$, und Normale $\underline{n}$ des Fahrzeugs bildet. Davison und Kita modellieren die 3D-Trajektorie des Roboters als *stückweise eben*. Der Übergang des FKS in einem Zeitintervall $[k \cdot \Delta t, (k+1) \cdot \Delta t]$ besteht aus zwei Teilschritten (Abb.5) :

1. Der Fortbewegung *innerhalb* der aktuellen $\underline{v}$-/$\underline{q}$ - *Fahrebene*. Die Translation und Rotation ergeben sich aus der Wegstrecke ΔD und der Richtungsänderung $\Delta\theta$, welche hier als *Stellgrößen* dienen.
2. Der Änderung der Fahrebene aufgrund der tatsächlichen Geländeneigung im Zielpunkt; sie entspricht einer weiteren Raumdrehung ohne Translationsanteil. Diese Dynamik wird als Einwirkung unbekannter, zufälliger *Störgrößen* verstanden; sie wird durch die zum Zeitpunkt $k+1$ eingelesenen eingeschlossenen Winkel β zwischen aktueller Längsrichtung $\underline{v}$ und negativem Schwerkraftvektor (-$\underline{g}$ in Abb. 5), beziehungsweise Winkel γ zwischen Querrichtung $\underline{q}$ und -$\underline{g}$, beobachtet.

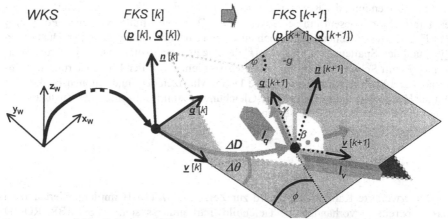

Abb. 5: Zustandsübergang des Fahrzeug-Koordinatensystems

Die Fahrtrichtungsänderung in Schritt 1 wird als Quaternion Q_y (für 'yaw', Lenkung) dargestellt. Die Störung in Schritt 2 ändert nichts an der Fahrzeugposition oder Fahrtrichtung; ihr Beitrag liegt in einer zu Q_y orthogonalen Rotation Q_{rp} (für 'roll-pitch', Roll- und Nickwinkel). In Form einer Drehachse $\underline{a}$ und eines Drehwinkels φ ausgedrückt, besitzt die Drehachse der Rotation keine Komponente in Richtung der Normalen $\underline{n}$, sondern liegt in der $\underline{v}$-$\underline{q}$-Ebene und ist somit durch ihren Winkel ϕ zur Richtung $\underline{v}$ eindeutig bestimmt. Dieser Achsenwinkel ϕ wird als Zufallsgröße mit Werten in [0, 2π] modelliert. Der Drehwinkel φ um die Achse $\underline{a}$, also die Änderung des Neigungswinkels pro Zeiteinheit, sei eine $(0,\sigma_\varphi^2)$-normalverteilte Zufallsgröße, deren Standardabweichung σ_φ proportional einer mittleren Krümmung des Geländes und der Länge der Fahrstrecke ΔD sei. Diese Überlegungen bzw. Annahmen münden in folgendes Zustandsmodell:

$$\underline{x}\,[k+1] = F\left(\underline{x}\,[k], \underline{u}\,[k], \underline{w}\,[k]\right)$$ Zustandsübergangsfunktion F mit Stellvektor $\underline{u}[k] := (\Delta D, \Delta\theta)^T$ und Störvektor $\underline{w}\,[k] := (\phi, \varphi)^T$

$$\underline{x}[k+1] = \begin{bmatrix} \underline{p}[k+1] \\ \underline{Q}[k+1] \end{bmatrix} = \begin{bmatrix} \underline{p}[k] + \Delta D \cdot Q_Y(Q[k],\Delta\theta) * \underline{v}[k] * Q_Y^{-1}(Q[k],\Delta\theta) \\ Q_{rp}(\phi, \varphi) * Q_Y(Q[k],\Delta\theta) * \underline{Q}[k] \end{bmatrix}$$

$$\underline{z}\,[k] = H\left(\underline{x}\,[k]\right)$$ Messfunktion H mit Messvektor $\underline{z}[k] := (\beta, \gamma)^T$

$$\underline{z}\,[k] = \begin{bmatrix} \beta \\ \gamma \end{bmatrix} = \begin{bmatrix} \cos^{-1}\left(2q_1q_3 - 2sq_2\right) \\ \cos^{-1}\left(2q_2q_3 + 2sq_1\right) \end{bmatrix}$$ wobei $Q\,[k] = (q_1, q_2, q_3, s)^T$

In der Zustandsgleichung wird die Multiplikation '*' für Quaternionen verwendet. Das Ergebnis der Multiplikation $\underline{Q}_{rp} * \underline{Q}_Y$ entspricht der Multiplikation der zugehörigen Rotationsmatrizen. Die Multiplikation $\underline{Q}_Y(..) * \underline{v}[k] * \underline{Q}_Y^{-1}(..)$ ist gleichbedeutend mit der Anwendung der Rotation auf den aktuellen Fahrtvektor $\underline{v}$ und liefert den neuen Fahrtvektor. Diesem eine Streckenlänge ΔD folgend führt zur neuen Position $\underline{p}$ [$k+1$]. Die Messgleichung ergibt sich durch den Zusammenhang zwischen Quaternion $\underline{Q}[k]$ und den Spaltenvektoren $\underline{v}[k]$, $\underline{q}[k]$ der zugehörigen Rotationsmatrix, deren Winkel β, γ zum Schwerkraftvektor gemessen werden. Nach der Linearisierung der Zustands- und Messgleichung, welche die Jacobi-Matrizen der Quaternionen-Funktionen F und H erfordert, können die Filter-Gleichungen zum Beobachten des Zustands und seiner Unsicherheit realisiert werden.

5 Ausblick

Der erweiterte Kalman-Filter wird zur Zeit mit MATLAB implementiert und an das bereits vorhandene Tiefenbildverarbeitungssystem SOMBRERO-3D angeschlossen. In den kommenden Monaten wird das Gesamtsystem ausgiebig auf einer Experimentalplattform getestet und erste Messungen zur Zuverlässigkeit der schritthaltenden Lageschätzung durchgeführt.

Eine weitere konzeptionelle Herausforderung liegt darin, die Lageunsicherheit in komplexen und zyklischen Arbeitsräumen zu beherrschen. Hier wird das neue Konzept der elastischen 3D-Karte, das mehrere überlappende Teilkarten mit zeitvariabler Lagetransformation und zeitverzögerter Verschmelzung vorsieht, eine zentrale Rolle spielen.

6 Literatur

[1]   A.D. Bailey, C. Fröhlich, *Reverse Engineering a process plant to produce a 3D CAD model*, In: Numerisation 3D '99, Paris, France, 19.-20. Mai 1999

[2]   J.A. Castellanos et.al., *The SPmap: A Probabilistic Framework for Simultaneous Localization and Map Building*, IEEE Trans. on Robotics and Automation **15**(5), Oct. 1999, 948 - 953

[3]   Cyrax/Cadalyst Homepage, http://www.cadalyst.com/features/0201cyra/index.htm

[4]   J.Davison, N.Kita, *3D Simultaneous Localisation and Map-Building Using Active Vision for a Robot Moving on Undulating Terrain*, IEEE Conf. on Computer Vision and Pattern Recognition, Hawaii, Dec 8-14, 2001

[5]   J. Davison, N. Kita, *A General Framework for Simultaneous Localisation and Map-Building*, IEEE Int'l Conf. on Intelligent Robots and Systems (IROS 2000)

[6]   M. Dietl, J.-S. Gutmann, B. Nebel, *Cooperative Sensing in Dynamic Environments*, Proc. of the IEEE Conference on Intelligent Robots and Systems (IROS'01), Hawaii, 29.10. - 3.11. 2001

[7]   D. W. Eggert, A. W. Fitzgibbon, R. B. Fisher, *Simultaneous Registration of Multiple Range Views For Use In Reverse Engineering of CAD Models*, CVIU **69**(3), March 1998, 253-272

[8]   D. Fischer, P. Kohlhepp, *Towards Reliable Fusion of Segmented Surface Descriptions*, IEEE Conf. on Computer Vision and Pattern Recognition (CVPR'2000), USA, 2000, 405-412

[9]   U. D. Hanebeck, *Zustandsschätzung im Fall simultan auftretender mengenbasierter und stochastischer Unsicherheiten*, at-Automatisierungstechnik 48(6), 2000, 265-272

[10] B.K.P. Horn, *Closed-form solution of absolute orientation using unit quaternions*, J. Opt. Soc. Am. 4(4), 1987, 629-642

[11] X. Jiang, H. Bunke, *Fast segmentation of range images into planar regions by scan line grouping*, Machine Vision and Applications 7, 1994, 115-122

[12] X. Jiang, H. Bunke, U. Meier, *High-Level Feature Based Range Image Segmentation*, Image and Vision Computing 18(10), 1999, 817-822

[13] A.E. Johnson, *Surface Landmark Selection and Matching in Natural Terrain*, IEEE Conf. on Computer Vision and Pattern Recognition (CVPR'2000), USA, 13.-15. Juni 2000, 413-420

[14] P. Kohlhepp, *Combining region and edge based segmentation for robust 3D localization in range mages*, 2nd Asian Conference on Computer Vision (ACCV), Singapore, Dec 2-3, 1995, 254-258

[15] P. Kohlhepp, D. Fischer, *3D-Kartierung durch fortlaufende Registrierung und Verschmelzung hochgradig reduzierter Teilkarten*, Autonome Mobile Systeme 2001, Stuttgart, 11.-12. 10. 2001

[16] P. Kohlhepp, F. Bulling, D. Fischer, G. Bretthauer, *Neues Optimierungsverfahren zur gleichzeitigen Kartierung und Lokalisierung mit segmentierten Tiefenbildansichten*, Robotik 2002, Ludwigsburg, 19.-20.06.2002, 123-130

[17] C. Kwok, D. Fox, M. Meilă, *Real-time Particle Filters*, Advances in Neural Information Processing Systems 15, 2002

[18] Y.Liu, R.Emery, D.Chakrabarti, W.Burgard, S.Thrun, *Using EM to Learn 3D Models of Indoor Environ-ments with Mobile Robots*, 18th Conf. on Machine Learning, Williams College, June 28-July 1, 2001

[19] J. Neira, J.-D. Tardos, J. Horn, G. Schmidt, *Fusing Range and Intensity Images for Mobile Robot Localization*, IEEE Trans. on Robotics and Automation 15(1), 1999

[20] S. Thrun, W. Burgard, D. Fox, *A Probabilistic Approach to Concurrent Mapping and Localization for Mobile Robots*, Machine Learning and Autonomous Robots (joint issue) 31(5), 1998, 1-25

[21] S. Thrun, D. Fox, W. Burgard, F. Dellaert, *Robust Monte Carlo localization for mobile robots*, Artificial Intelligence 128, 2001, 99-141

[22] S. Thrun et.al., *MINERVA: A Second-Generation Museum Tour-Guide Robot*, Proceedings of the International Conference on Robotics and Automation (ICRA), 1999

7 Danksagung

Dieser Beitrag beschreibt gemeinsame Forschungs- und Entwicklungsarbeiten am Forschungszentrum Karlsruhe (Institut für Angewandte Informatik, Leiter: Prof. Dr. G. Bretthauer) und an der Universität Karlsruhe (Institut für Rechnerentwurf und Fehlertoleranz, Leiter Prof. Dr. R. Dillmann). Diese Arbeiten werden durch die Deutsche Forschungsgemeinschaft (DFG) unterstützt (Projekt BR 1303/7-1).

Koordination von Lokomotion und Manipulatorbewegung des Roboters WorkPartner

Tobias Luksch[1], Sami Ylönen[2] und Aarne Halme[2]

[1] AG Robotersysteme, Fachbereich Informatik, Universität Kaiserslautern
luksch@informatik.uni-kl.de,
[2] Automation Technology Laboratory, Helsinki University of Technology, Espoo, Finnland

Zusammenfassung. Die Koordination der Bewegungssteuerung von Plattform und Manipulatoren ist ein zentrales Problem bei der Entwicklung mobiler Roboter. Diese Arbeit stellt eine mögliche Lösung vor, die auf einem reaktiven, manipulatorzentrierten Ansatz beruht. Dabei werden zusätztliche Freiheitsgrade wie Oberkörperbewegung oder Beinstreckung sowie typische nichtholonome Eigenschaften der Plattform berücksichtigt. Weiterhin stehen Möglichkeiten zur Verfügung, um die Koordination der Plattformbewegung über wenige Parameter an gegebene Aufgaben anzupassen. Als Versuchsplattform dient der Roboter WorkPartner, ein mobiler Servicerobeter mit hybridem Antriebskonzept und zwei Manipulatorarmen, der interaktiv mit dem Menschen auch im Freien zusammenarbeiten soll. Einige Experimente werden vorgestellt, die die Funktionalität des Ansatzes praktisch untersuchen sollen.

1 Einleitung

Mobile Roboter, die in tatsächlichen Anwendungen mit ihre Umwelt und dem Menschen interagieren sollen, müssen mit einem oder mehreren Manipulatoren ausgestattet sein. Damit besitzen sie ähnliche Fähigkeiten wie ein menschliche Arbeiter, also die Möglichkeit, Objekte zu manipulieren und sich in einem erweiterten Arbeitsraum frei zu bewegen. Diese Klasse von Robotern kann aufgrund ihrer Flexibilität für eine Vielzahl unterschiedlicher Aufgaben eingesetzt werden, seien es einfache Greif- und Transportarbeiten oder ausgefeiltere Anwendungen mit spezialisierten Manipulatoren. In jedem Falle gilt es aber, die Bewegungen von Plattform und Manipulatoren zu koordinieren, unabhängig von der Art der Manipulatoren oder des Lokomotionssystems der Plattform.

2 Koordination von Lokomotion und Manipulation

Die Arbeiten zur Koordination von Lokomotion und Manipulatorbewegung lassen sich in zwei Klassen unterteilen, der planende (oft auch deliberativ genannt), und der eher reaktive Ansatz. Es wurde bereits intensive Forschungsarbeit in ersterer Richtung betrieben, wobei dabei der Schwerpunkt auf der Wegplanung für nichtholonome Plattformen liegt (in [1] findet sich eine generelle Behandlung nichtholonomer Systeme). Planende Systeme können generell besser angepasste Trajektorien für Plattform und Manipulator generieren, allerdings fehlt ihnen eine gewisse Flexibilität im Umgang mit dynamischen Umweltänderungen. In [2] findet sich eine Untersuchung zu Ansätzen des nichtholonomen Steuerungsproblems. In [3] werden Elastic Strips verwendet, um einen geplanten Pfad zu repräsentieren, der ständig aktualisiert wird, um Kollisionen zu vermeiden. [4] stellt einen Algorithmus zur Erstellung eines allgemeinen Pfades für n-gelenkige Manipulatoren vor, die auf einer mobilen Plattform angebracht sind.

Mit zunehmender Bedeutung verhaltensbasierter Robotik hat der reaktive Ansatz in letzter Zeit immer mehr Zuspruch gefunden. In [5] findet sich eine ausführliche Einführung zu verhaltensbasierter Robotik. In [6] werden 15 unabhängige Verhalten in einer Subsumption Architektur (siehe [7]) verwendet, um eine Plattform und den darauf montierten Arm zu steuern. Eine Schema-basierte Steuerung, die ein vorausschauendes Formen des Manipulatorarms erlaubt, wird in [8] vorgestellt und in [9] weiter entwickelt, um bei der Probeentnahme aus Fässern eingesetzt zu werden.

3   Reaktive kombinierte Bewegungssteuerung

Der in dieser Arbeit verwendete Ansatz ordnet sich unter den reaktiven Lösungen ein. Dabei wird die Bewegung der Plattform an die Bewegung des Manipulatorarms angepasst, die also als Vorgabe dient. Ein Regler, der die geometrische Position des Endpunktes des Manipulators (Endeffektor) betrachtet, beeinflusst die Position und Haltung der mobilen Plattform. Auch andere Größen könnten als Eingabe dienen, zum Beispiel Kraftmessungen im Handgelenk.

3.1   Koordinatensysteme

Sei $^{G}\mathcal{P}$ die globale Position des Roboters, wobei der Nullpunkt des Roboters im Ursprung der kinematischen Kette des Manipulators liege. Die globale Position des Endeffektors des Manipulators sei ^{G}p bzw. ^{L}p in lokalen Koordinaten, d.h. relativ zum Manipulatorursprung. Alle Koordinaten und Matrizen sind in homogener Form gegeben.

3.2   Arbeitsraum

Das grundsätzliche Ziel der Plattformanpassung ist, den Endeffektor innerhalb eines gewünschten Arbeitsraumes zu halten, so dass hohe Bewegungsfreiheit und optimale Kräfte für den Manipulator gegeben sind. Der Arbeitsraum wird als geometrischer Körper, zum Beispiel eine Kugel oder ein Quader, in körperlokalen Koordination definiert. Der Abstandsvektor des Endeffektors von diesem

Arbeitsraum dient als Eingabe für den Algorithmus. Solange sich der Endeffektor innerhalb seines Arbeitsraumes befindet, bewegt sich die Plattform nicht, so dass mit höchster Genauigkeit gearbeitet werden kann, da das Lokomotionssystem im Allgemeinen langsamer und ungenauer ist als der Manipulator. Abbildung 1 zeigt einen sphärischen Arbeitsraum, der noch eine äußere Hülle besitzt, die die Grenze für maximale Adaption definiert.

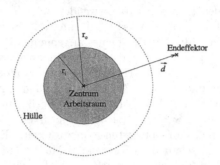

Abb. 1. Der Entfernungsvektor dient dem Regelungsalgorithmus als Eingabe.

3.3 Bewegungsprimitive

Um die Anpassung der Plattform zu vereinfachen, werden Bewegungsprimitive BP_i definiert. Eine Bewegungsprimitive kann einem einzelnen Aktuator oder einer ganzen kinematischen Kette zugeordnet sein. Dabei löst die Ansteuerung einer Bewegungsprimitive eine definierte Bewegung in zumeist eine Richtung in karthesischen Koordinaten aus. Bei der Versuchsplattform WorkPartner wurden fünf Bewegungsprimitive definiert: das Drehen und Kippen des Oberkörpers, die Vorwärtsbewegung durch den Radantrieb, das Lenken durch das Knickgelenk in der Mitte der Plattform und das Senken und Anheben der Plattform durch Strecken und Beugen der Beine.

3.4 Aktivierungsparameter

Es scheint wünschenswert, die Anpassung durch den Regelungsalgorithmus hinsichtlich einer gegebenen Aufgabe parametrisieren zu können. So soll zum Beispiel das Anheben einer schweren Last mehr durch die Beine als die Rückengelenke ausgeführt werden. Hierfür werden Aktivierungsparameter ι_j eingeführt (beeinflussende Arbeiten zu verhaltensbasierter Steuerung finden sich in [10]), durch die sich logische Gruppen j der Bewegungsprimitiven, zum Beispiel die des Oberkörpers, im Bereich von Null bis Eins aktivieren lassen.

Die Aktivierungsparameter lassen sich manuell, auf Grundlage von Regeln oder automatisch einstellen. Letztere Möglichkeit basiert auf Heuristiken und

Erkenntnissen der Biologie (siehe z.B. [11]), die annehmen, dass Körpersegmente mit wachsender Komplexität der Aufgabe hinzugezogen werden können. Hand, Torso und Beine tragen unabhängig voneinander zur Problemlösung bei, wobei die Hand eine glatte Trajektorie beschreibt.

3.5 Anpassungsalgorithmus

Der Anpassungsalgorithmus ist ein zweiteiliger Regler, der zum einen den Endeffektor unabhängig von der Plattformbewegung auf der gleichen globalen Position hält und zum anderen die Position und Haltung der Plattform gemäß der lokalen Position des Manipulators verändert.

Der erstgenannte Teil lässt sich durch eine verkettete Koordinatentransformation lösen. Sei $^L p$ die lokale Manipulatorposition und diene die Plattformposition $^G \mathcal{P}$ als Transformationsmatrix von globalen in lokale Koordinaten, dann ist zum Zeitpunkt t

$$^L p_t = (^G \mathcal{P}_t)^{-1} \cdot {}^G \mathcal{P}_{t-1} \cdot {}^L p_{t-1},$$

so dass

$$^G p_t = {}^G p_{t-1}.$$

Der zweite Teil des Algorithmus passt die Plattformposition entsprechend dem Manipulatorzustand an, wobei in jedem Regelzyklus Offsets für die verfügbaren Bewegungsprimitive erstellt werden. Zunächst wird der Adaptionsfaktor $f_a \in [0..1]$ berechnet, der beschreibt, in wieweit die Plattformposition betragsmäßig verändert werden sollte. Für einen sphärischen Arbeitsraum mit Radius r_i und einem Hüllenradius r_o ergibt sich

$$f_a = \begin{cases} 0, & |d| \le r_i \\ 1, & |d| \ge r_o \\ \frac{(|d| - r_i)}{r_o - r_i}, & sonst \end{cases},$$

wobei alle Größen in lokalen Koordinaten gegeben sind. Aus f_a und dem Abstandsvektor d wird ein richtungsabhängiger Adaptionsvektor a gebildet:

$$a = f_a \frac{d}{|d|}.$$

Dieser Vektor zeigt in die Richtung, in die die Plattform bewegt werden muss, um den Endeffektor zum Zentrum des Arbeitsraum zu bewegen.

Jeder beeinflußten Bewegungsprimitive i wird eine vom Maschinenzustand abhängige, normalisierte Wirkungsrichtung e_i zugeordnet, die in die Bewegungsrichtung des Endeffektors zeigt, sollte diese Bewegungsprimitive bewegt werden. Ist ι_i die mit der Bewegungsprimitive verknüpfte Aktivierung und o_i^{max} die maximal erlaubt Bewegung pro Zyklus, so ergibt sich für diese ein Offset o_i von

$$o_i = \iota_i o_i^{max} (a \cdot e_i).$$

Abb. 2. Messung der Positioniergenauigkeit beim Anfahren globaler Manipulatorpositionen durch Projektion auf den Boden.

Bei Bedarf lässt sich eine erweiterte Formel verwenden. Die berechneten Offsets werden nun in jedem Regelzyklus auf die Bewegungsprimitive addiert, wodurch sich der Manipulator in Richtung Arbeitsraum bewegt. Durch gleichzeitige und unabhängige Nutzung aller Freiheitsgrade ergibt sich eine natürlich anmutende Bewegung. Es sei erwähnt, dass im Falle einer nichtholonomen Plattform mithilfe einer Erreichbarkeitsfunktion und entgegengesetzten Bewegungsrichtungen ein Zurücksetzen bei nicht direkt anfahrbaren Zielpositionen umgesetzt wird.

4 Die Versuchsplattform WorkPartner

Als Versuchsplattform dient der Roboter WorkPartner, der als leichter, mobiler Service Roboter interaktiv mit dem Menschen in einer Freiluft-Arbeitsumgebung agieren soll. Neben einem Bewegungssystem mit vier Beinen und Rädern besitzt er einen menschenähnlichen Oberkörper mit zwei Freiheitsgraden, an dem zwei Manipulatorarme montiert sind. Für weitere Informationen siehe [12], [13], [14], [15] oder [16]. Die Steuerungsarchitektur muss die vielen Freiheitsgrade des Roboters beherrschen, wobei zur Plattformadaption das Drehen und Beugen des Oberkörpers, die Fahrgeschwindigkeit, die Fahrrichtung und die Plattformhöhe durch Beinstreckung und -beugung genutzt werden. Diese sind in die Aktivierungsgruppen Oberkörper und Plattform eingeteilt.

5 Versuche

Es werden einige erste Experimente durchgeführt, um die vorgestellte Architektur zu testen. Um die globale Positioniergenauigkeit zu testen, wird die Endeffektorposition auf den Boden projiziert und die Plattform hin- und herbewegt (siehe Abbildung 2). Dabei kommt es zu keinen Positionsabweichungen größer als 2-3cm.

Bei einem weiteren Versuch wird die Position eines Balles mit dem Sichtsystem verfolgt und mit der Hand danach gegriffen (Abbildung 3). Es zeigt sich, dass die Anpassung schnell und flexibel genug ist. Die Plattform setzt zurück, falls der Ball zu nahe ist und fährt ihm bei zu grossen Entfernungen hinterher. Mit kürzeren Entfernungen wird nur noch der Oberkörper oder gar nur noch der Manipulatorarm verwendet.

Abb. 3. Das durch Bilderkennung gesteuerte Greifen nach einem Ball.

Schließlich sei noch ein Experiment vorgestellt, bei dem der Roboter Kisten mit unterschiedlichem Gewicht anheben soll. Im Falle schwerer Kisten sollen eher die Beine und weniger das Rückengelenk zum Anheben verwendet werden. Diese Anpassung lässt sich über die Aktivierungsparameter steuern, die entweder manuell oder nach Messung von Kräften oder Moterströmen automatisch angepasst werden. Abbildung 4 zeigt die Situation für ein leichtes und eins schweres Gewicht. Es sei erwähnt, dass neuere biomechanische Forschungsergebnisse [17] darauf hindeuten, dass das Heben "mit krummem Rücken" nicht unbedingt als schlechter einzustufen und für Rückenschmerzen verantwortlich ist.

6 Zusammenfassung und Ausblick

Das Problem der Koordination von Lokomotion und Manipulatorbewegung wurde mit einem reaktiven Reglerkonzept angegangen. Dabei konnten eine Vielzahl von Freiheitsgraden parallel gesteuert und natürliche Bewegungen erzeugt werden, wobei die Positionierungsgenauigkeit ausreichend für die meisten Anwendungen blieb. Es zeigte sich, dass Aktivierungsparameter eine einfache, jedoch effiziente Herangehensweise sind, um die Koordination an gegebene Aufgaben anzupassen. Die vorgeschlagene Architektur wurde erfolgreich auf dem Roboter

Abb. 4. Vergleich beim Anheben einer Kiste mit unterschiedlichem Gewicht. Links wird bei leichteren Gewichten mehr der Rücken eingesetzt, wohingegen beim Heben von schweren Gewichten die Bewegung eher aus den Beinen kommt (rechts).

WorkPartner umgesetzt und ihre Funktionalität in einigen Versuchen verifiziert. Weitere Arbeit am WorkPartner Projekt wird sich auf adaptive Bewegungskontrolle, das Lernen von Aufgaben und interaktive Kommunikation auf kognitiver Ebene konzentrieren.

Literatur

1. Niemark, J., Fufaev, N.: Dynamics of nonholonomic systems. American Mathematical Society (1972)
2. Kolmanovsky, I., McClamroch, N.: Developments in nonholonomic control problems. IEEE Control Systems Magazine **15** (1995)
3. Brock, O., Khatib, O.: Mobile manipulation: Collision-free path modification and motion coordination. In: Proceedings of the 2nd International Conference on Computational Engineering in Systems Applications. (1998)
4. Bayle, B., Fourquet, J., Renaud, M.: A coordination strategy for mobile manipulation. In: Proceedings of 6th Intern. Conference on Intelligent Autonomous Systems (IAS-6). (2000)
5. Arkin, R.: Behavior-Based Robotics. MIT Press (1998)
6. Connell, J.: A behavior-based arm controller. In: Proceedings of the 1989 IEEE Transactions on Robotics and Automation. (1989)
7. Brooks, R.: A robust layered control system for a mobile robot. **RA-2** (1986) 14–23
8. Cameron, J., MacKenzie, D., Ward, K., Arkin, R., Book, W.: Reactive control for mobile manipulation. In: Proceedings of 1993 IEEE International Conference on Robotics and Automation. (1993)
9. MacKenzie, D., Arkin, R.: Behavior-based mobile manipulation for drum sampling. In: Proceedings of 1996 IEEE International Conference on Robotics and Automation. (1996)
10. Albiez, J., Luksch, T., Berns, K., R.Dillman: A behaviour network concept for controlling walking machines. In: Proceedings of the International Symposium on Adaptive Motion of Animals and Machines (AMAM). (2003)

11. Marteniuk, R., Bertram, C.: Contributions of gait and trunk movements to prehension: Perspectives from world- and body-centered coordinates. Motor Control **2** (2001)
12. Leppänen, I., Salmi, S., Halme, A.: Workpartner - hut-automations new hybrid walking machine. In: Proceedings of the 1st International Conference on Climbing and Walking Robots. (1998)
13. Halme, A., Leppänen, I., Salmi, S.: Development of workpartner-robot - design of actuating and motion control system. In: Proceedings of the 2nd International Conference on Climbing and Walking Robots. (1999)
14. Halme, A., Leppänen, I., Salmi, S., Ylönen, S.: Hybride locomotion of a wheel-legged machine. In: Proceedings of the 3th International Conference on Climbing and Walking Robots. (2000)
15. Halme, A., Leppänen, I., Montonen, M., Ylönen, S.: Robot motion by simultaneous wheel and leg propulsion. In: Proceedings of the 4th International Conference on Climbing and Walking Robots. (2001)
16. Ylönen, S., Halme, A.: Further development and testing of the hybrid locomotion of workpartner robot. In: Proceedings of the 5th International Conference on Climbing and Walking Robots. (2002)
17. van Dieen, J., Hoozemans, M., Toussaint, H.: Stoop or squat: A review of biomechanical studies on lifting technique. Clinical Biomechanics **14** (1999)

Arm-Hand-Koordination eines anthropomorphen Roboterarms zur Mensch-Roboter Kooperation

Dirk Osswald, Sadi Yigit, Oliver Kerpa, Catherina Burghart, Heinz Woern

Institut für Prozessrechentechnik, Automation und Robotik,
Universität Karlsruhe,
76128 Karlsruhe, Germany
{osswald, yigit, kerpa, burghart, woern}@ira.ka.de
http://wwwipr.ira.uka.de

Diese Arbeit stellt einen neuen Ansatz zur Koordination der Arm- und Handbewegungen eines anthropomorphen Roboterarmes vor. Durch die Verwendung sogenannter Koordinationsobjekte können die von unabhängigen Systemen gesteuerten Bewegungen auf einfache Weise koordiniert werden. Diese Koordinationsobjekte erlauben dabei auch komplexere Koordinationsmuster, wie sie für interaktive oder kooperative Aufgaben erforderlich sind. Solche Aufgaben lassen sich, aufgrund der Zusammenarbeit mit dem Menschen, nicht vollständig vorab planen und müssen deshalb während der Ausführung fortwährend koordiniert und synchronisiert werden.

1 Einleitung

1.1 Motivation

Die Mensch-Roboter Kooperation (MRK) eröffnet Robotern viele neue Einsatzgebiete, erfordert aber auch die Berücksichtigung und Behandlung vielfältiger neuer Probleme. Die Arbeitsräume von Mensch und Roboter sind nicht mehr strikt getrennt, sondern bei der MRK wird der direkte mechanische Kontakt zwischen Mensch und Roboter nicht nur erlaubt, sondern er ist zur Bewältigung der Aufgaben unbedingt erforderlich. Die unterschiedlichen Fähigkeiten von Mensch und Roboter hinsichtlich Problemverständnis, Kraft und Präzision sollen kombiniert werden, um so ein neuartiges Team zu bilden, dessen Fähigkeiten sich gegenseitig ergänzen [3].

1.2 Umfeld

Innerhalb des Sonderforschungsbereiches 588 „Humanoide Roboter – Lernende und kooperierende Systeme" wird am Institut für Prozeßrechentechnik, Automation und Robotik (IPR) der Universität Karlsruhe (TH) an entsprechenden Robotersystemen geforscht. Das Szenario, in dem die Kooperation von Mensch und Roboter untersucht wird, umfasst alltägliche Umgebungen wie z.B. eine Küche, sowie dort übliche Tätigkeiten wie beispielsweise das gemeinsame Ausräumen einer Spülmaschine [1], [2]. Neben einem sehr flexiblen Greifsystem, z.B. eine der menschlichen Hand nachempfundene Roboterhand, wird in einem solchen Szenario ein redundanter Roboterarm benötigt. Nur so lassen sich Alltagsgegenstände wie Teller, Tassen und Flaschen, aber auch Schalter und Hebel in einer unstrukturierten und verwinkelten Haushaltsumgebung greifen oder bedienen

Das am IPR untersuchte Robotersystem wird in Abschnitt 2 vorgestellt, nachdem zuvor auf den Stand der Technik eingegangen wurde. Die Abläufe der Steuerungen müssen koordiniert erfolgen, insbesondere die Bewegungen von Hand und Arm. Dieses Thema ist ein zentraler Punkt dieser Arbeit und wird in Abschnitt 3.3 beschrieben. Anschließend werden in Abschnitt 4 einige der erzielten Ergebnisse vorgestellt bevor die Arbeit mit einer Zusammenfassung und einem Ausblick schließt.

1.3 Stand der Forschung

Die bisherige Mensch-Roboter-Kooperation einfacher Robotersysteme basiert auf isolierten Insellösungen, wie z.B. in der industriellen Fertigung aber auch in der Chirurgie. Dabei bedeutet der Begriff Mensch-Roboter-Kooperation, dass sich während des Betriebs eines Roboters Mensch und Maschine einen gemeinsamen Arbeitsraum teilen.

Es gibt einige spezielle Kinematiken, die nur für die Kooperation entwickelt wurden. Der bekannteste ist der CoBot von Peshkin [14], der aus einem mit Griff versehenen Schwungrad besteht, dessen Geschwindigkeit vom System vorgegeben wird, dessen Richtung aber der Benutzer durch Führen am Griff bestimmt.

Als ursprünglichste Form der Mensch-Roboter-Kooperation kann die sogenannte Nullkraftregelung bezeichnet werden. Hierbei werden von dem Menschen ausgeübte Kräfte auf den Endeffektor eines Roboterarmes mit einem Kraftmomentensensor im Handgelenk des Roboters aufgezeichnet und daraus eine neue Sollposition des Endeffektors berechnet. Der menschliche Partner kann durch die Nullkraftregelung den Roboterarm manuell an eine von ihm gewünschte Position führen.

Es gibt verschiedene Erweiterungen der Nullkraftregelung. Ikeura hat beim gemeinsamen Tragen eines Objektes die Impedanz und die Dämpfung von einer Mensch-Mensch-Kooperation auf eine Mensch-Roboter-Kooperation übertragen, um ein möglichst harmonisches Führen des gemeinsam gegriffenen Objektes zu erreichen [11], [10]. Arai führte eine virtuelle Begrenzung in die Bewegungsführung ein [7], damit beim kooperativen Führen langer Objekte diese aufgrund der auftretenden Momente nicht mehr brechen können. [16] und [6] erweitern die Möglichkeiten der Nullkraftregelung auf einen Roboterarm auf einer mobilen Plattform.

MRK ohne physische Kopplung zwischen Mensch und Roboter wird in [13] verfolgt. Sowohl Kognition als auch Interaktion spielen eine große Rolle beim humanoiden Robotersystem Cog [9], das in seiner Ausstattung mit Sensoren und Aktoren stark an die menschliche Physiologie angelehnt ist. Cog reagiert nicht nur auf visuelle und akustische Stimulation, sondern auch darauf, wie ein menschlicher Partner die Körperteile des Roboters bewegt. Cog kann verschiedene Aufgaben dadurch lernen, dass der menschliche Benutzer diese vormacht oder dem Roboter akustische oder visuelle Stichpunkte vorgibt. Ein humanoider Roboter mit sehr detailliertem Interaktionsmodell ist ISAC [15], [12]. Er versucht Absichten und Gefühle des Menschen zu Erkennen und kann verbal und nonverbal kommunizieren. Soziale Kompetenzen spielen auch bei dem anthropomorphen Roboterkopf Kismet eine Rolle [8]. Kismets Verhalten wird durch verschiedene Subsystemen bestimmt. Es ermöglicht Kismet analog einem Kleinkind je nach zu erfüllendem Trieb selbstmotivierte Interaktionen zu starten oder auf Ansprache zu reagieren.

2 Systemaufbau

Das am IPR untersuchte Robotersystem besteht aus einem Arm, einer Hand und einem für die MRK geeigneten Sensorsystem. Diese Komponenten werden nun im Einzelnen vorgestellt. Für eine spätere Phase des Gesamtprojektes ist es vorgesehen dieses System, bzw. eine zweiarmige Variante, auf eine mobile Plattform zu übertragen. Diese Erweiterungen sind hier aber noch nicht berücksichtigt.

2.1 Arm

Der Roboterarm ist aus modularen Aktoren aufgebaut (sog. Powercubes der Fa. AMTEC). Dabei bilden fünf Module mit je einem Freiheitsgrad (FG) die Schulter (3 FG), den Ellbogen (1 FG) und den Unterarm (1 FG), während ein spezielles Modul (Wrist) das Handgelenk mit 2 FG bildet. Die Module enthalten eine Bremse und relative Positionsgeber sowie eine interne Achsregelung, die eine Positions- und eine Stromregelung zur Verfügung stellt.

Bei der Konstruktion des Roboterarmes wurde das Ziel verfolgt eine möglichst menschenähnliche Konfiguration zu finden (siehe auch Abbildung 1 und [17]). Dadurch können Bewegung menschenähnlich ausgeführt werden und Bewegungen, die für einen mit dem Roboter kooperierenden Menschen unerwartet sind, können so vermieden werden. So kann die Verletzungsgefahr für den Menschen reduziert und die Akzeptanz des Systems durch den Benutzer erhöht werden. Bei der gewählten Konfiguration ergibt sich eine Traglast für den Arm von 6kg am Ende der Kinematik, bei einer maximalen Beschleunigung von 1m/s².

2.2 Hand

Als Greifsystem für den humanoiden Roboter wird eine Roboterhand entwickelt, die der menschlichen Hand nachempfunden, also anthropomorph ist. Die Roboterhand orientiert sich dabei sowohl hinsichtlich der Anzahl und Anordnung der Finger als auch hinsichtlich der Größe an der menschlichen Hand (siehe auch Abbildung 2 und [23]). Die Fingergelenke der Roboterhand werden von neuartigen, pneumatisch oder hydraulisch versorgten Fluidaktoren angetrieben. Diese sind leicht, klein und direkt in die Fingerglieder integriert [20]. Die Aktoren werden von einer gemeinsamen Fluid-Quelle versorgt, können aber einzeln über Ventile angesteuert werden.

Trotz der gegenüber einer menschlichen Hand (20 FG) stark reduzierten Anzahl von 11 FG (3 FG Daumen, 2 FG restl. Finger) können damit dennoch die typischen Objekte der vorgesehenen Umgebung gehandhabt werden. Dies ist einerseits bedingt durch die Art der beabsichtigten Handhabungen die hauptsächlich auf das sichere (formschlüssige) Greifen und weniger auf Feinmanipulation abzielen [18]. Andererseits muss aber auch berücksichtigt werden, dass die vielen FG der menschlichen Hand nicht völlig unabhängig voneinander bewegt werden können. Die letzten beiden Fingergelenke (Articulatio Interphalangea) aller Finger außer dem Daumen lassen sich beispielsweise nicht unabhängig voneinander beugen.

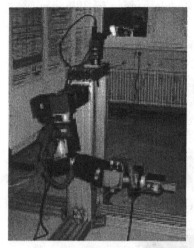

Abbildung 1: Der verwendete Roboterarm mit 7 Freiheitsgraden

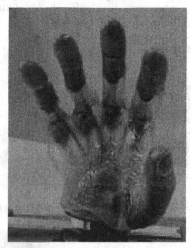

Abbildung 2: Anthropomorphe Roboterhand mit fünf Fingern und Silicon-Verkleidung (Handschuh).

2.3 Sensoren

Das taktile/haptische Sensorsystem des Roboters wurde im Hinblick auf den geplanten Einsatz in unstrukturierten Umgebungen entworfen. Dadurch, dass der Arbeitsraum mit Menschen geteilt wird, ist eine Kollisionserkennung essentiell, da Kollisionen nicht ausgeschlossen werden können. Daneben treten bei der MRK direkte mechanische Kontakte auf, die jedoch entweder vom Benutzer oder vom Roboter gewünscht sind. Ein Beispiel eines solchen Kontaktes wäre ein Drücken oder Ziehen des Armes zum Positionieren des Roboters.

Im Handgelenk des Roboterarmes befindet sich ein 6-achsiger Kraftmomentensensor (KMS), dessen Daten für Kooperationsaufgaben benötigt werden, bei denen der Benutzer und der Roboter über ein Objekt eine geschlossene kinematische Kette bilden. Die Sensoren des neu entwickelten taktilen Sensorsystems bestehen aus Leiterbahnen mit einer Elektrodenmatrix und einer Abdeckung mit leitfähigem Schaumstoff. Der Übergangswiderstand von Elektrode zu Schaumstoff ändert sich abhängig vom Anpressdruck, der durch die matrixförmige Anordnung der Elektroden raumauflösend erfasst, einer lokalen Auswertelektronik zuführt und an einer seriellen bzw. CAN Schnittstelle zur Verfügung gestellt wird.

Momentan kommen zwei verschiedene Bauformen zum Einsatz: zum einen Sensoren mit starrem Messgrößenwandler, zum anderen mit flexiblem Messgrößenwandler (s. Abbildung 3). Die räumliche Auflösung der starren Module beträgt 6mm mit 256 Messpunkten (16x16), die des flexiblen Sensors 15mm mit 230 Messpunkten (23x10). Die Abtastfrequenzen der gesamten Matrizen liegt bei ca. 30 Hz mit einer Auflösung von 12 Bit. Der Druckmessbereich bewegt sich zwischen 4kPa und 120 kPa abhängig von der Abdeckung. Eine ausführliche Beschreibung der Sensor-entwicklung findet sich in [5]. Mit dem flexiblen Sensor wurde der Unterarm des Roboterarms verkleidet (s. Abbildung 4), starre Module wurden im Ellbogen- und Schulterbereich angebracht.

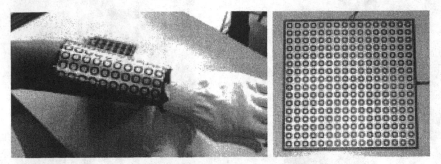

Abbildung 3: Flexible Elektrodenmatrix (links) und starre Elektrodenmatrix (rechts)

Abbildung 4: Unterarmverkleidung mit taktilem Sensor

Daneben werden Beschleunigungssensoren untersucht, deren Daten in Verbindung mit den taktilen Informationen zum einen für die Unterscheidung von Kollisionen von anderen Kontakten eingesetzt werden können und zum anderen zur Einordnung der Schwere von detektierten Kollisionen.

3   Steuerungssystem

Sowohl der Arm als auch die Roboterhand benötigen aufgrund ihrer hohen Komplexität ein eigenes Steuerungssystem. Diese beiden Steuerungssysteme werden nun zunächst vorgestellt und im Anschluss wird die Koordination dieser beiden Systeme im Hinblick auf MRK beschrieben.

3.1   Armsteuerung

Die Steuerung des Armes ist unterteilt in einen echtzeitfähigen Teil und in ein weiteres Modul das keinen Echtzeitanforderungen unterliegt. Dabei sind in dem echtzeitfähigen Modul die Regelung des Armes sowie eine Ausführungsüberwachung und in dem anderen Modul die Planung enthalten. Die Planung und die Ausführungsüberwachung kommunizieren durch den Austausch von so genannten Handlungsobjekten. Diese enthalten jeweils einen Zustandsautomaten, der die auszuführende Handlung beschreibt. Sie werden im Planungsmodul erzeugt und parametrisiert, an die Ausführungsüberwachung übergeben und dort ausgeführt. Hierzu wird eine Sequenz der erarbeiteten Regelmodi, die Kombinationen der Grundregelmodi darstellen, von der Ausführungsüberwachung vorgegeben [4].

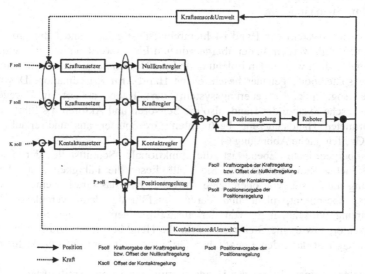

Abbildung 5: Übergeordnete Regelung der Roboterarmes.

Die Regelung des Roboters besteht aus einer inneren Positionsregelung mit einer übergeordneten Impedanzregelung, wobei es sich in beiden Fällen um eine Regelung im kartesischen Raum handelt welche die Lage (Position und Orientierung) der Hand des Roboter ausregelt (Abbildung 5). Die verschiedenen übergeordneten Impedanz-regelungen berechnen eine Bewegungsrichtung zum Ausgleich der Differenzen zwischen vorgegebenen und tatsächlichen Kräften. Die tatsächlichen Kräfte werden vom KMS am Handgelenk, oder von den taktilen Oberflächensensoren ermittelt. Diese Sensordaten müssen allerdings entsprechend aufbereitet und interpretiert werden [5], [17]. Insbesondere wird auch von der Kontaktregelung am Ober- oder Unterarm eine Positionsvorgabe für die Hand bestimmt.

Gleichung 1 zeigt wie die überlagerte Regelung die verschiedenen Vorgaben ($\vec{\Delta}$) mit unterschiedlichen Gewichtungen ($\vec{g}$) zu einem Eingabewert für die innere Positionsregelung verknüpft. Die Gewichtungsvektoren werden aufgabenabhängig von der Planungsinstanz mit dem Handlungsobjektes an die Regelung übergeben

$$\vec{u} = \vec{g}_{zf} \cdot \vec{\Delta}_{zf} + \vec{g}_f \cdot \vec{\Delta}_f + \vec{g}_k \cdot \vec{\Delta}_k + \vec{g}_{pos} \cdot \vec{\Delta}_{pos}$$

$$\vec{\Delta}_{zf} = K_{zf} \left(\vec{f}_{KMS\_ist} - \vec{f}_{k_{zf}\_soll} \right) - \vec{p}_{ist} \qquad\qquad \vec{\Delta}_k = K_k \left(\vec{f}_{HAUT\_ist} - \vec{f}_{K_k\_soll} \right) - \vec{p}_{ist}$$

$$\vec{\Delta}_f = K_f \left(\vec{f}_{KMS\_ist} - \vec{f}_{K_f\_soll} \right) - \vec{p}_{ist} \qquad\qquad \vec{\Delta}_{pos} = \vec{P}_{soll} - \vec{p}_{ist}$$

Gleichung 1: Bestimmung der Sollgrößen für die innere Positionsregelung.

3.2 Handsteuerung

Das Steuerungssystem der Hand ist hierarchisch aufgebaut und kann grob in zwei Ebenen aufgeteilt werden. In der übergeordneten Ebene werden nicht echtzeitkritische Aufgaben erledigt, wie die Greifplanung und die Bestimmung von Greifmustern, aber auch die später noch genauer beschriebene Hand-Arm Koordination. Das darunter liegende sog. lokale Steuerungssystem der Hand steuert und regelt das mechatronische System der Hand, also die Sensoren und Aktoren. Es führt die in der übergeordneten Handsteuerung bestimmten Greifmuster aus und erlaubt so das sichere Greifen (siehe Abbildung 6).

Die übergeordnete Ebene ist die funktionale Schnittstelle der Hand zur übergeordneten Robotersteuerung. Sie stellt dieser die Fähigkeiten der Hand zur Verfügung indem sie ‚von oben' eine Aufgabe, z.B. das Greifen eines bestimmten Objektes, übernimmt, plant und deren Ausführung dann veranlasst. Für die Greifplanung wird abhängig von der auszuführenden Aufgabe ein Anrück- und Abrückvektor, sowie eine Greifposition für die Hand bestimmt. Die Bestimmung des Greifmusters legt dann den eigentlichen Griff fest, mit dem das Objekt festgehalten wird.

Die untergeordnete Ebene der Handsteuerung erhält die Greifmuster als Eingabe und überwacht deren Ausführung. Sie werden in entsprechende koordinierte Bewegungen der Fingergelenke umgesetzt welche schließlich die einzelnen Fluidaktoren ansteuern [21].

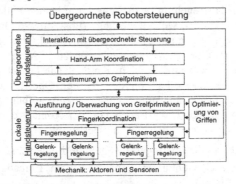

Abbildung 6: Struktur der Steuerung der anthropomorphen Roboterhand

3.3 Arm-Hand-Koordination

Die Ausführung der Bewegungen von Hand und Arm muss koordiniert erfolgen. Beispielsweise muss die Hand geöffnet sein, bevor sie zur Greifposition bewegt wird. Aber auch schon vor der eigentlichen Bewegung müssen sich die Steuerungssysteme von Hand und Arm bei der Planung der Bewegungen aufeinander abstimmen.

Die Handsteuerung schlägt objekt- und aufgabenabhängig Bewegungsparameter für den Arm vor, wie z.B. die auszuführenden An- und Abrückvektoren sowie den Greifpunkt. Die vorgeschlagenen Parameter werden von der Armplanung auf ihre Machbarkeit hin überprüft und dann bestätigt oder zurückgewiesen. Bei Zurückweisung schlägt die Handsteuerung neue Parameter vor, bis geeignete gefunden werden, oder die Handlung als undurchführbar abgewiesen werden muss.

Mit diesem „Vorschlag und Überprüfen" Ansatz können die Bewegungen des Armes auch menschenähnlicher gemacht werden. Mit einem externen Algorithmus wird die ‚Menschenähnlichkeit' einer Bahn bewertet und Bahnen die zu wenig menschenähnlich sind werden zurückgewiesen [18], [22].

Bei der Koordination während der Bewegung müssen zum einen die geplanten verteilten Abläufe synchronisiert werden. Zum anderen muss aber auch auf unvorhergesehene Umstände koordiniert reagiert werden können. Da es sich um einen kooperativen Roboter handelt, kann die tatsächliche Bewegung des Roboters nämlich erheblich von der geplanten abweichen, z.B. wenn er vom Menschen geführt wird oder diesem ausweicht [17]. Dadurch können sich Parameter wie die Dauer einer Bewegung stark ändern. Dies muss allen beteiligten Steuerungssystemen aber in Echtzeit mitgeteilt werden können, damit die Bewegungen dennoch koordiniert bleiben. Hierfür wird für das am IPR aufgebaute Robotersystem ein eigenes Konzept basierend auf Koordinationsobjekten genannten Komponenten verwendet.

Abbildung 7 veranschaulicht die beiden Möglichkeiten zur Koordination zwischen Arm und Hand. Bei der Koordination über die übergeordnete Robotersteuerung können größere Datenmengen zeitunkritisch ausgetauscht und so Bewegungsabläufe vor ihrer Ausführung koordiniert werden. Bei der direkten Koordination über ein Koordinationsobjekt können dagegen laufende Bewegungen in Echtzeit koordiniert und mit geringem Datenaustausch synchronisiert werden.

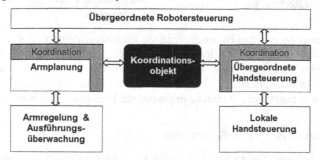

Abbildung 7: Hand-Arm Koordination über die übergeordnete Robotersteuerung und über ein Koordinationsobjekt

Die Koordinationsobjekte sind Instanzen einer Klassenhierarchie in einer objekt-orientierten Programmiersprache, z.B. C++. Sie sind ähnlich aufgebaut wie die in [19]

vorgestellten Bewegungsobjekte, oder die in Abschnitt 3.1 erwähnten Handlungs-objekte. Die grundlegende Idee ist, dass diese Koordinationsobjekte nicht nur Daten, sondern auch Methoden (Funktionen/Prozeduren) enthalten, also einen ‚aktiven' Charakter haben in dem Sinne dass sie sich (bzw. ihre Daten) den Umständen anpassen können. Die Schnittstelle eines solchen Koordinationsobjektes schreibt dabei eine gewisse Menge an Daten und Methoden vor, die jedes Koordinationsobjekt haben muss und die von den Steuerungssystemen von Hand und Arm verwendet wird. Die Implementierung der Methoden kann aber durch die Wahl eines anderen Koordinationsobjektes sehr leicht geändert werden. Durch objektorientierte Prinzipen wie das Ableiten von Klassen, Vererbung und insbesondere das Überladen von Funktionen lassen sich so auf einfache Weise neue und komplexe Koordinationsmuster erstellen, die von den Steuerungssystemen jedoch alle in gleicher Weise angesprochen und verwendet werden.

4 Ergebnisse

4.1 Ergebnisse Armregelung

Zum Test der Kooperationsfähigkeit der kombinierten Kraft- und Null-Kraftregelung wurde von Testpersonen jeweils ein Rechteck allein bzw. in Kooperation mit dem Roboter gezeichnet. Im kooperativen Fall erzeugte der Roboter die Anpresskraft des Zeichenstiftes während der Mensch die Richtung und die Geschwindigkeit vorgab.

Abbildung 8: Ergebnis eines kooperativen Zeichnens eines Rechtecks.

Abbildung 9: Ergebnis des autonomen Zeichnens eines Quadrates durch einen Menschen.

Erste Versuche mit drei Personen ergaben im kooperativen Fall wie erwartet eine deutlich höhere Kraft des Stiftes auf der Arbeitsfläche. Allerdings war hier die Zeichengeschwindigkeit, sowie die Genauigkeit der Zeichnung schlechter. Zur genaueren Quantifizierung der Testergebnisse, muss die Datengrundlage allerdings erst noch durch zusätzliche Versuche mit weiteren Personen verbreitert werden.

4.2 Ergebnisse Arm-Hand-Koordination

Der vorgeschlagene Ansatz zur Arm-Hand-Koordination mit Koordinationsobjekten ist einerseits sehr mächtig, da die Koordinationsobjekte im Kontext der Arm- bzw. Handsteuerung ablaufen und so auf deren Parameter Zugriff haben. Andererseits ist der Ansatz aber auch sehr flexibel, da zum Wechsel des Koordinationsmuster lediglich ein neues Koordinationsobjekt erzeugt und parametrisiert werden muss.

Weiterhin ist der Ansatz sehr leicht erweiterbar. Hierfür muss lediglich die sich ändernde Funktionalität re-implementiert werden. Am bestehenden System müssen aber lediglich die *Erzeuger* der Koordinationsobjekte erweitert werden. Die *Verwendung* solcher neuer Koordinationsmuster ist für die Steuerungen transparent, da sie nur über die festgelegte Schnittstelle auf die Koordinationsobjekte zugreifen.

5   Zusammenfassung und Ausblick

Im vorliegenden Artikel wurde der am IPR im Rahmen des Sonderforschungsbereiches 588 „Humanoide Roboter – Lernende und kooperierende Systeme" entwickelte anthropomorphe Roboterarm vorgestellt. Die vorgesehene Umgebung des Roboters und die hierin typischen Aufgaben wurden erläutert, sowie ein Überblick über den Stand der Forschung gegeben. Nach der Beschreibung des Systemaufbaus und des Steuerungssystems wurde eine neue Methode zur Koordination kooperativer oder anderer, vorab nicht genauer bestimmbarer Aufgaben vorgestellt. Durch die Verwendung der vorgeschlagenen Koordinationsobjekte können auch komplexere Koordinationsmuster einfach und flexibel realisiert werden. Die ersten erzielten Ergebnisse der Armregelung bzw. der Arm-Hand-Koordination wurden präsentiert. Als nächste Schritte stehen die weitere Integration der Einzelkomponenten in das Gesamtsystem, sowie detaillierte Tests und Evaluierungen an. Die teilweise völlig neu entwickelten Komponenten müssen dazu angepasst und integriert werden.

Referenzen

[1]   P. Steinhaus, R. Dillmann: The German Humanoid Robot Project. In: Proceedings of the 2001 International Conference on Humanoid Robots, Waseda University, Tokyo, Japan, November 2001.

[2]   Asfour, T., K. Berns and R. Dillmann: The Humanoid robot ARMAR: Design and Control. In: Proceedings of the 2000 international Conference on Humanoid Robots, MIT, Boston, USA, September 2000.

[3]   Burghart, C., S. Yigit, O. Kerpa, D. Osswald and H. Woern, "Concept for Human Robot Co-operation Integrating Artificial Haptic Perception", Proceedings of the 7th International Conference on Intelligent Autonomous Systems (IAS-7), Marina del Rey, USA, March 2002

[4]   S. Yigit, D. Osswald, C. Burghart, H. Woern: "Concept of combined control mechanisms for human-robot-co-operation ", CCCT 2003, Orlando, Florida, accepted paper.

[5]   Kerpa O., Weiss K., Woern H. : „Development of a flexible tactile sensor system for a humanoid robot", in Proceedings IEEE/RSJ International Conference on Intelligent Robots and Systems (IROS) 2003 (accepted paper)

[6]   Al-Jarrah, O., Zheng, Y.: Arm-Manipulator Co-ordination for Load Sharing Using Variable Impedance Control. In: Proceedings of the IEEE International Conference on Robotics and Automation, Albuquerque, New Mexico, (1997) 895-900.

[7]   Arai, H., Takubo, T., Hayashibara, Y., Tanie, K.: Human-Robot Co-operative Manipulation Using a Virtual Nonholonomic Constraint. In: Proceedings of the IEEE International Conference on Robotics and Automation, San Francisco, California (2000) 4063-4069

[8]   Breazeal C.: Socially intelligent robots: research, development and applications, 0-7803-7087-2, IEEE 2001.

[9]   Fitzpatrick, P., Giorgio M., Natale, L., Rao S. and Sandini G. "What am I Doing? Initial Steps Towards Artificial Cognition", Accepted for the IEEE International Conference on Robotics and Automation (ICRA), Taipei, Taiwan, May 12 - 17, 2003.

[10] Ikeura, R., Morita, A., Mizutani, K.: Variable Damping Characteristics in Carrying an Object by Two Humans. In: Proceedings of the IEEE International Workshop on Robot and Human Communication (1997) 130-134

[11] Ikeura, R., Inooka, T.: Variable Impedance Control of a Robot for Co-operation with a Human In: Proceedings of the IEEE International Conference on Robotics and Automation (1995) 3097-3102

[12] Kawamura K., Rogers T., Ao X.: Development of a cognitive model of humans in a multi-agent framework for human-robot interaction, Autonomous Agents and Multiagent Systems (AAMAS), Bologna, Italy,S. 1379-1386, July 25-27, 2002.

[13] Koch, B.: Human and Robots – a Great Team. Frauenhofer Magazine Vol. 2 (2002) 40-41

[14] Moore C., Peshkin M., Colgate J.: Design of a 3R Cobot Using Continuously Variable Transmissions. In: Proceedings of the IEEE International Conference on Robotics and Automation, Detroit, Michigan, (1999)

[15] Rogers T., Wilkes M.: The human agent: a work in progress toward human-humanoid interaction, IEEE Transactions on Systems, Man, and Cybernetics, Vol. 32, No.2, S 864-869, March 2002.

[16] Yamamoto, Y., Eda, H., Yun, X.: Co-ordinated Task Execution of a Human and a Mobile Manipulator. In: Proceedings of the IEEE International Conference on Robotics and Automation, Minneapolis, Minnesota (1996) 1006-1011

[17] Oliver Kerpa, Dirk Osswald, Sadi Yigit, Catherina Burghart, Heinz Woern: Arm-Hand-Control by Tactile Sensing for Human Robot Co-operation, 3rd IEEE International Conference on Humanoid Robots 2003, October 2003, (Accepted Paper)

[18] Dirk Osswald, Jan Martin, Catherina Burghart, Ralf Mikut, Heinz Wörn, Georg Bretthauer; Integrating a Flexible Anthropomorphic Robot Hand into the Control System of a Humanoid Robot; 3rd IEEE International Conference on Humanoid Robots 2003, October 2003, (Accepted Paper)

[19] Dirk OSSWALD, Sadi YIGIT, Catherina BURGHART, Heinz WÖRN: Programming of Humanoid-Robots with Movement-Objects for Interactive Tasks, Int. Conf. on Computer, Communication and Control Technologies: CCCT '03

[20] Martin, J., Beck, S., Lehmann, A., Mikut, R., Pylatiuk, C., Schulz, S., Bretthauer, G.: Sensors, identification and low level control of a exible anthropomorphic robot hand, 3rd IEEE International Conference on Humanoid Robots 2003, October 2003, (Accepted Paper)

[21] Beck, S., Mikut, R., Bretthauer, G.: Model-Based Control and Object Contact Detection for a Fluidic Actuated Robotic Hand. In: Proceedings of the 2003 IEEE Conference on Decision and Control (CDC), to appear. (2003)

[22] Beth, T., Boesnach, I., Haimerl, M., Moldenhauer, J., Boes, K.,Wank, V.: Modellierung und Erkennung menschlicher Bewegungen. Tagungsbeiträge der Human Centered Robotic Systems, Karlsruhe, Germany.(2002)

[23] Martin, J. and Keppler, R. and Osswald, D. and Burger, W. and Regenstein, K. and Bretthauer, G. and Wittenburg, J. and W{\"o}rn, H. and Albers, A. and Berns, K.: Mechatronische Konzepte zur Verbesserung der Mensch-Maschine-Interaktion. In: Proceedings of the Human Centered Robotic Systems 2002 (HCRS), pp65-72

A Component Approach for Robotics Software: Communication Patterns in the OROCOS Context

Christian Schlegel

Research Institute for Applied Knowledge Processing (FAW)
Helmholtzstr. 16, D-89081 Ulm, Germany
schlegel@faw.uni-ulm.de

Abstract. Vital functions of robots are provided by software and software dominance is still growing. Mastering the software complexity is not only a demanding but also indispensable task towards an operational robot. Component based software approaches provide suitable means to master the complexity issue. Nevertheless shareable, distributable and reusable off-the-shelf software components for robotics are still a great dream. One of the reasons is the lack of a software component model taking into account robotics needs. The challenge of component based software approaches for robotic systems is to assist in building a system and to provide a software architecture without enforcing a particular robot architecture.

This paper presents communication primitives as core of a robotics component model. Dynamic wiring of components at run-time is explicitly supported by a separate pattern which tightly interacts with the communication primitives. This makes the major difference to other approaches. Advantages provided are software reuse, improved maintainability and software reconfiguration on-the-fly. The presented approach already proved its fitness in several major projects. The *CORBA* based implementation is freely available and is maintained and continued as part of the open source project *OROCOS* [1,9].

1 Introduction

For a long time *integration* has been considered to require only a minor effort once the needed algorithms are all available. The difficulties to overcome have been vastly underestimated.

An important step from laboratory prototypes towards everyday robots is increased reliability and robustness. This requires to master the inherent complexity of robotic systems. Component based approaches address the complexity issue by splitting a complex system into several independent units with well-formed interfaces. Fitting of components is ensured by standards for their external appearance and behavior. This allows to compose systems of approved components and to focus on a single component when going into details without bothering with internals of other components.

A component based approach is not only useful for robotics hardware but is also advantageous at the software level. This is in particular true with regard to the still growing dominance of software in robotics. So far, there is hardly a chance to share software components between labs or reuse them on another platform even for the most often needed skills like localization or motion control. The lack of standard specifications for robotics software requires error-prone and tedious reimplementations wasting valuable resources.

The presented patterns are not yet another framework but already proved their fitness in several major projects [7][13]. The approach has first been presented in [10] and formerly formed the SMARTSOFT framework. The current *CORBA* based implementation [8] is maintained as part of the *OROCOS* [1] open source component framework for robotics. This ensures both continuity in development and maintenance and broad notice in the robotics community. Both is besides easy usage and apparent added value for component developers crucial for establishing a software framework. A growing number of contributed components can pave the way towards robotics applications assembled out of standard software components.

2 Requirements

According to the *OROCOS* project several categories of users are distinguished which all put a different focus on complexity management for integration in robotics.

End users operate an application based on the provided user interface. They focus on the functionality of their application and use a readily provided system with a given functionality to fulfill the required tasks. They do not care on how the application has been built by the application builder and mainly expect reliable operation.

Application builders assemble applications based on suitable and reusable components. They customize them by adjusting parameters and sometimes even fill in application dependent parts called *hot spots*. They expect the framework to ensure clearly structured and consistent component interfaces for easy assembling of approved off-the-shelf components.

Component builders focus on the specification and implementation of a single component. They expect the framework to provide the infrastructure which supports their implementation effort in such a way that it is compatible with other components without being restricted too much with regard to component internals. They want to focus on algorithms and component functionality without bothering with integration issues.

Framework builders design and implement the framework such that it matches the manifold requirements at its best and that the above types of users can focus on their role.

A component based software approach per se already tackles many of the above demands. The following compact definition developed at a workshop is altogether still appropriate:

Software Component „A software component is a unit of composition with contractually specified interfaces and explicit context dependencies only. A software component can be developed independently and is subject to composition by third parties.“ [14]

The main difference to object oriented approaches is the coarser granularity of components. The definition of *objects* is purely technical and does not include notions of independence or late composition. Although these can be added, components explicitly consider reusable pieces of software that have well specified public interfaces, can be used in unpredictable combinations and are stand-alone entities. Important

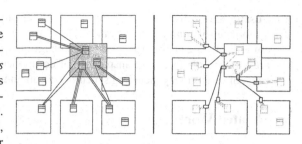

Fig. 1. Component interweaving with fine-grained component interfaces versus the proposed more abstract service based interfaces.

features required in the robotics domain which go beyond standard component based software are the following ones:

Dynamic wiring can be considered as *the* pattern of robotics. It allows changes to connections between services of components to be made at runtime. Making both the *control flow* and the *data flow* configurable from outside a component is for example the key to situated skill compositions and is required in nearly any robotics architecture. The dynamic wiring pattern tightly interacts with the communication primitives and makes the major difference to other approaches. Reconfigurable components are modular components with the highest degree of modularity. Most important, they are designed to have replacement independence.

Component interfaces have to be defined at a reasonable level of granularity to restrict spheres of influence and to support loosely coupled components. As shown in figure 1, too fine-grained component interfaces can still result in unmanageable software systems with closely coupled components. The figure on the left shows spaghetti-like dependencies with insight into a component whereas the figure on the right shows puzzle-like replacement of components where internals are fully decoupled from the externally visible interfaces.

Asynchronicity is a powerful concept to decouple activities and to exploit concurrency as far as possible. Decoupling is in particular important at the component level to avoid passing on tight timing dependencies between components. A robotics framework has to exploit asynchronicity whereever possible without involving the framework user and should make the use of asynchronous interactions as simple as using synchronous ones.

Component internal structures can follow completely different designs depending on the used algorithms. Component builders thus ask for as less restrictions as possible but expect the framework to ensure interoperability by assisting in structuring and implementing a component.

Transparency A framework has to provide a certain level of transparency by hiding details to reduce complexity. However, the level of transparency has to be adjusted to the robotics domain since full transparency often not only results in a decreased performance but also prevents predictability.

Easy usage allows focusing on robotics and avoids steep learning curves by making up-to-date software technology available without requiring a robotics expert to become a software engineering expert. Challenging topics which have to be addressed are for example location transparency of components and their services and concepts of concurrency including synchronization and thread safety.

3 Related Work

An often neglected aspect of available or proposed frameworks is that a sensorimotor system is composed of many and heterogeneous algorithms. The requirements in terms of modularity, configurability, communication and control are critical and have to be considered altogether. This explains the need for a framework with domain specific patterns. General purpose component architectures can of course significantly simplify the implementation of the framework and can provide the underlying infrastructure.

Frameworks are so far mainly provided by the robot manufacturers and are in most cases vendor specific. For example, *Mobility* [4] is an up-to-date and *CORBA* [2] based package available with the platforms of ISI. Although this is already much more than is provided by many other vendors, it still only provides an object centered view and therefore is mainly useful for simplified access to the robot's hardware. Other systems like *Saphira* [5] already implement a specific architecture.

GenoM [6] as another framework in the context of *OROCOS* focuses on a specific component internal architecture which is independent of the used component communication mechanism. For example, its requirements on a component communication mechanism are fully matched by the presented approach.

CORBA [2] is a vendor-independent standard for distributed objects that is being extended continuously with the number of supported features growing rapidly and now also comprises an advanced and elaborate component model [3]. In the beginning, lack of features made *CORBA* unsuitable for robotic applications. For example, asynchronous interfaces and *object by value* semantics made their way into *CORBA* very late. Now the countless options and services show a remarkable complexity and thus make *CORBA* a tool for framework builders who select the best fitting mechanisms and hide the underlying middleware from the application builder and from the component developer.

The *CORBA* based implementation [8] of the proposed communication patterns uses *TAO* [12] as ORB and *ACE* [11] as operating system abstraction layer. It takes advantage of many and already standardized features like the host independent *IDL*. However, the communication patterns can be put on top of many other middleware systems like message based systems, remote procedure calls or sockets without requiring much efforts since the requirements on the underlying communication system are very low.

4 The Approach

Mastering the intercomponent communication is considered as the key to master component dependencies and to ensure uniform component interfaces. The developed approach therefore selects intercomponent communication as a suitable starting point.

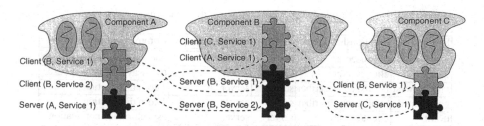

Fig. 2. Overview on the approach.

The basic idea is to provide a small set of communication patterns which can transmit objects between components and then squeeze every component interaction into those predefined patterns. As shown in figure 2, components interact solely via those patterns.

Components are technically implemented as processes. A component can contain several threads and interacts with other components via predefined communication patterns. Components can be wired dynamically at runtime.

Communication Patterns assist the component builder and the application builder in building and using distributed components in such a way that the semantics of the interface is predefined by the patterns, irrespective of where they are applied. A communication pattern defines the communication mode, provides predefined access methods and hides all the communication and synchronization issues. It always consists of two complementary parts named *service requestor* and *service provider* representing a *client/server*, *master/slave* or *publisher/subscriber* relationship.

Communication Objects parameterize the communication pattern templates. They represent the content to be transmitted via a communication pattern. They are always transmitted *by value* to avoid fine grained intercomponent communication when accessing an attribute. Furthermore, object responsibilities are much simpler with locally maintained objects than with remote objects. Communication objects are ordinary objects decorated with additional member functions for use by the framework.

Service Each instantiation of a communication pattern provides a service. A service comprises the communication mode as defined by the communication pattern and the content as defined by the communication objects.

The set of communication patterns is summarized in table 1. Component interfaces are only composed of services based on standard communication patterns. The communication patterns make several communication modes explicit like an *oneway* or a *request/response* interaction. Push services are provided by the *push newest* and the *push timed* pattern. Whereas the *push newest* can be used to irregularly distribute data to subscribed clients whenever updates are available, the latter triggers calculation and distribution of updates on a regularly basis. The *event* pattern is used for asynchronous notification if an event condition becomes true under the activation parameters and the *wiring* pattern covers dynamic wiring of components. The set of communication patterns is not the smallest possible one since an one-way communication is already suffi-

Table 1. The set of communication patterns.

Pattern	Relationship	Initiative	Service Provider	Communication
send	client/server	client	server	one-way communication
query	client/server	client	server	two-way request/response
push newest	publisher/subscriber	server	server	1-to-n distribution
push timed	publisher/subscriber	server	server	1-to-n distribution
event	client/server	server	server	asynchronous notification
wiring	master/slave	master	slave	dynamic component wiring

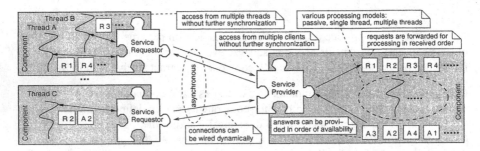

Fig. 3. All components only interact via services based on predefined communication patterns. These not only decouple components but also handle concurrent access inside a component. Each component can provide and use any number of services. The example shows the *query* pattern.

cient to implement any other communication mode. However, it is a reasonable trade-off between usability and minimality. Further hints on the details of the patterns and on why these are sufficient can be found at [8].

Predefined member functions of the patterns provide access modes like synchronous and asynchronous service invocations or provide a handler based request handling. Independently of the access modes and the underlying middleware, the communication patterns always interact asynchronously and thus communication patterns ensure decoupling of the interacting components irrespective of the access modes used by the user. The access modes provide the opportunity to fully handle issues of concurrency, synchronization and decoupling inside the communication patterns hidden from the user instead of dealing with them again and again in every single user defined object visible at a component interface. Communication patterns hide the underlying middleware and do not expect the framework user to for example deal with *CORBA* details like *AMI* and *valuetypes*. Compared to distributed objects, one can neither expose arbitrary member functions as component interface nor can one dilute the precise interface semantics. Both avoids puzzling over the semantics of component interfaces. Individual access methods are moved from the externally visible component interface to communication objects. Since communication objects are always transmitted *by value* and since member functions of communication objects are not exposed outside a component, usage of communication objects and implementing user member functions is completely

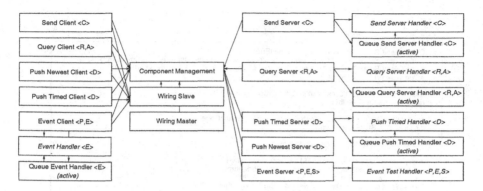

Fig. 4. The core patterns of the SMARTSOFT framework.

free from cumbersome and demanding details of intercomponent communication and distributed object mechanisms. Arbitrary communication objects provide diversity and ensure genericity even with a very small set of communication patterns. Figure 3 illustrates the key concept and figure 4 summarizes the core patterns of the framework.

5 The Component Builder View

The component builder view is illustrated with respect to the *query* pattern. Figure 5 shows the user API of both the service providing (server) and the service requesting (client) part. Since a *query* requires a *request* and an *answer* object, the pattern template has two communication object parameters. The service requestor always provides several constructors including immediate wiring with a service provider and exposing the client as port wireable from outside. Connections can always be changed using the *connect/disconnect* methods. A client can decide on being wireable from outside the component using the *add/remove* methods. Furthermore, each service requestor provides a *blocking* method to set an internal state indicating whether blocking calls are allowed. If the blocking mode is set to *false*, already blocking calls are aborted and new calls return immediately. These constructors and member functions are part of all service requestors listed in table 1 except the wiring pattern.

The *query* service requestor provides synchronous (*query*) and asynchronous (*request, receive, receiveWait*) access modes. The *query* service provider expects a handler that is called each time a request is received. The answer is returned by a separate *answer* method to provide an asynchronous server side interface to simplify user level processing models like object driven processing chains. The asynchronous server side interface allows to use active handlers and gives full control over the processing models and the used resources. In contrast, many middleware systems are either single threaded resulting in bottlenecks or provide a thread per invocation where the number of threads often reaches the system limits.

Pending queries are managed by monitors and condition variables. A blocking wait on a pending query does neither waste system resources nor does it block in a member

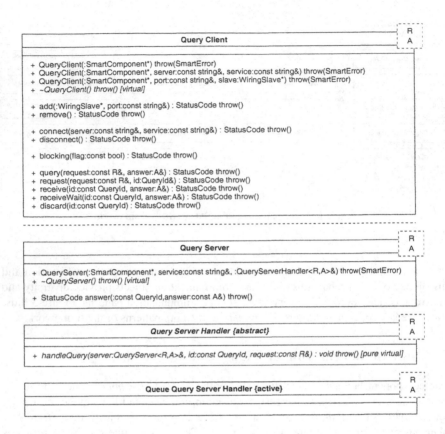

Fig. 5. User API of the *query* communication pattern.

function of a remote object. The client side management of blocking calls decouples blocking access modes from the service provider and supports a client side canceling of blocking member function calls. For example, this feature is needed by a component state management to rush through blocking calls to reach a forced state as fast as possible and still in an ordered way. The access modes of the other communication patterns are comparably easy to use.

5.1 Dynamic Wiring

As shown in figure 6, the *wiring* pattern makes service requestors visible as ports and wireable at runtime from outside the component. All service requestors listed in table 1 except the wiring pattern itself can expose themself as wireable ports. Wiring of services is based on names. Services are denoted by {*component name, service name*} and ports by {*component name, port name*}. The wiring master provides a *connect* method to connect a port with a service and a *disconnect* method to suspend the connection of

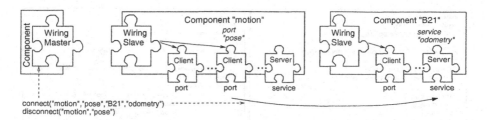

Fig. 6. Making service requestors visible as ports and wireable from outside the component.

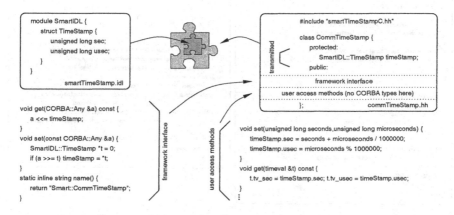

Fig. 7. Implementation of the communication object for a time stamp as example.

a port. A service requestor and a service provider are compatible if both the communication pattern and the communication object types match.

6   Example

The following example illustrates the simple usage of the communication patterns. As component builder, one normally first checks the availability of standardized and reusable communication objects. Otherwise, one has to define a new communication object type. This requires to describe the data structure to be transmitted in *CORBA IDL* and to add the appropriate additional member functions for use by the framework as shown in figure 7. This is the only place where one gets in touch with the underlying middleware. When using predefined communication objects, one does not even see those details. Normally, there is already a huge set of agreed communication objects available which can be reused and which ensure interoperability of components. It is important to note that no middleware specific *CORBA* types are exposed at the user interface of the communication objects. One can for example use well-known *STL* classes irrespective of the *IDL* described data structure used for transmission inside the communication object.

```
#include "smartSoft.hh"
#include "commVoid.hh"
#include "commMobileLaserScan.hh"

CHS::QueryClient<CommVoid,CommMobileLaserScan> *laserQueryClient;

// separate thread for user activity
class UserThread : public CHS::SmartTask {
public:
    UserThread() {};
    ~UserThread();
    int svc(void);
};

int UserThread::svc(void) {
    CommVoid request1, request2;
    CommMobileLaserScan answer1, answer2;
    CHS::QueryId id1, id2;
    ...
    status = laserQueryClient->request(request1,id1);
    status = laserQueryClient->request(request2,id2);
    ...
    status = laserQueryClient->receiveWait(id2,answer2);
    status = laserQueryClient->receiveWait(id1,answer1);
    ...
}

int main(int argc,char *argv[]) {
    ...
    CHS::SmartComponent component("first",argc,argv);
    CHS::WiringSlave wiring(component);
    UserThread user;
    ...
    laserQueryClient = new CHS::QueryClient<CommVoid,CommMobileLaser>
                        (component,"laserPort",wiring);

    user.open();
    component.run()
    ...
}
```

```
#include "smartSoft.hh"
#include "commVoid.hh"
#include "commMobileLaserScan.hh"

// this handler is executed with every incoming query
class LaserQueryHandler
    : public CHS::QueryServerHandler<CommVoid,CommMobileLaserScan> {
public:
    void handleQuery(
            CHS::QueryServer<CommVoid,CommMobileLaserScan>& server,
            const CHS::QueryId id,
            const CommVoid& r) throw()
    {
        CommMobileLaserScan a;
        // request r is empty in this example, now calculate an answer
        server.answer(id,a);
    }
};

int main(int argc,char *argv[])
{
    ...
    // the component management is mandatory in all components
    CHS::SmartComponent component("second",argc,argv);
    // the following implements a query service for laser scans
    // with an active handler
    LaserQueryHandler laserHandler;
    CHS::QueueQueryHandler<CommVoid,CommMobileLaserScan>
                        activeLaserHandler(laserHandler);
    CHS::QueryServer<CommVoid,CommMobileLaserScan>
                        laserServant(component,"laser",activeLaserHandler);

    // the following call operates the framework by the main thread
    component.run();
}
```

Fig. 8. Two example components named „first" and „second".

The example in figure 8 consists of the components *first* and *second* which require respectively provide laser scans based on the *query* pattern. A *void* object without further parameters is used to request a laser scan object. The service requestor is wireable as *laserPort*, the service provider uses a handler to process requests.

7 Conclusion

To develop component based software, it is necessary to draw clean boundaries between each component. Many attempts of creating component based software fail because designers have no guidelines to follow when breaking up the application into pieces. We define a subsystem as part of an application that can be developed and tested independently and integrated into an application later through simple communication mechanisms. There are no precise rules for decomposition but support for clean arrangements of component interfaces based on standardized communication objects and services. Components based on the presented approach can more easily be used in multiple configurations.

Using communication patterns as core of a component approach ensures clearly structured component interfaces and avoids dubious interface behaviors while still not restricting the component internal architecture. Moving access modes from the user domain into the communication patterns ensures decoupling of components by only using asynchronous interactions at the intercomponent level inside the patterns. Communication objects prevent the component from being poluted with middleware data types. Standard communication objects for maps, laser range scans, ultrasonic sensor values etc. support uniform representations at the component level. Using inheritance one can individually extend a communication object inside a component with individual member functions without affecting other components. Applying the communication patterns does not require additional software expertise beyond the standard knowledge. Due to its simple usage, it might boost the component based development of robotics software.

The communication protocol used inside the communication patterns can be used on top of many different communication systems and does not at all depend on *CORBA*. The decoupling is even ensured on communication systems that only provide synchronous interactions.

The presented approach has already been used successfully in several major projects where it proved its fitness. The set of already available components comprises standard robot platforms, sensors, algorithms and visualization and is growing rapidly. An open source implementation is available within the OROCOS project.

References

1. H. Bruyninckx. Open robot control software: The OROCOS project. In *Proc. IEEE Int. Conf. on Robotics and Automation (ICRA)*, pages 2523–2528. Seoul, Korea, May 2001.
2. CORBA, Object Management Group, Inc. (OMG). *http://www.corba.org/*.
3. CORBA Component Model, Object Management Group, Inc. (OMG). *http://www.omg.org/*.
4. iRobot. *Mobility 1.1 Robot Integration Software User's Guide*, 1999.
5. K. Konolige. *Saphira Robot Control Architecture Saphira Version 8.1.0*. SRI International, April 2002.
6. A. Mallet, S. Fleury, and H. Bruyninckx. A specification of generic robotics software components: future evolutions of GenoM in the OROCOS context. In *Proc. IEEE/RSJ Int. Conf. on Intelligent Robots and Systems (IROS)*, pages 2292–2297. Lausanne, Switzerland, October 2002.
7. MORPHA: Interaction, communication and cooperation between humans and intelligent robot assistants. *http://www.morpha.de/*.
8. FAW contributions to the OROCOS project. *http://www1.faw.uni-ulm.de/orocos/*.
9. The OROCOS project. *http://www.orocos.org/*.
10. C. Schlegel and R. Wörz. The software framework SMARTSOFT for implementing sensorimotor systems. In *Proc. IEEE/RSJ Int. Conf. on Intelligent Robots and Systems (IROS)*, pages 1610–1616. Kyongju, Korea, October 1999.
11. D. Schmidt. ACE - Adaptive Communication Environment. *http://www.cs.wustl.edu/~schmidt/ACE.html*.
12. D. Schmidt. TAO - Realtime CORBA with TAO. *http://www.cs.wustl.edu/~schmidt/TAO.html*.
13. SFB 527: Integration of symbolic and subsymbolic information processing in adaptive sensorimotor systems.
14. C. Szyperski. *Component Software - Beyond Object-Oriented Programming*. Addison Wesley, Harlow, England, 1998.

ANTSRT
-
Eine Software-Architektur für Fahrerassistenzsysteme

André Schmidt, Steffen Görzig, Paul Levi

DaimlerChrysler AG,
{andre.s.schmidt|steffen.goerzig}@daimlerchrysler.com,
Universität Stuttgart,
paul.levi@informatik.uni-stuttgart.de

Zusammenfassung Die Software-Architektur ANTS (Agent NeTwork System) wurde erfolgreich zur Erprobung zahlreicher Fahrerassistenzsysteme eingesetzt. Nach einem kompletten Redesign liegt nun eine weiterentwickelte Software-Architektur vor, welche in diesem Beitrag beschrieben wird - ANTSRT.
Sie wurde verstärkt unter dem Aspekt der Echtzeitfähigkeit entwickelt (Real Time - RT). Als signifikanteste Neuerung ergibt sich daraus die Integration von echtzeitfähigen Reglersystemen mit nicht echtzeitfähigen Softwarekomponenten zur Umgebungserfassung. Vorgestellt werden die erweiterten Bedürfnisse an die Software-Architektur, sowie die daraus resultierenden Konzepte für eine Umsetzung. Im Anschluß werden erste Erfahrungen anhand eines Prototyps vorgestellt.

1 Einleitung

Es wurden bereits verschiedene Software-Architekturen für Fahrerassistenzsysteme entwickelt. Der Versuchsträger VaMP der Bundeswehr-Universität München besaß beispielsweise eine Systemarchitektur bestehend aus vier Ebenen, genannt der 4D Ansatz [1][2]. Das von DaimlerChrysler (ehemals Daimler–Benz) entwickelte Versuchsfahrzeug VITA II (Vision Technology Application) besaß eine kontinuierliche Verhaltenssteuerung [3]. Am Lehrstuhl für Theoretische Biologie des Instituts für Neuroinformatik an der Universität Bochum wurde ebenfalls eine Architektur für Fahrerassistenzsysteme entwickelt [4][5]. In DaimlerChrysler Forschungsversuchsträgern wurden Fahrerassistenzsysteme - von der autonomen Stop&Go Fahrt bis hin zu Ampel- und Vorfahrtsassistenten - mit Hilfe des Multi-Agentensystems ANTS demonstriert [6].

Keine dieser Architekturen erfüllt jedoch alle Anforderungen, welche zur schnellen prototypischen Umsetzung zukünftiger Fahrerassistenzsysteme benötigt werden:

- Offene Plattform zur Integration verschiedenster Softwarekomponenten zur Fahrzeugsteuerung wie Sensorerfassung (Radar, Kamerasteuerung), Informationsverarbeitung (Bildverarbeiter, Sensorfusion) und Aktuatoren (Steuereingriffe/Regler).
- Zeitliche Koordination der Ausführung.
- Strikte Einhaltung der Echtzeitkriterien wenn notwendig (z. B. für Regler).
- Transparenz bezüglich Betriebssystem und verfügbarer Hardwareressourcen.
- Paralleler (deadlockfreier) Zugriff auf Daten.
- Effiziente Nutzung von Ressourcen in einer verteilten Rechnerumgebung.
- Dynamische Komponenten und gleichzeitiger Einsatz verschiedener Software-Versionen in Komponenten.

Die nächsten Abschnitte zeigen, wie diese Anforderungen konzeptionell umgesetzt wurden und welche Ergebnisse damit erzielt wurden.

2 Softwareagenten

Nach Wooldride und Jennings [7] können Agenten über ihre Eigenschaften definiert werden:

„Ein Agent ist ein Hardwaresystem oder softwarebasiertes Computersystem, das bestimmte Kriterien erfüllt:

Autonomie Agenten besitzen eine eigene Kontrolle über internen Zustand und Aktionen. Es existiert keine direkte Steuerung durch den Menschen.

Soziale Kompetenz Agenten kommunizieren und interagieren miteinander. Die Art der Kommunikation wird durch eine 'Agent Communication Language' beschrieben.

Reaktivität Agenten nehmen ihre Umgebung wahr und reagieren in angemessener Form und in vorgegebenem zeitlichen Rahmen auf Veränderungen.

Proaktivität Agenten führen nicht nur einfache Reaktionen aus, sondern arbeiten zielgerichtet. "

Die Betrachtung der Agenten als reale oder abstrakte Objekte mit speziellen Zuständen ermöglicht, agentenbasierte Systeme auf objektorientierte Konzepte abzubilden. Statische Modelle beschreiben die strukturellen Relationen zwischen verschiedenen Agenten. In dynamischen Modellen können Interaktionen (Kommunikation) zwischen den Agenten spezifiziert werden. Funktionale Modelle können dazu verwendet werden, das Verhalten der einzelnen Agenten darzustellen. Für eine vollständige Beschreibung der Agenten sind einige Modifikationen und Erweiterungen objektorientierter Vorgehensweisen einzuführen. Neben den Zuständen und dem Verhalten der Agenten muß eine Darstellung ihrer Ziele möglich sein. Weiterhin müssen Interaktions- und Verhandlungsprotokolle der Agenten modelliert werden können. Die verschiedenen agentenorientierten Modelle können in Software-Architekturmodellen zusammengeführt werden.

3 Software-Architektur ANTSRT

Software-Architekturen beschreiben den grundlegenden Aufbau eines Software-Systems in Form von Komponenten und deren Beziehungen zueinander sowie zur Umwelt [8]. Die Komponenten müssen eine Reihe von Diensten bereitstellen, welche die Anforderungen an das System realisieren. Der erste Schritt in der Anforderungsanalyse bestand darin, diese Dienste zu identifizieren und nach Gemeinsamkeiten (ähnliches Aufgabenspektrum) in Gruppen zusammenzufassen. Gleichzeitig waren die Interaktionen zwischen den Diensten (Dienstgruppen) zu erfassen. Das Ergebnis spiegelt sich in einem dreistufigen Architekturmodell (Bild 1) wider. Auf der untersten Ebene findet eine Abstraktion von eingesetzten Hardwaretreibern und Betriebssystemdiensten statt. Darauf aufbauende Dienste können in einer heterogenen Umgebung mit verschiedenen echtzeit- und nicht-echtzeitfähigen Betriebssystemen eingesetzt werden. Den Kern des Softwaresystems bildet die zweite Schicht (Framework-Ebene) mit Schnittstellen zu den Applikationskomponenten.

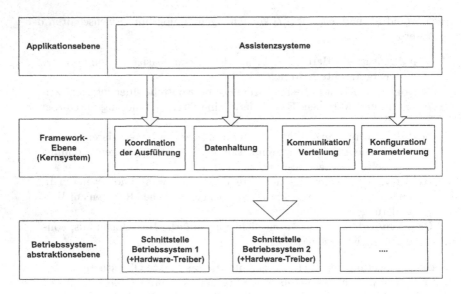

Abbildung 1. Schichtenmodell der Software-Architektur ANTSRT.

Wesentliche Aufgaben sind die Steuerung der Anwendung, konsistente Datenhaltung und eine transparente Verteilung der Applikationskomponenten. Die hier angesiedelten Dienste stellen eine zeitlich korrekte Ausführung der Fahrerassistenzsysteme in einer verteilten Umgebung sicher. Eine weitere Gruppe von Diensten ist für eine flexible Konfiguration bzw. Parametrierung von Anwendungen zuständig. Sie stellen eine Schnittstellensprache zur Verfügung, mit deren Hilfe die Struktur und das gewünschte Verhalten der im Versuchsträger eingesetzten Assistenzsysteme sinnvoll definiert werden können. In der dritten Ebene sind die eigentlichen Softwarekomponenten der Applikation angesiedelt.

Ausgehend von den identifizierten Dienstklassen im Architekturmodell erfolgt eine Verfeinerung der Dienste in mögliche Strukturkomponenten und deren Beziehungen. Im Weiteren wird genauer auf die einzelnen ermittelten Kernkomponenten der Framework-Ebene eingegangen.

Hauptfaktor für die Definition der neuen Softwarestruktur ist das zu garantierende Verhalten der Assistenzsysteme. In den Versuchsträgern operieren verschiedene Teilsysteme zusammen, um das Fahrzeug zielgerichtet steuern zu können. So sind beispielsweise Hindernis- oder Fahrspurerkennung, die Umsetzung von speziellen Fahrerwünschen oder Aktuatoreingriffe mit unterschiedlichen zeitlichen Restriktionen parallel zu bedienen. Desweiteren muß das Verhalten der Teilsysteme in Abhängigkeit externer oder interner Reize steuerbar sein. Die Abbildung dieser Anforderungen resultiert in ANTSRT in einer Zustandsmaschine (Scheduler in Abbildung 2), welche einen dirigierenden Einfluß auf die Aktivitäten der Teilsysteme besitzt. Die Zustände spiegeln beispielsweise die aktuelle Umgebung des Fahrzeugs (Autobahn, Innenstadt, Landstraße) wider.

Jedes Teilsystem besteht aus einer Reihe von applikationsspezifischen Softwarekomponenten. Dazu gehören sogenannte funktionale Einheiten und Administratoren. Funktionale Einheiten implementieren die Verarbeitung von Umgebungsinformationen (z.B. Objekterkennung). Administratoren hingegen sind für die Rekonfiguration des Gesamtsystems bedeutsam. Sie definieren, unter welchen Umständen aus einem Systemzustand in einen anderen gewechselt wird (interne Reize). Beispielsweise kann bei dem Verlassen der Autobahn eine Anpassung der Fahrerassistenzsysteme an die neuen Straßenverhältnisse durch Administratoren ausgelöst werden. Beide Arten von Softwarekomponenten können in sequentieller oder paralleler Form zusammengesetzt werden. Die notwendige Koordinierung der Teilsysteme wird von eigenständigen, dem Haupt-Scheduler untergeordneten Steuerungskomponenten abgedeckt.

Die Kommunikation der funktionalen Einheiten und Administratoren untereinander erfolgt ausschließlich über eine zentrale Datenbank. Der entscheidende Vorteil ist, daß für eine erfolgreiche Kommunikation nur die Struktur der auszutauschenden Informationen (Datenbankeinträge) festgelegt sein muß. Aufgrund der gestiegenen Anforderungen bezüglich Echtzeitfähigkeit und Parallelität ist die Datenbank mit einem deadlockfreien Transaktionsmanagement und einem Priority-Ceiling-Protocol versehen [9] [10].

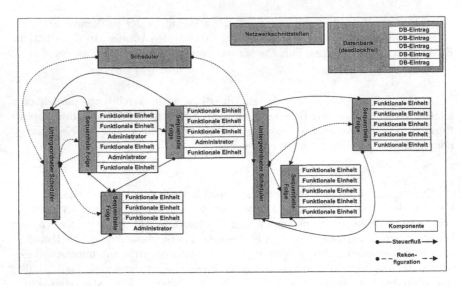

Abbildung 2. Komponentenstruktur der Software-Architektur ANTSRT.

Die Datenbank dient gleichzeitig für einen transparenten Datenaustausch über verschiedene Rechner hinweg. Einzelne Applikationskomponenten müssen nicht wissen, auf welchem Rechner die benötigten Informationen erzeugt werden. Das Kernsystem von ANTSRT stellt sicher, daß die Daten in den lokalen Datenbanken zur Verfügung stehen, bevor diese benötigt werden.

Zwischen den Instanzen des Softwaresystems ANTSRT wird die Kommunikation durch bereitgestellte Dienste des Frameworks realisiert. Diese definieren Richtlinien, wie Datenbankobjekte in Datenformate des verwendeten Kommunikationsprotokolls umzusetzen sind und umgekehrt. Um die Kommunikation zwischen Rechnern zeitlich steuern zu können (Datenkonsistenz), wird eine Zweiteilung des Übertragungsvorgangs vorgenommen. Einerseits übernimmt eine zentrale Einheit die Ansteuerung der Kommunikationsressourcen. Andererseits sind in den Steuerfluß der Applikationen an den benötigten Stellen Komponenten eingefügt, die relevante Daten aus der Datenbank an die zentrale Kommunikationskomponente weiterreichen, beziehungsweise empfangene Daten in die Datenbank eintragen.

4 Werkzeuge

Parallel zu ANTSRT werden Werkzeuge entwickelt, welche die Applikationsentwicklung auf Basis der neuen Softwarearchitektur unterstützen. Ein Schwerpunkt liegt in der automatischen Erzeugung von Software-Rahmenstrukturen für neue Komponenten von Fahrerassistenzsystemen. Beispielsweise können mittels einer graphischen Oberfläche Prototypen neuer funktionaler Einheiten sowie

269

deren Datenbankschnittstellen definiert und automatisch in Code umgesetzt werden (Abbildung 3). Gleichzeitig bietet das Werkzeug eine Unterstützung bei der Verwaltung und der Übersetzung der erzeugten Codes an.

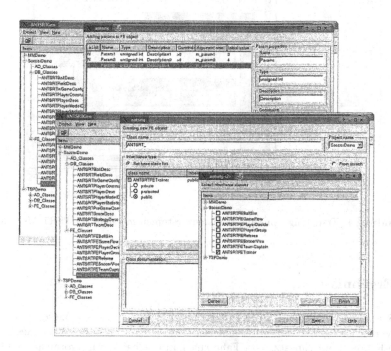

Abbildung 3. Der Komponentengenerator von ANTSRT.

Ein zweites Werkzeug erlaubt es, mit wenigen Handgriffen komplette Fahrerassistenzsysteme aus existierenden Software-Komponenten zusammenzustellen und deren Verhalten im Rahmen von ANTSRT zu definieren (Abbildung 4). Hierfür werden dem Anwender verschiedene Sichten zur Verfügung gestellt. In einer Sicht kann beispielsweise die statische Struktur des gewünschten Assistenzsystems definiert und parametriert werden. Andere Sichten erlauben es, die Zustandsmaschine zu modellieren und das Verhalten der Software-Komponenten in jedem Zustand festzulegen.

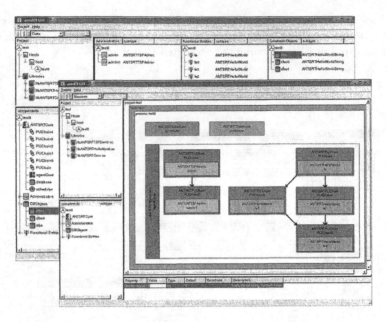

Abbildung 4. Erstellung von Fahrerassistenzsystemen mit dem ANTSRT Modeller.

5 Ergebnisse

Die Softwarearchitektur ANTSRT wird bereits prototypisch eingesetzt. In einem Versuchsträger kommt unter anderem das Assistenzsystem autonomes Stop & Go-Fahren zum Einsatz. Das Fahrzeug kann selbstständig vorausfahrenden Fahrzeugen folgen. Die Realisierung der Softwarearchitektur ANTSRT unterstützt aktuell die Betriebssysteme Linux sowie die Echtzeiterweiterung RTAI. Je nach vorhandener Hardware stehen für die Interaktion zwischen den Rechnern und Steuergeräten Mechanismen zur Kommunikation über CAN bzw. TCP (Ethernet/Myrinet) zur Verfügung.

6 Ausblick

Mit der Einführung weiterer Assistenzsysteme für ANTSRT schreitet auch die Entwicklung der Softwarearchitektur voran. Ein primäres Entwicklungsziel ist es, die Portabilität der Software durch Unterstützung des echtzeitfähigen Betriebssystems LynxOS zu erhöhen. Weiterhin wird die Integration diverser Sicherheitsmechanismen forciert. Exemplarisch ist eine Überwachung der Ausführung aller Assistenzsysteme (Watchdogs) inklusive einer Unterstützung von Rückfallebenen bei aufgetretenen Fehlersituationen zu nennen. Kurzfristig sind weitere

Verbesserungen in den Kommunikationsmechanismen der Software-Architektur
- insbesondere bei der verteilten Synchronisation der Assistenzsysteme - geplant.

Literatur

1. Maurer, M., Dickmanns, E.D.: A SYSTEM ARCHITECTURE FOR AUTONO-
   MOUS VISUAL ROAD VEHICLE GUIDANCE. In: IEEE Conference on Intelligent Transportation Systems ITSC'97, Boston, MA (1997)
2. Maurer, M.: Flexible Automatisierung von Straßenfahrzeugen mit Rechnersehen.
   PhD thesis, Universität der Bundeswehr München (2000)
3. Reichardt, D.: Kontinuierliche Verhaltenssteuerung eines autonomen Fahrzeugs in
   dynamischer Umgebung. PhD thesis, Universität Kaiserslautern (1996) Forschung
   F1M/IA Daimler–Benz.
4. Handmann, U., Kalinke, T., Tzomakas, C., Werner, M., v. Seelen, W.: An Image
   Processing System for Driver Assistance. In: 1998 IEEE International Conference
   on Intelligent Vehicles, Stuttgart (1998) 481–486
5. Handmann, U., Leefken, I., Tzomakas, C., v. Seelen, W.: A flexible Architecture
   for Driver Assistance. In: SPIE'99, SPIE's International Symposium on Intelligent
   Systems and Advanced Manufacturing; Conference "Intelligent Transportation Systems", Boston, USA (1999)
6. Görzig, S.: Eine generische Software-Architektur für Multi-Agentensysteme und
   ihr Einsatz am Beispiel von Fahrerassistenzsystemen. Shaker Verlag, Aachen, ISBN
   3-8322-1470-4 (2003)
7. Wooldridge, M., Jennings, N.R.: Intelligent agents: Theory and practice. Knowledge Engineering Review (1995)
8. Architecture Working Group of the Software Engineering Standards Committee of
   the IEEE Computer Society: Recommended Practice for Architectural Descriptions
   of Software- Intensive Systems. Standard 1471-2000 (2000)
9. Ramamritham, K.: Real-time databases. International Journal of Distributed and
   Parallel Databases (1996) 199–226
10. Ramamritham, K., Sivasankaran, R., Stankovic, J.A., Towsley, D.T., Xiong, M.:
    Integrating temporal, real-time and, active databases. SIGMOD Record **25** (1996)
    8–12

MakroPLUS - ein modulares Systemkonzept eines mehrsegmentigen, autonomen Kanalroboters

C. Birkenhofer, K.-U. Scholl, J. M. Zöllner, R. Dillmann

Forschungszentrum Informatik
an der Universität Karlsruhe (FZI)
Interaktive Diagnose- und Servicesysteme
Haid-und-Neu-Str. 10-14
76131 Karlsruhe, Deutschland
{birkenhofer, scholl, zoellner, dillmann}@fzi.de

Zusammenfassung In dieser Arbeit wird der Entwurf und die Realisierung einer Hardwarestruktur für den mehrsegmentigen, autonomen Kanalroboter *MakroPLUS* vorgestellt.
Auf den Erfahrungen und Analysen mit vorhergehenden Robotern aufbauend ist die neu entwickelte Architektur sowohl mechanisch, elektronisch als auch softwaretechnisch modular gestaltet.
Die elektronische Modularität ermöglicht die Trennung von Sensordaten und Steuerdaten, eine nach Funktionsblöcken getrennte Energieversorgung und eine flexible Datenverarbeitung. Die Verwendung von Hardware Abstraction Layers (HAL) gewährleistet die Relevanz der entwickelten Struktur innerhalb zukünftiger Robotersysteme. Das System ist darauf optimiert auch in modifizierten Umgebungen eingesetzt zu werden.

1 Einleitung

Zur Inspektion von Abwasserkanälen bieten sich autonome, mehrsegmentige Roboter an. Auf Grund ihres mechanischen Aufbaus sind sie in der Lage mit den im Abwasserkanal herrschenden Gegebenheiten zurecht zu kommen. Sie können Kanalabzweigungen bewältigen und Hindernisse überwinden [7]. Ihre autonome Struktur erlaubt es ihnen, Fahrten im Kanal durchzuführen ohne auf Beschränkungen der Länge der Versorgungs- oder Steuerkabel zu achten.
Innerhalb des Forschungsvorhabens *MAKRO* [1] wurde der Kanalroboter *Makro1.1* realisiert. Dieser Roboter dient als Plattform für erste Versuche im Abwasserkanal [8].
Eine Weiterführung des Forschungsschwerpunktes findet im Projekt *MakroPLUS* statt. In diesem Vorhaben werden Anwendermodule entwickelt, mit denen der Kanalroboter das Kanalnetz im laufenden Betrieb kontrolliert.
Für diese Aufgaben muss der Kanalroboter *Makro1.1* so modifiziert bzw. neu konstruiert werden, dass er den geforderten Anforderungen im ungereinigten Kanal gerecht wird. Schwerpunkte hierbei sind der Schutz des Roboters vor Wasser,

der Betrieb in explosionsgefährdeten Bereichen, die Bewältigung von Sensorverschmutzungen und die Bewegungssteuerung des Roboters.
Das vorgestellte Konzept einer Hardwarearchitektur realisiert dies unter Berücksichtigung einer weitreichenden Modularität.

2 Analyse & Anforderungen

Durch den Aufbau des Kanalroboters *Makro1.1* in bisherigen Arbeiten konnten umfangreiche Erfahrungen hinsichtlich einer angepassten Roboterarchitektur gesammelt werden. Der Kanalroboter *Makro1.1* (siehe Abbildung 1) besteht aus 6 Antriebssegmenten, die durch 5 Knickelemente miteinander verbunden sind. Entsprechend [7] berechnet sich der resultierende Gelenkwinkel σ_i eines Knickelements aus:

$$\cos \sigma_i(s) = \frac{(k_i(s) - k_{i-1}(s))(k_{i+1}(s) - k_i(s))}{\|(k_i(s) - k_{i-1}(s))(k_{i+1}(s) - k_i(s))\|} \tag{1}$$

Der größtmögliche Gelenkwinkel σ_i ist also direkt abhängig vom Abstand ($k_i - k_{i-1}$) zweier benachbarter Knickpunkte des Roboters entlang einer - über s definierten - virtuellen Schiene. Der Abstand der Knickpunkte setzt sich aus der Länge des Antriebselementes und des Knickelementes zusammen. Wird die Länge des Knickelementes reduziert, so hat der Roboter während einer Kurvenfahrt einen größeren Abstand zur Rohrwand. Kurven können also mit einem geringeren Radius durchfahren werden.

Abbildung 1. Makro 1.1

Die Elektronik zur Basissteuerung des Roboters ist vollständig im Inneren der

Antriebssegmente untergebracht. Ebenso befinden sich die verwendete Sensorik (Ultraschall, Infrarot, Kamera), die batteriegetriebene Stromversorgung und der PC/104 innerhalb der Segmente.

Da der Roboter zunächst nur zur Analyse von Fahrten innerhalb von Abwasserkanälen entwickelt wurde, gibt es für die Basiselektronik keine mechanischen Einschränkungen, solange diese im Roboter Platz findet.

In aktuellen Forschungsarbeiten sind, durch Erweiterungen der Ziele hin zu Inspektionsfahrten, die Anforderungen an die Basiselektronik höher gestellt. Soll der Roboter Inspektionsfahrten durchführen, so kann dies mit unterschiedlichen Konfigurationen geschehen. Je nach Mission der Fahrt werden unterschiedliche Analysemodule in den Roboterzug integriert. Die Position der verwendeten Module kann dabei variieren.

Als Anfoderung für den *MakroPLUS*-Roboter ergibt sich also der Wunsch nach Modularität der einzelnen Segmente.

Die Ausdehnung der Basiselektronik soll sich auf die untere Hälfte der Antriebsmodule beschränken. Im oberen Teil ist dann genügend Platz für Anwendermodule, Batterien und PC/104. Außerdem soll es ohne größeren Aufwand möglich sein, die einzelnen Segmente zu trennen. So lassen sich - je nach Mission - die gewünschten Konfigurationen realisieren.

Die Analyse der Elektronikarchitektur von *Makro1.1* ergibt folgende Anforderungen an die neue, modulare Struktur.

- In der Entwicklungsphase eines Roboters möchte man Informationen über den Zustand eines Roboters haben. Tritt der Roboter in einen singulären Zustand ein, der eine Bergung des Roboters erfordert, so ist es zur genauen Analyse des Systems wichtig, den Zustand des Roboters beizubehalten, einzelne Werte aber auch gezielt verändern zu können. Beispielsweise ist es wünschenswert die Motoren, die Mikrocontroller und den PC/104 des Roboters getrennt ab und an zu schalten. Als Anforderung für das *MakroPLUS* Robotersystem ergibt sich daraus der Wunsch nach einer intelligenten Stromversorgung.

- Im Roboter *Makro1.1* sind die Basisregler der Motoren auf den verwendeten Mikrocontrollern realisiert. Die Kommunikation untereinander und mit der zentralen Recheneinheit läuft über den CAN-Bus.

  Die Erfahrungen mit diesem Roboter zeigen, dass die Berechnungen im Regelkreis auf dem Mikrocontroller und die Kommunikation mit dem CAN-Bus einen Großteil der Rechenleistung eines Mikrocontrollers in Anspruch nehmen. Um bei hohen Fahrtgeschwindigkeiten schnellere Regelzeiten zu erreichen muss hier eine deutliche Leistungssteigerung erfolgen.

- Die Auswertung des Absolutcodes zur Bestimmung der Gelenkposition ist bei einem Kanalroboter eine notwendige Rechenoperation. Zu jedem Zeitpunkt muss die Position aller Gelenke bekannt sein. Fällt die Positionserfassung eines Gelenkes kurzzeitig aus, so muss es möglich sein, ohne großes Verfahren der Gelenke (zum Beispiel an eine vordefinierte Nullposition), die aktuelle Gelenkposition zu erfassen.

  Die Auswertung des Absolutcodes ist im Roboter *Makro1.1* auf einem Mikro-

controller programmiert und wird nach Aufruf einmalig ausgeführt. Eine
ständige Auswertung des Absolutcodes erhöht die Ausfallsicherheit des Systems. Selbst bei einem kurzzeitigen Sensorausfall steht die aktuelle Gelenkposition unmittelbar zur Verfügung.

Als Anforderung ergibt sich hieraus für *MakroPLUS*, dass die Auswertung
des Absolutcodes ständig zu erfolgen hat. Eine Implementierung des Codes
direkt in Hardware führt hier zu dem gewünschten Ergebnis.

– Die Abschätzung der Datenströme erfordert ein neues leistungsfähigeres Konzept zur Datenaquisition. Die Analysemodule des Roboters erfassen Daten
der Umgebung, ebenso die verschiedenen Sensoreinheiten an den Kopfenden
des Systems. In zukünftigen Anwendungen wird die Menge der Datenströme
weiter steigen. Eine einfache Adaption der Struktur sollte dies berücksichtigen.

3 Das *MakroPLUS* Fahrzeug

Der Prototyp einer Robotereinheit, bestehend aus Antriebselement und Knickelement ist in Abbildung 2 dargestellt. Die Position der Basisplatinen ist durch
Pfeile gekennzeichnet. Gefertigt wurde das Segment von der Firma *Hitzel Inspector Systems*.

Abbildung 2. Antriebselement mit Knickelement von MakroPLUS

Entsprechend den Anforderungen wurde der Abstand der Antriebseinheiten reduziert. Der minimale Kurvenradius lässt sich so reduzieren. Die Antriebskästen

sind modular befestigt und können bei verändertem Untergrund den Bedürfnissen entsprechend ausgetauscht werden.

Die Mechanik des Roboters ist außerdem luft- und wasserdicht gekapselt und kann mechanisch leicht getrennt werden. Durch Verkleidungen am Gehäuse sollen Schmutzablagerungen an der Außenseite des Roboters reduziert werden.

Die Basiselektronik ist im unteren Teil des Antriebselements und an beiden Seiten des Knickelements untergebracht (siehe Abbildung 2). Hierdurch ist es möglich, alle Robotersegmente modular zu gestalten.

Die Platinen in den Antriebssegmenten enthalten alle notwendigen Baugruppen zur Steuerung der Antriebsräder und zur Stromversorgung des gesamten Segments inklusive Knickelement. Die Platinen in den Knickelementen beinhalten die Steuereinheiten der Motoren im Knickelement.

Sowohl die elektrische als auch die mechanische Verbindung zwischen den Platinen erfolgt über Steckverbinder.

Die Anwendermodule zur Datenerfassung, die Batteriemodule und das PC/104-Modul finden im oberen Teil der Antriebselemente Platz. Die Verbindung dieser Module zur Basiselektronik - und damit zur Stromversorgung und zu den Datenbussen - erfolgt ebenfalls über Steckverbinder.

4 Die Rechnerarchitektur

Aufbauend auf einer skalierbaren Hardwarearchitektur [4] teilen sich die Komponenten in die folgenden 3 Funktionsbereiche auf:

Signalverarbeitung: Bei den verwendeten Bausteinen für Signalverarbeitung handelt es sich um Digitale Signalprozessoren (Motorola DSP56F803) und programmierbare Logikbausteine (Altera EPF10K10A).
Ein solcher DSP kann trotz geringer Stromaufnahme mit bis zu 80 MHz betrieben werden. Die Regelung der Motorachsen wird von diesem DSP übernommen. Dank der schnellen Taktzeit des Prozessors kann der Regelkreis mit einer Zykluszeit von 1 ms arbeiten.
FPGA-Bausteine übernehmen wesentliche Funktionen, deren Abarbeitung in DSPs überhaupt nicht bzw. nur unter enormem Zeitaufwand möglich sind. Durch die Struktur der konfigurierbaren Hardwarebausteine bietet sich für FPGAs die Auswertung des Absolutcodes an.
Hierzu wurde eine Bausteinkonfiguration entwickelt, die sowohl die Kommunikation des FPGA mit dem DSP realisiert als auch die Auswertung des Absolutcodes durchführt.

Stromversorgung: Die Implementierung einer Steuerung für die Stromversorgung erfolgt mit Hilfe eines I^2C-Busses gemäß Abbildung 3. Kern des I^2C-Busses ist seine Fähigkeit Eingaben mehrerer Master zu akzeptieren. Zur Steuerung des Kanalroboters bedeutet dies, dass an beiden Enden des Roboters eine Master-Einheit angebracht ist. Eingaben zur Steuerung können also unabhängig von der Position und Orientierung des Roboters im Kanal gemacht werden.
Neben den Master-Bausteinen in den Endsegmenten des Roboters, befinden

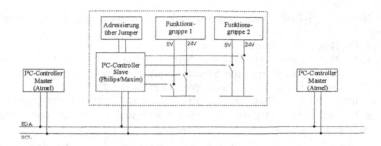

Abbildung 3. Struktur des I^2C-Busses

sich an allen relevanten Stellen der Steuerungsarchitektur Slave-Bausteine. Diese Bausteine interpretieren die Befehle der Master-Bausteine und schalten einzelne Blöcke der Stromversorgung gezielt an bzw. aus.

So ist es nun möglich, im Fall einer Bergung die Aktorik des Roboters auszuschalten, gleichzeitig aber alle Systemzustände zu erhalten. Eine Analyse des Zustandes des Roboters lässt sich so komfortabel durchführen.

Als Master-Bausteine werden Mikrocontroller verwendet (Atmel ATMega8). Die I^2C-Konfiguration kann fest in diese Bausteine eingebrannt werden. Der Betrieb des Busses ist dadurch ohne vorheriges Booten möglich.

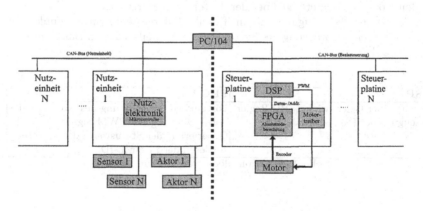

Abbildung 4. Funktionsblöcke von Nutzeinheit und Steuerplatine

Datenübertragung: Diese Architektur separiert einzelne Blöcke gemäß ihrer Funktion. Einheiten der Basissteuerung sind getrennt zu den Einheiten der Anwender konzipiert. Die Kommunikation bzw. die Steuerung untereinander geschieht über mehrere einfach strukturierte Bus- bzw. Datensysteme.

Im *MakroPLUS*-Projekt kommen folgende Übertragungsperipherien zum Einsatz:
- CAN-Bus für die Basissteuerung,
- CAN-Bus für die Steuerung der Nutzeinheiten,
- I^2C-Bus zur Steuerung der Stromversorgung und
- Firewire-Schnittstelle zur Sensordatenerfassung.

Ein schematischer Aufbau der Architektur zur Datenübertragung ist Abbildung 4 zu entnehmen. Auf die Darstellung der einfach strukturierten Schnittstellen Firewire und I^2C wird dabei verzichtet.

Die verschiedenen Blöcke können untereinander beliebig verschoben werden, einzelne Einheiten könne hinzugefügt oder entfernt werden.

Zur Erfassung der Umgebung im Kanal werden meistens kombinierte Sensorsysteme verwendet [2]. Die Kombination vieler Sensorsignale ermöglicht einen exakten Einblick in den Zustand eines Abwasserkanals. Hier ermöglicht die entwickelte Struktur eine einfache Anpassung an die geforderten Bedürfnisse.

5 Die Struktur der Steuerung

Das Steuerungskonzept der Basisregelung sieht die Durchführung von Regelungsaufgaben, Kontrollaufgaben und Rechenaufgaben hardwaretechnisch unter Verwendung von DSP- und FPGA-Bausteinen vor.

Aufgaben werden im Sinne einer schnellen Abarbeitung bei geringem Stromverbrauch auf beide Bausteintypen verteilt. Die Kommunikation zwischen den beiden Komponenten erfolgt über den Daten- und Adressbus.

Die Aufteilung der Aufgaben ist in Tabelle 1 dargestellt. Einige Funktionen können je nach Anforderung des Systems auf die jeweils anderen Bauteile transferiert werden.

DSP	FPGA
Regelung der Gelenkwinkel (PD-Regler)	Fortlaufende Auswertung des Absolutcodes
Erzeugung der PWM-Signale	opt. Erzeugung der PWM-Signale
	Generierung der Statuswerte der Motoren
	Auslesen der Platinen-ID

Tabelle 1. Funktionsblöcke von DSP und FPGA

Um die Adaption und Erweiterbarkeit der Struktur auch für zukünftige Systeme zu gewährleisten wird als Ebene zwischen Hard- und Softwarekomponenten eine *Hardware Abstraction Layer (HAL)* eingeführt. Aufbauend auf der Software MCA [6] können so Schnittstellen zwischen der HAL und den Hard- bzw. Softwarekomponenten definiert werden (siehe Abbildung 5). Durch die Implementierung solcher MCA-Module ist die Entwicklung der Software von der Entwicklung der Hardware völlig entkoppelt. Erweiterungen und Modifikationen einzelner Module haben keinen Einfluss auf des Gesamtsystem.

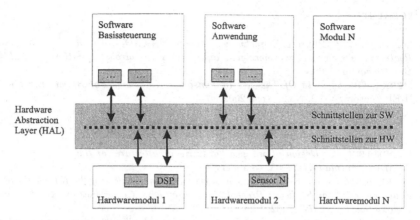

Abbildung 5. Hardware Abstraction Layer

6 Ausblick

In bisherigen Arbeiten wurde ein Konzept realisiert, dass für die Steuerung und das Betreiben des mehrsegmentigen, autonomen Roboters *MakroPLUS* geeignet ist. Es wird den Anfoderungen der Sensorik, der Modularität und Erweiterbarkeit, sowie der komfortablen Energieversorgung gerecht.

Stellt der Kanal als Arbeitsumgebung des Roboters relativ geringe Anfoderungen, so sind bereits bei großen Rohrdurchmessern Teilaspekte der Arbeit zu vertiefen. Große bzw. unbekannte Hindernisse stellen eine Herausforderung an die Bewegungssteuerung dar.

Im Einzelnen sind dabei folgende Bereiche gesondert zu betrachten: Die sensorielle Erfassung der Umgebung, das Verfolgen der Bahntrajektorie [5] und die Regelung des Roboters im Sinne einer weichen Regelung.

Für den Betrieb des Roboters in, im Vergleich zum Abwasserkanal, unstrukturiertem Gelände ist außerdem das Antriebskonzept zu überdenken. Die verwendeten Räder besitzen kleine Auflageflächen, die dann unter Umständen nicht ausreichen. Bewegungen des Roboters quer zum Radstand sollten im Bewegungskonzept berücksichtigt werden. Es wird also eine für die Anwendung angepasste Antriebseinheit benötigt. Eine Kombination von aktiven und passiven Antrieben - wie in [3] vorgestellt - stellt dabei eine interessante Alternative dar. Das Projekt MakroPLUS wird vom Bundesministerium für Bildung und Forschung (BMBF) unter dem Förderkennzeichen 02WK0257 gefördert. Neben der Gruppe Interaktive Diagnose- und Servicesysteme (IDS) des Forschungszentrums Informatik (FZI) sind das *Forschungszentrum Karlsruhe*, die *Fraunhofer Gesellschaft*, die Firma *Hitzel Inspector Systems* und die Rheinische Energie Aktiengesellschaft *rhenag* an diesem Forschungsvorhaben beteiligt.

Literatur

1. BERNS, K. P. PRCHAL: *Forschungsvorhaben MAKRO - Aufgaben, Design und Realisierung einer mehrsegmentigen, autonomen Kanalroboterplattform.* *ATV-Bundestagung*, 2000.

2. DURAN, OLGA: *State Of The Art In Sensor Technologies For Sewer Inspection.* IEEE Sensors, Vol.2, No.2, April 2002.

3. KIMURA, H. S. HIROSE: *Development of Genbu: Active Wheel Passive Joint Articulated Mobile Robot.* *Intelligent Robots Systems*, 823–828, Lausanne, Switzerland, 2002.

4. REGENSTEIN, K.: *Design of an open hardware architecture for the humanoid robot ARMAR.* *Humanoids*, 2003. to appear.

5. SARRIGEORGIDIS, K. K.J. KYRIAKOPOULOS: *Motion Control of the NTUA Robotic Snake on a Planar Surface.* *Proceedings of the IEEE Conference on Robotics and Automation*, 4, 2977–2982, 1998.

6. SCHOLL, K.-U.: *MCA - Eine modulare Steuerungsarchitektur für autonome Roboter.* , Forschungszentrum Informatik an der Universität Karlsruhe, 1998.

7. SCHOLL, K.-U.: *Konzeption und Realisierung einer Steuerung für vielsegmentige, autonome Kanalroboter.* , Forschungszentrum Informatik an der Universität Karlsruhe, 2003.

8. STAPELFELD, H.: *Effektiver Kanalbetrieb durch den Einsatz autonomer Roboter.* *Abschlußpräsentation des BMBF-Forschungsprojekts MAKRO.* BMBF, 2000.

Kubikzentimeter-große autonome Mikroroboter für die Mikro- und Nanowelt

H. Wörn, J. Seyfried, A. Bürkle, R. Estaña, F. Schmoeckel, M. Thiel

Institut für Prozessrechentechnik, Automation und Robotik (IPR), Geb. 40.28
Universität Karlsruhe (TH), 76128 Karlsruhe
{ woern, seyfried, abuerkle, estana, schmoeckel, thiel }@ira.uka.de

Um die wachsende Kluft zwischen den Mikro- und Nanotechnologien zu überbrücken, erforscht derzeit ein europäisches Konsortium den Einsatz von mobilen, drahtlosen Kubikzentimeter-großen Mikrorobotern, die in kleinen Gruppen zum Einsatz kommen. Die Probleme, die bei der Regelung und Sensorik für ein solches Robotersystem zu lösen sind, sind groß. Dieser Artikel beschreibt die Arbeiten der Karlsruher Forschungsgruppe im Rahmen dieses Projekts. Das Positioniersystem basiert auf einem sogenannten „mechanischen" interferometrischen Prinzip, dem Moiré-Effekt. Dieses System erreicht eine Auflösung von einem Mikrometer auf einem Arbeitsbereich von 500×500 mm². Weitere Sensorsysteme basieren auf „lokalen" Kameras, welche zur Extraktion von Tiefeninformationen herangezogen werden. Um Bewegungsbefehle für die Roboter zu generieren, muss das Steuerungssystem der Roboter dann in der Lage sein, die nur asynchron verfügbaren Sensordaten zu fusionieren. Hierfür wird eine zweistufige Regelungsarchitektur vorgestellt, die zwischen Grob- und Feinbewegung jedes einzelnen Roboters unterscheidet.

Einleitung

Zwischen der sich derzeit rasant entwickelnden Nanotechnologie und den etablierten Mikrotechnologien klafft eine große und wachsende Lücke bei den Schnittstellen zwischen den Nano- und Mikrowelten. Erste Erfolge bei der Manipulation von Mikrosystemkomponenten stellen den ersten Schritt zur zuverlässigen roboter-gestützten Handhabung von µm-großen Objekten dar. Um diese Technologien weiter zu entwickeln, erforscht derzeit ein europäisches Konsortium den Einsatz mobiler, autonomer Mikroroboter im Rahmen des **MiCRoN**-Projekts. Diese drahtlosen Roboter sind piezoelektrisch angetrieben und verfügen auf nur 1cm³ über integrierte Schalt-kreise zur Ansteuerung der Aktoren, Infrarot-Module zur Kommunikation, End-effektoren und integrierte Sensorik. Die Roboter werden in kleinen Gruppen (ca. fünf Roboter) eingesetzt, um Mikro- und Nanohandhabungsaufgaben kooperativ zu be-wältigen. Einzelne Roboter verfügen über unterschiedliche Sensoren, beispielsweise Rasterkraftsensoren oder auf größeren Robotern integrierte CCD-Kameras. Dieser Artikel beschreibt ein neuartiges, hochauflösendes Positioniersystem zur Über-wachung einer solchen Robotergruppe, ein Tiefenmess-Verfahren und den gewählten

Ansatz zur Sensordatenfusion, der zur Auswertung der verschiedenartigen asynchronen Sensordaten eingesetzt wird.

Das Gesamtsystem

Abbildung 1 zeigt einen Überblick über das geplante Gesamtsystem. Mobile Mikroroboter mit unterschiedlichen Fähigkeiten bezüglich ihrer Sensorik und Handhabungsfähigkeiten kooperieren, um gegebene Aufgabenstellungen im Mikro- und Nanobereich zu lösen. Um die Autonomie der Roboter von einer Versorgung durch Kabel zu gewährleisten, arbeiten derzeit mehrere Forschungsgruppen an der Signal- und Datenübertragung per Infrarot, der Pufferung von Energie auf den Robotern und der induktiven Energieübertragung auf die Roboter. Die Beschränkung der Robotergröße auf nur einen Kubikzentimeter stellt hierbei eine große Herausforderung dar, da beispielsweise einige kommerziell erhältliche Infrarot-Transceiver bereits in diesem Größenbereich liegen. Roboter, die mit einer CCD-Kamera ausgestattet sind, müssen größer als ihre „Kollegen" ausgelegt werden, da einerseits die CCD-Kamera-Technologie, andererseits die Gesetze der Optik hier eine größere Bauform unumgänglich machen.

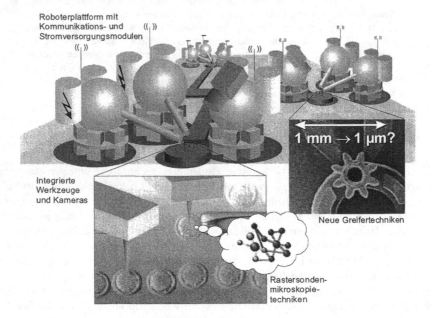

Fig. 1. Systemüberblick

Um die einzelnen Roboter im Arbeitsbereich so lokalisieren zu können, dass sie in der Lage sind, Mikro- oder sogar Nanohandhabung zu betreiben, wird im nächsten

Abschnitt ein Positioniersystem vorgestellt, das es erlaubt, die Position und Orientierung einzelner Roboter bis auf einen Mikrometer genau zu bestimmen.

Moiré-basiertes Positionserfassungssystem

Damit die Positionsregelung der Roboterplattform korrekt arbeiten kann, muss ein so genanntes Positionserfassungssystem die Position und Orientierung der Roboter messen. Dafür wird zur Zeit ein *"Micro Positioning System"* (kurz MPS) entwickelt und erprobt. Das berührungslose Verfahren arbeitet zweistufig:
- Der erste Näherungsschritt benutzt fotogrammetrische Messprinzipien, wie sie in (13) beschrieben werden.
- Der zweite Schritt verwendet interferometrische Effekte durch Kombination aus einem physikalisch vorhandenen Gitter und einem virtuell im Rechner vorhandenem Gitter, indem diese additiv überlagert werden.

Der interferometrische Effekt, der dabei zum Tragen kommt, ist das wohlbekannte Moiré-Phänomen (12), welches als Messprinzip bereits in vielen wissenschaftlichen Anwendungen Verbreitung gefunden hat. Die rechnerische Gesamtauflösung des hier vorgestellten Verfahrens liegt bei 1μm. Dazu wird der Mikroroboter (Fig. 3) mit drei gleichartigen Messmarken ausgestattet, die sowohl als fotogrammetrische, als auch als Moiré-basierte Marken dienen. Eine solche Marke besteht aus drei bis vier konzentrisch angeordneten Kreisen, welche eine cosinus-förmige Helligkeitsverteilung besitzen. Eine hochauflösende Kamera erfasst kontinuierlich die Szenerie und liefert Messaufnahmen an einen angeschlossenen Rechner.

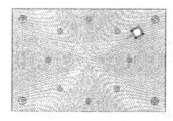

Fig. 2. Das virtuelle Weltgitter zusammen mit einem Mikroroboter

Fig. 3. CAD-Modell eines Mikroroboters, welcher mit drei Messmarken ausgestattet ist

Fig. 4. Moiré-Effekt

Zwei Gitter sind notwendig, um die Moirémuster zu erzeugen, die dann anschließend von der Software analysiert werden. Das erste Gitter ist dabei das auf den Robotermarken befindliche Muster, das zweite Gitter ist das virtuelle Gitter, welches im Rechner einmalig erzeugt wird – dieses Gitter ist ebenfalls kreisförmig, besitzt die gleiche cosinus-förmige Helligkeitsverteilung wie die Robotermarke und ist durch die weiter unten beschriebene Systemkalibrierung unbeweglich mit der Arbeitsfläche verwoben. Durch Überlagerung beider Bilder unter Zuhilfenahme von Bildverarbeitungsalgorithmen entsteht der Moiré-Effekt (Fig. 4). Durch Extraktion der Moirépunkte (einzelne, genau definierte Bereiche im Moirémusters) innerhalb dieser Überlagerung gelangt man zunächst zu einem überbestimmten Gleichungssystem, welches unter Verwendung des Least-Square-Verfahrens gelöst wird. Als Ergebnis erhält man schließlich den Markenmittelpunkt, der durch einen entsprechenden Aufbau des Gleichungssystems mit einem sehr kleinen Taylor'schen Fehler belegt ist (Fig. 6).

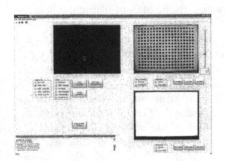

Error Distribution, 5 Grating Circles, 2000x2000 Pixels

Fig. 5. Die entwickelte Mess-Software "Moebius"

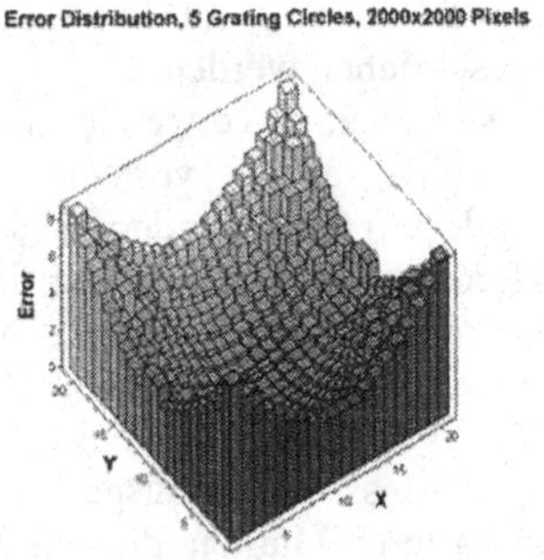

Fig. 6. Der rechnerische Messfehler des Gesamtsystems über eine Fläche von 500 × 500 mm (20 × 20 Messpunkte)

Zur Bedienung des Sensors wurde ein GUI namens *Moebius* entwickelt, welches den Benutzer mit den notwendigen Informationen versorgt und in der Lage ist, eine vollständige und kontinuierliche Simulation des Messsystems vorzunehmen (Fig. 5). Moebius nimmt die Kalibrierung des Systems dabei automatisch vor und wird in nächster Zukunft in das komplette Robotersystem integriert.

Der Messfehler in Fig. 6 zeigt den Taylor'schen Messfehler der moirébasierten Positionsberechnung, bezogen auf den Mittelpunkt einer Messmarke, wie sie über die gesamte Messfläche bewegt wird. In der Nähe des Weltgitterzentrums (und damit in der Nähe des virtuell erzeugten Gitterzentrums) ist der Messfehler kleiner als in den Außenbereichen des Weltgitters. Der Grund dafür ist in der Form der resultierenden Moiréübergänge zu suchen: in der Nähe des Weltgitterzentrums entstehen so genannte hochfrequente Moiréübergänge, welche leichter und genauer zu erfassen sind als niederfrequente Moiréübergänge, wie sie eher in den Randbereichen der Arbeitsplatte (und damit des Weltgitters) entstehen. Da die Anzahl der Moirépunkte über das überbestimmte Gleichungssystem unmittelbar auf die Genauigkeit der Messung Einfluss nimmt, ist leicht einzusehen, dass der Fehler in den Randbereichen größer ist als im Innenbereich der Messfläche.

Der über die gesamte Messfläche gemittelte Messfehler beläuft sich auf 0,1μm und ist somit wesentlich kleiner als die geforderte Sensorauflösung von 1μm.

Moebius wird in der Lage sein, unter Verwendung einer einzigen Kamera gleichzeitig bis zu 30 Marken kontinuierlich zu erfassen und zu vermessen. Dies wird dadurch erreicht, dass so genannte „Regions of Interest" (ROI) definiert werden, wobei eine ROI einer Marke entspricht. Die Berechnungsdauer für eine Markenposition beträgt im Augenblick etwa 15 ms (unter Verwendung eines 1.6 GHz P4 Prozessors), alle Marken sind somit innerhalb einer Sekunde vollständig vermessen. Die Kamera wird über einen Firewire-Anschluss mit dem PC verbunden. Alternativ kann auch eine Consumerkamera Verwendung finden – allerdings sollte diese mit einem sehr guten Objektiv ausgestattet sein. Mit einer Notebookinstallation ist das Messsystem sogar portabel.

Die Genauigkeit des Systems ist in hohem Masse von der Kalibrierqualität abhängig. Weiterhin können Bedienfehler die Kalibrierwerte weiter verschlechtern. Daher wurde eine vollautomatisch arbeitende Kalibrierung auf der Basis der Tsai-Methode entwickelt (1). Die bisher erzielten Kalibrierergebnisse sind vielversprechend – mit einem normalisierten Kalibrierfehler von 0,65 ist das kalibrierte System in der Lage, mit hoher Genauigkeit das fotografierte Bild zu entzerren, wie in Fig. 8 zu sehen ist (Fig. 7 zeigt die Originalaufnahme mit der Messkamera).

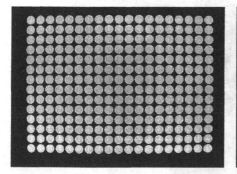
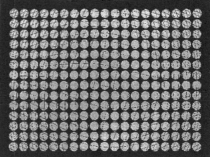

Fig. 7. Das aufgenommene Referenzmuster   **Fig. 8.** Das entzerrte Referenzmuster

Fokusserienbasierte Gewinnung von Tiefeninformation und Objektrekonstruktion

Eine wesentliche Voraussetzung für die Durchführung von Mikro- und Nanomanipulationsaufgaben ist das Vorhandensein von Tiefeninformationen der Szene. Eine Möglichkeit der Abstandsmessung liegt im Einsatz von zwei Robotern, die mit CCD-Kameras ausgestattet sind. Stereoskopische Systeme benötigen jedoch nicht nur mehr Platz, sondern stellen auch hohe Anforderungen an die Sensordaten-auswertung. Die Suche nach sich entsprechenden Bildbereichen in beiden Ansichten (Korrespondenzproblem) ist ein noch nicht allgemein gelöstes Problem. Aus diesem Grund wird hier ein anderer Ansatz, der auf der Auswertung der Bildschärfe beruht, vorgestellt.

Die Grundidee dieser Methode ist die Maximierung der lokalen Schärfe in einer Folge von Bildern, die mit unterschiedlichen Fokuseinstellungen aufgenommen wurden (Fokusserie). Jede Schichtaufnahme korrespondiert mit einer definierten Entfernung. Somit kann jedem Schärfemaximum ein Höhenwert zugewiesen werden. Die mit dem Verfahren erzielbare Genauigkeit nimmt mit abnehmender Schärfentiefe des optischen Systems zu.

Die Bewertung der lokalen Schärfe setzt strukturierte, kontrastreiche Objektober-flächen voraus. Eine Möglichkeit zur Gewährleistung solcher Strukturen stellt die Projektion einer künstlichen Textur auf das Objekt dar. Das hier vorgestellte, neuartige Verfahren kann jedoch auch schwach strukturierte Oberflächen ohne zusätzliche Projektionsmuster zuverlässig vermessen. Dadurch ist es für eine Vielzahl unterschiedlicher Mikroobjekte geeignet.

Fig. 9. Rekonstruktion eines Mikrozahnrades (∅ 500 µm) mit einem adaptiven Schärfe-maximierungsverfahren

Bisher bekannte Methoden wie (2) führen die lokale Schärfebewertung mit einer festen Fenstergröße durch. Die Filtergröße bestimmt einerseits die Auflösung der resultierenden Tiefenkarte, andererseits die optische Rauheit der erfassbaren Ober-flächenstrukturen. Somit stellt die Wahl der Filtergröße immer einen Kompromiss zwischen Ortsauflösung und spektraler Auflösung dar und ist mit Bedacht durchzuführen. Verfahren, die mit festen Fenstergrößen arbeiten, reagieren empfindlich auf Variationen in der Objektstruktur. Der hier vorgeschlagene, neue Ansatz passt die Filtergröße adaptiv entsprechend der lokalen Objektstruktur an. Das Schärfemaß wird für unterschiedliche Auflösungsstufen berechnet und bei der Fusion schrittweise so weit wie möglich verfeinert.

Abbildung 9 zeigt die Rekonstruktion eines schwach strukturierten Mikrozahnrads, das mit einem konventionellen Auflichtmikroskop aufgenommen wurde. Wegen des kleinen Sichtfeldes des Mikroskops wurde das Modell aus drei Fokusserien zusammengesetzt.

Sensordatenfusion

Die Voraussetzung für eine Positionsregelung ist die genaue Schätzung der Roboterkonfiguration, für die alle Sensordaten fusioniert werden müssen. Die Konfiguration eines mobilen Mikroroboters etwa ist seine Position und Orientierung und, je nach seinen dynamischen Eigenschaften, seine Geschwindigkeit und Beschleunigung. Für diesen Zweck wurde eine Kalmanfilterung realisiert, die basierend auf allen verfügbaren Sensorinformationen für jeden Mikroroboter genaue Positionsinformationen liefert und auch den Ansteuervektor des Roboters berücksichtigt.

Andere Softwaremodule wie der Regler oder die Benutzerschnittstelle erhalten die aktuelle Roboterkonfiguration über eine Aktualisierungsfunktion (update) des jeweiligen Robotermodells. Als Teil des Weltmodells des Systems ist jedes Robotermodell ein Softwareobjekt, das die Roboterkonfiguration in einem Frame-Baum speichert. Die Update-Funktion bezieht eine auf den aktuellen Sensordaten basierende Zustandsschätzung von der Sensordatenfusion, die das ebenfalls im Robotermodell implementierte dynamische Modell benutzt.

Da die einzelnen Roboter voneinander unabhängig sind, wird für jeden Roboter ein eigenes Fusionsobjekt benutzt. Sensoren, die einen Teil der Konfiguration eines bestimmten Roboters messen können, senden ihre Messungen zum jeweiligen Fusionsobjekt. Dabei werden logische und physikalische Sensoren unterschieden. So ist ein *logischer* Sensor z.B. ein einzelnes Trackingmodul, das nur die 2D-Bildkoordinaten *eines* erkannten Merkmals auf einem Roboter liefert. In einem Bild, das von einem *physikalischen* Sensor (einer Kamera) aufgenommen wurde, können dann mehrere logische Sensormodule Markierungen verfolgen. Dies ermöglicht eine sehr flexible Sensordatenfusion, die auch robust gegen den Ausfall einzelner Module ist (etwa wenn nur ein Teil der Markierungen erkannt wird).

Fig. 10 zeigt, wie die einzelnen Module zusammenarbeiten. Zur Kommunikation mit der Roboterhardware liefert das Roboterobjekt links die Schnittstellen, über die z.B. Bewegungsbefehle zum jeweiligen Roboter gesendet werden, die von der Benutzerschnittstelle oder, wie im Bild dargestellt, von einer Regelung vorgegeben werden. Da die Information über die Roboterbewegung für die Positionsvorhersage benötigt wird,

wird der Ansteuervektor an das Fusionsobjekt weitergeleitet. Immer, wenn eine Aktualisierung des Robotermodells angefordert wird, liefert das Fusionsobjekt eine Schätzung basierend auf den verfügbaren Sensordaten. Hierfür wird ein *Unscented Kalman Filter* (3) verwendet. Der Filterprozess basiert auf der SCAAT-Methode, die in (4) beschrieben wird.

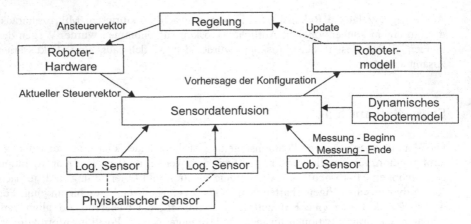

Fig. 10. Sensordatenfusion

Die auf aufwändigen Berechnungen basierenden Sensoralgorithmen liefern ihre Messungen asynchron und mit Zeitverzögerungen. Daher verfügt ein Fusionsobjekt über eine interne Warteschlange, über die die zeitlich korrekte Reihenfolge der Filterung nach jeder einzelnen Messung sichergestellt wird. Dieses auf einem Standard-PC implementierte Verfahren stellt eine „direkte" Lösung für eine exakte Zustandsschätzung bei asynchronen Messungen dar. Da alle Sensoren die Messdaten in ähnlichen Zeitabständen liefern, ist es sehr gut für das Mikrorobotersystem geeignet. Im Folgenden wird das Verfahren beschrieben[1].

Wenn ein Sensor eine Messung beginnt, also z.B. ein Bild aufgenommen wird, registriert er die Messung beim Fusionsobjekt, so dass der tatsächliche Messzeitpunkt t_m zwischengespeichert wird. Nach Berechnung des Messvektors wird dieser dem Fusionsobjekt übergeben und die Messung wird als *beendet* gespeichert. Nun kann die Kalmanfilterung die Schätzung für den (vergangenen) Zeitpunkt t_m mit Hilfe der neuen Messung korrigieren. Falls zwischenzeitlich eine andere Zustandsschätzung basierend auf einer jüngeren Messung in der Warteschlange gespeichert wurde, wird diese suboptimale Schätzung durch erneutes Filtern dieser Messung korrigiert.

---

[1] In letzter Zeit wurden einige Verfahren entwickelt, die über diesen Ansatz hinaus gehen. In den Arbeiten (5), (6) und (7) beispielsweise wird der Schwerpunkt auf Parallelisierung und Dezentralisierung der Sensordatenfusion gelegt, bzw. auf die Effizienzoptimierung.

Regelung

Ein robuster Regler ist Voraussetzung für die zuverlässige Erledigung von Aufgaben unterschiedlicher Art. Da der Aufbau der Roboter sich voneinander unterscheidet (durch die Art des Manipulators, Kamera, Materialverschleiß etc.), wurde ein zweistufiger Ansatz gewählt. Auf einer unteren Steuerungsebene wurden Lernalgorithmen implementiert, die das Ziel haben, die Unterschiede zwischen den Robotern auszugleichen und Nichtlinearitäten soweit wie möglich zu eliminieren. Ein Regler kann dann auf einer höheren Ebene von einem weitgehend gleichen Streckenverhalten ausgehen – unabhängig von der Konfiguration des aktuell geregelten Roboters.

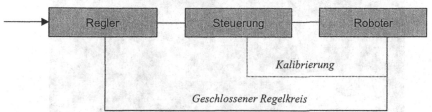

Fig. 11. Zusammenarbeit zweier Regelungsebenen

Auf der Steuerungsebene hat ein neuronales Netz mit vier Schichten bezogen auf Präzision und Rechenzeit zufriedenstellende Resultate geliefert. Der Lernprozess des Netzes wird in einer Kalibrierroutine, die vor dem eigentlichen Reglerbetrieb stattfindet, durchgeführt. Zu diesem Zeitpunkt ist der Regler noch ausgeschaltet. Andernfalls würden zwei geschlossene Regelkreise sich gegenseitig behindern. Die Ergebnisse der Kalibrierung betreffen stets nur eine spezifische Roboterkonfiguration, die gespeichert werden können und auch für späteren Betrieb zur Verfügung stehen.

Für den Regler wurden verschiedene Regelalgorithmen getestet, darunter auch adaptive und nicht-adaptive MIMO PID Regler. Deren Genauigkeit erfüllt nur für grobe Bewegungen die Anforderungen. Um die Regelabweichung für Bewegungen im hochgenauen Bereich zu verringern, werden derzeit NARMA-L2 (8) und NGPC–Regler (9) untersucht.

Zusammenfassung und Ausblick

Die Sensordatenfunktion wurde mit bestehenden Mikroroboter-Prototypen und dem globalen Kamerasystem des „Miniman"-Systems (10) und (11) bereits erfolgreich getestet. Abbildung 12 zeigt den Arbeitsbereich eines „Miniman"-Roboters, der bei Mikromontageaufgaben zum Einsatz kommt. Im Bildvordergrund ist die globale CCD-Kamera zu sehen, welche ein Tracking der Infrarot-LEDs, die auf den Robotern angebracht sind, durchführt.

Da alle Komponenten des System unter dem Gesichtspunkt der Adaptierbarkeit entworfen worden sind, ist zu erwarten, dass erste Experimente mit den cm^3-großen **MiCRoN**-Robotern auch erfolgreich sein werden. Allerdings wird sich das Verhalten dieser Roboter aufgrund des komplexen Antriebssystems, des geringen Gewichts und des kabellosen Antriebs stark von den Miniman-Robotern unterscheiden.

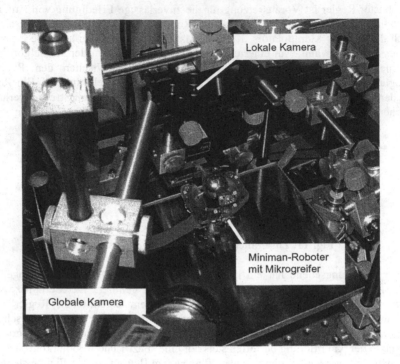

Fig. 12. Ausschnitt des Miniman-Mikrorobotersystems

Danksagungen

Diese Forschungsarbeit wurde am Institut für Prozessrechentechnik, Automation und Robotik (Leitung: Prof. H. Wörn), Fakultät für Informatik, Universität Karlsruhe (TH) durchgeführt und von der Europäischen Union (FET-Open-Projekt **MiCRoN**, IST-2001-33567) unterstützt. Die Sensordatenfusion wurde von einem unserer Studenten, Julius Ziegler, implementiert.

Literatur

1 Tsai, R.Y.: A Versatile Camera Calibration Technique for High-Accuracy 3D Machine Vision Metrology Using Off-the-Shelf TV Cameras and Lenses, IEEE Journal of Robotics and Automation, No 4, Aug. 1987

2 Nayar, Sh. K.; Nakagawa, Y.: Shape from Focus, IEEE Transactions on Pattern Analysis and Machine Intelligence, Vol. 16(8), Aug.1994, pp. 824-831

3 Julier, S. J.; Uhlmann, J. K.: A New Extension of the Kalman Filter to Nonlinear Systems; SPIE Proceedings Vol. 3068, 1997, pp. 182-193

4 Welch, Gregory F.; Bishop, Gary: SCAAT: Incremental Tracking with Incomplete Information; Computer Graphics, SIGGRAPH 97 Conference Proceedings, T. Whitted (Ed.), Los Angeles, CA, USA, August 3-8, ACM Press Addison-Wesley, 1997, pp. 333-344

5 Davidson, Frédéric. Study of Fusion Architectures for target tracking with Kalman filtering. Laboratoire de Radiocommunications et de Traitement du Signal, Rapport annuel d'activités 1997-1998

6 Grocholsky, Ben: Information-Theoretic Control of Multiple Sensor Platforms, Dissertation, University of Sydney, 2002

7 Bar-Shalom, Yaakov: Update with Out-of-Sequence Measurements in Tracking: Exact solution. IEEE Transactions on Aerospace and Electronic Systems Vol. 28, 2002

8 Narendra, K.S.; Mukhopadhyay, S.: "Adaptive control using neural networks and approximate models"; IEEE Transactions on Neural Networks, Volume: 8 Issue: 3, May 1997 pp. 475 -485

9 Haley, P.; Soloway, D.; Gold, B.: "Real-time adaptive control using neural generalized predictive control"; Proceedings of the American Control Conference, Volume: 6, 1999 pp. 4278 -4282

10 Wörn, Heinz; Schmoeckel, Ferdinand; Buerkle, Axel; Samitier, Josep; Puig-Vidal, Manel; Johansson, Stefan; Simu, Urban; Meyer, Jörg-Uwe; Biehl, Margit: "From decimeter- to centimeter-sized mobile microrobots – the development of the MINIMAN system"; SPIE's Int. Symp. on Intelligent Systems & Advanced Manufacturing, Conference on Microrobotics and Microassembly, Boston, MA, USA, October 28 - November 2, 2001, pp. 175-186

11 Buerkle, Axel; Schmoeckel, Ferdinand; Kiefer, Matthias; Amavasai, Bala P.; Caparrelli, Fabio; Selvan, Arul N.; Travis, Jon R.: "Vision-based closed-loop control of mobile microrobots for micro handling tasks"; SPIE's Int. Symp. on Intelligent Systems & Advanced Manufacturing, Conference on Microrobotics and Microassembly, Boston, MA, USA, October 28 - November 2, 2001, pp. 187-198

12 Amidror, Isaac: The Physics of the Moiré Phenomenon, Kluwer Academic Publishers, Dordrecht, March 2000

13 Luhmann, Thomas: Nahbereichsfotogrammetrie: Grundlagen, Methoden und Anwendungen; Wichmann-Verlag, Heidelberg, 2000

ProRobot – Predictions for the Future Development of Humanoid Robots

Ralf Regele, Wolfgang Bott, Paul Levi

FZI Forschungszentrum Informatik
Mobility Management & Robotics
Haid-und-Neu-Str. 10-14
76131 Karlsruhe, Germany
{regele, bott, levi}@fzi.de

Abstract. This paper gives a short overview over the results of the ProRobot study funded by the European Commission. According to the main objective of the study, explicit predictions are given for the development of humanoid robots in the future. Both the technical development and the economic exploitability are considered. Core components of a humanoid robots are identified and their development in the future is investigated, leading to a complete roadmap for the technological development. Promising application fields for humanoid robots are identified and examined with respect to their future relevance and progression.

Introduction

The development of humanoid robots is in an interesting phase at the moment. The technological preconditions seem to be met, the first prototype developments look very promising, commercial interest is awakening. However, the future of humanoid robots is not clear, as it is not yet known if humanoid robots can manage the leap from the research stage to the general usage by non-researchers. There seem to be as many promising application fields as there are doubts about them. To help clarify the situation, the ProRobot study was set up. The study is funded by the European Commission with the main objective to give explicit predictions of the technical and economic relevance of humanoid robots in the future. All important technical, economic and social aspects should be examined, leading to funding recommendations for the further support of research in this area.

The complete study was published by the European commission in August 2003, and is freely accessible to the public. This paper gives a short overview over the results of the technical and economic predictions. While this overview cannot be regarded to be complete, it already presents some explicit conclusions for the future of humanoid robots.

Future Predictions: Technological View

Main objective of the technological view is the technical feasibility of a humanoid robot, the question when it is possible to build a humanoid robot with certain expected abilities. To further specify the needed technical characteristics, the humanoid robot was divided into six main technological component groups, which can be examined independently of each other. These six component groups are:

Biped walking: While a robot on wheels will be faster, cheaper and less complex than a legged robot, the upright biped walking ability is regarded as essential for a humanoid robot mainly because of the appearance. Interaction with real humans is a basic task for any humanoid robot, and the biped walking locomotion helps to regard the robot more as a fellow being than as a simple machine. Other advantages of biped walking are the increased mobility in rough terrain and the certainty that the robot is able to move in any environment made for real humans.

Manipulation: This component group contains all systems necessary for the direct physical interaction with the surrounding environment of the robot. This includes the arms and hands of the robot, as well as all gripping algorithms and manipulation planners.

Power supply: A humanoid robot can only make sense if he is a mobile system with independent power supply. Therefore, he needs an internal power source. This power source should enable a long work duration while being small, light weight, absolutely safe and not releasing any disturbing emissions or sounds. As can be seen, the requirements for such a power source are quite high.

Communication: The primary concern of the communication component is not the communication between two robots or computers, but the communication between the humanoid robot and a real human. This human might not be a specialist in robotics, for example in the service field it can as well be a small child or a disoriented hospital patient. The robot should therefore have the ability to communicate in natural language with the people around him, understanding what they say, what they want, and being able to respond them in natural language.

Perception: This is the ability to sense the surrounding environment of the robot. A humanoid robot moving in an environments with real humans must have a very precise model of the world around him, therefore he needs good external sensors. Optical cameras, often in stereo camera systems, are preferred today because of their flexibility. High quality of the perception is needed, though, as it is not acceptable if the robot for example confuses a crawling child with a stair step.

Intelligence: Maybe the most important component of the robot, intelligence is needed to control all of the above components. The computation power of the robot is not primarily meant here, but rather the control software and planning algorithms that enable the robot to act autonomously and to react flexibly to unknown circumstances.

For every component group, predictions will now be given that define a clear set of milestone abilities for the respective component, and then give a time estimation when these abilities will be technical feasible. Note that the technical feasibility does not mean that the resulting robot will be commercially exploitable, as the costs of these components are not regarded at this moment.

Biped walking:

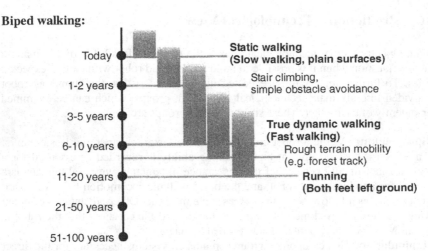

Fig. 1. Future predictions for the feasibility of biped walking

The state of the art today for biped walking is a static walking style with the robot always in balance, interrupted only for very brief moments where the robot leaves this controlled balance, which is called quasi-dynamic walking. With this walking style, the robot is quite slow. The mobility today is also low, as most legged robots can only walk on plain surfaces, with only very simple obstacles allowed. The next step in the development of biped walking seems to be the ability to climb stairs, which has been already demonstrated by a robot (Honda's Asimo), but is regarded to need one or two years until it is generally feasible. True dynamic walking, which is the ability to walk the most time out of balance (meaning the center of mass is not within the support polygon of the feet), will need up to 10 years before it can be done, mainly because of the need of better and faster actuators. It is a prerequisite for rough terrain mobility, which will be feasible in the following years. The running walking style, with both feet leaving the ground on the same time, needs even better actuators and sensors and is expected to be feasible in up to 20 years.

Manipulation:

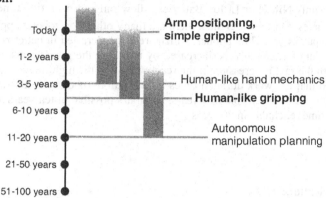

Fig. 2. Future predictions for the feasibility of humanoid manipulation

With the long experience from industrial robotic manipulators, the positioning and arm control is already widely advanced, and is regarded to be feasible today. However, the construction and control of a humanoid hand is far more complex. The mechanical structure for a five-finger artificial hand with nearly human-like abilities is expected to be feasible in up to five years, which enables the realization of human-like gripping methods. The control intelligence behind a manipulation task, however, is much more complex than the mechanical structure, and needs advanced task planning abilities. Regarding the rather slow progression in the field of artificial intelligence, this will need at least 20 years to be available.

Power supply:

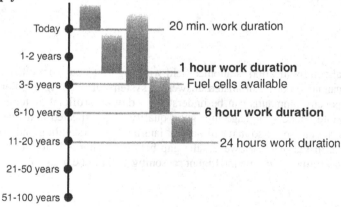

Fig. 3. Future predictions for the feasibility of humanoid power supply

The power supply of a humanoid is today a serious problem, as existing power sources (mainly NiMH or Li-Ion Batteries) allow only an operation time between 10 and 30 minutes. On the other side, there are many other non-robotic applications like laptop computers or mobile phones, which are also interested in better power sources. The work duration can also be increased by reducing the power consumption of the robot. With the fast progression in the recent past and the high interest in this field, it is expected that the work duration times for humanoid robots will increase fast in the future, with one hour feasible in 3 years, six hours possible in ten years and a full day operation time reachable in 20 years.

Communication:

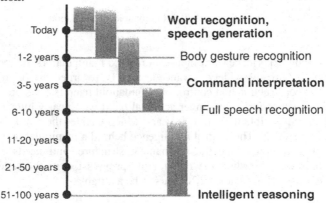

Fig. 4. Future predictions for the feasibility of natural communication

Natural communication is another field with high interest from other applications than humanoid robots. Automated answering systems are getting popular today, and simple spoken commands can be understood today by artificial systems, which can also generate spoken language in a good quality. It is expected that further abilities will be available soon, so that full natural language understanding and speaking will be feasible in ten years. However, the gap between being able to talk and knowing what to say remains, as true intelligent reasoning will not be available for a very long time.

Perception:

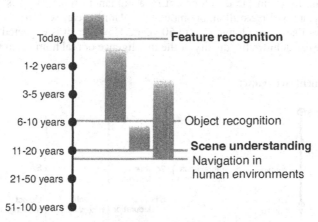

Fig. 5. Future predictions for the feasibility of humanoid perception

It is expected that optical sensors will be the main component for the perception of the humanoid robot, as they allow the most flexibility and are also quite 'human-like'. Much research is done today in image processing, but the challenge remains high. It is presumed that the precise recognition and identification of an object can be solved in ten years, while the recognition of a whole scene, meaning the generation of a precise model of an environment with all objects in it, will take up to twenty years until it is feasible. This scene understanding ability is a prerequisite for the navigation of a humanoid robot in environments made for humans.

Intelligence:

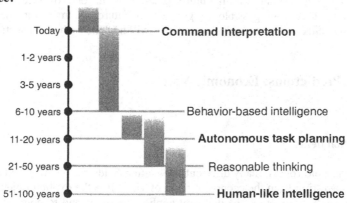

Fig. 6. Future predictions for the feasibility of artificial intelligence

Artificial intelligence is a research field with slow progression in the last years, and many hopes for a fast breakthrough were abandoned. Nevertheless intelligence is a prerequisite for many tasks of a humanoid robot, especially if autonomous behavior, independent planning and flexible reactions are needed. Intelligence will most likely be a limiting factor in the development of a humanoid robot, as it is expected that almost 20 years will pass till autonomous task planning can be done by a robot. Real reasoning will take even longer, up to 50 years. However, it is expected that artificial intelligence can achieve the quality of the intelligence of real humans in the far future.

All component overview:

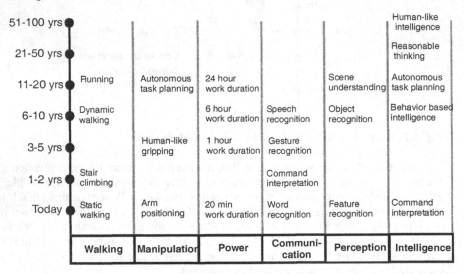

	Walking	Manipulation	Power	Communi-cation	Perception	Intelligence
51-100 yrs						Human-like intelligence
21-50 yrs						Reasonable thinking
11-20 yrs	Running	Autonomous task planning	24 hour work duration		Scene understanding	Autonomous task planning
6-10 yrs	Dynamic walking		6 hour work duration	Speech recognition	Object recognition	Behavior based intelligence
3-5 yrs		Human-like gripping	1 hour work duration	Gesture recognition		
1-2 yrs	Stair climbing			Command interpretation		
Today	Static walking	Arm positioning	20 min work duration	Word recognition	Feature recognition	Command interpretation

Fig. 7. Overview of all predictions for the different component groups

The figure above shows all future predictions in one overview. With this information, it is now possible to generate a future roadmap for the different application fields of a humanoid robots, which will be done in the next section.

Future Predictions: Economic View

Application fields

For humanoid robots, many different application fields are possible, but not all are equally interesting from the economic point of view. It is the explicit objective of the ProRobot study to examine the different application fields and to point out the ones with the best exploitability of humanoid robots. Often mentioned application fields for humanoid robots are:

Service applications:
- Private robots which act as household helpers and personal assistants
- Health and medical care or other applications in the public service field

- Security and surveillance robots
- Tele-operation humanoids without autonomous behavior

Entertainment applications:
- Presentation robots for marketing purposes
- Toy robots without any true functionality
- Pet robots, which act as artificial replacements of real pet animals
- Companion robots, which act as artificial replacements for human playfellows

Industrial applications:
- Worker robots, e.g. on construction sites or for forestry work

Application profiles

With potential application fields now identified and the predictions made on the technological feasibility, it is now possible to generate application profiles for the different fields. In these profiles, the necessary technological developments for a specific application will be identified, and will then be combined with the technological predictions made before. As a result, it is possible to make a prediction when a humanoid robot for a defined application will be technologically feasible, so that an interested company can think about developing and producing this humanoid robot. It is however expected that the commercial exploitability for such an application will take much longer, and will never be reached for some application fields.

For the industrial application field, two application profiles are given, one for a humanoid robot used in regular factory production and one for a humanoid robot used on construction sites. It can be seen that the production helper has quite low technical requirements for the walking, manipulation and communication component, which is a clear indication that the humanoid form of this kind of robot does not pay off too well, as these low requirements can also be met by non-humanoid robots. A construction robot has more advantages from being of a humanoid form, but has also

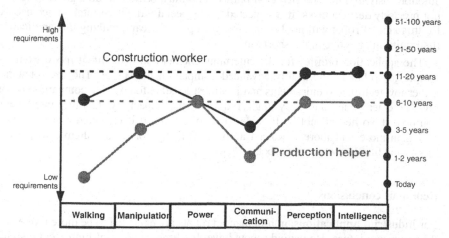

Fig. 8. Application profiles for industrial applications of humanoid robots

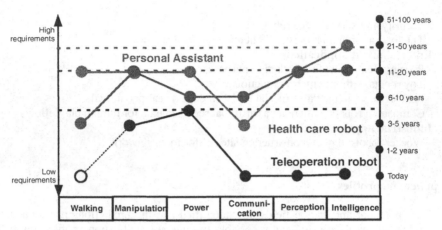

Fig. 9. Application profiles for service applications of humanoid robots

higher requirements for most components, not being regarded as feasible for up to 20 years.

Three examples from the service field were chosen, which have quite different profiles. The teleoperation robot has low technical requirements for the communication, perception and intelligence component, as these tasks are done by the human operator, as the robot is not acting autonomously. The mechanical requirements are quite high on the other side, as the robot must reproduce the human body as good as possible for optimal teleoperation. A humanoid robot used in the professional service field has much higher requirements for perception and intelligence, and will therefore be feasible much later. The application profile for a humanoid service robot used as a personal assistant reveals clearly that the technical requirements are very high for this kind of work, as the robot must work autonomously in a not adjusted environment and must be able to do a great variety of not precisely defined tasks. It is expected that especially the high intelligence needed for this kind of robot will not be available for up to 50 years, making this application field quite unattractive in the short run.

The application profiles for the entertainment field show a fluent move from the simple toy robot to the highly advanced companion humanoid. The toy robot has rather low technical requirements and is almost feasible today. The companion robot, on the other side, has very high requirements, especially for the intelligence component, so he will not be feasible for a long time. It is expected that toy robots will gain more and more advanced abilities, fluently converting them into pet-like robots and finally companion robots.

Economic conclusions

For **industrial applications**, non-humanoid robots are expected to be more interesting than humanoid ones. Humanoid robots have the disadvantages of higher complexity, higher costs, slower speed and lower reliability, while they cannot profit from their

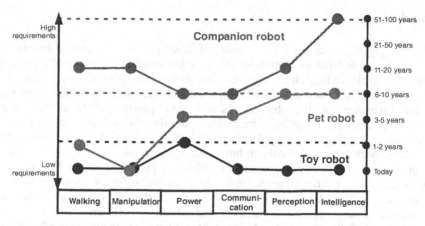

Fig. 10. Application profiles for entertainment applications of humanoid robots

advantages of mobility, human interaction and flexibility for most industrial tasks. There are special applications like forest work where these advantages are more important, though, but the market size is much smaller and the necessary humanoids will not be feasible for 10-20 years, so it is not expected that the future development of humanoid robots can benefit from these possible application fields.

For **private service applications**, humanoid robots have unique advantages as they must interact with non-specialist humans, must work in a human environment and must be able to do great variety of demanding tasks. The technical requirements for these kind of robots are indeed so high that they can not be expected to be feasible for a long time, making this application field not interesting for the commercial exploitation in the next decades. The real benefit of these kind of robots is as well questionable, as they would achieve only tasks that a normal cleaning lady can do much cheaper. Private service humanoids will only be interesting if they are entertaining as well.

For **professional service applications**, there are many possibilities for humanoid robots, and the humanoid shape is a unique advantage here. However, the technical feasibility will be reached in up to 10 years, so for the short-term development, service applications are no real push for humanoid robots. Non-humanoid robots will be used in the professional service field as well, and only advanced humanoid robots can really compete with them, so this will most likely not be a start-up market for humanoid robots.

For **entertainment applications**, humanoid robots are well suited because of their human-like appearance, which allows that people can connect to them easily on a emotional level. The technical requirements for basic applications are rather low, so their extension is more a question of commercial exploitability than of technical feasibility even today. The first commercial products are already in preparation, and with public response looking promising, it is likely that the entertainment field will be the application which pushes the further development of humanoid robots the most, potentially leading to more service-related abilities in the future.

Conclusions

In this paper, predictions for the technical development of humanoid robots are given that allow to build a complete roadmap for the technical feasibility of humanoid robots. From this roadmap, it is easy to see that different components will develop at a different speed. Slowest progression is expected from all components that require an advanced intelligence of the robot, and the slow development of artificial intelligence and control algorithms will be a much more limiting factor than the mechanical challenges of walking and manipulation. As not all applications for humanoid robots have the same requirements for the technical components, specific application profiles are given to show these differences and to allow the prediction of the feasibility of humanoid robots for different applications. As a conclusion for the economic view, it is expected that the entertainment field will be a breakthrough market for humanoid robots, with a very large market size, unique advantages of humanoid robots, and rather low technical requirements. As the technical feasibility is almost reached today for this kind of humanoid robot, the biggest obstacle for the commercial exploitation at the moment is not the missing demand but the high cost of such a robot. It is expected, though, that commercial success can be reached, which would support the further development of humanoid robots, enabling more service-orientated robots in the midterm future.

The full study was finished in August 2003 and is available from the European Commission.

The content of the study as well as more resources for humanoid robots are presented on the web site of the ProRobot project, which is available under http://www.aboutrobotics.net.

Acknowledgment

The ProRobot project "Paving the Way for Humanoid Robots" is funded in the Competitive and Sustainable Growth (GROWTH) Programme by the European Commission with project no. G1MA-CT-2002-00015.

AirInsect – eine durch pneumatische Muskel angetriebene biologisch motivierte sechsbeinige Laufmaschine

T. Kerscher, J. Albiez, J. M. Zöllner und R. Dillmann

Forschungszentrum Informatik
an der Universität Karlsruhe (FZI)
Interaktive Diagnose- und Servicesysteme
Haid-und-Neu-Str. 10-14
76131 Karlsruhe, Deutschland
{kerscher albiez zoellner dillmann}@fzi.de

Zusammenfassung In dieser Veröffentlichung wird der mechanischen Aufbau der neuen biologisch motivierten sechsbeinigen Laufmaschine AirInsect beschrieben. Als Vorbild aus der Natur wurde die Stabheuschrecke, Carausius Morosus, herangezogen. Bei der Anordnung der Beine und der Auslegung der Gelenke wurde auf eine genaue Imitation der in der Biologie gefundene Werte geachtet. Um das Gewicht der Laufmaschine AirInsect so gering wie möglich zu halten wurden Methoden und Materialien aus dem Leichtbau verwendet.

1 Einleitung

Es werden schon seit vielen Jahren biologisch motivierte Laufmaschinen nach dem Vorbild der Stabheuschrecke, Carausius Morosus, aufgebaut, so zum Beispiel MAX [1], Tarry [2] oder Lauron [3]. Als Antrieb wurden ausschließlich Elektromotoren eingesetzt, die die Kraft über Zahnriementriebe, Kugelspindeln oder andere Getriebe auf die Beine übertragen. Bei Gehversuchen in unebenem Gelände machte sich allerdings ein wesentlicher Nachteil dieser Konstruktion bemerkbar. Es fehlt die bei biologischen Muskeln vorhandene passive Dämpfung, die bei Säugetieren aktive zur Fortbewegung eingesetzt wird [4]. Dies muss durch einen Mehraufwand an elektronischen Regelungen kompensiert werden. Um diesen Nachteil zu umgehen, muss eine möglichst gute Annäherung an das natürliche Vorbild erfolgen. Durch die Entwicklung von fluidischen Muskeln wurde dies erreicht. Sie haben eine den biologischen Muskeln ähnliche Elastizität und können den elektrischen Antrieben vergleichbare Kräfte erzeugen. Weiterhin besitzen sie ein hohes Leistungsgewicht und eine lange Lebensdauer, da der Fluidic Muscle der Firma FESTO eingesetz wird [5]. Durch die genannten Punkte sind die fluidischen Muskeln als Antrieb für Laufmaschinen von großer Bedeutung.

Weiterhin wurde die Körpergeometrie der Stabheuschrecke nur teilweise übernommen. Oft wurden unterschiedliche Beinabstände und Segmentlängen der Beine verallgemeinert und einheitlich eingesetzt [3]. Allerdings ist auch die Beweglichkeit und Flexibilität der Stabheuschrecke bis jetzt mit technischen Maschinen noch unerreicht. Mit Hilfe von AirInsect sollen die Vorteile einer genaueren Nachbildung der Stabheuschreckengeometrie auf eine Laufmaschine untersucht werden.

Ausgehend von den Erfahrungen mit der 2000/2001 am FZI aufgebauten durch pneumatische Muskeln angetriebene sechsbeinige Laufmaschine AirBug [6] soll ein verbesserter Roboter aufgebaut werden. Dabei wird auf einen leichten einfachen mechanischen Aufbau geachtet. Außerdem wird bei der Konstruktion der Beine sehr großen Wert auf eine Kapselung gegen Umwelteinflüsse wie z.B. Spritzwasser, Staub, etc. gelegt.

2 Das Vorbild die Stabheuschrecke

Der Zentralkörper der Stabheuschrecke ist langgestreckt und in verschiedene Körpersegmente gegliedert. Diese sind Kopf, Prothorax, Mesothorax, Metathorax und Abdomen, die jeweils gelenkig miteinander verbunden sind. An den Thoraxsegmenten befindet sich jeweils ein Beinpaar (Abbildung 1(a) und 1(b)).

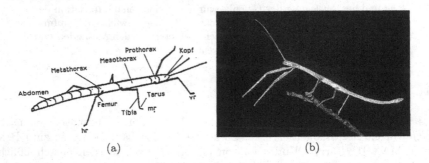

(a) (b)

Abbildung 1. Stabheuschrecke Carausius Morosus (a) Körper- und Beinsegmente; (b) in natürlicher Umgebung

Die drei Beinsegemente der Stabheuschrecke befinden sich immer in einer Ebene, der Femur-Tibia-Ebene. Die Lage dieser Ebene zum Zentralkörper wird durch den Winkel φ bestimmt [7]. Die Drehachse des α-Gelenkes, die in dieser Ebene liegt, ist um den Winkel ψ zur Vertikalen des Zentralkörpers geneigt (siehe Abbildung 2(a)). In Tabelle 2 sind diese Winkel für die einzelnen Beine angegeben [8].

In [8] werden unterschiedliche Hauptgangarten unterschieden, mit denen sich die Stabheuschrecke in der Regel fortbewegt. Für die zu konstruierende Laufmaschine ist vorerst nur das Gehen auf einer horizontalen Ebene interessant. Abbildung 2(a) zeigt die Winkelbereiche des α-Gelenkes bei dieser Gangart.

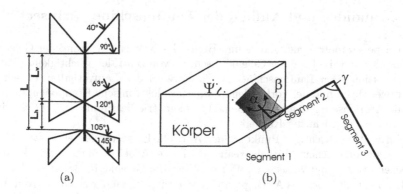

(a)   (b)

Abbildung 2. (a) Die Winkelbereiche in der Gangart Gehen auf einer horizontalen Ebene; (b) Beingeometrie des Insekts mit Winkelbezeichnungen

Der Abstand L zwischen vorderem und hinterem Beinpaar der Stabheuschrecke beträgt 28,4 mm, der zwischen vorderem und mittlerem Beinpaar, L_v 17,5 mm. Der Abstand L_h zwischen mittlerem und hinteren Beinpaar ergibt sich damit zu 10,9 mm. Das Verhältnis der beiden Abstände, $\frac{L_v}{L_h}$ ergibt sich zu 1,6. Dieses Verhältnis soll bei der Konstruktion der Laufmaschine erhalten bleiben.

Die Winkelbereiche variieren bei der Stabheuschrecke für Mittel-, Vorder- und Hinterbein. Dies läßt sich auf die unterschiedlichen Segmentlängen (Tabelle 1) und die unterschiedlichen Anforderungen an die einzelnen Beine zurückführen.

	Winkelbereich			Längenverhältnisse		
	α-Gelenk	β-Gelenk	γ-Gelenk	α-Gelenk	β-Gelenk	γ-Gelenk
Kopf	-20 … 50	-80 … -40	25 … 100	1,6	16,8	16,1
Mitte	-50 … 50	-50 … -75	25 … 50	1,6	12,5	12,2
Hinterteil	-25 … 25	-25 … -75	25 … 110	1,4	14,8	15,5

Tabelle 1. Winkelbereich der Gelenke und Längenverhältnisse der Segmente nach [8]

Die Stabheuschrecke bewegt sich mit ihren Muskeln nach dem Beuger-Strecker-Prinzip fort. Während der Vorzugsmuskel kontrahiert, also seine Länge verkürzt und damit das Gelenk dreht, längt sich der Gegenmuskel und hält die nötige Beinspannung für ein sicheres Gehen aufrecht. Beim normalen Vorwärtsgang erzeugen die Vorderbeine verzögernde, die Hinterbeine beschleunigende Kräfte. Die Mittelbeine verzögern im ersten Teil eines Bewegungsablaufs und beschleunigen im zweiten.

3 Grundidee und Aufbau der Laufmaschine AirInsect

Die Körpergeometrie, also Länge und Breite des Körpers, Abstand der Gelenke zueinander und die Lage der Gelenkachsen, ist von zentraler Wichtigkeit für die Konstruktion einer Laufmaschine. Durch sie wird das Laufverhalten entscheidend beeinflusst und der vorhandene Raum für elektronische Komponenten und für die Antriebseinheiten vorgegeben. Die Geometrie bestimmt auch die Steifigkeit und das Gewicht des Körpers.

Ein weiterer wichtiger Punkt ist der Antrieb. Er wird wie bei AirBug über Paare von fluidischen Muskeln realisiert. Diese Arbeiten nach dem Beuger-Strecker-Prinzip und versetzen auf diese Weise die Gelenke in Bewegung [9].

Der Zentralkörper des AirBugs ist relativ breit, was an der konstruktiven Anordnung der Muskeln liegt, die quer zum Körperrahmen angebracht sind (Abbildung 3(a)). Daraus resultiert ein eingeschränktes Laufverhalten, bei dem nicht das ganze Potential der pneumatischen Antriebe ausgenutzt werden konnte, und eine hohe Biegebelastung des Rahmens.

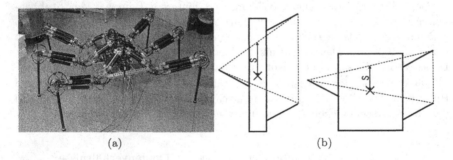

(a)   (b)

Abbildung 3. (a) Die zweite Version des AirBugs mit verlängertem Zentralkörper und erweitertem Winkelbereich; (b) Die mögliche Schrittweite einer sechsbeinigen Laufmaschine am Beispiel eines schmalen und eines breiten Körpers

Die Breite und Länge des Körpers sowie die Lage des Schwerpunkts und der Winkelbereich der α-Gelenke bestimmen die mögliche Schrittweite einer sechsbeinigen Laufmaschine in der Tripod Gangart. Beim Laufen wird der Schwerpunkt des Körpers nach vorne geschoben. Die drei Fußaufstandspunkte der Beine, die den Körper nach vorne stemmen, spannen ein Dreieck auf, in dem sich der Schwerpunkt des Körpers ohne Verlust des Gleichgewichts bewegen kann. Wenn der Schwerpunkt über dieses Dreieck geschoben wird, kippt der Körper um. In Abbildung 3(b) ist dieser Zusammenhang für einen breiten und einen schmäleren Körper dargestellt, wobei klar ersichtlich ist, dass der schmälere Körper bei gleicher Beinlänge und Winkelbereich eine größere Schrittweite S erlaubt.

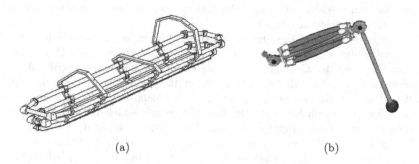

(a)   (b)

Abbildung 4. (a) Der geplante Zentralkörper (b) Zusammengebautes Mittel-
bein

Um ein besseres Laufverhalten beim AirInsect bei gleichzeitiger Gewichtsre-
duzierung zu erhalten, war ein anderes Grundkonzept für den Rahmenaufbau
erforderlich. Der Zentralkörper des AirInsects wird mit einem Gerippe aus Kohlefaserstäben aufgebaut (siehe Abbildung 4(a)). Das Grundgerippe besteht aus
zwei langen Kohlefaserstäben auf jeder Seite, die an drei Rahmenelemente aus
POM geklemmt werden und somit Stabilität erhalten. Um die Originalwinkel
der α-Drehachsen zu erreichen, sind vorne und hinten kürzere Stäbe in einem
bestimmten Winkel angeordnet. Die Muskeln sollen längs zum Körper angeordnet werden. Damit wird die Biegebelastung reduziert und die Muskellänge
vergrößert. Zusätzlich ist es mit dieser Konfiguration möglich, einen schmalen
und langen Zentralkörper aufzubauen, der günstige Laufeigenschaften ermöglicht
und gleichzeitig sehr stabil ist.

	Vorderbein		Mittelbein		Hinterbein		Längen			
	φ	ψ	φ	ψ	φ	ψ	L_v [mm]	L_h [mm]	L [mm]	$\frac{L_v}{L_h}$
Stabheu-schrecke	75°	40°	85°	40°	135°	50°	17,5	10,9	28,4	1,6
AirInsect	75°	40°	90°	40°	135°	40°	786	470	1256	1,67

Tabelle 2. Vergleich der Geometrie und der Winkel der Stabheuschrecke und
des AirInsects

Die geometrischen Relationen der Stabheuschrecke sollen soweit wie möglich
übernommen werden. Auf bewegliche Körpersegmente wird aus Gewichtsgründen
und konstruktiven Aufwands vorerst verzichtet. In Tabelle 2 sind die Winkel

der Gelenkachsen sowie die Abstände der Gelenke der Stabheuschrecke und des AirInsect zum Vergleich angegeben.

Die verschiedenen Gelenke sollen mit möglichst vielen baugleichen Teilen aufgebaut werden, um die Fertigung sowie den Aufbau zu vereinfachen. Durch die modulare Bauweise der Gelenke ist es trotz komplexerem geometrischen Aufbau gelungen die Teileanzahl und die Komplexität der Fertigungsteile niedrig zu halten. Die α–Gelenke werden direkt an die Kohlefaserrahmenkonstruktion durch Pressverbindungen befestigt. Die Drehachsen der α-Gelenke stehen somit vorne und hinten schon im richtigen Winkel. Der Abstand der Beine zueinander und die Relation zur Beinsegmentlänge stimmt mit denen der Stabheuschrecke überein. An die α–Gelenke werden die Beine (siehe Abbildung 4(b)) befestigt.

4 Gesamtaufbau

In Abbildung 5 ist die fertige konstruierte Maschine AirInsect dargestellt. Die Maschine wird voraussichtlich 25 kg wiegen, was eine Gewichtsersparnis zum AirBug von 7 kg darstellt.

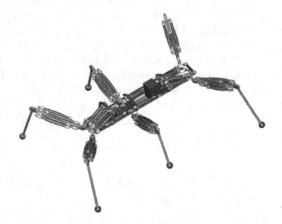

Abbildung 5. Konstruktionszeichnung des zusammengebauten AirInsects

Im Folgenden werden die nicht-mechanischen Teile der Laufmaschine AirInsect beschrieben:

Elektronik Die Elektonikkomponenten, die für den Zentralkörper des AirInsects relevant sind, bestehen im wesentlichen aus eine Industriecomputer (PC104), auf dem die Steuerung der Laufbewegung abläuft, Mikrocontroller, die für die unteren Regelkreise und Sensordatenerfassung verwendet werde, Druck-, Lage-, Kraft- und Winkelsensoren, die Daten über den aktuellen Maschinenzustand liefern. Die Stromversorgung soll mit Hilfe eines Kabels erfolgen. Am vorderen Ende des Körpers ist noch Platz für einen Kamerakopf vorhanden, der in späteren Versionen eingebaut werden soll.

Pneumatik Die Druckluft wird über einen Schlauch am Ende des Zentralkörpers zugeführt. Am Anfang des Projektes war geplant, die Druckluftversorgung über eine Druckluftflasche zu realisieren. Damit wäre es dem AirInsect möglich, autonom zu agieren. Dies wurde vorerst aus Gewichts- und Effektivitätsgründen (eine Druckluftflasche würde für einen Betrieb von nur 8 min ausreichen) verworfen. Die Maschine wird mit einem Maximaldruck von 6 bar betrieben. Es werden Schnellschaltventile der Firma Matrix [10] verwendet, die im Vergleich zu den FESTO-Schnellschaltventilen des AirBugs leichter sind.

Steuerung Die Steuerung und Regelung der Maschine orientiert sich an der von AirBug. Dabei werden Solltrajektorien vorgegeben und durch Gelenk-Regler auf Mikrocontrollerebene eingestellt. Die Gelenkregelung besteht aus zwei Kaskaden, durch die äußere Kaskade werden Solldrücke für die Muskel aus der Sollposition und einer gewünschten Steifigkeit ermittelt. Diese Solldrücke stellen den Eingang der beiden Muskel-Druckregler der inneren Kaskade dar. Der Regelungsalgorithmus ist in [11] genau beschrieben.

5 Zusammenfassung

Das Ziel war es, einen Zentralkörper für eine sechsbeinige Laufmaschine zu konstruieren, der folgende Eigenschaften besitzt:

- das Gewicht des Körpers soll 12 kg nicht überschreiten,
- die geometrischen Maße der Stabheuschrecke sollen soweit wie möglich übernommen werden und
- die α-Muskeln sollen länger als die des AirBugs sein.

Alle Eigenschaften konnten mit dem neuen Laufroboter AirInsect erreicht werden. Die geometrischen Maße der Stabheuschrecke konnten beim Beinabstand und den Winkeln der Drehachsen zum Zentralkörper nachgebildet werden. Der Körper kann nun aufgebaut und getestet werden. Zusammen mit der überarbeiteten Beinkonstruktion, dem verringerten Gesamtgewicht, den längeren Muskeln

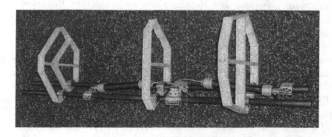

Abbildung 6. Erster aufgebauter Prototyp

und dem schmäleren Zentralkörper müsste sich das Laufverhalten der Maschine gegenüber dem AirBug stark verbessern.

Der Aufbau des AirInsect erfolgt weitestgehend konservativ. Um zukünftig noch mehr Gewicht zu sparen wäre es sinnvoll vermehrt verschraubte Teile zu kleben oder zu schweißen. Weiterhin muss versucht werden, eine Möglichkeit der Erzeugung bzw. Speicherung der Druckluft auf dem Roboter zu installieren. Nur so ist eine völlige Autonomie gewährleistet. Die Neukonstruktion der Beine sowie des Zentralkörpers erlaubt eine Kapselung des Roboters gegen Spritzwasser. Die Maschine ist somit auch in unwegsamem Gelände einsatzfähig.

Nach dem Aufbau des AirInsects kann begonnen werden, das Potenzial, das der Antrieb mit pneumatischen Muskeln bietet, voll auszuschöpfen. Das Verhalten einer sechsbeinigen Laufmaschine mit fluidischen Muskeln kann so erprobt werden, ohne auf die beschränkten Fähigkeiten der Maschine Rücksicht nehmen zu müssen.

Danksagungen

Wir möchten Herrn Lorenz und Prof Thalemer von der Firma FESTO für die Unterstützung des Projektes und ihrer technischen Hilfe danken.

Literatur

1. J. Eltze: *Biologisch orientierte Entwicklung einer sechsbeinigen Laufmaschine.* VDI-Verlag GmbH Düsseldorf, 1994
2. M. Frik, M. Guddat: *Berücksichtigung biologischer Aspekte bei der Gehmaschine Tarry II.* Symposium ingenieurwissenschaftlicher Forschung, Universität Ulm, 2000
3. B. Gaßmann, K.-U. Scholl, K. Berns: *Locomotion of LAURON III in rough terrain.* Proceedings of Advanced Intelligent Mechatronics, 2001, 959-965
4. A. Seifert, H. Geyer: *Natural control of spring-like running - optimized self-stabilization.* 5th International Conference on Climbing and Walking Robots, September 2002, 81-85
5. FESTO Produktkatalog 2003 – Antriebe, http://www.festo.com, Stand 1. September 2003
6. K. Berns, J. Albiez, V. Keppelin, C. Hillenbrand: *Airbug - Insect-like Machine Actuated by Fluidic Muscle.* 4th International Conference on Climbing and Walking Robots, September 2001, 237-244
7. H.J. Weidemann: *Dynamik und Regelung von sechsbeinigen Robotern und natürlichen Hexapoden.* VDI-Verlag GmbH Düsseldorf, 1993
8. R. CRUSE: *Function of the Legs in the Free Walking Insect, Caurausius morus.* Journal of Comparative Physiology, No. 112. 235-262, 1976
9. T. Kerscher, J. Albiez, K. Berns: *Joint Control of the Six-Legged Robot AirBug Driven by Fluidic Muscles,* 3rd International Workshop On Robot Motion and Control, Poland, 2002, 27-32
10. Matrix Produktkatalog 2003, http://www.matrix.to.it, Stand 1. September 2003
11. K. Berns, F. Grimminger, U. Hochholdinger, T. Kerscher, J. Albiez: *Design and Control of a Leg for the Running Machine PANTER.* 11th International Conference on Advanced Robotics, 2003, 1737-1742

EduKaBot -
Aufbau eines edukativen
Roboter-Baukastensystems

Tilo Gockel, Oliver Taminé, Pedram Azad, Rüdiger Dillmann

Institut für Rechnerentwurf und Fehlertoleranz (IRF), Universität Karlsruhe,
Technologiefabrik, Haid-und-Neu-Straße 7, D-76131 Karlsruhe

{gockel, tamine, azad, dillmann}@ira.uka.de
http://wwwiaim.ira.uka.de/~{gockel,...}

Zusammenfassung. In dieser Veröffentlichung möchten wir unsere Herangehensweise und Spezifizierung für die Auswahl einer low-cost-Robotertechnologie für den Einsatz in Lehrveranstaltungen und Praktika erläutern. Dieses offene Roboter-Baukastensystem soll Studierende im Grundstudium Informatik und Ingenieurswissenschaften an die Technik autonomer, mobiler Roboter heranführen. Bei der Komponentenauswahl stand die Transparenz des Systems in Hinblick auf Hard- und Software im Vordergrund: so werden keine vorgefertigten Blackbox-Module eingesetzt, sondern der Student soll den langsam im Zuge eines Praktikums entstehenden Roboter von Grund auf kennen- und verstehen lernen.

1   Motivation

Der Aufbau eines Roboter-Baukastensystems für die Lehre wurde motiviert durch den Wunsch, ein neues Praktikum an unserem Institut anzubieten. Mit diesem Basispraktikum sollte sowohl der Bereich *Technische Informatik* (Digitaltechnik, Prozessortechnik, Maschinensprache ...) als auch *Grundlagen der Robotik* für Studierende technischer Fachrichtungen im Grundstudium abgedeckt werden. Ein Blick auf den Markt zeigte schnell, dass verfügbare Systeme nicht allen Anforderungen gerecht wurden und so begann die Auswahl eigener Soft- und Hardware-Komponenten und die Erstellung entsprechender begleitender Unterlagen.

Die entstandene Roboter-Architektur hat sich mittlerweile in einem Durchlauf von zehn Versuchen sehr gut bewährt. Das Konzept ist transparent und vom Studierenden gut nachzuvollziehen. Die kleinen Roboter wurden jeweils in 2er Teams von Grund auf selbst aufgebaut und somit wurden auch Meta-Inhalte wie *Teamwork, Induktive/Deduktive Fehlersuche, Bottom Up-/Top Down-Entwurf* ganz automatisch gefordert, vermittelt und angewandt.

2   Systementwurf

2.1   Spezifikation

Vor der Marktanalyse erfolgte die Auflistung aller gewünschten Systemeigenschaften. Diese seien hier in der nachfolgenden Aufstellung stichwortartig aufgeführt:

+   Unterstützung der Software-Entwicklung mittels frei verfügbarer, leistungsfähiger Tools (ANSI-C-Compiler...)

+   Nutzung einer weit verbreiteten Controller-Technologie (Dokumentation, Support, Langzeitverfügbarkeit)

+   Einfache Reproduzierbarkeit (möglichst weite Verbreitung, Aufbau einer User-Gemeinde unter den Studierenden)

+   Geringer finanzieller Aufwand (dito)

+   Einfache und kostengünstige Antriebstechnik, genauer: Differentialantrieb, kreisförmige Grundfläche der Fahrbasis, optional: Bumper-Glocke

+   Einfache Adaption verschiedener Sensortechnologien

2.2   Marktanalyse

Nach der Spezifikation erfolgte die Suche nach einem kommerziellen Produkt, welches unseren Anforderungen genügen sollte. Die untenstehende Marktanalyse zeigt die in Frage kommenden Systeme; die Auswahl ist bereits auf Radgetriebene autonome, mobile Roboter der unteren Preisklasse beschränkt (Tabelle 1).

Produkt	Controller-Technologie	Standard-Komponenten?	freier Assembler verfügbar	freier C-Compiler verfügbar	in-circuit-prog.	€	Anm.
Khepera /7/	MC68HC11	-	√	√	√	600,00	
BoeBot /4,5,6/	BASIC-Stamp	(√)	-	-	√	250,00	
LEGO Mind-storms /8/	COP8 (?)	-	-	(√)	√	250,00	
Fischer-technik Mobile Robots /9/	?	-	-	-	√	250,00	
Palm Pilot Robot Kit /10/	Palm Pilot Dragonball	-	-	-	√	315,00	Benötigt Palm Pilot
Evolution /11/	PC-basiert	-	-	-	√	500,00	Benötigt Laptop
Rug Warrior /1,12/	MC68HC11	-	√	(√)	√	580,00	Benutzt Interactive C (MIT)
Robot Kit, Myke Predko /13/	BASIC-Stamp	-	√	-	-	60,00	BASIC Stamp nicht inkl.
LynxMo-tion Carpet Rover /15/	BASIC-Stamp	(√)	-	-	√	150,00	

Tabelle 1: Marktübersicht zu edukativen Robotersystemen

Der Tabelle ist leicht zu entnehmen, dass keiner der dort aufgeführten Roboter alle Voraussetzungen gemäß unserer Systemspezifikation mitbringt. Weiterhin fällt auf, dass die verfügbaren Roboterbausätze zum größeren Teil sehr kostspielig sind und dies von vorneherein eine weite Verbreitung in Form einer User-Gemeinde unter den Studierenden verbietet.

Entsprechend ergab sich die Notwendigkeit, ein eigenes System zusammenzustellen. Die ausgewählten Hard- und Softwarekomponenten hierzu sind im nachfolgenden Kapitel *Komponentenauswahl* aufgeführt.

2.3 Komponentenauswahl

Die endgültige Komponentenauswahl für den Roboter-Systembaukasten ist inspiriert durch bereits auf dem Markt erhältliche Produkte, bei der Kombination der einzelnen Module gehen wir aber eigene Wege.

Abbildung 1: Die Hardware des Roboter-Baukastensystems

Hardware (vgl. Abbildung 1)

- 8051-kompatibler Controller mit FLASH-Programmspeicher und externem RAM auf Miniatur-Evaluationsboard. In-Circuit-programmierbar, serielle und LCD-Schnittstelle, Port-Pins herausgeführt (aktuell: Atmel 89S8252 auf Elektor-Board, /19,18/, ersatzweise auch anderes Board: /17,22/).
- Differentialantrieb mittels zweier modifizierter Modellbau-Servomotoren (LowCost-Standard-Typen, Hitec HS-300)
- NiCd-Akku-Stromversorgung, 6V, 2Ah
- Bumper-Glocke ähnlich Rug Warrior, aber mit anderer Aufhängung /1,12/
- Sensorische Erweiterungen optional (IR-Abstandssensoren, Odometrie per Optical Mouse-Chip...), auf Steckbrett aufzubauen. /1,2,3/
  Teilweise Anschluss per externem seriellem A/DC (TLC549, /24/)

Software

- C-Compiler: sdcc (small device c compiler), frei verfügbar für Windows und Linux /20/
- Assembler, Linker: dito (dem Compiler unterlagert, aber auch einzeln nutzbar)
- Download-Utility: AtmelISP-Flasher, frei verfügbar /21/
- Bibliotheken (eigene Implementierung, /29/): LCD, Timer, Servo-Ansteuerung, RS232-Kommunikation, Delay-Routinen, A/DC, Mathematische Routinen mit CORDIC-Algorithmus, State Machines zur Umsetzung von Subsumptionsnetzwerken ...

Diese Zusammenstellung trägt nun allen Punkten unserer Systemspezifikation Rechnung: Der gewählte Compiler ist auch im Quelltext frei verfügbar, ist aber dennoch vergleichsweise leistungsfähig und wird bis dato auch gut gepflegt. Die 8051-Mikrocontroller-Technologie ist wohl die am weitesten verbreitete uC-Architektur der Welt, dennoch ist diese Technologie keineswegs veraltet und findet aktuell auch in leistungsfähigen DSPs Anwendung./29/ Einfache Reproduzierbarkeit ist durch die begleitenden Unterlagen gegeben, welche auch eine vollständige Teileliste mit Bezugsquelle, sowie - für Räder und Basis - CAD-Pläne für einen Nachbau enthält.

Der finanzielle Aufwand ist in der vorliegenden Version relativ hoch, da Räder und Basis in kleiner Stückzahl gefräst wurden. /23/ Den Praktikumsunterlagen liegt aber auch ein Anhang mit Ratschlägen bei, wie ein Nachbau wesentlich kostengünstiger realisiert werden kann.

Die einfache Adaption unterschiedlichster Sensortechnologien ist durch die freie Wahl des Sensor-Interfaces gegeben. So können beispielsweise Sensoren mit digitalem, seriellem Ausgang (Sharp-Entfernungssensor GP2D02 u. a., /3/) direkt mittels Port-Pins bedient werden, andere Sensoren, wie beispielsweise lichtempfindliche Widerstände, können über den gewählten A/D-Wandler TLC549 Anschluss finden. /24/

3 Aufbau des Roboter-Baukastensystems

3.1 Hardware

Das Zusammenspiel der einzelnen Hardware-Komponenten und eine genauere Erklärung hierzu werden in Abbildung 2 gezeigt. Hier ist auch gut zu sehen, dass die gewählte Bauform und Baugröße eine elegante Unterbringung der Komponenten zulässt. Dies ist nicht selbstverständlich, so hat beispielsweise bei dem Miniaturroboter Khepera /7/ der Anwender immer auch mit der Miniaturisierung der Komponenten zu kämpfen.

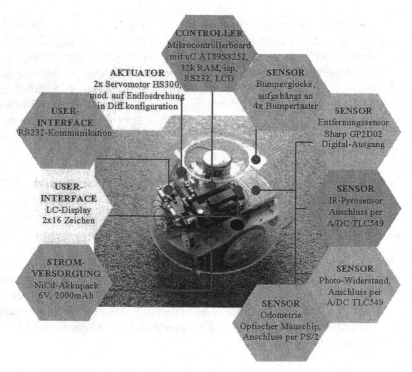

Abbildung 2: Zusammenspiel der Hardware-Komponenten

3.2 Software

Leistungsfähige freie Entwicklungswerkzeuge stehen für die Plattformen Windows und Linux zur Verfügung. Der Entwicklungsprozess ist für den Anwender vollkommen transparent, der Ablauf ist in Abbildung 3 dargestellt. /20,21/

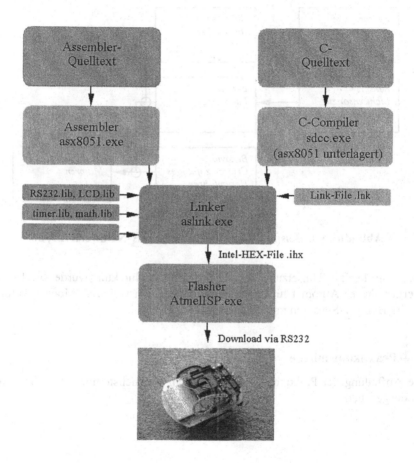

Abbildung 3: Der Software-Entwicklungsprozess

Die Bibliotheken zur LCD-Ansteuerung, zur Motorenansteuerung, zur Timer-Programmierung usw. werden von den Studierenden im Rahmen des Praktikums selbstständig erstellt, als Hilfestellung hierzu wird Literatur zum 8051 zur Verfügung gestellt. /29/

Die begleitenden Unterlagen basieren auf erprobten Beispiel-Implementierungen der Funktionen durch die Praktikumsbetreuer und bieten entsprechend hierzu eine gute Unterstützung. Besonders hervorzuheben ist hierbei für Versuch 9 und 10 die Basis für ein Reflex-basiertes Verhalten des Roboters mittels Rodney Brooks' Subsumption Architecture (Beispiel: siehe Abbildung 4). /25,26,27/

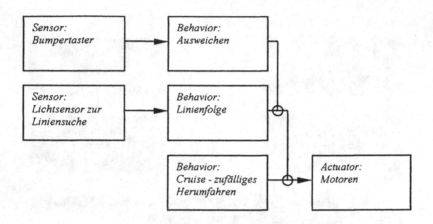

Abbildung 4: Beispiel für ein Subsumptions-Netzwerk /25, 26/

Für eine leichte Umsetzung dieser Software-Architektur wurde hierfür ein übergeordneter Automat für das Scheduling und ein weiterer (Moore-)Automat für die Bumper-Sensoren implementiert. /28/

4   Praktikumsinhalte

Die Aufteilung der Praktikumsinhalte auf zehn Versuchstermine ist in Tabelle 2 wiedergegeben.

Es fällt auf, dass, unserem ganzheitlichen Ansatz entsprechend, ein großer Teil der Zeit auf den Aufbau des uC-Boards, Implementierung der Basis-Funktionalität usw. verwandt wird.

Inhalte der Praktikumstermine (jeweils vierstündig)											
1	2	3	4	5	6	7	8	9	10	11	12
Bestückung des uC-Boards, Inbetriebnahme, Fehlersuche											
Installation der Entwicklungsumgebung, Lösung kleinerer Aufgaben in Assembler und C											
Erstellung der Bibliotheken für Ein- und Ausgabe (RS232, Timer, Servomotoren), Einbindung der Sensoren											
Montage des Roboters, Integration des uC-Boards, Variationen											
Implementierung verschiedener Ablaufsteuerungen auf dem Roboter (Labyrinth, Linienfolger...)											
Übergang von Ablaufsteuerung zu State Machine (quasi-parallele Verarbeitung, Subsumption)											

Tabelle 2: Praktikumsinhalte

Die Praktikumsteilnehmer haben zu dieser Zeit also noch keinen Roboter zur Verfügung. In der abschließenden anonymen Befragung der Teilnehmer (vgl. Kapitel 5) wurde dies aber keineswegs als demotivierend beschrieben.

5   Ergebnisse

Als Ergebnis steht mittlerweile ein leistungsfähiges System zur Verfügung, welches sich in einem Basispraktikum mit zehn Versuchsterminen und zehn Studierenden sehr gut bewährt hat. Nach Abschluss des Praktikums wurde eine anonyme Studentenbefragung durchgeführt, welche bei den relevanten Fragen „Hat mir das Praktikum Spaß gemacht?" und „Wieviel Wissenswertes habe ich in diesem Praktikum gelernt?" im Mittel ca. 94% , bzw. 92% geliefert hat.

Die Vermittlung des kompletten Prozesses von der Platinenbestückung, über mechanische Arbeiten bis hin zur Implementierung komplexer Zustandsautomaten zur Robotersteuerung wurde in der Befragung der Studenten als besonders positiv herausgestellt.

Weiterhin wurden zwei organisierte Wettrennen mit Preisvergabe (Hindernisparcours, vgl, Abbildung, und Linienfolge mit Ausweichbehandlung) zum Abschluss des 8., bzw. 10. Versuchstermins als besonders unterhaltsam und motivierend gelobt (Abbildung 5).

Abbildung 5: Ein Wettlauf durch einen Hindernis-Parcours

Auch wir als Betreuer des Praktikums haben subjektiv den Eindruck, dass die Studenten im Laufe der Versuchsreihe sich wesentlich verbessert haben und dies gerade darauf zurückzuführen ist, dass der jeweilige Roboter als individuelles Produkt angesehen wurde.

Aktuell laufen Arbeiten, auf dem 8051 ein kleines, schlankes Echtzeitbetriebssystem zu implementieren. Hiermit wird Multi-Threading zur einfacheren Umsetzung von Subsumptionsnetzwerken ermöglicht werden. Auch bei dieser Implementierung wird besonderes Gewicht auf einer leichten Vermittelbarkeit gelegt, der Lernende wird dieses RTOS nicht als Black Box vorgesetzt bekommen, sondern wir werden im Rahmen des nächsten Praktikumdurchlaufes diese Software zuerst motivieren und dann Stück für Stück im Quelltext vermitteln.

Die bisher vorliegenden Praktikumsunterlagen stehen für Interessenten als .pdf-Dateien unter der nachfolgenden URL zur Verfügung:

http://wwwiaim.ira.uka.de/users/tamine/bp/
User: MobRob, Passwort: rob!98mob

6   Literaturverzeichnis

[1]   *Mobile Roboter, von der Idee...*, Jones und Flynn, Addison-Wesley, München, 1996

[2]   *Robots, Androids and Animatrons*, John Iovine, McGrawHill-Verlag, NY, 2002

[3]   http://www.acroname.com

[4]   http://www.parallax.com/html_pages/robotics/boebot/boebot.asp

[5]   http://users.etown.edu/w/wunderjt/BOEbot/robot/

[6]   http://www.baeg.engr.uark.edu/Academics/BAEG1012/boe-bots/rob.pdf

[7]   http://www.k-team.com/robots/khepera/

[8]   http://mindstorms.lego.com

[9]   http://www.fischertechnik.de

[10]   http://www-2.cs.cmu.edu/~pprk/

[11]   http://www.evolution.com/

[12]   http://www.robotbooks.com/rug_warrior.htm

[13]   http://engineeringbookshelf.tripod.com/isbn0071387870.htm

[14]   http://www.onrobo.com/reviews/Kits/Intermediate/isbn0071387870/

[15]   http://www.lynxmotion.com

[16]   http://www.fh-muenchen.de/home/fb/fb06/professoren/ parzhuber/Project_Start/Project_Overview/Home_pr_stud.htm

[17]   http://www.modul-bus.de/mbnews/mbnews01/flash52.htm

[18]   http://www.atmel.com/products/8051/

[19]   *Elektor, Zeitschrift für Elektronik und Computertechnik*, Ausgabe 12/2001 ff.

[20]   http://sdcc.sourceforge.net

[21]   http://www.modul-bus.de/mbnews/mbnews02/isp.htm

[22]   http://home.arcor.de/mikronetz/

[23]   http://www.schaeffer-apparatebau.de

[24]   http://www.weltregierung.de/misc/docs/datasheets/tlc549.pdf

[25]   *Menschmaschinen*, Rodney Brooks, Campus-Verlag Frankfurt / New York, 2002; S. 48-62, S. 260 ff

[26]   http://www.ai.mit.edu/people/brooks/papers/AIM-864.pdf

[27]   http://www.cis.tugraz.at/igi/STIB/WS98/Bergmann/einleitung.htm

[28]   http://www.ti.informatik.uni-bonn.de/html/ti1-w01_4_470-493.pdf

[29]   *Das Mikrocontroller Kochbuch MCS51*, Andreas Roth, mitp-Verlag, Bonn, 2002

Gruppenbasierte Konstruktion
von LEGO Mindstorms Robotern
in einem interdisziplinären Studentenpraktikum

O. Taminé, R. Dillmann

Institut für Rechnerentwurf und Fehlertoleranz
Fakultät für Informatik, Universität Karlsruhe
Haid-und-Neu-Str. 7, 76131 Karlsruhe
{tamine,dillmann}@ira.uka.de

In dieser Arbeit wird ein interdisziplinäres Studentenpraktikum beschrieben, welches einmal pro Jahr an der Universität Karlsruhe durchgeführt wird. Dabei bilden Studenten der Fakultäten Architektur. Maschinenbau und Informatik interdisziplinäre Arbeitsgruppen. Ihre Aufgabe besteht aus der Konstruktion und Programmierung eines LEGO Mindstorms Roboters, der einen vorgegebenen Parcours meistern muss. Hierfür stehen jedoch nur minimale technische Ausrüstungen zur Verfügung. Aus Sicht der Lehre verfolgt das Praktikum die Ziele, die Studenten zum kooperativen Lernen von unterschiedlichen Fachgebieten zu animieren und die Arbeitsweise selbstorganisierender Gruppen zu lernen. Aus Sicht der Forschung werden sämtliche Entwurfsprozesse der Studenten dokumentiert, im Internet abrufbar aufbereitet und zur Wiederverwendung angeboten. Hierbei wird untersucht, wie die zuvor gewonnen Erfahrungen in die Konstruktion einfließen und welcher Nutzen hierdurch entsteht.

1 Einleitung

Das LEGO Mindstroms Roboterset wurde im Jahre 1998 von der Firma LEGO entwickelt. Das System basiert auf einem Forschungsvorhaben des MIT Media Labratory. Das Roboterset besteht aus zwei taktilen Sensoren, einem lichtempfindlichen Sensor sowie einem RCX Baustein, welcher den Mikrocontroller beinhaltet und als Programmierbaustein angesehen werden kann.

Abbildung 1: Der Programmierbaustein RCX der LEGO Mindstorms Roboter

Der RCX Baustein (s. Abbildung 1) beinhaltet einen mit 16 Mhz getakteten 8-Bit Mikroprozessor (Hitachi H8/300) und verfügt über 32 KByte RAM. Er besitzt eine Infrarot Schnittstelle zur Kommunikation mit der Außenwelt. Sein 16 KByte großes ROM umfasst Routinen zum Senden und Empfangen von Daten über den Infrarot Port. Vor der Inbetriebnahme des RCX muss eine Firmware in den RAM-Speicher geladen werden. Sie umfasst Funktionen zum Interpretieren und Ausführen von Anwenderprogrammen. Übertragen wird diese Firmware mittels eines Kommunikationsports, der direkt an einen Rechner angeschlossen wird (serielle Schnittstelle oder USB). Der Kommunikationsport wird auch zur Übertragung der Anwendungsprogramme verwendet. Die Firmware selbst umfasst 2KByte, womit dem Anwender die verbleibenden 30 KByte zur Verfügung stehen. Die Befehle des Programms werden in Byte-Code umgewandelt und von der Firmware des RCX interpretiert. Insgesamt kann der RCX fünf verschiedene Programme aufnehmen. Dabei ist die Größe eines Programms variabel, alle gespeicherten Programme können zusammen jedoch nicht mehr als 30 KByte umfassen. Während der Laufzeit eines Programms besteht die Möglichkeit zu den anderen Programmen zu wechseln. Zur zeitgesteuerten Programmierung besitzt der RCX 4 Timer (jeweils mit 10 ms Auflösung). Jeder RCX verfügt über drei Eingabe- (z. B. zum Anschluss von Sensoren) und drei Ausgabeports (z. B. zur Motorsteuerung).

Abbildung 2: Die Sensoren des RCX: taktiler Sensor (links) und lichtempfindlicher Sensor (rechts)

Die Eingabeports des RCX ermöglichen den Anschluss einer Reihe von unterschiedlichen Sensoren (s. Abbildung 2 für zwei Beispielsensoren). Von LEGO selbst werden insgesamt vier verschiedene Sensortypen angeboten (Tast-, Licht-, Rotations- und Temperatursensoren), es existieren jedoch auch zahlreiche Anbieter anderer Sensoren (z. B. Ultraschall). Zum Auslesen des Sensorwertes besitzt der RCX verschiedene Betriebsmodi. Ein Sensorbetriebsmodus legt fest, wie der digitale Zahlenwert des Sensors vom RCX aufbereitet werden soll. So ist es möglich den Wert einen taktilen Sensor als Wahr/Falsch Wert (Sensor gedrückt oder nicht) oder als Prozent Wert (Sensor ist zwischen null und hundert Prozent gedrückt) auszulesen. Die Betriebsmodi unterscheiden sich dabei von den jeweils angeschlossenen Sensoren. Der einfachste Betriebsmodus jedes Sensors ist das direkte Durchreichen des digitalen Werts.

Die Popularität der LEGO Mindstorms Roboter im Bereich der Informatik ist in letzter Zeit sprunghaft angestiegen. So sind sie mittlerweile häufig an Schulen und Universitäten wiederzufinden [1, 2]. Die Hauptgründe hierfür liegen in ihrem großen Potential und der einfachen Handhabung. So können mit ihnen komplexe Sachverhalte anschaulich verdeutlicht werden.

2 Aufbau und Zielsetzung des Praktikums

2.1 Projektorganisation

Wettbewerbe basierend auf LEGO Mindstorms Roboter erfreuen sich großer Beliebtheit. Unter [3], [4], [5] und [6] finden sich Beschreibungen einiger bekannter Wettbewerbe. Der spielerische Charakter eines solchen Wettbewerbs führt meist zu hoch motivierten Teilnehmern. Dies führt zu einer hohen Lernbereitschaft, da die Teilnehmer die Erledigung der Aufgabe nicht als Pflicht empfinden. Dabei steht bei Ihnen nicht das Lernen im Vordergrund, sondern der Ehrgeiz die gestellte Aufgabe mit minimalen Ressourcen zu lösen. Im Vergleich mit anderen Wettbewerben umfasst der hier vorgestellte Wettbewerb zwei Besonderheiten:

- Interdisziplinäre Gruppenarbeit: Die Wettbewerbsteilnehmer sind Studenten der Fakultäten Informatik, Architektur und Maschinenbau. Jede Gruppe setzt sich aus allen drei Gebieten zusammen, so dass jedes Fachgebiet in jeder Gruppe vertreten ist. Die Studenten lernen hiermit die Bedeutung des Wissensaustauschs zwischen verschiedenen Fachgebieten kennen. Dies umfasst auch die Lösung der Kommunikationsproblematik, die bei der Diskussion unterschiedlicher Fachrichtungen auftritt. Da jedes Gebiet eine eigene Sprache spricht, müssen die Studenten die jeweils andere Seite verstehen, um durch das Kombinieren der Wissensgebiete einen Nutzen zur Lösung der Problemstellung zu erhalten.

- Selbstorganisierende Gruppen: Zu Beginn des Wettkampfs existieren keine Regeln. Gegeben ist nur eine Karte des Parcours und eine Beschreibung, welche Aufgaben der Roboter innerhalb des Kurses zu erledigen hat. Zum Regulieren und organisieren des Wettbewerbs werden fünf Komitees gegründet. Jedes Komitee umfasst genau ein Mitglied jeder Gruppe. Die Lernziele dieses Vorgehens bestehen darin Loyalität gegenüber seinen Konkurrenten zu zeigen und die Fähigkeit Kompromisse innerhalb unterschiedlicher Interessengruppen zu finden. Beides muss dabei unter großem Zeitdruck geschehen. Da die Aufgabenstellung von Praktikum zu Praktikum variiert wird, sind auch die jeweils einberufenen Komitees unterschiedlich. Beispiele der Aufgabenstellungen finden sich in Kapitel 3 und in [7] wieder.

Neben der Lehre verfolgt das Praktikum auch das Ziel neue Erkenntnisse für die Forschung zu gewinnen. Hierbei wird untersucht, welche Effekte und Auswirkungen die Dokumentation der Entwurfsprozesse, der Austausch von Konstruktionswissen und die Wiederverwendung früherer Konstruktionen auf den Entwurf bezüglich Qualität, Entwicklungsdauer und Leistungsfähigkeit besitzen. Um dabei ein realistisches Szenario zu erschaffen, darf nicht zweimal die gleiche Aufgabenstellung durchgeführt werden. Schließlich tritt in der Praxis der Fall, dass eine bestehende Konstruktion unverändert zur Lösung eines neuen Problems übernommen werden kann auch nur höchst selten auf. Durch die leichten Abänderungen der Aufgabe sind die Studenten jedoch gezwungen bestehende Konstruktionen zu modifizieren. Eine Vorgehensweise wie sie in Unternehmen häufig eingesetzt wird. Dort werden schon allein aus Kostengründen komplette Neuentwicklungen gescheut. Viel bedeutsamer ist es jedoch bestehende Lösungen so zu modifizieren oder kombinieren, dass damit neue Aufgabenstellungen gelöst werden können. Mit dem ausführlich in [8] vorgestellten System dokumentieren und konstruieren die Studenten ihre Roboter. Ebenso bietet dieses Werkzeug umfangreiche Navigations- und Suchmethoden, um die früher vorgenommen Konstruktionen und Komponenten zu untersuchen. Ein Assistent bietet Unterstützung bei dem Aufbau und der Konstruktion des Roboters.

2.2 Programmierumgebung

Es existiert eine ganze Reihe von Programmiersprachen zur Softwareentwicklung mit LEGO Mindstorms Roboter. Das Mindstorms Kit selbst beinhaltet die Sprache RCX-Code. Sie stellt eine einfache graphische Programmieroberfläche zur Verfügung und wurde im wesentlichen für Kinder ab 12 Jahren entwickelt. Zur Lösung komplexerer Problemstellungen eignen sich Sprachen wie BrickOS (ehemals LegOS) und C++ [9] oder auch Java [10]. Im Rahmen dieses Praktikums wurden die Roboter mit der Sprache NQC [11] programmiert.

Das Akronym NQC steht dabei für Not Quite C und ist eine Vereinfachung der Programmiersprache C. Dabei sind der Präprozessor und die Kontrollstrukturen ihren C Äquivalenten sehr ähnlich. NQC erweitert jedoch diesen Sprachschatz um Befehle zur Steuerung der Mindstorms Roboter. NQC ist keine vollständige Programmiersprache. Es existieren eine ganze Reihe von Einschränkungen, welche auf die beschränkten Möglichkeiten seiner Zielplattform zurückzuführen sind.

```
task main() {

SetSensor(SENSOR_1,SENSOR_TOUCH);

OnFwd(OUT_A+OUT_C);

until (SENSOR_1 == 1);

Off(OUT_A+OUT_C);

}
```

Abbildung 3: Ein einfaches NQC Beispiel

Abbildung 3 illustriert ein einfaches Beispiel für die Programmiersprache NQC. Das Programm verfügt über einen Task (main). Es nützt also keine Parallelität, verdeutlicht aber auch, dass NQC in der Lage ist mehrere Tasks parallel abzuarbeiten. Somit sind in NQC die für die Robotik wesentliche Programmiermethoden einfach demonstrierbar und übersichtlich erlernbar. Hierdurch ist beispielsweise die Umsetzung einer Subsumptionsarchitektur [12] möglich. Weiterhin ist die Kontrolle des Programmablaufs durch Semaphoren demonstrierbar. Aber auch untere Programmierebenen können in NQC vermittelt werden. So lassen sich zeitgesteuerte Interrupt-Routinen implementieren. Somit ist eine umfangreiche Mächtigkeit der Programmiersprache NQC gewährleistet. Trotz dieser Komplexität bleibt die Sprache NQC einfach erlernbar. Dies ist für den Einsatz im Praktikum sehr wesentlich, da nur wenig Zeit zur Einarbeitung existiert und da durch die Interdisziplinarität der Teilnehmer nicht von einem gemeinsamen Wissensstand ausgegangen werden kann. Die roboterspezifischen NQC Befehle sind zum Beispiel sehr nah an die englische Sprache angelehnt. Somit sind auch die Architektur und Maschinenbau Studenten in kurzer Zeit in der Lage sein, die Programmiersprache zu erlernen.

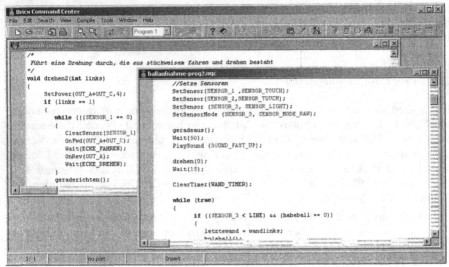

Abbildung 4: Die NQC Programmierumgebung Bricx Command Center

Neben der einfachen Erlernbarkeit werden den Studenten auch komfortable Werkzeuge zur Programmierung in NQC zur Verfügung gestellt. Für die Sprache NQC existieren dabei eine ganze Reihe leistungsfähiger Programmierumgebungen (IDE). Am bekanntesten dabei ist der aus dem RCX Command Center weiterentwickelte Bricx Command Center (s. Abbildung 4). Er wurde auf Grund seiner Anlehnung an weitverbreitete IDEs (z.B. Visual Studio) ausgewählt, da somit eine kürzere Einarbeitungszeit wahrscheinlich ist. Weitere IDEs sind WinNQC/MacNQC, Visual NQC oder auch NQC Edit [9].

3   Projektbeschreibung

Die Dauer des Praktikums beträgt zwei Wochen. In dieser Zeit müssen die Studenten den Roboter konstruieren, die notwendige Software implementieren und ihre Entwicklungsschritte nachvollziehbar dokumentieren. Dabei werden sie in den ersten beiden Tagen durch Kurse in die Programmiersprache NQC, die Roboterprogrammierung, die Roboterkonstruktion und die Dokumentationswerkzeuge eingeführt. Anschließend stehen ihnen sechs Tage zur Konstruktion des Roboters zur

Verfügung. Alle weiteren Arbeiten sind im wesentlichen abhängig von der Aufgabenstellung. Beispielhaft werden sie deshalb anhand einer durchgeführten Praktikumsaufgabe beschrieben.

Die Studenten wurden weiterhin auf fünf Komitees aufgeteilt: Konstrukteurkomitee, Kommunikationskomitee, Codekomitee, Bauteilkomitee und das Rennkomitee. Die Aufgabe des Konstrukteurkomitees ist die Koordination aller Komitees, ihrer Mitglieder und der Informationsaustausch zwischen den Komitees. Dies ist wesentlich, wenn eine Entscheidung Einfluss auf mehrere Komitees hat und um die Entscheidungen eines Komitees allen bekannt zu machen. Das Kommunikationskomitee befasste sich mit der Kommunikation zwischen unterschiedlichen Robotern. Es hatte ein Protokoll und den Ablauf des Kommunikationsprozesses zu spezifizieren. Das Codekomitee war für die Gestaltung des Rennuntergrunds zuständig. Beispielsweise für die Festlegung der Bodenmarkierungen oder deren Farbzusammenstellungen, usw. Hierbei war eine Zusammenarbeit mit dem Kommunikationskomitee bezüglich des Kommunikationsablaufs notwendig. Das Bauteilkomitee war für das Konstruktionsmaterial zuständig. Erlaubt waren nur Teile des LEGO Mindstorms Sets. Wurden sich verschiedene Gruppen einig, konnten jedoch Teile getauscht werden. Das Rennkomitee hatte die Regeln des Wettbewerbs festzulegen. Zum Beispiel, wann ein Roboter disqualifiziert wird oder was passiert, wenn sich zwei Roboter ineinander verhaken. Weiterhin entschied dieses Komitee, dass zur Bestimmung der Startplätze ein Qualifikationsrennen am Vortag durchgeführt werden sollte. Hierzu wurde ein kleines Labyrinth aufgebaut, das die Roboter einzeln durchfahren mussten. Es wurde die Zeit genommen und die Gruppen durften in der Reihenfolge ihrer Platzierungen den Startplatz ihres Roboters auf der Startlinie auswählen.

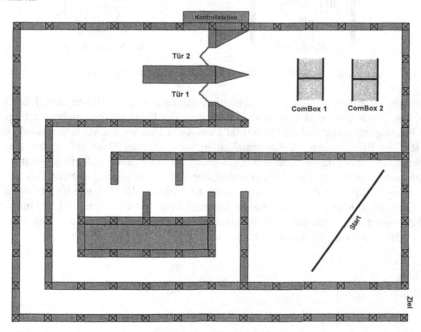

Abbildung 5: Parcoursaufbau

Die Aufgabe selbst bestand aus drei verschiedenen Teilen (s. Abbildung 5). Teil eins war einfaches ein Labyrinth. Dabei hatte der Roboter zwischen einem langem, einfachen und einem kürzeren aber schwierigeren Weg zu wählen. Der anschließende Teil war der Kommunikationsbereich. In diesem Bereich mussten jeweils zwei Roboter miteinander kooperieren. Hierzu mussten sie ihre Roboter ID austauschen und basierend auf dieser ID entweder Tor 1 oder 2 passieren. Zum Austausch der ID musste ein Roboter eine Kommunikationsbox finden und auf einen Kommunikationspartner warten. Nach dem Passieren der Tür folgte die Rennstrecke. Hierbei mussten zwei lange gerade Strecken in möglichst kurzer Zeit zurückgelegt werden. Hiermit sollte die Geschwindigkeit des Roboters gewichtet werden, nachdem die anderen Teile bislang eher die Genauigkeit und Geschicklichkeit berücksichtigt hatten.

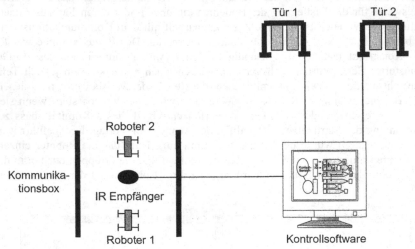

Abbildung 6: Schematische Darstellung einer Roboterkommunikation

Abbildung 6 illustriert den Kommunikationsmechanismus zwischen den LEGO Robotern. Nach dem Erkennen und Eintreten in die Kommunikationsbox, erfolgt eine Prüfung, ob diese leer ist. Andernfalls muss die Box wieder verlassen werden. Erreicht der Roboter den zur Kommunikation vorgesehenen Platz, erfolgt das Absenden einer Willkommensnachricht. Dies geschieht zur Prüfung, ob ein Kommunikationspartner vorhanden ist. Hierzu wartet der Roboter eine vorgegebene Zeit auf eine Antwort. Erreicht ihn diese nicht, muss der Roboter die Box wieder verlassen und einen neuen Kommunikationsversuch starten. In der Box befindet sich ein Infrarot Empfänger, der sämtliche Kommunikationsvorgänge mitprotokolliert. Sie werden mit Hilfe einer Kontrollsoftware analysiert.

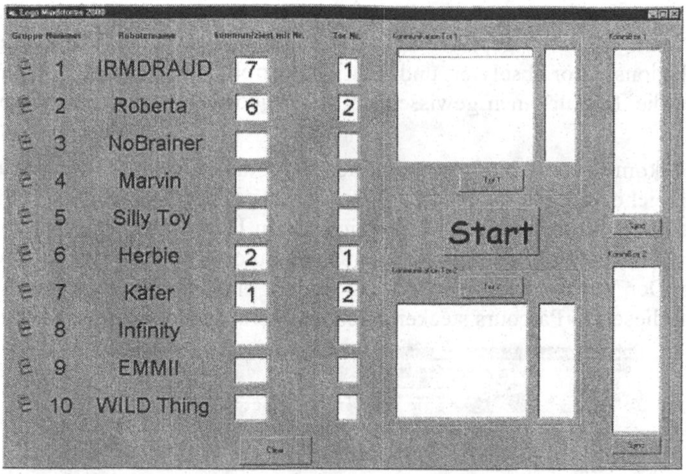

Abbildung 7: Kontrollsoftware für den IR Empfänger und die Türensteuerung

Die Software protokolliert die Roboter Indizes und berechnet, durch welche Tür der Roboter anschließend fahren muss. Kommuniziert zum Beispiel Roboter 1 mit Roboter 7, so muss dieser Tür eins passieren (s. Abbildung 7). Roboter 7 wiederum müsste durch Tür 2. Die Roboter selbst mussten ebenfalls diese Berechnungsformel implementieren, um zu entscheiden, durch welche Tür sie müssen.

Abbildung 8: Tür mit IR Empfänger und ihren Markierungen

Zur Markierung der Türen hatten sich die Studenten für eine breite schwarze Fläche mit einem dünnen weißen Begrenzungsrand am Ende entschieden. Somit wahr gewährleistet, dass der Roboter die Türen anhand seines Photosensors detektieren kann. Jede Tür verfügt über einen IR Empfänger (s. Abbildung 8). Um eine Tür zu öffnen, musste der Roboter seine ID senden. Diese wurde der Kontrollsoftware übermittelt und es wurde geprüft, ob der Roboter eine Erlaubnis (erfolgreich den Kommunikationssektor absolviert und steht vor korrekter Tür) besitzt. Wenn dem so war, wurde die Tür für einen gewissen Zeitraum geöffnet, andernfalls blieb sie geschlossen.

Das Codekomitee entschied den gesamten Parcours durch zwei Markierungen in drei Teilbereiche zu unterteilen. Ihre Software gliederten sie in drei Teilmodule. Jedes Modul repräsentierte einen Teilbereich. Beim Überqueren einer solchen Markierung schaltete die Software des Roboters dann automatisch auf das entsprechende Modul um. Der Vorteil dieses Designs lag in dem einfachen Zurücksetzen des Roboters, falls dieser im Parcours stecken blieb und herausgenommen werden musste.

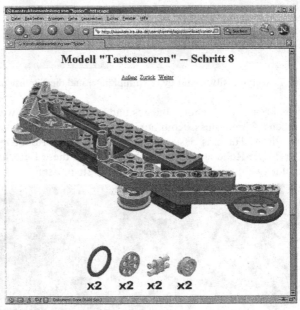

Abbildung 9: Dokumentation eines Konstruktionsschritts

Als letzten Schritt galt es dann noch die Dokumentation der Konstruktion durchzuführen. Diese umfasste die entwickelten Softwaremodule, die Konstruktionsschritte, die Funktionsweise des Roboters sowie weitere multimediale Daten (Bilder, Videos, etc.). Dabei werden die Studenten durch das in [8] entwickelte Dokumentationssystem unterstützt. Dies automatisiert, dass sämtliche Beschreibungen in einer Datenbank abgelegt werden und im Internet abrufbar sind. Hierdurch können alle Projektteilnehmer auf sämtliche Dokumentationsdaten zugreifen. Zur Beschreibung der Konstruktionsschritte wird ein CAD-Programm eingesetzt. Anschließend erzeugt eine Render-Engine aus dem geometrischen Modell zweidimensionale Bilder. Aus den Bildern wird im letzten Schritt eine Konstruktionsanleitung zusammengestellt. Die Dokumentation und der Entwurf des Roboters basieren dabei auf einem objektorientierten Komponentenprinzip. Ein Roboter wird somit durch das Zusammensetzten verschiedener Komponenten aufgebaut, welche selbst wiederum aus einer Menge von Komponenten zusammengesetzt sein können. Beispielsweise setzt sich ein

Roboter aus den Komponenten Motorblock, Fahrwerk, Taster, usw. zusammen. Die Komponente Fahrwerk umfasst dabei eine Lichtsensorhalterung und zwei Kettenantriebskomponenten. Neben diesen Hardwarekomponenten besitzt der Roboter noch Softwarekomponenten. Beispiele hierfür sind Wandverfolger, Linienverfolger oder Kommunikationssoftware. Sämtliche Komponenten werden dabei als Objekte in einer objektorientierten Datenbank abgelegt. Diese Objekte umfassen den Aufbau der Komponente (Konstruktionsanleitung oder Sourcecode) und ihre Schnittstellen nach außen. Die Schnittstellen legen dabei fest, welche Anforderungen andere Komponenten erfüllen müssen, um mit dieser Komponente verbunden werden zu können. Zur Anwendung dieser Schnittstellenbeschreibungen steht den Studenten das Werkzeug Konstruktionseditor zur Verfügung [13]. Dieser ermöglicht die Prüfung, ob das Zusammensetzen verschiedener Komponenten realisierbar ist ohne es auszuprobieren müssen. Hierzu analysiert das Werkzeug die Kompatibilität der Schnittstellen.

4 Ergebnisse

Grundsätzlich unterscheiden sich die bislang konstruierten Roboter bezüglich ihrer Größe, dem Gewicht, ihrer Geschwindigkeit und ihrem Antrieb. So wurden Differentialantriebe, Kettenfahrzeuge und Roboter mit wechselbaren Antriebssystemen konstruiert. Die Vorteile der schweren Roboter sind ihre Stabilität und ihre Kraft, mit der sie andere Konkurrenten auf die Seite schieben können. Kleinere Roboter verfügen über höhere Geschwindigkeiten, womit sie beispielsweise auf langen Zielgeraden bevorteilt sind. Der Einsatz der Sensorik ist stark von der jeweiligen Aufgabenstellung abhängig.

Abbildung 10: Beispiele einiger im Praktikum entwickelter Roboter

Abbildung 10 zeigt vier im Praktikum entworfene Roboter. Durch das Dokumentieren der Konstruktionen in einer Roboterdatenbank, konnten die Teilnehmer auf die früher entwickelten Komponenten zurückgreifen. Durch das Ändern der Aufgabenstellung war jedoch eine Zusammensetzung vorhandener Komponenten nicht ausreichend zur Aufgabenerfüllung. Sie mussten mindestens modifiziert werden. Der Rückgriff auf früher entworfene Komponenten erwies sich als sehr hilfreich. So nahm die Qualität und Leistungsfähigkeit der Roboter von Praktikum zu Praktikum zu. Obwohl die Komplexität der Aufgabenstellung bei jeder Durchführung erhöht wurde, erfüllten immer mehr Roboter die Aufgabe. Gelang beim ersten Mal vier von zehn Robotern die Durchquerung des Parcours (bei noch leerer Datenbank), so erreichten beim nächsten mal sieben danach neun von jeweils zehn Robotern das Ziel.

Literatur

[1] Martin, F.G.; Butler, D.; Gleason W.M.: Design, Story-Telling, and Robots in Irish Primary Education; In Proceedings of 1st IEEE International Conference on Systems, Man, and Cybernetics, Volume 1/2000, P. 730-735

[2] Lau, K.W.; Tan, H.K.; Erwin, B.T.; Petrovic, P.: Creative Learning in School with LEGO Programmable Robotics Products; In Proceedings of 29th IEEE International Conference on Frontiers in Education, 1999, P. 12d4-26-31

[3] Lego, 2003, Ultimate Builders Competition: Lego Mindstorms goes into space and Robovision, http://mindstorms.lego.com/

[4] http://hs.houstonisd.org/waltripHS/departments/tech/tech_ed.htm, 2003

[5] http://www.ifi.unizh.ch/groups/ailab/events/MIGROS/migros_g.html, 2003

[6] http://www.cs.uu.nl/people/markov/lego/challenge/index.html, 2003

[7] Taminé, O., Dillmann, R.: An interdisciplinary student contest with LEGO robots, In Proceedings of 1st Workshop on Robotics Education and Training; Weingarten; 2001

[8] Taminé, O., Dillmann, R.: KaViDo - A Web-based System for Collaborative Research and Development, in: Computers in Industry , Special Issue on Knowledge Sharing in Collaborative Design Environments, W. Shen (Hrsg,), Elsevier Verlag, 2003

[9] http://www.brickos.org/, 2003

[10] Knudsen, J.: Imaginations run wild with Java Lego robots, http://www.javaworld.com/javaworld/jw-02-2001/jw-0209-lejos_p.html, 2003

[11] Baum, D.: NQC Programmer's Guide, http://www.baumfamily.org/nqc/index.html, 2003

[12] Brooks, R. A.: A Layered Intelligent Control System for a Mobile Robot, Proceedings of the Third International Symposium of Robotics Research, Gouvieux, France, MIT Press, October 1985, pp. 1–8

[13] Pflüger, Jens: Entwicklung eines internetbasierten Assistenzsystems für den verteilten Produktentwurf, Studienarbeit, Institut für industrielle Anwendungen der Informatik und Mikrosystemtechnik, Universität Karlsruhe, 2003

Entwurf und Aufbau einer holonomen, mobilen Antriebsplattform für einen humanoiden Serviceroboter

Joachim Schröder[1], Tilo Gockel[1], Rüdiger Dillmann[1] und Siegfried Glöckner[2]

[1] Industrielle Anwendungen der Informatik und Mikrosystemtechnik
Universität Karlsruhe (TH), Karlsruhe
[2] Fa. Norcan Profilsysteme und Aluminium-Sonderbauten
Haguenau, France

1 Einführung

Die Entwicklung humanoider Roboter hat in den letzten Jahren große Fortschritte gemacht, trotzdem ist der Einsatz von Laufmaschinen als Serviceroboter noch nicht weit genug fortgeschritten und oftmals zu teuer oder zu unsicher. Um dem humanoiden Roboter trotzdem genügend Mobilität zu verleihen ist eine Kombination aus mobiler Fahrbasis und humanoidem Handhabungsroboter sinnvoll.

Zu diesem Zweck wurde am Institut für Industrielle Anwendungen der Informatik (IAIM) [1] an der Universität Karlsruhe (TH) die mobile Roboterplattform Odete[3] [2] entwickelt. Abbildung 1 zeigt einen Vorgänger der Odete mit aufgesetztem humanoiden Oberkörper, dem Roboter Armar [3]. Die strikte Trennung von mobiler Basis und Handhabungsroboter erlaubt sowohl eine Kombination beider Systeme, als auch eine separate Verwendung der Odete als Transportroboter. In diesem Fall stellt die Odete die Fahrbasis für den humanoiden Roboter Armar dar und wird durch einen Differentialantrieb bewegt. Die Plattform ist konzipiert um sich in Gebäuden frei zu bewegen, selbständig zu navigieren und ein Gewicht von bis zu 150 kg zu transportieren. Die Navigation der Odete Plattform durch enge Türen und Flure funktioniert problemlos. Für Transportaufgaben reicht das völlig aus, es zeigte sich aber bei

Abb. 1. Humanoider Roboter Armar auf mobiler Fahrbasis

---

[3] Omnidirectional Dynamic Efficient Transport Engine

Versuchen in engeren Räumen dass manchmal mehr Flexibilität der Plattform gewünscht ist als die Basis mit Differentialantrieb bieten kann. Ein mögliches Szenario wäre der Einsatz eines humanoiden Roboters mit Fahrplattform in einer Küche [4]. Wenn der Roboter zeitgleich mit Menschen arbeitet wäre ein sanftes 'wegschieben' manchmal sicherlich erwünscht um sich nicht gegenseitig im Weg zu stehen. Dazu müsste sich der Roboter jedoch holonom bewegen können was mit dem bisherigen Aufbau nicht funktioniert. Auch eine größere Flexibilität, z. B. beim Durchfahren von Türen wäre die Folge. Insbesondere für den humanoiden Roboter Albert, der für mehr Traglast ausgelegt und damit wesentlich größer und breiter ist als Armar, ist dies für die Navigation durch Türen unabdingbar. Deshalb wurde die Entwicklung einer holonomen Fahrbasis beschlossen und vorab OmniBot[4] getauft. Die neue Plattform soll, soweit möglich, die Konzepte der Odete-Plattform übernehmen hiermit schon viel Erfahrung vorhanden ist.

Ein bekanntes Projekt eines holonomen Roboters, wenn auch in Miniaturform, ist der Palm Pilot Robot [5] der Carnegie Mellon Universtiy.

2 Spezifizierung

Zunächst müssen die Anforderungen an die mobile Plattform festgelegt werden. Die omnidirektionale Beweglichkeit ist mit verschiedenen Antriebssystemen zu erreichen, dabei bietet sich die Verwendung von Antriebsrädern an die an der Lauffläche passive Rollen angeordnet haben. Solche Räder sind auch unter den Namen OmniWheels oder Mehrseitenrollen bekannt. Dieses Prinzip hält den Schlupf und damit Verschleiss und Energiebedarf verhältnissmäßig gering und erlaubt eine Bewegung des Roboters in alle Richtungen bei gleichzeitigem Drehen um seine Mittelpunktsachse. Beim sogenannten Mecanum-Antrieb sind die Rollenachsen 45° versetzt zur Radachse angeordnet und es werden abhängig von Durchmesser und Traglast drei oder mehr Rollen verwendet. Denkbar ist ebenso eine Anordnung der Rollenachsen 90° zur Radachse. Je nach Anzahl der Antriebsräder muss ein entsprechender Radtyp gewählt werden, z. B. erfordert die Anordnung der vier Antriebsräder im Roboter Priamos (Radanordnung wie bei einem Kraftfahrzeug) einen Winkel zwischen Rollen- und Radachse von 45° um seitliche Fahrt zu erlauben.

In Umgebungen mit eingeschränktem Platzvorkommen ist es wünschenswert dass der Roboter beim Drehen nirgends anstößt, somit bietet sich eine runde Grundfläche an. Um problemlos durch Türen navigieren zu können darf der Roboter einen Durchmesser von ca. 750mm nicht überschreiten.

Der Roboter soll nicht als Transportfahrzeug eingesetzt werden, muss aber aufgrund des hohen Eigengewichts des humanoiden Armes samt zusätzlicher Rechner für eine Nutzlast von mindestens 100kg ausgelegt werden. Hierbei ist besonders darauf zu achten, dass der Schwerpunkt der Plattform so niedrig wie möglich ist um das Kippmoment im Extremfall (Notstop) gering zu hal-

---

[4] Aufgrund des omnidirektionalen Antriebs

Abb. 2. Verschiedene Omnidirektionale Antriebssysteme

ten. Dies ist bei der Anordnung der schweren Komponenten (Batterien) zu berücksichtigen.

Die Roboterarme sollen auf Arbeitsplattenhöhe zwischen 800mm und 900mm arbeiten können. Um eine vernünftige Ausgangsposition zum Aufsetzen des humanoiden Teils zu bekommen sollte die mobile Plattform deshalb nicht höher als 700mm werden. Eine Aufstockung mit Profilen ist nachträglich jederzeit möglich.

Bei einem geschätzten Gesamtgewicht von ca. 250kg sollte die Leistung der Motoren etwa 100 Watt betragen um den Roboter ausreichend flink bewegen zu können. Die guten Erfahrungen mit dem Einsatz zweier 100W Motoren mit Planetenradgetriebe (Übersetzung 1:36) im Roboter Odete dienten hier als Anhaltspunkt.

Zum gleichzeitigen Betrieb des Roboters in Räumen in denen sich Menschen aufhalten muss der Roboter besondere Sicherheitsanforderungen erfüllen. Wie schon bei der Odete werden hierzu Laserscanner eingesetzt. Dabei ist zu beachten dass Schutzfelder der Scanner das gesamte Umfeld des Roboters überblicken müssen um einen omnidirektionalen Betrieb zu erlauben, ausserdem dürfen sie sich nicht höher als 15cm über dem Boden befinden um auch Fußspitzen zu erkennen.

3 Konstruktion

Die Konstruktion des Roboters wird in Zusammenarbeit mit Fa. Norcan [6] durchgeführt, einem Hersteller von Profilsystemen und Aluminium-Sonderbauten. Auch die Odete ist aus Profilen aufgebaut, dies ist im Vergleich zu günstiger und leicht erweiterbar. Laut den Anforderungen aus Abschnitt 2 soll der Roboter eine runde Grundfläche besitzen, weiter ist zu klären wieviele Räder den Roboter antreiben sollen. Bei einem omnidirektionalen Antrieb ist es relativ wichtig dass alle Räder Bodenkontakt haben da jedes Rad ein Antriebsrad ist. Um einen definierten Kontakt und gleichen Anpressdruck der Räder zu erhalten empfiehlt sich eine symmetrische Anordnung mit drei Antrieben. Bei mehr Rädern wäre beim Überfahren einer Schwelle oder leichten Unebenheiten der Bodenkontakt des vierten Rades nicht gewährleistet. Als Antriebsräder wurden Mehrseitenrollen der Fa. Traporol [7] ausgewählt.

Die drei Antriebseinheiten werden aus Symmetriegründen 120° zueinander plaziert. Bei Verwendung der bisherigen Odete-Antriebseinheiten, eben nun entsprechend mit Mehrseitenrollen statt regulären Reifen, wird aber der zulässige Durchmesser der Grundplatte überschritten. Um dieses Problem zu umgehen werden die Antriebseinheiten um ca. 8° gedreht eingebaut wie Abbildung 3 zeigt.

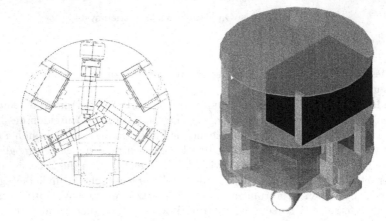

Abb. 3. Draufsicht der Grundplatte des Roboters mit Laserscannern, Antriebseinheiten und Batterien sowie gerenderter CAD-Prototyp

Als Folge davon treffen sich die Antriebsachsen nun nicht mehr alle im Mittelpunkt des Roboters, was bedeutet dass dich der Roboter nicht mehr ohne Schlupf drehen kann. Bei einer gleichmäßigen Gewichtsverteilung auf alle Achsen sollte dies keine Rolle spielen, erfordert aber eine Änderung der inversen Kinematik wie sie in Anschnitt 5.1 beschrieben wird.

Drei Sick Laserscanner sind ebenfalls um 120° zueinander angeordnet um ein Flächenbild der Umgebung zu erhalten. Da die Scan-Ebene nicht höher als 15cm sein darf müssen die Scanner in die Basisplatte des Roboters eingelassen werden. Damit reduziert sich der Einbauraum für die Blei-Säure-Batterien, durch die Anordnung in Abbildung 3 (Batterien sind durch vier Rechtecke dargestellt) ist es aber möglich diese auch auf der Grundplatte zu plazieren um den Schwerpunkt des Roboters möglichst niedrig zu halten.

Auf der nächsten Ebene bietet ein 19 Zoll Einschub Platz für elektronische Komponenten wie Motorregler, PC samt PC104 Modulen und C167 Controller. Abbildung 3 zeigt ein gerendertes Modell des Roboters mit Laserscannern (gelb), Batterien (rot) und Einschub (schwarz).

Durch Abschätzung der verschiedenen Massen lässt sich zumindest für die mobile Plattform ohne Aufbau anhand des CAD Modells der Schwerpunkt des Roboters berechnen um eine Kippbetrachtung durchzuführen. Bei Berücksichtigung der in Abbildung 3 gezeigten Komponenten ergab sich ein Schwerpunkt der ca. 5cm unter Batterieoberkante liegt und durch den asymmetrischen Einschub um etwa 7cm aus dem Robotermittelpunkt heraus verschoben wurde.

4 Hardware

Beim Aufbau der Antriebs- und Steuerungseinheiten wurde bewusst darauf geachtet weitgehend dieselben Komponenten zu benutzen die schon in der Odete zum Einsatz kamen. Hauptsächlich die Anzahl der verwendeten Komponenten unterscheidet sich im Vergleich der beiden Roboter, während es im Omnibot drei Laserscanner und drei Antriebseinheiten sind waren es in der Odete nur einer bzw. zwei. Dies erfordert einige zusätzlichen Hardware-Module, doch die Verwendung des gleichen Konzeptes erlaubt eine wesentlich schnellere Inbetriebnahme da die beim Aufbau und Betrieb der Odete gemachten Erfahrungen direkt einfließen können.

4.1 Sensorik

Wie in Abschnitt 1 angesprochen soll der Roboter in Umgebungen mit Menschen eingesetzt werden und muss daher bestimmte Sicherheitsanforderungen erfüllen. Im OmniBot sollen diese Aufgabe drei Sick [8] Flächen-Laserscanner übernehmen. Jeder Scanner hat ein Schutz- und ein Warnfeld die sich frei konfigurieren lassen. Hierbei ist das innere Schutzfeld direkt in den Notaus-Kreislauf eingebunden und muss deshalb den gesamten Roboter umspannen. Durch die 120°-Anordnung der Scanner und einen Scanwinkel jedes einzelnen Scanners von 180° ist dies möglich. Das Warnfeld des Roboters muss nicht direkt in den Notauskreislauf eingebunden sein und wird benutzt um bei Auftreten eines Hindernisses einen 'sanften' Stop herbeizuführen.

Die Laserscanner besitzen eine Winkelauflösung von 0.5° und eine Reichweite bis zu 50m, weshalb sich eine Auswertung der Scandaten anbietet um sie für die Positionskorrektur zu nutzen. Die Informationen über aktuelle Winkelstellung und zugehörige Entfernung eines Objektes werden mittels RS422 Verbindung zum PC übertragen. Aufgrund der hohen Übertragungsrate von bis zu 500 kBaud über RS422 sind ca. 30 Scans/Sekunde möglich.

Ausser dem Laserscannern werden optische Inkrementalgeber mit einer Auflösung von 500 Impulsen/Umdrehung benutzt um Winkellage und Drehzahl der Räder zu erfassen. Die Geberimpulse werden von einem C167-Modul gezählt, das die Informationen dann direkt auf den CAN-Bus des Systems legt. Da die odometrische Positionsbestimmung, insbesondere bei Verwendung dieser Räder sehr ungenau ist, sind die Geber primär als Istwertelieferant für die Drehzahlregler wichtig; die Roboterposition muss von Zeit zu Zeit durch Vergleich von Laserscannerdaten und internen Landkarten korrigiert werden.

4.2 Antrieb

Als Antrieb des Roboters wurde eine Kombination aus Motor-, Getriebe-, Bremse-
und Gebereinheit der Fa. Dunkermotoren [9] und Motorregler der Fa. Maxon [10]
gewählt. Die 24V Kollektor-Gleichstrommotoren werden den Anforderungen mit
einer Nennleistung von ca. 95W gerecht. Ein vorgeschaltetes Planetenradgetriebe
mit Untersetzung 1:36 passt Drehzahl und Moment des Motors entsprechend auf
die Radachse an. Da sich sowohl Durchmesser der Räder als auch Gesamtgewicht
von Odete und Omnibot unterscheiden könnte es erforderlich sein ein Planetenradgetriebe mit geänderter Untersetzung zu verwenden. Dunkermotoren bietet
hierzu Alternativen mit Untersetzung 1:28 oder 1:50 an.

Eine Magnetbremse die direkt auf die Motorachse wirkt schützt den Roboter
gegen unbeabsichtigtes Wegrollen bei gleichzeitig abgeschalteten Reglern. Die
Inkrementalgeber sind ebenso Bestandteil der Dunker Antriebseinheit, wurden
aber im Abschnitt 4.1 angesprochen.

Die verwendeten Maxon Motorregler werden als Servoverstärker und gleichzeitig Drehzahlregler verwendet. Die Regler sind sehr robust und gegen Überstrom,
Übertemperatur und Kurzschluss der Motorleitungen geschützt. Die Motorregler
erlauben einen Betrieb von Motoren bis 50V und liefert einen dauerhaften Aus-
gangsstrom von 10A (kurzzeitig 20A), die Taktfrequenz des pulsweitenmodulier-
ten Ausgangssignals beträgt 50kHz. Die verwendeten Inkrementalgeber werden
über ein Y-Kabel ausser an den C167 Zählmodulen auch an den Motorreglern
angeschlossen, damit arbeitet diese Einheit völlig unabhängig vom PC und erwartet lediglich eine Sollwertvorgabe in Form eines analogen ± 10V Signals. Die
Reglerparameter werden über Trimmpotis an der Front der Motorregler eingestellt.

4.3 Steuerung

Abbildung 4 gibt einen Überblick über Steuerungskonzept und Hardwarekomponenten des OmniBot. Die Steuerung selbst ist PC-basiert. Der Anschluss und die
Kommunikation zur Peripherie erfolgt durch PC104 Steckmodule. Sensorinformationen von Inkrementalgebern und Laserscannern werden über ein CAN-Bus
Modul bzw. ein RS422 Modul übermittelt. Eine PC104 D/A Wandlerplatine gibt
den Motorreglern einen Drehzahlsollwert vor. Des weiteren übernimmt ein digi-
tales I/O Modul das Abfragen von Tastern, Ausgängen der Laserscanner oder
setzt Reset- oder Wiederanlaufsignale der Scanner.

Das PC-Board besitzt bereits einen Ethernet-Anschluss, für die drahtlose
Kommunikation ist jedoch ein weiteres PC104 Modul zur Aufnahme einer PCM-
CIA Funkkarte nötig.

Zwei DC/DC Wandler der Fa. MGV [11] generieren die zum Betrieb eines PCs nötigen Spannungen von 5 bzw. 12V aus der 24V Bordversorgung. Die
Wandler wurden mit einer Stromstärke von 20A für 5V bzw. 6A für 12V absicht-
lich größer ausgelegt als es der PC erfordert um später ggf. Komponenten des
humanoiden Aufbaus (zusätzliche Hardware, Motoren, Controllerboards) versor-
gen zu können.

339

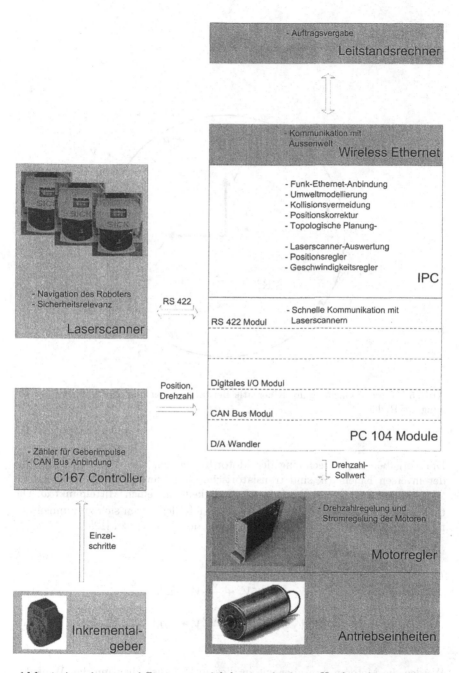

Abb. 4. Anordnung und Zusammenspiel der verschiedenen Hardwarekomponenten

5 Software

5.1 Kinematik

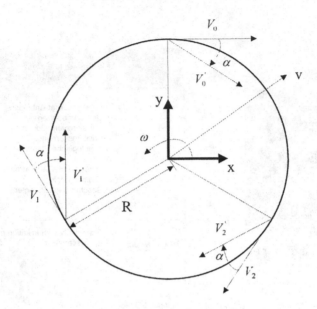

Abb. 5. Veranschaulichung der Kinematik bei tangentialer und abgewinkelter Anordnung der Räder

Die Vorgaben zur Berechnung der Motordrehzahlen, also die Eingangsgrößen der inversen Kinematik sind translatorische Geschwindigkeit des Robotermittelpunktes $v = \begin{pmatrix} V_x \\ V_y \end{pmatrix}$ und Winkelgeschwindigkeit um seinen Mittelpunkt ω. Die tangentialen Geschwindigkeiten V_0, V_1, V_2 der Räder setzen sich zusammen aus translatorischer und rotatorischer Bewegung des Roboters zu [12]:

$$V_0 = V_x - \omega R$$
$$V_1 = -0.5V_x + \frac{\sqrt{3}}{2}V_y - \omega R$$
$$V_2 = -0.5V_x - \frac{\sqrt{3}}{2}V_y - \omega R$$

$$(1)$$

Werden die Motoren nun aber wie in diesem Fall zusätzlich um den Winkel α gekippt, so ändern sich x- und y-Komponenten der Tangentialgeschwindigkeiten. Die Formeln lauten dann:

$$V_0 = cos(\alpha)V_x - sin(\alpha)V_y - cos(\alpha)\omega R$$
$$V_1 = -cos(\frac{\pi}{3} + \alpha)V_x + sin(\frac{\pi}{3} + \alpha)V_y - cos(\alpha)\omega R$$
$$V_2 = -cos(\frac{\pi}{3} - \alpha)V_x - sin(\frac{\pi}{3} - \alpha)V_y - cos(\alpha)\omega R$$

$$(2)$$

Letztlich lassen sich dann die Raddrehzahlen $\omega_0, \omega_1, \omega_2$ berechnen zu:

$$\omega_0 = V_0/r$$
$$\omega_1 = V_1/r$$
$$\omega_2 = V_2/r$$

$$(3)$$

wobei r der Radius eines Rades ist.

5.2 Modular Controller Architecture (MCA)

Die 'Modular Controller Architecture' [13,14,15] wurde am Forschungszentrum Informatik [16] als systemübergreifende Regelungsstruktur entwickelt. Ziel war es, ein geeignetes Regelungskonzept für alle Roboter zu finden, das an die unterschiedlichen Systeme angepasst werden kann. Durch Anlegen von Komponenten mit definierten Schnittstellen ist MCA leicht erweiterbar und bleibt übersichtlich. Speziell für den universitären Betrieb ist dies wichtig, da viele Personen mit den Robotern arbeiten und sich Studenten in die Software einarbeiten müssen die sich teilweise nur für die Dauer einer Diplomarbeit mit den Systemen beschäftigen.

Das Anlegen von Modulen mit standardisierten Schnittstellen hat den Vorteil, dass diese auch in anderen Projekten genutzt werden können und sich so der Aufwand für Implementierung und Verifikation deutlich reduziert. MCA ist auf Echtzeitbetriebssystemen wie Realtime-Linux einsetzbar um zeitkritische Regelungsaufgaben zu realisieren, unterstützt aber auch Windows Plattformen, z. B. für den Betrieb der Leitstandssoftware. Das komplette Gerüst für Echtzeitausführung, Kommunikation und Synchronisierung von Modulen wird vom System zur Verfügung gestellt. Der Anwender kann sich so voll auf die Lösung seines eigentlichen Problems konzentrieren und muss lediglich die MCA-Module füllen. Zur Programmierung der Module wurde C++ gewählt. Module können als Gruppe zusammengefasst werden, die sich nach Aussen selbst wieder als Modul mit entsprechenden Schnittstellen darstellt.

MCA stellt dem Anwender ausser dem Gerüst zur Einbindung der Module auch die Benutzeroberfläche MCAGUI (MCA General User Interface) zur Verfügung, ein Benutzerinterface das über TCP/IP in das System eingebunden ist und völlig unabhängig vom Roboter auf einem Leitstandsrechner ausgeführt werden kann. Mit MCAadmin steht ein Werkzeug zur Verfügung um im laufenden Betrieb Parameteränderungen vorzunehmen. Die gesamte Struktur kann über dieses grafische Interface dargestellt und verändert werden.

6 Ergebnisse

Nach dem fertigen Aufbau des Roboters (Abbildung 6) wurde dieser zur Demonstration des Antriebs und seiner Fähigkeiten zunächst mit einer Kraftmessdose versehen. Die Kraftmessdose wird vom Benutzer über eine Art Teller berührt der auf dem Roboter angebracht ist. Die angreifende resultierende Kraft in der XY-Ebene, sowie Moment um die Tellerachse werden gemessen und genutzt um rotatorische und translatorische Geschwindigkeiten für die Plattform vorzugeben. Der Benutzer kann den Roboter also nach Belieben ziehen, drehen und schieben.

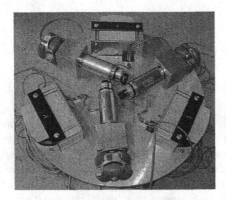

Abb. 6. Fertig aufgebauter Roboter; Antrieb sowie Gesamtsystem (noch ohne Kraftmessdose)

Diese Vorstufe zum vollständig autonomen Fahren soll ausserdem die Möglichkeit bieten, Reglerparameter richtig einzustellen, Schlupf und Fehler der Positionsbestimmung mittels Inkrementalgebern zu überprüfen und gegebenenfalls zu verbessern. Zudem kann die Einhaltung von Sicherheitsbestimmungen und genaue Parametrierung der Laserscanner erfolgen.

Nach Abschluss der Steuerung per Hand und Durchführung etwaiger Verbesserungen wird die Plattform OmniBot dann vollständig autonom navigieren. Ein möglicher Einsatz ist in der am IAIM entwickelten robotergerechte Küche, in welcher der Roboter seinen Hauptvorteil des omnidirektionalen Antriebs aufgrund von Platzeinschränkungen ausspielen kann. Als mögliche Aufbauten kommen die humanoiden Roboter Armar oder Albert in Frage, um dem Institutskoch entsprechend zu assistieren.

Literatur

1. Institut für Industrielle Anwendungen der Informatik (IAIM). Universität Karlsruhe (TH). http://wwwiaim.ira.uka.de
2. T. Gockel, J. Schröder, R. Dillmann, R. Graf, P. Weckesser. Steuerung eines mobilen Serviceroboters mit einer SPS. *Robotik 2002*, Ludwigsburg, Germany.
3. T. Asfour, A. Ude, K. Berns, R. Dillmann. Control of ARMAR for the Realization of Anthropomorphic Motion Patterns. *HUMANOIDS 2001, Int. Conference on Humanoid Robots*, November, 2001, Waseda University, Tokyo, Japan.
4. M. Ehrenmann, O. Rogalla, R. Zöllner, R. Dillmann. Belehrung komplexer Aufgaben für Serviceroboter: Programmieren durch Vormachen im Werkstätten- und Haushaltsbereich. *Robotik 2002*, Ludwigsburg, Germany.
5. Palm Pilot Robot Kit. Carnegie Mellon University, The Robotics Institute. http://www-2.cs.cmu.edu/ pprk/
6. Fa. Norcan. Hersteller von Profilsystemen und Aluminium-Sonderbauten. http://www.norcan.fr
7. Fa. Traporol GmbH. Hersteller von Allseitenrollen. http://www.traporol.de
8. Sick AG. Hersteller von Sensoren und Sensorsystemen. http://www.sick.de
9. Alcatel SEL AG. Unternehmensbereich Bauelemente Dunkermotoren. Hersteller von elektrischen Motoren und Getrieben. http://www.dunkermotoren.de
10. Maxon Motor AG. Hersteller von elektrischen Antriebskomponenten und -systemen. http://www.maxonmotor.com/
11. MGV Stromversorgungen. Hersteller von Schaltnetzteilen. http://www.mgv.de
12. J. Borenstein, H. R. Everett, L. Feng. Where am I? Sensors and Methods for Mobile Robot Positioning. University of Michigan, Department of Mechanical Engineering and Applied Mechanics, Ann Arbor, Michigan, USA.
13. Modular Controller Architecture (MCA). http://mca2.sourceforge.net/
14. K.-U. Scholl, V. Kepplin, J. Albiez, R. Dillmann. Developing Robot Prototypes with an Expandable Modular Controller Architecture. *Proceedings of the International Conference on Intelligent Autonomous Systems*, Venice 2000, pp 67-74.
15. K.-U. Scholl, J. Albiez, B. Gassmann. MCA – An Expandable Modular Controller Architecture. *3rd Real-Time Linux Workshop*, 2001, Milano, Italy.
16. Forschungszentrum Informatik (FZI). Forschungsbereich Interaktive Diagnose- und Servicesysteme (IDS). http://www.fzi.de/ids/

Autorenverzeichnis